KB174465

국회라는 가능성의 공간

• 정치발전소 강의노트 05

국회라는 가능성의 공간
좋은 정치를 위한 국회 사용 설명서

1판 1쇄 | 2020년 5월 25일

지은이 | 박선민
펴낸이 | 정민용
편집장 | 안중철
편집 | 강소영, 윤상훈, 이진실, 최미정

펴낸 곳 | 후마니타스(주)
등록 | 2002년 2월 19일 제2002-000481호
주소 | 서울 마포구 신촌로14안길 17, 2층(04057)
전화 | 편집_02.739.9929/9930 영업_02.722.9960 팩스_0505.333.9960

SNS | humanitasbook
블로그 | humabook.blog.me
이메일 | humanitasbooks@gmail.com

인쇄 | 천일_031.955.8083 제본 | 일진_031.908.1407

값 19,000원

이 도서의 국립중앙도서관 출판예정도서목록(CIP)은 서지정보유통지원시스템 홈페이지
(seoji.nl.go.kr)와 국가자료공동목록시스템(www.nl.go.kr/kolisnet)에서 이용하실 수 있습니
다(CIP제어번호: CIP2020019402).

정치
발전소
강의
노트 05

국회라는 가능성의 공간

좋은 정치를 위한 국회 사용 설명서

/ 박선민 지음

후마니타스

차례

표 차례

들어가며

2004년 국회에서 처음 일하게 되었을 때 2020년까지 보좌관을 하고 있을 것이라고는 상상하지 못했다. 첫 출근하던 날 국회 정문 앞에서 국회의사당을 바라보고 숨 한 번 크게 몰아쉰 뒤 들어서던 기억이 아직도 남아 있다. 이 무거운 책무를 내가 감당할 수 있을까 두려웠다.

당시에는 정치를 사회운동의 연장이라고 생각했다. 기득권에 맞서 저항하기 위한 방법으로 정치권력을 획득하고자 했다. 옳은 일을 하고 있다는 신념이 앞섰고, 주장으로 상대를 압도하고자 했다. 우리와 다른 입장을 가진 정치집단에 대해 종종 적대심을 품었다. 동시에 사회운동의 한계를 넘어서려는 노력도 했다. 외부의 비판 세력에서 '입법권'을 가진 당사자가 되었으니 뭐든 할 수 있을 것 같았다. 마침내 갖게 된 권력으로 더 빨리, 더 많은 것을 바꾸고 싶었다. 우리를 바라보는 사회적 약자들을 대신해, 그들의 희망을 동력 삼아 밤낮없이 일했다. 의석을 획득하기만 하면 세상을 바꿀 수 있을 줄 알았다. 기대는 컸고 이상은 드높았다.

하지만 이런 노력은 오래지 않아 절망의 벽에 부딪혔다. 문제는 산적해 있는데 해결은 더뎠다. 변화는 눈에 보이지 않았고, 시간은 속절없이 흘렀다. 약자들의 삶은 점점 더 어려워지고, 강자들은 더 강해졌다. 갈등을 해결해야 할 정치가 오히려 사회적 갈등을 부추겼다. 전력을 다해 하나를 해결하면 열 가지 문제가 쌓였다. 모든 난제를 다루기에 나의 실력은 턱없이 부족했다. 우리가 획득한 작은 정치권력으로는 행정 권력과 경제 권력을 통제할 수 없을 것 같았다. 빠르게 지쳤고, 내적으로 무기력해졌다. 열정과 책임감은 넘쳤지만 민주주의에 대한 이해는 일천했다. 정치는 '올바름'과 '선의'만으로 작동하지 않는다는 것을 깨닫기까지 오랜 시간이 필요했다.

16년이 흘렀다. 나는 정치를 하면서 정치를 배웠다. 민주주의의 현장에서 민주주의를 학습했다. 물론 지금도 온전히 이해하고 있다고 할 수 없다. 정치는 어렵고, 민주주의는 손에 잡히지 않는다. 그럼에도 시간의 힘은 강력해 멋모르고 시작했던 과거와 비교하면 배운 점이 있다. 의회는 정말이지 최고의 '민주주의 학교'다. 지금 와서 돌아보면 '그때 그걸 알았더라면' 싶은 게 하나둘이 아니다. 젊은 날의 나는, 신념은 확고했고 책임성은 강했으나 신념 윤리와 책임 윤리를 조화롭게 실천하는 방법을 몰랐다. 지나치게 확고한 신념과 과도한 책임성은 오히려 합의에 이르는 길을 방해하는 요소가 된다는 것을 미처 알지 못했다. 나는 용감했지만 어리석었다. '정치적 이성'의 중요성을 간과했다. 내가 전적으로 옳지 않다는 점을 자각해야 상대의 의견도 존중할 수 있는데, 나는 정치인으로서 덕성도 부족했다. 정치인이라면 열정, 책임감과 함께 균형적 감각을 가져야 한다.

나의 수많은 부족함 중 가장 부족했던 점은 '불완전한 민주주의'에 대한 이해였다. 민주주의는 완전하지 않은 인간들이 마지못해 합의한 정치체제이자, 평범한 시민들이 만들어 낸 비폭력적 갈등 관리 체제라는 것이 어찌나 이해하기 어려운지, 민주주의자의 길을 포기할 뻔했다. 산에 오를 때도 목적지를 정하면 길이 아무리 험해도 반드시 그곳까지 가야 하는 목표 지향적 성향을 가지고 있는 나는 '목적을 전제하지 않는' 정치체제인 민주주의가 영 마뜩치 않다. 지금도 답답한 민주주의보다 철인정치나 리바이어던 같은 인위적 유기체가 더 나은 것은 아닌지 가끔씩 의심이 든다. 권위주의라면 훨씬 더 빨리 세상을 바꿀 수 있을 텐데, 유혹에 빠지기도 한다. 다행인 것은, 민주주의는 나처럼 흔들리는 인간을 위한 정치체제라는 점이다.

이 책은 의회정치를 시작하는 사람들이 나와 같은 시행착오를 덜 겪었으면 하는 바람에서 출발했다.

민주주의는 중립지대에 발 딛은 체제가 아니다. 민주주의는 수많은 갈등과 차이에 기반한다. 이를 쪼개어 부분으로 조직한 것이 정당이며, 정당들은 공익을 둘러싼 경쟁을 통해 사회를 통합하는 역할을 한다. 국회는 개별 정치인들의 집합처럼 보이지만 실제로는 정당들로 구성된다. 입법부는 행정부와 달리 복수의 정당들이 경쟁하며 공존하는 공동의 공간이다. 갈등을 다루는 곳이기에 늘 어수선하고 시끄럽지만 이곳을 잘 가꾸는 것이 정당들의 책무이기도 하다. 정치는 사실 주목받을 만한 사건이 적을수록 좋다. 시민들은 일상을 살고, 정치는 좀 더 차분한 토론에 집중할 때 민주주의가 발전한다. 정치 세력은 '갈등은 채결하는 능력'으로 평가되어야 한다.

이 책은 의회정치를 시작하는 사람들과 의회정치를 이해하고자 하는 사람들을 위해 썼다. 그들이 '국회라는 가능성의 공간'을 잘 사용하는 데 도움이 된다면 영광이겠다. 보편적으로 설명하려고 애썼으나 분명 나와 다른 의견을 갖고 있는 사람도 있을 것이다. 이 글은 내 경험에 근거한 것이기 때문이다. 내 의견은 수많은 견해 중 하나일 뿐이다. 하지만 이견이 있을지라도 차이점보다 고민의 공통점을 찾고자 한다면 더 나은 결과를 함께 만들 수도 있지 않을까?

이 글에서 나오는 모든 내용은 나 혼자 한 일이 아니다. 나는 17대 현애자 의원님, 18대 임기를 마치고 간암이 발병해 돌아가신 고 곽정숙 의원님, 19대 박원석 의원님, 20대 윤소하 의원님과 함께 일했다. 각종 의정 활동 사례들은 네 분의 의원님과 의원실 동료들이 공동으로 기울인 노력의 결과다. 내용적으로는 의원실, 법적으로는 국회의원이 주어가 되어야 하지만 구분이 애매해 본문에서는 주로 필자를 주어로 썼다. '나'는 정확히 말하자면 '우리'다.

정부를 지칭할 때는 '행정부'라는 용어를 의도적으로 사용했다. 입법부와 짝을 이루는 개념이 담겼다. 정부는 시민으로부터 주권을 위임받아 통치한다. 시민들은 정부가 제 기능을 못하면 교체한다. 민주주의에서는 정당이 정부가 된다. 따라서 더불어민주당 정부, 자유한국당 정부 등이 더 적합한 표현이지만 익숙하지 않은 명칭이라 부득이 대통령의 이름으로 지칭했다. 김대중 행정부, 노무현 행정부, 이명박 행정부, 박근혜 행정부, 문재인 행정부 등이다. 입법부는 국회, 의회를 혼용했으며 맥락상 가장 자연스러운 표현을 사용했다.

정당명을 쓸 때 큰 어려움을 겪었다. 시점에 따라 정당명이 달라지기 때문이다. 의안 발의 등은 당시 시점에서 소속 정당을 기본으로 표기했고, 전체적인 흐름을 살필 때에는 '민주당 계열 정당', '보수당 계열 정당'으로 구분했다. 진보정당은 민주노동당, 진보신당, 통합진보당, 진보정의당, 정의당 등을 말한다. 굳이 당명을 구분할 필요가 없을 때에는 '진보정당'으로 표기했다.

이 글에서 나오는 각종 용어에 대한 설명은 국회 홈페이지와 〈국회법〉, 〈국가재정법〉 등 해당 법의 조문을 참고했음을 밝힌다. 필자가 분석하고 재구성한 자료는 대부분 국회 의안정보시스템, 법률정보시스템, 회의록시스템에 근거한 것이다.

14년 반의 보좌관 생활과 국회 밖에서 일했던 1년 반 동안 세 아이들은 스스로 컸다. 동료 시민이자 사랑하는 자녀 이의연, 이은서, 이은교에게 고마운 마음이 크다. 오랜 세월 수고하신 나의 엄마 김연향 여사님께도 감사한 마음을 전한다. 아이들은 두 반려견, 초코와 두리 이름도 자신들의 이름과 함께 서문에 넣어 달라 부탁했다. 모두 한 가족이라는 것이다.

얼마나 읽힐지 알 수 없는 정치 관계 서적을 지치지 않고 출판하는 후마니타스에 감사하지 않을 수 없다. 졸고가 출판사에 누가 되지 않을까 걱정이다. 부디 민주주의의 발전과 출판사의 발전이 함께 하길 기원한다. 정민용 대표님과 박상훈 전 대표님의 지지와 격려는 책을 내는 데뿐만 아니라 살아가는 데도 큰 힘이 되었다 내가 지금이라두 정치적으로 성숙한 면이 있다면 그건 전적으로 '정치발전소'에서 만난 선생님, 선후배 동료들 덕이다. 이 시점에서 함께 일했던 보좌진들을 떠올리지 않을 수 없다. 아마도 힘들었을 것이다. 그만큼 보람도 컸을 것이라고 믿어 의심치 않는다. 정치의 가능성은 그것을 믿고 실천하는 사람들을 통해 확장된다. 당신들이 그 역할을 했다. 고단하지만 아름다운 민주적 책임정치의 길을 걷는 모든 동료들에게 박수를 보낸다. 나 또한 그 일원임이 자랑스럽다.

2020년 5월

박선민

정치의
역할

우리 정치가 해야 할 가장 중요한 일은
시민권을 온전히 보장받지 못하는
시민들의 이익을 보호하는 일이다.
현재의 정당 체제가 달라져야 할 이유가 있다면,
그건 사회경제적 약자의 이익을 대표하는 정당이
절실히 필요하기 때문이다.

누가 정치를 잘하는가

정치란 무엇인가. 왜 정치를 하는가. 무엇을 위해 정치를 하는가. 누구와 함께 정치를 하는가. 누구를 위한 정치인가. 정치의 영역에서 일하는 한 이 질문은 끝없이 반복될 것이다. 경쟁하는 정치인이 묻기도 하고, 언론이 묻기도 하고, 지지자 또는 반대자가 묻기도 하지만 가장 자주 질문하는 사람은 자신일 것이다. 아무도 강요하지 않은 소명 의식에 잠을 이루지 못할 것이다.

정치를 한다는 것은 어깨엔 무거운 책임감을 짊어지고, 양손으로는 제각기 다른 방향으로 가려는 고집 센 염소 두 마리를 끌고, 한걸음마다 고뇌를 딛고 가는 일이다. 출발할 때는 목적지가 있었는데 가도 가도 길의 끝은 보이지 않는다. 이 길을 왜 걸어가고 있는지, 앞으로 가고 있기는 한 건지 깊은 좌절과 회의감이 들기도 한다. 정치에서는 사회의 모든 갈등이 집합되고, 인간의 모든 단점이 적나라하게 드러난다. 그럼에도 불구하고, 끊임없이 토론하고 협상해 결과를 내야 하는 게 정치다. 불가능한 상황에서도 가능한 것을 찾아내야 한다.

정치를 하고자 하는 사람은 먼저 좋은 정치관을 가져야 한다. 민주주의는 현대 정치에서 보편적 가치가 되었고, 제도적으로도 안착했다. 어느 누구도 자신이 민주주의자가 아니라고 말하지 않으며, 어떤 사회도 민주주의를 거부한다고 말하지 않는다. 하지만 모두가 민주주의자인 것도 아니고, 모든 국가가 민주적 정치제도를 운영하는 것도 아니다. 민주주의는 언제든 나빠질 수 있다. 당신의 노력이 민주주의의 퇴행을 가속화할 수도 있다. 민주주의 발전에 기여하는 정치를 하고자 한다면 민주주의에 대해 올바로 이해해야 한다. 정치가가 갖춰야 할 가장 중요한 자질이다.

민주주의는 자유·평등·연대의 단순한 총합이 아니다. 각각의 가치는 상호 영향을 미치며 경쟁한다. 자유와 평등은 충돌할 수 있다. 연대와 평등도 동의어가 아니다. 모든 결과가 정의로운 것도 아니다. 절대적으로 옳은 가치나 유일한 진리도 없다. 민주주의에서 가치 충돌은 피할 수 없다. 따라서 부도덕에 대한 완벽한 심판, 사회악의 완전한 척결, 위험의 원천적 제거, 완전무결 공평한 사회와 같은 바람은 실현될 수 없다. 다만, 공적 대화와 공적 의사 결정 과정을 통해, 공적 방법, 공적 제도에 따라 갈등을 관리할 뿐이다. 모든 합의는 일시적 타협이다. 그러니 정의를 구현하기 위해 정치를 하고자 한다면 반드시 좌절할 것이다. 나아가 당신의 의견은 언제나 오해받게 될 것이다. 칭찬보다 비난받는 일이 많을 것이며, 격려보다 질타가 잦을 것이다. 권력을 부여받았지만 언제나 감시받을 것이며, 권력 행사는 최소한으로 제한되어야 한다는 주장에 손발이 묶이는 기분이 들 것이다. 높은 윤리적 기준에 맞춰 살아야 하고, 소박한 일상의 즐거움을 온전히 누릴 수 없다. 혼자 감당하기 어려운 수많은 난제와, 승패가 없는 무한한 싸움을 해야 한다. 정치인에게 고독은 가장 가까운 친구다. 괴로움은 동반자다.

누가 정치를 잘할 수 있을까? 인간에 대한 연민이 없는 사람도 정치를 해서는 안 되지만 선한 마음만으로 할 수 없는 게 정치다. 굳이 택하라면 선한 사람보다 내면이 단단한 사람, 고난에 단련된 사람이 낫다. 인간과 사회에 대한 이해가 깊은 사람이 정치를 잘할 수 있다. 자신이 속한 조직·지역·단체에서 성과를 일구어 본 사람이 정치를 잘할 수 있다. 아흔아홉 번의 절망에도 굴하지 않고, 작은 성과의 기쁨을 누릴 줄 아는 사람이 정치를 잘할 수 있다.

최악의 상황에서도 최선의 결과를 추구하는 사람이 좋은 정치인이다. 권력을 선용해 시민들의 삶을 나아지게 하는 일에 성실하고 진지하게 임하며, 시민의 대리자로서 사회적 책무를 다하고자 노력하는 사람이 좋은 정치인이다. 있는 그대로의 현실을 감당하면서도 좌절하지 않고, 비관하지 않고, 더 나은 사회에 대한 꿈을 포기하지 않는 사람이 좋은 정치인이다. 대표성과 책임성의 조화, 소명 의식과 겸손함, 시민들에게 반응하되 여론에 좌우되지 않는 소신은 정치가가 갖춰야 할 기본적 덕목이다. 고단한 하루를 살아가는 시민들을 웃게 하고, 안심하고 일상의 즐거움을 누릴 수 있게 하는 정치가들이 필요하다.

미래와 건강에 대한 불안감은 공적 연금과 건강보험 정책으로 덜고, 가족 간 간병과 부양에 대한 부담감은 요양 보험과 사회복지 급여와 사회 서비스로 대신하고, 주택과 교육에 대해 지금과 같이 목돈이 들어갈 걱정을 하지 않아도 된다면, 내가 좋아하는 것에 대해, 다른 사람과 함께 나눌 즐거움에 대해, 어떻게 사는 인생이 보람될지에 대해 조금 더 깊이 생각해 볼 수 있을 것이다. 좋은 사회라면 행복의 책임을 개인에게 떠넘길 것이 아니라 제도를 통해 개개인이 행복을 뒷받침해야 한다.

민주주의가 아름다운 제도인 것은 인간에 대한 존중을 바탕으로 하기 때문이다. 민주주의는 자유롭고 평등한 인간들이 스스로 결정한 선택으로, 자신의 권한을 위임해 통치받는 정치체제다. 정치는 여기서부터 출발한다.

가장 기억에 남는 법안

나는 17대 국회부터 20대 국회까지 보좌관으로 일했다. 2004년부터 2020년에 이르기까지 강산이 한 번 반 바뀔 만한 시간 동안 수많은 법을 다루었다. 그중 가장 기억에 남는 법안을 꼽으라면 세 손가락 안에 드는 법이 18대 국회에서 제정된 〈노숙인 등의 복지 및 자립지원에 관한 법률〉이다.

이 법은 2011년 3월에 발의해 4월에 통과되었다. 발의부터 통과까지 한 달 남짓 걸렸으니 제정법으로서는 매우 드물게 빨리 통과된 것이었다. 그런데 이 법안을 실제로 준비한 것은 17대 국회, 즉 2004년부터였다. 실은 7년 만에 통과된 것이다.

애초 우리 의원실에서 발의했던 법의 제명은 '홈리스 인권 보장 및 지원에 관한 법률'이었다. '홈리스'는 거리 노숙인을 포함한 주거 불안정 계층 전체를 가리킨다. 당시 홈리스를 대상으로 한 복지는 부랑인 복지와 노숙인 복지로 나뉘어 있었는데 기준이 모호했다. 노숙인은 '일정한 주거 없이 상당한 기간 동안 거리에서 생활한 사람', 부랑인은 '일정한 주거와 생업수단 없이 상당한 기간 동안 거리에서 배회·생활한 사람'이라고 했다. 홈리스는 안정적인 직장을 갖기 어렵기 때문에 이 기준에 따르면, 홈리스는 상황에 따라 부랑인도 되었다가 노숙인도 된다.

부랑인과 노숙인은 무주거無住居, 무연고無緣故라는 공통점에도 불구하고 보건복지부령으로 정한 〈부랑인및노숙인보호시설설치·운영규칙〉에서 '생업 수단 유무'와 '입소 시설 형태'에 따라 구분하므로 부랑인 복지사업은 중앙 행정부에서, 노숙인에 대한 사업은 지방 행정부에서 담당했다.[1] 어떤 문제가 생겼을까? 어느 곳에서도 중장기적 계획을 수립하지 않았고, 그 결과 관련 사업은 비체계적·비효율적으로 이루어졌다. 책임 소재가 불분명하니 중앙 행정부와 지방 행정부는 어느 쪽도 책임지지 않으려 했다. 법적 기반이 없어서 발생한 문제였다.

당시 홈리스 사업에 대한 근거는 〈사회복지사업법〉상의 사회복지시설과 관련한 규정뿐이었다. 미국·영국·일본의 경우 별도의 홈리스 지원 근거법이 존재했으나 우리나라는 독립적인 법률이 없었다. 홈리스 관련 정책은 시설에 격리 수용하는 것이 전부였으므로 시설에 관한 규정만 있었던 것이다.

이런 문제를 해결하기 위해 홈리스 단체 및 전문가들과 함께 법 제정을 위한 논의에 들어갔다. 회의와 간담회를 여러 차례 거쳐 논의가 한창 무르익어 가고 있었는데 갑자기 홈리스 단체에서 우려를 표했다. 홈리스를 위한 법을 제정한다고 했을 때 발생할 부정적 여론이 두렵다는 것이었다. 시민들은 노숙에 대해 관대하지 않다. 노숙인을 지원하자는 법이 시민들의 동의를 받을 수 있을까? 오히려 노숙인에 대한 반감이 커지지 않을까? 홈리스 당사자들은 어떨까? 노숙인만을 대상으로 한 복지사업이 시행될 경우 '구분'에 따른 낙인감이 더 커지지 않을까? 법적 근거가 마련되면 시설 수용 정책이 더 강화되지는 않을까? 당사자 단체가 던진 질문에 제대로 답하지 못했다.

결국 법을 만들기는 했지만 발의하지 못했다. 현실에서 드러난 문제가 있고, 법 제정의 필요성도 있고, 전문가들의 의견 수렴도 거쳤고, 법안도 작성했으니 의원실에서 독자적으로 발의해도 무방했다. 법안 발의는 의원실 재량이기 때문이다. 하지만 발의하지 않았다. 당사자도 설득하지 못하면서 어떻게 행정부와 동료 의원들을 설득한단 말인가. 의원실의 실적만을 위해 일하고 싶지 않았다.

그렇게 17대 국회가 끝나고, 18대 국회가 시작되었을 때 거리 노숙인 사망 사건이 연달아 발생했다. 매년 밤이 가장 길다는 동짓날이면 서울역 앞에서, 거리에서 죽어 간 홈리스들을 위한 추모제가 열린다. 그 자리에 참석해 촛불을 들고 있는 내게 물었다. 이게 네가 할 수 있는 최선인가? 내 마음을 위로하고 있는 것은 아닐까? 진짜 추모는 거리에서 사람들이 죽지 않도록 하는 것이다. 복지 정책이 제대로 만들어져야 하고, 체계적·종합적 지원이 이루어져야 한다. 그러려면 법을 만들어야 한다. 마음을 다잡았다. 다시 단체들과 만났다. 현장의 요구를 가능하면 법안에 온전히 담겠다고 했다. 이와 함께 사회적 공감대를 확대하기 위한 사업도 차근차근 진행했다. "홈리스법 입법의 필요성 및 입법 과제" 보고서를 발간해 보건복지위원회(복지위) 위원들에게 배포하고, 보건복지부에도 전달하면서 법 제정의 필요성을 설득했다. 국정감사에서 이 문제를 집중적으로 질의를 했다. 국정감사가 끝나자마자 전문가 간담회를 개최하고 공청회를 열었다.

대표되지 않은 시민을 대표하는 일

법 제정 과정에서 함께 이루고 싶은 목표가 있었다. 우리나라는 민주주의 국가다. 법적·제도적으로는 모든 국민이 선거권과 피선거권을 가진 동등한 시민이다. 하지만 우리 사회에는 시민권을 온전하게 보장받지 못하는 존재들이 있다. 민주주의는 '이해 당사자들의 결사체'가 '힘의 균형'을 이루어야 좋아지는데, 약자들은 결사체를 구성하기도 어려웠고, 힘의 균형을 이루는 한 부분이 되지도 못했다. 정치에서 배제된 사람들이 많을수록 민주주의는 제대로 작동하기 어렵다. 가장 취약한 계층, 가장 소외된 사람들, 정책에서 지속적으로 배제되었던 사람들이 정책의 수급자에서 주체가 될 수 있기를 바랐다. 의료 관련법은 의사·간호사·환자 단체 등이 개입한다. 사회복지 관련법은 사회복지 종사자들이 관여한다. 이처럼 법안을 제·개정할 때는 보통 이해관계 당사자들의 의견을 청취하고 반영하지만 취약 계층에 관한 의제는 당사자 의견이 배제되는 경우가 많다. 전문성을 우선하는 사고와 당사자 대표 조직의 부재가 결합되어 나타난 현상이다. 노숙인은 그중에서도 가장 취약한 계층인지라 정책 입안 과정에 이들의 의견이 전달될 통로는 없는 것이나 마찬가지였다. 당사자가 보이지 않으면 정책은 '온정주의'로 다뤄지기 쉽다. 복지가 권리로서 보장되기보다 시혜적인 차원에서 제공되는 데 그친다. 시혜와 동정으로 '만들어 준' 법이 아니라 함께 논의해 '만들어 가는' 법이 되도록 하자는 것이 이 법을 제정하는 데 있어 또 하나의 목표였다. 그래서 법 제정에 앞서 당사자와 함께할 방도를 고민했고, 택한 방법은 서명운동, 청원 제출, 당사자 대회 등이었다.

노숙인들에게 청원 서명을 받을 수 있을까? 처음에는 솔직히 자신이 없었다. 게다가 거리 생활자가 줄어드는 추운 겨울이었다. '홈리스 1천 명 서명운동'을 시작했는데, 5백 명만 받아도 다행이라고 생각했다. 홈리스 단체 회원들이 한 사람 한 사람 설명을 거듭하며 발로 뛴 결과, 목표로 했던 1천 명을 뛰어넘어 1,531명이 청원 서명에 동참했다. 대부분 쪽방촌·고시원에 거주하는 분들, 거리에서 생활하는 분들, 일용직이거나 국민기초생활 수급자분들이었다. 2011년 2월, 서명인 전체의 이름으로 청원을 제출했다. 3월에는 국회 앞에서 '홈리스 지원법 제정 청원인 대회'를 열었고, 홈리스 당사자 80여 명이 모였다. 우리 사회에서 보이지 않던, 보이지 않도록 격리되었던 사람들이 제대로 된 법안을 만들어 달라고 국회 앞에 모여 발언을 했다. 수백, 수천, 수만 명이 움직이는 이익 단체와 비교한다면 많지 않은 인원이지만 그 어느 단체보다 강력하고, 그 누구보다 아름다운 80인이었다.

준비가 끝났다. 이제 우리가 법안을 발의할 차례다. 이미 한나라당, 민주당 소속 의원 3인이 동일 취지의 법안을 발의한 뒤였다.[2] 준비 정도로 보면 가장 먼저 발의할 수도 있었다. 유일하게 연구 보고서도 냈다. 관련 단체와 밀접하게 소통한 것도 우리였다. 욕심을 냈다면 얼마든지 이슈를 독점할 수 있었다. 하지만 그러지 않았다. 왜냐하면 이 법은 반드시 통과시켜야 할 법이었기 때문이다. 제정법은 행정부와 협의도 중요하고, 상임위원회 전체 의원들의 동의도 필요하다. 여당 의원이 법안 추진에 적극적이어야 행정부와 협의가 원만하고, 다른 야당 의원이 발의한 법안이 있어야 통과 과정에서 동료 의원들의 동의를 받는 게 수월하다. 반대 요인들을 최소화하기 위해 우리는 가장 뒤에 섰다.

법을 발의하고 난 직후 홈리스 단체와 함께 현장과 더 소통할 방법이 없을까 고민하다가 현장 설명회를 진행하기로 했다. 장소는 서울역 앞 동자동 쪽방촌 공원이었다. 하필이면 추적추적 비가 내려 손이 시릴 만큼 추운 날이었다. 이런 날씨에 사람이 올까? 작은 공원에 천막을 치고 의자를 놓고, 사람들을 기다렸다. 하루하루 살아가기 바쁜 분들이 법 제정에 관심이 있을까? 나의 의문에 답하듯 시간이 되자 사람들이 모여들었다. 천막 안이 북적였다. 법안 설명이 시작되자 조용히 귀 기울여 들었다. 설명이 끝나고 사회자가 혹시 질문이 있냐고 하니 몇 분이 손을 든다.

"일자리가 필요합니다. 일할 곳을 찾아 줄 수 있나요?"

"몸이 아파서 일을 못하는데, 가끔이라도 일할 수 있을까요?"

"방값이 너무 비싸요. 일할 때는 고시원에라도 가지만 일이 없으면 있을 데가 없어요."

"잠잘 곳이 필요하오."

"내 한 몸 누울 곳만 있으면 어떻게든 살아 보겠소."

"법이 만들어지면 우리한테는 뭐가 좋아지는 거요?"

"그렇게 좋은 거면 법을 빨리 만들어 주시오."

이 순간이 지금도 생생하다. 입법은 무생물의 규칙을 만드는 일이 아니라 누군가에게 절박한 삶의 문제를 다루는 일이다. 권력을 두고 다투는 정치가 나의 길이 아닌 것 같은 생각이 드는 날이면, 점진적 변화가 가능할 것이라는 믿음이 허물어지는 날이면, 인간에 대한 실망이 커져 인간이 만든 정치제도조차 싫어지는 날이면, 나의 책임이 나의 능력보다 버겁게 느껴지는 날이면 나는 이 날을 생각한다. 나는 그저 대리자일 뿐이다. 입법권은 주권자가 위임한 권한이며 이 권한을 잘 사용하는 게 정치를 잘하는 방법이다.

이 법이 기억에 남는 것은, 첫째, 입법 과정에서 당사자들과 함께 만들기 위해 노력했고, 둘째, 실질적 성과를 만들어 내기 위해 애초에 성과를 독점하지 않으려고 했으며, 셋째, 정치를 통해 무엇을 하고자 하는지에 대한 해답이 되었다는 점 때문이다.

정치는 권력관계의 반영이다. 자원은 균등하지 않다. 소득, 지위, 자산, 사회적 관계망 등 자원을 많이 가진 집단은 정치적 비용을 기꺼이 지출한다. 그들에게 정치는 확실한 투자처다. 자원이 부족한 시민들의 의사는 선택적으로 사장된다. 정치는 다수의 이익에 반응한다. 권력을 획득하고 유지하는 데는 다수의 동의가 필요하기 때문이다. 따라서 정책적 성과는 가장 많은 자원을 가지고 있는 집단과, 다수를 점한 조직의 이익에 편중된다. 권력의 중심에 있는 영향력 있는 이익집단의 이익은 점점 더 강력하게 보호된다. 반면, 사회적 약자와 소수자의 이익은 다루어지지 않는다. 이들을 대리하는 정당과 정치인이 없다면 이런 불균형은 개선되지 않는다. 우리 정치가 해야 할 가장 중요한 일은 시민권을 온전히 보장받지 못하는 시민들의 이익을 보호하는 일이다. 현재의 정당 체제가 달라져야 할 이유가 있다면, 그건 사회경제적 약자의 이익을 대표하는 정당이 절실히 필요하기 때문이다.

국회가
하는 일

입법부에는
법 전문가보다 정치 전문가가 필요하다.
관료를 상대해야 하고,
행정부에 대한 대응과 견제만이 아니라
의제 형성과 조직화를 통한 적극적 정치로
실질적 변화를 만들어 가야 하기 때문이다.

상임위원회와 전문성

(1) 상임위원회는 어떻게 구성되는가

이런 일이 있을 줄 알았다. 하지만 그 국회의원일 줄은 몰랐다. 그 후배일 줄도 몰랐다. 성실한 후배는 단 한 번도 의원에 대해 부정적으로 말하지 않았다. 불평은커녕 자기 의원이 얼마나 좋은 사람인지 자랑하기 바빴다. 그런데 후반기 상임위원회를 바꾼다고 의원이 '나가 달라'고 했다는 것이다. 다른 의원실을 알아볼 말미도 주지 않았다. 2년 동안 함께 일했지만 해고는 하루아침이다. 보좌관은 노동을 하지만 노동권을 보호받지 못하고, 공무원이지만 임기를 보장받지 못한다. 오로지 선출직 정치인의 손에 생사 여부가 달려 있다.

〈국회법〉상 상임위원회의 임기는 2년으로 규정돼 있다.[1] 후반기에는 원칙적으로 상임위원회를 재구성한다. 전반기 상임위원회를 이어가는 경우가 더 많지만 보좌관들은 마음이 편치 않은 시기다. 상임위원회 변동에 따라 앞에 언급한 의원실처럼 '그만두라'는 경우가 간혹 있기 때문이다. 아이러니하게도 해당 상임위원회에 전문성이 있는 보좌진일수록 교체될 가능성이 높다. 오히려 전문성이 뚜렷하지 않은 사람은 전천후 어느 상임위원회나 담당할 수 있는 사람으로 높이 평가된다. 임기 초 상임위원회를 구성할 때와는 정반대의 상황이 전개된다. 상임위원회가 유지되더라도 의원 입장에서는 인적 구성을 변경해 분위기를 쇄신하고 싶을 수도 있다. 여러 가지 변수가 작용하는 시기다. 게다가 의원이 원하는 대로 상임위원회가 배정되는 것도 아니다. 상임위원회 조정을 두고 같은 당 내에서도 의원들끼리 신경전을 벌이기도 한다. 교섭단체 협의 결과에 따라 상임위원회 인원도 늘어나거나 줄어들 수 있다. 상임위원회가 결정될 때까지 마음을 놓을 수 없다. 어느 상임위원회 위원이 되느냐는 의정 활동을 하는 데 매우 중요한 요소다.

의장단과 상임위원장단을 선출하고, 상임위원회 위원을 배정해 논의 및 의결 기구를 구성하는 것을 '원院 구성'이라고 한다. 국회 안에서 벌어지는 거의 모든 일이 그렇지만, 특히 원 구성은 매우 치열한 협상의 결과다. 어찌나 입체적인지 그야말로 '예술'이라는 생각이 들 정도다. 정당별로 소속 의원들의 희망 상임위원회를 조사하는 것부터 시작하는데, 상임위원회 정수와 희망하는 의원 숫자가 일치하지 않기 때문에 내부 조정이 1차 관문이다. 의원들이 선호하는 상임위원회와 그렇지 않은 상임위원회가 있기 때문이다. 의원들의 선호가 고려되기는 하나 결국 최종 결정은 정당 지도부의 몫이다.

다선 의원들 간에 상임위원장을 둘러싼 경쟁도 상당하다. 기본적으로 선수가 높은 의원이 맡는 것이 관행인데 선수가 같으면 연령 순위로 정하기도 하고, 지도부의 결정에 반발해 당내 경선을 치르기도 한다. 2년 임기가 원칙이지만 1년씩 쪼개어 맡는 경우도 있다. 정당 간 협상은 주로 어느 상임위원회의 위원장을 어느 정당에서 맡을 것인가를 두고 이뤄진다. 상임위원장은 6대 국회부터 12대 국회까지는 다수당의 승자

독식 원칙이 적용되었지만 1988년, 민주화 이후 구성된 13대 국회부터는 정당 간 의석 비율에 따라 배분하고 있다.[2] 당시 집권 여당인 민주정의당이 과반 의석을 확보하지 못하고, 통일민주당·평화민주당·신민주공화당 등 야3당이 60%의 의석을 갖게 되면서 원 구성에 있어서도 '원내 교섭단체 간 협상'의 원리가 적용된 것인데 현재까지 이 관행이 유지되고 있다.[3] 협상이 잘 진행되지 않으면 원 구성이 늦어지기도 한다. 18대 국회 전반기에는 88일 만에 구성이 완료된 바 있다.

정당들이 정치적으로 중요하다고 생각하는 핵심 상임위원회의 경우 타결 직전까지 양보 없이 팽팽하게 대립한다. 주고받고, 밀고 당기다 어느 순간 타결되면 마치 공작새가 날개를 펴듯 한꺼번에 전체 구성이 공개된다. 상임위원장 및 상임위원 선임에 관해 제도화된 기준이나 절차는 없으며 각 당 지도부에 의해 선임이 이루어지기 때문에 공개될 때까지 알지 못한다.

미국의 의회는 개원 후 첫 회의에서 의장과 상임위원장을 선출하고, 위원을 배정해 원 구성을 완료한다. 임기 개시 전에 미리 의장 후보자를 선출하고, 공화당 운영위원회와 민주당 운영 및 정책위원회에서 결정한 위원 명단을 각 당 의원총회에서 승인한 후 하원 본회의에 제출한다.[4] 의원의 위원회 배정에 영향을 미치는 요인은 선수뿐만 아니라, 경험, 배경, 이념 성향, 출신 주의 지지도, 정당 지도부와의 관계, 지역구의 관심사 등 매우 다양하다고 한다.[5]

영국 하원도 임기 개시 후 첫 회의에서 위원회배정위원회Committee of Selection의 위원장이 특별위원회의 위원장과 위원 명단에 대한 동의안을 본회의에 상정한다. 위원 배정은 각 정당 내부의 시스템에 의해 결정되는데, 각 정당의 원내 대표party whip가 총선이 끝난 후 위원장과 위원 추천 명단을 위원회배정위원회에 제출한다. 다수당이 위원장을 독식하는 미국과 달리 영국은 원내 정당의 의석 비율을 고려해 정당 간 협상에 따라 위원장직을 배분한다.6

한국에서 상임위 구성은 기본적으로 정당 소속 의원 수의 비율에 의해 숫자를 정하는데 교섭단체7의 경우 대표 의원이 일괄적으로 요청하면 국회의장이 선임 및 개선改選한다. 비교섭단체 의원에 대해서는 의장이 정하도록 규정되어 있다. 비교섭단체 의원의 경우도 희망 상임위원회를 고려해 배정하기는 하나 간혹 조정의 여지없이 일방적으로 결정되기도 한다. 17대 국회에서 노회찬 의원(당시 민주노동당)은 정무위원회를 희망했으나 법제사법위원회(법사위)에 배정되었고, 19대에 박원석 의원(당시 진보정의당)은 복지위를 희망했으나 기획재정위원회에 배정되었다. 당황스럽지만 항의 외에 별 다른 방법이 없다.

상임위원회 구성과 관련해 농성을 진행한 적도 있다. 19대 국회 후반기 상임위원회가 결정되던 2014년 6월의 일이다. 정의당 소속 의원이 환경노동위원회(환노위)에서 배제된다는 소식에 의원단 전원이 항의에 나섰다. 환노위 정수는 15인인데 이 중 8석은 새누리당, 7석은 새정치민주연합으로 배정하고 비교섭단체는 포함하지 않기로 한 것이다. 전반기 환노위의 정수도 15인으로 동일했지만 새누리당 7석, 새정치민주연합 7석, 정의당 1석으로 구성했다. 양당이 동일한 숫자이므로 정의당 1석이 힘을 발휘할 수 있었다. 후반기가 되자 양당은 교섭단체 간 합의로 정의당을 빼고, 그 자리에 새누리당을 넣기로 결정해 버렸다. 정의당의 강력한 항의에 따라, 결국 위원회 정수를 16석으로 한 석 늘려 새누리당 8석, 새정치민주연합 7석, 정의당 1석으로 구성하는 것으로 결정했다. 정의당을 배제하지는 않았지만 상임위원회 정수를 늘려 정의당 1석이 결정적 역할을 하지 못하게 조치한 것이다.

　　상임위원회 배정과 관련해 과거에는 이런 일도 있었다. 16대 국회 시기인 2001년, 현역 국회의원이 국회의장을 상대로 권한쟁의 심판을 청구한 사건이다. 김홍신 의원(당시 한나라당)은 복지위 위원이었는데 한나라당 대표 의원(이재오 의원)이 환노위 박혁규 의원과 김 의원을 맞바꾸는 사·보임 요청서를 국회의장에게 제출했고, 의장이 이를 결재하자 김 의원이 국회의장을 상대로 소송을 제기했다. 김 의원은 '건강보험 재정 분리 법안'에 대해 당론과 다르게 반대하고 있었다.[8] 한나라당 의원이 8명, 민주당과 무소속 의원이 7명이었던 복지위에서 김 의원의 1표는 의결 정족수를 좌우하는 캐스팅 보트였다. 당론과 다르게 행동한 김 의원이 강제 사·보임된 날 해당 법안은 한나라당 당론대로 의결됐다. 이 사건에 대해 헌법재판소는 국회의장은 해당 의원이 소속된 정당 대표 의원의 요청에 응한 것이므로 헌법 및 법률에 위반되지 않는다고 기각했다.

　　20대 국회에서도 사·보임이 문제가 되었다. 국회 사법개혁특별위원회(사개특위)와 정치개혁특별위원회(정개특위)가 2019년 4월 〈공직선거법〉 개정안(선거제 개편안), 〈형사소송법〉〈검찰청법〉 개정안(검경수사권 조정), 〈고위공직자범죄수사처 설치 및 운영에 관한 법률안〉(공수처법) 등 이른바 4대 '패스트 트랙' 법안을 신속 처리 대상 안건으로 지정하는 과정에서 위원 개인의 의사와 반하는 사·보임이 있었기 때문이다. 공수처법에 대해 당론과 다른 의견을 표한 사개특위 오신환 의원을 같은 당 채이배 의원으로 교체한 것인데, 김관영 원내 대표(당시 바른미래당)의 요청을 받은 문희상 의장이 결재해 개선이 이루어지자 이에 대해 오신환 의원은 문 의장의 행위가 법률안 심의·의결권 등을 침해했다며 권한쟁의 심판을 청구했다. 물론, 이와 같은 사·보임은 매우 특별한 경우다.

상임위원회 배정과 구성, 의원 간 개선은 정당 간, 정당 내 갈등과 힘의 역학 관계가 모두 반영된 결과다. 의원의 의사와 상관없이 정치적 결정에 따라 유동하기도 한다. 가능하면 4년의 임기 동안 동일한 상임위원회에서 활동하도록 보장해야 의원이 책임성을 가지고 의정 활동을 할 수 있다.

(2) 문제는 상임위원회 쏠림 현상

상임위원회에 대한 의원들의 선호는 상임위원 정수에서 드러난다. 상임위원회의 종류와 소관 사항은 〈국회법〉에 따라, 상임위원회 인원은 〈국회상임위원회 위원 정수에 관한 규칙〉으로 정한다(정보위원회만 위원 정수가 12명으로 〈국회법〉에 명시돼 있다. 〈표 2.1〉). 제헌국회 이후 2019년까지 30회 규칙이 개정되었는데 2000년 이후 개정된 횟수가 16회로 절

표 2.1   20대 국회 상임위원회 종류 및 소관 사항

상임위원회	소관	인원
국회운영위원회	국회 운영에 관한 사항	28
	〈국회법〉과 국회규칙에 관한 사항	
	국회사무처 소관에 속하는 사항	
	국회도서관 소관에 속하는 사항	
	국회예산정책처 소관에 속하는 사항	
	국회입법조사처 소관에 속하는 사항	
	대통령비서실, 국가안보실, 대통령경호처 소관에 속하는 사항	
	국가인권위원회 소관에 속하는 사항	
법제사법위원회	법무부 소관에 속하는 사항	18
	법제처 소관에 속하는 사항	
	감사원 소관에 속하는 사항	
	헌법재판소 사무에 관한 사항	
	법원·군사법원의 사법행정에 관한 사항	
	탄핵소추에 관한 사항	
	법률안·국회규칙안의 체계·형식과 자구의 심사에 관한 사항	
정무위원회	국무조정실, 국무총리비서실 소관에 속하는 사항	24
	국가보훈처 소관에 속하는 사항	
	공정거래위원회 소관에 속하는 사항	
	금융위원회 소관에 속하는 사항	
	국민권익위원회 소관에 속하는 사항	
기획재정위원회	기획재정부 소관에 속하는 사항	26
	한국은행 소관에 속하는 사항	
교육위원회	교육부 소관에 속하는 사항	16
과학기술정보방송통신위원회	과학기술정보통신부 소관에 속하는 사항	21
	방송통신위원회 소관에 속하는 사항	
	원자력안전위원회 소관에 속하는 사항	
외교통일위원회	외교부 소관에 속하는 사항	22
	통일부 소관에 속하는 사항	
	민주평화통일자문회의 사무에 관한 사항	
국방위원회	국방부 소관에 속하는 사항	17

행정안전위원회	행정안전부 소관에 속하는 사항	22
	인사혁신처 소관에 속하는 사항	
	중앙선거관리위원회 사무에 관한 사항	
	지방자치단체에 관한 사항	
문화체육관광위원회	문화체육관광부 소관에 속하는 사항	17
농림축산식품 해양수산위원회	농림축산식품부 소관에 속하는 사항	19
	해양수산부 소관에 속하는 사항	
산업통상자원 중소벤처기업위원회	산업통상자원부 소관에 속하는 사항	29
	중소벤처기업부 소관에 속하는 사항	
보건복지위원회	보건복지부 소관에 속하는 사항	22
	식품의약품안전처 소관에 속하는 사항	
환경노동위원회	환경부 소관에 속하는 사항	16
	고용노동부 소관에 속하는 사항	
국토교통위원회	국토교통부 소관에 속하는 사항	30
정보위원회	국가정보원 소관에 속하는 사항	12
	〈국가정보원법〉 제3조제1항 제5호에 따른 정보 및 보안 업무의 기획·조정 대상 부처 소관의 정보 예산안과 결산 심사에 관한 사항	
여성가족위원회	여성가족부 소관에 속하는 사항	17

자료: 〈국회법〉 제37조(2018.7.17. 개정안 기준).

반을 넘는다. 거의 1년에 한 번씩 바꾼 것이다. 2013년에는 한 해에 세 번이나 개정했다. 앞서 말했던 환노위 배정을 둘러싼 농성 사태 때는 환노위 정수를 1석 늘리는 대신 외교통일위원회 정수를 1석 줄이도록 개정했다. 여야 간 협상 결과에 따라 사후에 개정하는 방식이라 변동이 잦다.

문제는 상임위원회 '쏠림 현상'이다. 20대 국회에는 17개의 상임위원회와 예산결산특별위원회, 윤리특별위원회▪가 있었다. 상임위원회

■ 특별위원회

예산결산특별위원회(예결특위)와 윤리특별위원회(윤리특위)는 <국회법>에 따로 명시되어 있다. 예산결산특별위원회는 50인으로 구성하며 교섭단체 소속 의원 수의 비율과 상임위원회 위원 수의 비율에 의해 선임하도록 되어 있다. 예결특위 위원의 임기는 타 상임위원회와 달리 1년이다. 다른 상임위원회의 약 2배가량 되는 50인으로 구성하는 것, 임기가 1년밖에 안 되는 것은 의원들의 이해관계가 종합적으로 고려된 결과다. 예결특위 의원은 지역구 예산을 편성하기에 유리하고, 지역구 예산은 재선에 영향을 미친다. 그래서 좀 더 많은 의원들이, 한 해라도 돌아가면서 할 수 있도록 설계한 것이다.

윤리특별위원회는 의원의 자격 심사 및 징계에 관한 사항을 심사하며 <윤리특별위원회 운영 등에 관한 규칙>을 따로 두고 있다. 위원장은 자격 심사 또는 징계를 위해 위원회를 개회할 때에는 그 개회 일시와 장소 등을 심사 요구 의원(자격 심사 또는 징계를 청구하거나 요구한 의장·위원장 및 의원)과 심사 대상 의원(자격 심사 피심 의원 또는 징계 대상자)에게 알린다. 위원회는 국회법에 따라 심문할 수 있고, 심사 요구 의원과 심사 대상 의원에게 발언 및 변명을 들을 수 있다. 자격 심사는 30명 이상의 연서로 의장에게 청구하며, 의장은 청구서를 윤리특위에 회부하고, 기일을 정해 답변을 제출하게 한다. 윤리특위는 청구서와 답변서에 의해 심사하는데, 답변서가 제출되지 않으면 청구서만으로 심사한다. 윤리특위가 심사 보고서를 의장에게 제출하면 의장이 본회의에 부의하며 '자격 없음'을 의결하기 위해서는 재적 의원 3분의 2 이상의 찬성이 필요하다. 심사 대상 의원은 본회의에서 스스로 변명하거나 다른 의원으로 하여금 변명하게 할 수 있다. 윤리특위는 심사 전 반드시 윤리심사자문위원회의 의견을 청취해야 하는데, 8인의 자문위원은 전원 교섭단체 대표 의원이 추천한다.

비상설 특별위원회는 필요에 따라 '특별위원회 구성 결의안' 또는 '특별위원회 구성의 건'을 본회의에서 의결해 구성하고, 활동 기간도 따로 정한다. 통상 의결한 기간 동안 활동하나 활동 기간을 연장하는 경우도 있으며 이때에도 본회의 의결을 원칙으로 한다. 비상설 특별위원회는 안건이 둘 이상의 상임위원회와 관련되거나 특히 필요하다고 인정한 경우 구성한다. 특위는 활동 기한이 종료될 때까지 존속하며, 심사한 안건을 법사위로 회부했거나 심사 보고서를 제출한 경우 본회의에서 의결될 때까지 존속하는 것으는 국회운영위원회(28인), 법제사법위원회(18인), 정무위원회(24인), 기획재정위원회(26인), 교육위원회(16인), 과학기술방송통신위원회(21인), 외교통일위원회(22인), 국방위원회(17인), 행정안정위원회(22인), 문화체육관광위원회(17인), 농림축산식품해양수산위원회(19인), 산업통상중소벤처기업위원회(29인), 보건복지위원회(22인), 환경노동위원회(16인), 국토교통위원회(30인), 정보위원회(12인), 여성가족위원회(17인)인데, 이 중 국회운영위원회·정보위원회·여성위원회는 다른 상임위원회를 하면서 겸임하는 상임위원회이다. 각 교섭단체 대표 의원

로 본다. 활동 기한이 종료되면 15일 이내에 활동 결과 보고서를 국회운영위원회에 제출하고, 운영위 심사가 끝나면 공개한다. 특별위원회 위원은 특별위원회 구성 결의안이 본회의에서 의결된 날부터 5일 이내에 의장이 선임 및 개선한다. 특위 차원에서 비공개 자료 열람실을 설치·운영한 경우도 있다. 17대 국회 '한미 FTA 특별위원회'에서는 비공개 자료 제출을 둘러싸고 공방을 거듭하다가 행정부와 합의하에 비공개 자료 열람실을 설치한 바 있다. 18대 국회 '저축은행비리 의혹 진상규명을 위한 국정조사특별위원회'에서는 감사원 문서는 국회 본청에, 금융감독원 문서는 금융감독원에 별도의 검증실을 두어 열람하는 방식으로 문서 검증을 실시했다. 또한 특별위원회에서 사회적 기구를 구성한 사례도 있다. 19대 국회에서 '공무원연금개혁 특별위원회'는 '공무원 연금 개혁을 위한 국민 대타협 기구'를 두었으며, 대타협 기구는 공동 위원장 2인 포함, 국회의원 4인, 전문가·시민단체 8인, 공무원 단체 대표 4인, 소관 부처 공무원 4인 등 총 20인으로 구성했다. 또한 '공적 연금 강화와 노후 빈곤 해소를 위한 특별위원회'는 '공적 연금 강화와 노후 빈곤 해소를 위한 사회적 기구'를 운영했는데, 사회적 기구는 공동 위원장 2인 포함, 국회의원 6인, 전문가 6인, 사업장 가입자 대표 4인, 지역 가입자 대표 2인, 공무원 및 공공 기관 임직원 2인 등 총 20인으로 구성했다(국회사무처, 2016, "국회선례집," 326쪽).

은 국회운영위원회와 정보위원회의 당연직 위원이 된다.

20대 국회에서 인원이 가장 많은 순서인 국토교통위원회(30인), 산업통상자원중소벤처기업위원회(29인)는 그대로 인기 상임위원회 순서이다. 19대 국회까지는 교육문화체육관광위원회(29인)도 인기가 많았는데, 20대 국회 들어 교육위원회(16인), 문화체육관광위원회(17인)로 나뉘었다. 총인원은 더 늘어난 셈이다. 인기의 비결은 지역 예산 편성에 유리하다는 점이다. 17대 국회와 비교하면 변화가 눈에 보인다. 17대 국회의 건설교통위원회의 정수는 26명이었는데 명칭이 바뀐 국토교통위원회는 20대 국회에서 30명으로 늘었다. 산업자원위도 22명에서 30명으로 늘었다. 거꾸로 인원이 가장 적은 환경노동위원회(16인)는 희망자가 정수에 미치지 못하는 실정이다. 노동부에 환경부 업무가 더해진 환노위는 1988년 노동위원회로 신설된 상임위원회다. 1987년 6월 항쟁과 7, 8, 9월 노동자 대투쟁 등 민주화 이후 노동조합이 봇물 터지듯 설립된 사회적 분위기가 국회 안에서 반영된 것이다. 상임위원회 구성은 사회적 상황과 무관하지 않다. 정보위원회는 1994년 신설됐는데, 문민정부가 출범한 이후 공작 정치의 본산으로 지목된 국가안전기획부(안기부)에 대한 개혁이 요구되면서, 안기부에 대한 국회 감시 기능을 강화하기 위해 국방위에서 분리해 별도로 구성했다. 2002년 신설된 여성위원회는 1999년 제정된 〈남녀차별금지및구제에관한법률〉 시행과 '김대중(민주당) 행정부'에서 처음으로 만들어진 여성부 출범에 발맞추어 이뤄졌다.

상임위원회 구성에 있어서 특정 상임위원회 쏠림 현상이 지속적으로 발생한다면 이는 시민들의 권리가 다양한 분야에서 고르게 대변되지 않고 있다는 말이다. 상임위원회가 사회의 반영이라고 한다면 우리 사회의 가장 중요한 의제를 다루는 상임위원회가 가장 인기 있는 상임위원회가 돼야 마땅하다. 사회경제적 갈등이 첨예한데 노동 관련 상임위원회가 외면 받는다면, 그것은 국회가 시민의 삶과 동떨어져 있다는 증거다. 상임위원회 선택 기준이 '지역구 관리에 유리한지의 여부'가 아니라 '어떤 정치적 성과를 낼 것인가'로 옮겨갈 때 이와 같은 현상은 줄어들 것이다.

(3) 성별 편중 현상도 문제

성별에 따른 쏠림 현상도 문제다. 여성 의원은 16대 국회 21명에서 20대 국회 51명으로 증가했다. 20대 국회의 경우 전체 의원 중 여성 의원 비율이 17%를 차지하고 있다(〈표 2.2〉). 그렇다면 상임위원회별로 17% 내외의 여성 의원이 고르게 분포되어 있어야 하는데 실제 현황은 그렇지 않다(〈표 2.3〉).

20대 국회 전반기의 경우 농림식품해양축산위원회, 정보위원회는 여성 국회의원이 아예 없었다. 외교통일위원회는 22명 중 1명, 국방위원회는 17명 중 1명, 법제사법위원회도 17명 중 1명인 반면, 여성가족위원회는 17명 중 13명, 76.5%가 여성이었다. 여성 가족 의제는 꼭 여성 의원들이 다뤄야 할까? 보건복지위원회도 21명 중 11명, 52.4%가

표 2.2   역대 여성 의원 현황

대별	지역구	비례대표 (전국구)	합계	전체 의석수 대비 비율(%)	전체 의석수
제헌	1	0	1	0.5	200
2대	2	0	2	0.95	210
3대	1	0	1	0.5	203
4대	3	0	3	1.3	233
5대	1	0	1	0.3	민의원233/참의원 58
6대	1	1	2	1.1	175(44)
7대	1	2	3	1.7	175(44)
8대	0	5	5	2.5	204(51)
9대	2	10	12	5.5	219
10대	1	7	8	3.5	231
11대	1	8	9	3.3	276(92)
12대	2	6	8	2.9	276(2)
13대	0	6	6	2.0	299(75)
14대	1	7	8	2.7	299(62)
15대	3	9	12	4.0	299(46)
16대	5	16	21	7.7	273(46)
17대	10	33	43	14.4	299(56)
18대	14	32	46	15.4	299(54)
19대	22	31	53	17.7	300(54)
20대	26	25	51	17.0	300(47)

자료 : 대한민국 헌정회 헌정 자료실(검색일: 2020/03/03).
주: 1. 합계에서 괄호 안은 비례대표, 전국구 의석수
    2. 9대, 10대 국회의 경우 통일주체국민회의가 당시 헌법(1972.12.27 전문 개정) 제40조 제1항에 의해 국회의원 3분의 1을 선출함.
    3. 의원직 상실자는 제외함.

여성 의원이다. 앞서 인기 상임위원회라고 언급했던 국토교통위원회,

산업통상자원중소벤처기업위원회 여성 의원 비율이 각각 6.7%, 10.7%로 적고, 비인기 상임위원회라고 했던 환경노동위원회(37.5%)는 여성이 많다. 예산을 다루는 예산결산특별위원회는 50명 중 7명, 14%가 여성이다. 여성 의제가 모든 영역에서 주요 의제로 다루어지지 못하고 있음을 보여 주는 것이다.

20대 국회 후반기에는 상반기에 0명이었던 농림축산식품해양수산위원회에 2명, 정보위원회에 3명의 여성 의원이 있었다. 정보위원회의 경우 최초로 여성이 위원장을 맡았고(이혜훈 의원, 제20대 국회 후반기 정보위원회 위원장 역임, 당시 바른미래당), 제1야당 간사도 여성이 맡았으며(이은재 의원, 당시 자유한국당 정보위원회 간사), 당연직으로 참여하는 교섭단체 원내 대표 중 1명(나경원 의원, 당시 자유한국당 원내 대표)이 여성이라는 점에 힘입어 전체 여성 위원이 0명에서 3명으로 증가했다. 하지만 국방위원회는 1명에서 다시 0명이 되었다. 상임위원회 여성 할당제라도 해야 하나 싶다. 상임위원회 구성에서 성별 균형이 반영될 때 성평등 의제도 더 잘 다룰 수 있을 것이다.

(4) 전문성 확보를 위하여

의원들의 전문성은 얼마나 고려되어야 할까? 상임위원회를 배정할 때 1차적 기준이 의원의 선호라면 2차적 고려는 의원의 전문성이다. 전문성은 의원의 선호와 정당의 이해가 일치할 수 있는 조건이기도 하다.

표 2.3   20대 국회 상임위원회 여성 의원 현황

상임위원회	전체 인원 (현원)(명)	여성 의원 (명)	여성 의원 비율 (%)
여성가족위원회	17	13	76.5
보건복지위원회	22(21)	11	52.4
환경노동위원회	16(15)	6	40.0
과학기술정보방송통신위원회	24(22)	6	27.3
윤리특별위원회	15	4	26.7
운영위원회	28	7	25.0
교육문화체육관광위원회	29(28)	7	25.0
행정안전위원회	22(20)	4	20.0
정무위원회	24	4	16.7
기획재정위원회	26(25)	4	16.0
예산결산특별위원회	50	7	14.0
산업통상자원중소벤처기업위원회	30(28)	3	10.7
국토교통위원회	31(30)	2	6.7
법제사법위원회	17	1	5.9
국방위원회	17	1	5.9
외교통일위원회	22	1	4.6
농림축산식품해양수산위원회	19(18)	0	0
정보위원회	12	0	0

자료 : 국회 홈페이지 상임위별 의원 명단 분석
주: 2018년 4월 기준(단, 비율은 현원 기준)

법조인은 법사위, 군사 전문가는 국방위, 교육계 출신은 교육위로 배정하는 식이다. 전문적 지식은 정책 결정에 중요한 요소가 된다. 정책에 있어서 좀 더 유능한 사람에게 권한을 위임하고자 하는 것은 시민들의

자연스러운 선택이다. 다만, 정책 입안자로서 정치인의 전문성은 훨씬 더 폭이 넓고 깊이가 깊어야 한다. 일반적으로 어느 한 분야에 전문가가 되기 위해서는 그에 집중해야 하고, 지식의 폭이 제한되기 쉽다. 그 분야는 잘 알지만, 다른 분야는 모를 수 있다. 정치에서 정책도 판단이자 결정이다. 전문가들 사이에 의견이 대립할 때도 정책은 집행되어야 한다. 따라서 정치에서 전문성은 전공이나 자격증에 국한되지 않는다. 그보다 필요한 것은 다양한 시민을 대표할 수 있는 전문성이다. 사회 변화에 따라 새로운 노동 계층이 등장했다면 이들을 대리할 정치인이 필요하다. 청년 문제가 사회문제가 되었다면 이를 대리할 정치인도 필요하다. 안전하게 살고 싶은 여성들의 주장을 대리할 정치인도 필요하다. 당사자면 더할 나위 없이 좋지만 꼭 당사자가 아니어도 된다. 정치인의 전문성은 현장에서 나와야 한다는 말은 듣기 좋은 수사가 아니다. 사람들을 조직해 결사체를 만들고, 사람들을 설득해 변화의 가능성을 보여 주고, 가능성을 현실화해 성과를 이뤄 냈다면 그 사람이 전문가다. 그런 면에서 법조계 출신 정치인이 지나치게 증가하는 것은 바람직하지 않다. 입법부는 '법을 통해 갈등을 해결하는 곳'이지 '법률 지식을 갖춘 전문가가 많아야 하는 곳'이 아니다. 법에 대한 전문성보다 정치력이 우선이다.

법조계 국회의원 수는 14대 25명, 15대 41명, 16대 42명, 17대 54명, 18대 58명, 19대 42명, 20대 49명(16.3%)에 달한다. 20대 국회의 경우 총 127명의 법조인이 출마해 지역구 46명, 비례대표 3명이 당선돼 약 38%의 당선율을 기록했다. 당선자는 판사 9명, 검사 18명, 변호사 22명 등이다. 출마자 숫자는 19대 104명보다 23명 증가했다.[9] 법조인에 대한 선호는 보수·진보정당 모두 마찬가지다. 총선을 앞두고 정당들이 이른바 '인재 영입' 경쟁을 할 때면 법조인의 인기를 실감할 수 있다. 미국도 법조계 출신 정치인이 많다. 대표적인 인물이 버락 오바마 전 대통령이다. 그런데 오바마는 일리노이 주 인권 변호사로 활동하며 지역에서부터 정치를 했던 인물이다. 변호사 직함으로 어느 날 갑자기 정치인이 된 것이 아니다. 특히 미국은 '시장과 법'이 지배적인 사회다. 법률가가 정치의 주류가 된 것은 그들이 가진 권력 때문이 아니라 사회에서의 역할 때문이기도 하다. 우리 사회는 어떨까? 법조인이 정치를 운영해도 될 만큼 사회적 역할을 하고 있을까? 지역과 현장에서 정치적 활동을 한 경험을 바탕으로 정치인이 된 경우가 얼마나 있을까? 우리나라 정당들의 법조인 선호 현상은 아래로부터의 조직과 노동에 기초한 사회적 기반을 마련하는 대신, 손쉬운 엘리트 정치를 통해 권력 자원을 확보하고자 하는 경향에서 비롯한다. 다시 강조하지만 입법부에는 법 전문가보다 정치 전문가가 필요하다. 관료를 상대해야 하고, 행정부에 대한 대응과 견제만이 아니라 의제 형성과 조직화를 통한 적극적 정치로 실질적 변화를 만들어 가야 하기 때문이다.

근대적 관료층은 전문적 훈련을 받은 사람들이다. 해당 분야에서 최고의 정보와 전문 지식을 갖춘 관료에 비해 정치가는 '아마추어 관직 약탈자'에 지나지 않는다.[10] 그러나 관료는 입법자가 될 수 없다. 관료는 규율에 복종해야 하며 행정만을 다루고 편견 없이 직무를 수행해야 한다. 본질적으로 비당파적이어야 하는 존재다. 하지만 정치인은 정반대로 파당적이어야 한다. 열정과 분노를 감출 필요가 없다. 정치인은 전문 관료들의 제안을 검토해 적절한 판단과 정치적 지시를 내리는 일을 잘해야 하는 존재다.

막스 베버는 '경우에 따라서는 무지하기까지' 한 정치인이 훨씬 더 전문적 지식을 갖춘 관료를 충분히 견제할 수 있다고 말한다. 의회가 행정부를 통제하는 가장 중요한 방법으로 '위원회 활동을 통한 조사권'을 들고 있다. 이를 통해 정치인은 국가를 이끄는 정치 지도자로 성장할 수 있다고 한다. 의회가 최고의 정치 교육의 장이라는 것이다. 또한 '일하는 의회는 행정을 지속적으로 통제하는 의회'라고 했으며, 행정부의 제안에 대해 비판·불평·협의·수정·통과와 같은 행동만을 하는 것은 '소극적 정치'에 불과하다고 했다.[11] 1백 년 전 독일이 아니라 우리의 입법부도 정치적 성과 없이 행정부에 대한 견제 기능만 하는 소극적 정치에 머물고 있는 것은 아닌지 돌아볼 일이다.

전문성 확보를 위해 상임위원회 2년 임기제를 국회의원 임기 4년과 일치시키자는 의견도 있다. 2년으로는 한 상임위원회에서 전문성을 발휘하기 어렵다는 것이다. 사실 2년은 성과를 내기에 짧은 기간이다. 특히 초선 의원의 경우 상임위원회가 바뀌는 것은 임기를 새로 시작하는 것이라고 봐도 무방하다. 업무를 파악하다 임기가 종료되지 않으려면 전·후반기 모두 한 상임위원회를 지속하는 것이 바람직하다. 다선 의원도 마찬가지이다. 만약 다선 의원이 한 상임위원회를 지속한다면 그 분야에서 누구도 무시할 수 없는 전문가로 인정받게 될 것이다. 정치인은 혼자 일하는 것이 아니라 단체, 조직과 함께 일하는데, 이미 쌓인 협력의 경험을 바탕으로 성과를 내는 일에 집중할 수 있기 때문이다.

하지만 안타깝게도 정치인에게 있어 상임위원회에서 전문성을 축적하는 일은 점점 더 주요 과제에서 멀어지고 있는 것 같다. 정치인의 최종 목적은 권력의 확장인데, 상임위원회에서 정책적 승부를 보고 이를 기반으로 권력을 확대하는 것보다 손쉬운 방법이 있기 때문이다. 예를 들면 정당 지도부에 충성하거나 극단적 지지자를 동원하거나 여론에 직접 호소하는 것 등이다. 정책 전문가가 되지 않아도 권력을 향유할 수 있다면 대체 어떤 정치인이 '알아주지 않는' 노동에 힘을 쏟겠는가. 결국 시민들은 '의제 설정'에 참여할 권리를 박탈당한다. 박찬표는 미 의회 의원들은 출신 주에 영향을 미치거나 소속 위원회에서 제기된 소수 문제에 에너지를 집중해 한 상임위원회에서 자신의 전문성을 축적하는데, 이렇게 쌓인 경력이 의회 내 권력의 중요한 기반이 된다고 한다.[12] 정치인의 전문성은 지역·조직 등 자신의 권력 기반과 일치하는 것이 바람직하다. 그렇지 않으면 행정 관료의 전문성에 휘둘리기 쉬울뿐더러, 엘리트 정치에서 벗어나기도 어려워진다. 번거로운 과정이 수반되는 정책 형성 과정을 거치는 것보다 정치인 개인의 임기응변식 대응이 더 돋보일 수 있기 때문이다. 전문성은 자신의 정치적 기반에서 출발해 해당 상임위원회에서 성과를 내는 과정을 통해 축적되고, 구속력 있는 집합적 결정을 해내는 사람이 정치 지도자로도 성공할 수 있어야 한다.

의안이란 무엇인가

어릴 때 나의 꿈은 세계 여행이었다. 초등학교 때 쥘 베른의 『80일간의 세계 일주』를 읽고 생긴 꿈이다. 가고 싶은 나라 목록을 작성하기도 했는데, 세계지도를 펼쳐 놓고 자를 대 줄을 그어 가며 여행 동선을 짜다 보면 상상 속에서는 이미 그 나라에 가 있었다. 어른이 되고서 그게 얼마나 이루기 어려운 꿈인지 알게 되었지만 모리셔스, 마다가스카르, 피지 같은 섬나라와 바그다드, 리마, 리스본 같은 도시 이름은 여전히 가슴을 뛰게 한다.

국회의원 보좌관으로 일하면서 갖게 된 꿈이 있다. 하나는, 당정 협의를 해보고 싶다. 당정 협의는 정당과 행정부 간에 이루어지는 정책 수립 및 조정에 관한 회의다. 사실상 여당과 행정부 간의 정책 협의를 뜻한다. 내년도 예산안에 대해 기획재정부 장관과 논의도 하고, '소상공인·자영업자 지원 대책'과 같이 특정 주제에 관해 해당 부처 장관과 토론할 수도 있다. 야당이 견제와 비판을 기본으로 한다면, 여당은 정부 정책의 공동 운영자로서 주요 정책을 주도할 수 있다.

당정 협의 제도는 국무총리 훈령인 〈당정협의업무 운영규정〉에 근거하고 있다. 행정부의 당정 협의 업무 총괄·조정은 국무총리가 한다. 국무총리비서실장이 국무총리를 보좌하며, 당정 협의 업무의 총괄·조정에 관한 사무를 직접 수행한다. 당정 협의의 업무 범위는 법률안, 대통령안, 국민 생활 또는 국가 경제에 중대한 영향을 미치는 정책과 관련된 총리령안·부령안, 예산안 또는 국정 과제 이행 방안 등 국민 생활 또는 국가 경제에 중대한 영향을 미치는 정책안 등이다.

당정 협의 기구는 고위당정협의회, 부처별 당정협의회, 실무정책협의회가 있다. 먼저, 고위당정협의회는 국무총리와 여당의 대표가 공동으로 주재하며 매월 1회 개최한다. 회의 구성원은 관계 부·처·청·위원회(공정거래위원회, 금융위원회 등)의 장 및 관계 공무원, 여당의 원내대표 및 정책위원회 의장, 여당의 대표가 지명하는 당직자이고, 국무총리가 필요하다고 인정하는 경우 대통령실장 및 대통령실장이 지명하는 대통령실 소속의 관계 공무원 등을 참석시킬 수 있다. 즉, 대통령실은 당정 협의의 의무 구성원은 아니다.

부처별 당정협의회는 각 부·처·청·위원회와 여당 정책위원회가 정책 협의 및 조정을 위해 2개월마다 1회 개최한다. 2017년 12월 사전 협의 조항이 신설되었는데 법률 등의 내용을 확정하기 전 정책위원회 의장과 협의를 하도록 의무화하고, 이를 위해 실무정책협의회를 개최할 수 있도록 했다.

앞에서도 말했듯이, 당정 협의는 기본적으로 여당과 행정부 간에 이루어지는 협의다. 그런데 규정상 여당은 '대통령이 소속한 정당'인데, '여당과 정책 공조를 합의한 정당은 여당으로 본다'는 단서 조항이 있어 연합 정부를 배제하지 않고 있다. 만약 여당이 없는 경우라면 행정부와 '각 정당' 사이에 정책 협의 및 조정을 위해 정당정책협의회를 두도록 하고 있으며 부처별 당정협의회도 각 정당의 정책위원회가 요구할 경우 '여당이 아닌' 정당의 정책위원회와도 회의를 개최할 수 있다. 또한 국무총리는 주요 법률안 및 정책안에 대한 정당의 협조를 구하기 위해 정당을 대상으로 하는 정책 설명회를 개최할 수 있으며, 정당의 요청이 있을 경우 각 부·처·청·위원회의 장에게 정책 자료의 제공을 지시할 수도 있다. 이때 정당은 여당만을 뜻하는 것이 아니라 〈정당법〉에 따라 중앙선거관리위원회에 등록된 정당으로서 국회에 의석을 보유한 정당을 말한다. 국무총리 주도하에 정당과 행정부 간 협의를 구체적으로 규정한 현재의 〈당정협의업무 운영규정〉은 1996년 확립된 것이다.

당정 협의가 일상화되어 있는 나라 중 하나인 일본은 여당이 동의하지 않은 법률안은 상정할 수 없다고 한다. 당내 조정을 통한 해결을 중시하며 정당의 책임성이 강하다. 이에 비해 우리나라의 당정 협의는 행정부 주도의 정책 설명회 성격을 지니고 있으며 입법 효율성이 강조된다.[13] 의회 중심의 정당정치를 강화하려면 당정 협의에 있어서도 현재보다 정당 주도의 정책 조정 기능을 강화할 필요가 있다. 이를 뒷받침하기 위해 각 정당들은 정책 정당이 되어야 한다. 지지 기반과 정책이 연결될 때 정당의 대표성·책임성·반응성도 높아질 수 있을 것이다. 정당이 대변하고자 하는 계층과 집단의 요구에 능동적으로 반응할 때 시민들의 정치 효능감도 커질 수 있다.

두 번째 꿈은, 상임위원장을 맡은 의원실에서 일해 보고 싶다는 것이다. 상임위원장은 여야 간 의석수를 기준으로 배분하며 통상 3선 이상의 의원이 맡는다. 간혹 재선 의원이 맡는 경우도 있다. 상임위원장은 위원회를 대표하고, 전체 회의를 진행하며, 간사들과 협의해 의사일정을 정하고, 위원회 사무를 관장한다. 국회는 상임위원회를 중심으로 운영되기에 상황에 따라 상임위원장이 강력한 권한을 행사할 수도 있다. 상임위원장은 평상시에는 중립적 회의 진행자 역할을 하지만 여야 간 합의가 원활하지 않을 때, 또는 여야 간에 합의하더라도 자신의 입장에 따라 안건 처리를 미루거나 강행하는 등 의사 진행에 관한 권한을 적극적으로 행사하기도 한다.

2020년 3월 4일 〈여객자동차 운수사업법〉 개정안 통과 과정에서 여상규 법사위 위원장(당시 미래통합당)은 '만장일치 통과'라는 법사위의 기존 관행과 다르게 반대 의견을 표명한 의원이 있음에도 불구하고 법안 의결을 강행했다. 이 법안은 이른바 '타다 금지법'이라 불렸는데, '11인승 이상 15인승 이하인 승합차를 임차한 사람은 운전자 알선이 가능'하다는 〈여객자동차 운수사업법〉을 근거로 영업을 해온 타다와 기존 택시업계의 이해관계가 충돌하자 '관광 목적으로 11인승 이상 15인승 이하인 승합차를 임차한 사람은 대여 시간 6시간 이상 또는 공항·항만에서 대여·반납할 경우 운전자 알선 가능'하다고 개정해 제재를 가한 법이다. 당시 회의록을 보면 위원장이 "이의 있으십니까?" 묻자 "이의 있습니다."라는 발언이 나오는데, 위원장은 곧장 회의봉을 두들기며 "가결되었음을 선포합니다."라고 한다.[14] 이의 유무를 묻고, 이에 이의를 표명했으나 위원장은 표결 없이 가결을 선포해 버린다. 회의 진행에 있어 위원장의 권력은 이렇게 막강하다.

2009년 12월 30일 추미애 환경노동위원회 위원장(당시 민주당)은 같은 당 소속 의원들의 반발 속에 한나라당 의원들만 참석한 가운데 〈노동조합 및 노동관계조정법〉 개정안을 표결 처리했다. 이 법안은 복수 노조 허용, 교섭 창구 단일화, 노조 전임자 임금 지급 금지 등의 내용이 담긴 것으로 민주당의 당론과 차이가 있었다. 우여곡절 끝에 환노위를 통과했지만 법사위에서 다시 제동이 걸리자 김형오 국회의장이 본회의에 직권 상정해 2010년 1월 1일 새벽 2시 6분, 이 법안에 반대하는 의원 다수가 퇴장한 가운데 재석 의원 175명 중 찬성 173표, 반대 1표, 기권 1표로 가결됐다. 민주당은 이후 추미애 의원에게 '당원 자격 정지 2개월'의 징계 조치를 내렸다.

상임위원장은 〈국회법〉상 본회의에서 선출하도록 되어 있지만 실제로 투표를 통해 부결된 경우는 없다. 상임위원장 선임은 정당 지도부의 권한이다. 하지만 선임 이후에는 위원장을 함부로 바꿀 수 없다. 탈당을 해도, 심지어 구속 중에도 위원장직을 이어갈 수 있다. 사임도 〈국회법〉에 따라 본회의의 동의를 받아야 가능하기 때문이다.

세 번째 꿈은, 법안심사 소위원회(법안 소위)에 참여하고 싶다. 17대부터 20대 국회까지 4대를 일했는데 한 번도 법안심사 소위원회에 참여하지 못했다. 상임위원회에 따라서 비교섭단체가 들어가는 경우도 있는데 복지위는 유독 넣어 주지 않았다. 2년에 한 번 빠짐없이 요청했고, 비교섭단체를 일방적으로 배제하는 것은 형평성에 문제가 있다고 당 차원에서 강력히 항의도 했고, 이런 경우 전체 회의에서 공식적으로 발언도 했지만, 기회는 한 번도 오지 않았다. 상임위원회 내 소위원회는 보통 법안심사 소위원회, 예산결산심사 소위원회, 청원심사 소위원회가 있다. 상임위원회에 따라 소위원회 구성과 인원은 다소 차이가 있

표 2.4   20대 국회 상임위원회 및 소위원회 인원

상임위원회	위원장 소속 정당	인원	소위원회	인원
운영위원회	더불어민주당	28	국회운영개선 소위원회	9인
			예산결산심사 소위원회	4인
			청원심사 소위원회	6인
법제사법위원회	미래통합당	18	법안심사 제1소위원회	8인
			법안심사 제2소위원회	10인
			예산결산기금심사 소위원회	8인
			청원심사 소위원회	6인
정무위원회	더불어민주당	24	법안심사 제1소위원회	12인
			법안심사 제2소위원회	10인
			예산결산심사 소위원회	8인
			청원심사 소위원회	6인
기획재정위원회	더불어민주당	26	경제재정 소위원회	8인
			조세 소위원회	13인
			예산결산기금심사 소위원회	6인
교육위원회	미래통합당	16	법안심사 소위원회	8인
			예산결산기금심사 소위원회	8인
			청원심사 소위원회	6인
과학기술정보방송통신위원회	더불어민주당	21	과학기술원자력법안심사 소위원회	7인
			정보통신방송법안심사 소위원회	8인
			예산결산심사 소위원회	8인
			청원심사 소위원회	5인
외교통일위원회	미래통합당	22	법안심사 소위원회	8인
			예산결산기금심사 소위원회	8인
			청원심사 소위원회	6인
국방위원회	더불어민주당	17	법률안심사 소위원회	7인
			예산결산심사 소위원회	8인
			청원심사 소위원회	5인
행정안전위원회	더불어민주당	22	법안심사 소위원회	10인
			예산결산 및 기금심사 소위원회	8인
			청원심사 소위원회	2인
			제천화재관련평가 소위원회	5인

			법안심사 소위원회	8인
문화체육관광위원회	더불어민주당	17	예산결산심사 소위원회	8인
			청원심사 소위원회	5인
			농림축산식품법안심사 소위원회	10인
농림축산식품 해양수산위원회	민생당	19	해양수산법안심사 소위원회	5인
			예산결산심사 소위원회	7인
			청원심사 소위원회	7인
			농협발전 소위원회	6인
			산업통상자원특허 소위원회	10인
산업통상자원 중소벤처기업위원회	미래통합당	29	중소벤처기업 소위원회	9인
			예산결산 소위원회	12인
			청원 소위원회	5인
			법안심사 소위원회	10인
보건복지위원회	미래통합당	22	예산결산심사 소위원회	10인
			청원심사 소위원회	2인
			환경 소위원회	8인
환경노동위원회	미래통합당	16	고용노동 소위원회	8인
			예산결산기금심사 소위원회	9인
			청원심사 소위원회	3인
			국토법안심사 소위원회	10인
국토교통위원회	미래통합당	30	교통법안심사 소위원회	10인
			예산결산기금심사 소위원회	10인
			청원심사 소위원회	10인
			법안심사 소위원회	4인
정보위원회	더불어민주당	12	예산결산심사 소위원회	4인
			청원심사 소위원회	3인
			법안심사 소위원회	8인
여성가족위원회	더불어민주당	17	예산결산심사 소위원회	9인
			청원심사 소위원회	5인

자료: 국회 홈페이지 상임위원회 현황(검색일: 2020/03/07).

다. 애초에 인원이 적은 정보위원회를 제외하고 법안심사 소위원회는 8~12인으로 구성된다.

20대 국회 하반기에 이런 일도 있었다. 환경노동위원회 소속 이정미 의원(정의당)이 노동 관련 법안을 다루는 소위원회에 참여할 수 없게 된 것이다. 전반기에는 참여했었다. 환노위 고용노동 소위원회 인원은 10명이었는데, 이를 8명으로 줄여 더불어민주당 4명과 야당 4명(자유한국당 3명, 바른미래당 1명)으로 구성한 것이다. 원래대로 10명이면 여당 5명, 야당 5명으로 야당 몫 중 한 자리가 정의당 자리가 된다. 그런데 숫자를 줄여 정의당을 빼버린 것이다. 결국 이 의원은 예산결산기금심사 소위원회에 배정됐다. 진보정당이 환노위 노동 소위에 참여하지 못하게 된 것은 2004년 원내 진출 이후 처음 있는 일이었다. 소위원회 구성에서 특별한 대우를 바라는 것이 아니다. 의도적으로 배제해서는 안 되며, 평등한 참여를 보장해야 한다.

왜 서로 법안 소위에 들어가려고 하는 것일까? 법률안에 대한 심사는 실질적으로 소위원회에서 이루어지기 때문이다. 통과시키고 싶은 법안이 있다면? 법안 소위 위원을 찾으면 된다. 저지하고 싶은 법안이 있다면? 법안 소위 위원을 찾으면 된다. 심사 과정에서 의견을 반영하고 싶다면? 당연히, 법안 소위 위원을 찾으면 된다.

(1) 의안이란 무엇인가?

차근차근 의안 심사 과정을 살펴보자. 먼저 의안이란 무엇일까? 국회는 법률안·예산안·동의안 등을 심의한다. 이와 같은 안건을 통틀어 의안이라고 부른다. 의안은 법적 정의가 있는 것은 아니다. 〈국회법〉 제

79조(의안의 발의 또는 제출)에서 '의원은 10인 이상의 찬성으로 의안을 발의'하되, 일정한 '안을 갖추고 이유를 붙여' 의장에게 제출하도록 해 의원 발의 의안에 대한 요건만을 규정하고 있다.[15] 보통 〈헌법〉, 〈국회법〉, 그 밖의 법률에 따라 국회의 의결을 필요로 하는 안건 중 특별한 형식적 요건을 갖추어 국회의장에게 제출한 것을 의안이라고 한다.▪

▪ <안건과 의제>

안건案件은 회의에서 논의 대상이 되는 모든 사안을 말한다. 의안은 당연히 포함되며 이외에도 '법안 철회의 건' '임명 동의의 건' 등 다른 사안이 있을 수 있다. 의제議題는 공식적으로는 의결 여부와 관계없이 당일 회의에서 논의 대상이 된 안건의 제목을 말한다. 의원실에서는 정책 의제라는 단어를 많이 쓴다. 이 경우 의제는 '논의 또는 추진하고자 하는 과제'라는 의미로 사용한다.

　<회부와 부의>

의안은 원칙적으로 위원회의 심사를 거쳐 본회의에 부의한다. 다만, 헌법 개정안이나 의원 체포 동의안, 국무총리 또는 국무위원 해임 건의안, 의원 사직의 건, 법률안에 대한 재의 요구안처럼 위원회에서 심사하는 것이 특별한 의미가 없는 경우는 관례에 따라 위원회의 심사를 거치지 않고 본회의에 직접 부의한다. 의안과에 접수한 의안을 심사하기 위해 위원회로 보내는 것은 '회부'回附, 위원회에서 심사를 끝내고 본회의로 보내는 것은 '부의'附議한다고 말한다.

　<발의와 제출, 제안>

발의發議는 의원이 의안을 낼 때, 제출提出은 행정부가 의안을 낼 때, 제안提案은 위원회가 의안을 낼 때 쓰는 용어다. 일반적으로 발의와 제출을 포함해 제안이라고도 한다. 자주 쓰는 단어는 아니지만 의장이 의안을 낼 때는 제의提議라고 한다. 흔히 하는 실수가 의원이 법안을 제출했다고 하는 것이다. 그렇게 말해도 크게 문제가 되는 것은 아니

법률과 예산에 대해서는 뒤에서 별도로 살펴볼 것이다. 여기서는 ①
동의안과 중요 동의, 승인안, ② 결의안과 건의안, 규칙안, ③ 의원징계,
윤리 심사, 자격 심사, ④ 선출안, 인사 청문 요청안과 각종 위원·추천·
지명의 건에 대해 살펴보자.

(2) 국회 동의의 중요성

동의안은 보통 행정부가 국회의 동의를 얻기 위해 제출하는 의안을 말
한다. 헌법에 의해 국회가 가지고 있는 동의권은 국채 모집, 예산 외에
국가의 부담이 될 계약 체결, 상호 원조 또는 안전보장에 관한 조약, 중
요한 국제조직에 관한 조약, 우호 통상 항해 조약, 주권의 제약에 관한
조약, 강화조약, 국가나 국민에게 중대한 재정적 부담을 지우는 조약

지만 공식 문서에서는 발의와 제출, 제의를 명확히 구분한다.

　<의안의 개념 및 종류>
국회 홈페이지에 게시되어 있는 의안의 개념 및 종류는 다음과 같다.
　· 헌법 개정안, 법률안
　· 예산안, 결산, 기금 운용 계획안, 기금 결산
　· 동의안, 승인안, 중요 동의
　· 결의안, 건의안, 규칙안
　· 의원징계, 의원 윤리 심사, 의원 자격 심사
　· 선출안, 인사 청문 요청안, 각종 위원 위촉·추천·지명의 건

표 2.5   의안의 처리 절차

위원회의 심사를 거치는 의안	법률안
	예산안·기금운용계획안·임대형 민자사업(BTL) 한도액안
	결산
	동의안(대법원장·헌법재판소장·국무총리·감사원장·대법관 임명 동의안 포함)
	일반 의안으로서의 결의안
	일반 의안으로서의 건의안
	규칙안
	선출안(헌법재판소 재판관·중앙선거관리위원회 위원 선출안)
	의원 징계안
	의원 자격 심사안
위원회의 심사 없이 본회의에 바로 부의하는 의안	헌법 개정안
	의장·부의장·위원장 사임의 건, 의원 사직의 건
	의원의 체포 또는 구금 동의안
	친일반민족행위자재산조사위원회 위원 임명 동의안
	선출안(국가인권위원회·개인정보보호위원회 위원 선출안, 방송통신위원회·국민권익위원회·주식백지신탁심사위원회·원자력 안전위원회 위원·특별감찰관 후보자 추천안)
	국회사무총장 임명 승인안
	체포 또는 구금된 의원의 석방 요구 결의안
	계엄 해제 요구 결의안
	국무총리 또는 국무위원 해임 건의안
	탄핵소추안(법제사법위원회에 회부하기로 의결하지 아니한 때)
	의장석 또는 위원장석을 점거하고, 점거 해제를 위한 의장 또는 위원장의 조치에 불응한 의원에 대한 징계안
의장이 결정하는 의안	폐회 중 위원장 사임 허가
	폐회 중 의원 사직 허가
	각종 위원의 위촉·추천·지명(대한적십자사 대의원 포함)

자료 : 국회 의안 정보 시스템 https://vo.la/ga21

또는 입법사항에 관한 조약의 체결·비준, 선전포고, 국군의 외국 파견
또는 대한민국 영역 안에서 외국 군대의 주류 등에 대한 동의권 등 주

권에 관한 동의권과 대법원장·헌법재판소장·국무총리·감사원장·대법관 임명 동의안 등 인사에 관한 동의권 등이 있다. 이외에도 국회 안에서 제출하는 동의안이 있는데, 의장·부의장·위원장 사임, 의원 사직 등과 같이 의장단·위원장 및 의원이 일정한 행위를 하기 위해 본회의의 동의를 받고자 제출하는 의안도 동의안이라 한다. 개별법에 의한 동의안으로는 〈남북관계 발전에 관한 법률〉에 따른 중대한 재정적 부담을 지우거나 입법사항에 관한 남북 합의서 체결·비준에 대한 동의안, 〈농업소득의 보전에 관한 법률〉에 따른 농업 소득 보전 직접 지불금 지급을 위한 목표 가격 변경 동의안, 〈군인사법〉에 따른 원수 임명 동의안 등이 있다.

중요 동의는 동의안에 포함되는 것인데 문자 그대로 중요한 동의안을 편의상 구분해 부르는 용어다. 일반적으로 회의 운영 및 회기 등과 관련해 일정한 형식을 갖추고, 일정 수 이상 의원의 찬성을 받아 서면으로 제출하거나 의장이 제의하는 동의를 말한다. 회의 운영 및 회기 등과 관련된 휴회의 건, 회기 연장의 건, 의사일정 변경 동의 등과 의사일정의 변경 없이 바로 처리되는 우선 동의 등이 해당된다.

동의안이 사전 승인의 성격이라면 승인안은 사후적이다. 승인안은 행정부가 이미 처리한 업무의 사후 추인을 받기 위해 제출하는 의안이다. 예비비 지출 승인의 건, 긴급재정·경제처분 또는 명령과 긴급명령의 승인안, 한국방송공사 텔레비전 방송 수신료 인상 승인안, 한국방송공사 및 한국교육방송공사 결산 승인안 등이 있다. 동의안과 마찬가지로 국회에서 발의하는 의안도 포함된다. 국회사무총장 임면 승인안, 국정조사 계획서 승인의 건 등 의장이나 위원회가 본회의의 승인을 얻기 위해 제출하는 경우가 이에 해당된다.

2018년 4월 27일 남북정상회담이 있던 날, 동료들과 평양냉면을 먹으러 갔다. 30분 일찍 나섰으나 이미 여의도에 하나뿐인 평양냉면집 앞은 사람이 가득했다. 대기표를 받아도 한두 시간은 기다려야 할 듯했다. 뭘 먹어야 '냉면'에 밀리지 않을까 고심하다 스파게티를 먹었다. 이탈리아도 반도 국가니까. 동료는 "정상회담 때문에 기분이 좋은 건지, 금요일이라 기분이 좋은 건지 모르겠어요."라고 했고, 다른 동료도 "기분 더 좋으라고 일부러 금요일에 했나 봐요."라고 했다. "맞아, 맞아." 나도 고개를 끄덕였다. 사실 월요일이라도 상관없었을 것이다. 그날 우리는 모두 기분이 좋았다. 남북 정상이 함께 판문점 군사분계선을 넘는 장면은 감동적이었고, 도보다리에서의 단독 회담도 보기 좋았다. 평화와 번영의 시대가 다가오고 있다는 기대감이 컸다. 문재인 대통령 임기 초반인 만큼 재임 기간 내에 달성할 수 있는 것들이 많으리라 기대했다. 하지만 임기 중반을 넘어선 현재 시점에서 남북 관계는 쉽게 풀리지 않고 있다.

남북 간에 합의를 실질적으로 이행하려면 국회와 함께 해야 한다. 문 대통령은 정상회담 전부터 "남북정상회담의 합의 내용을 이행하자면 국가 재정도 투입되는 만큼 반드시 국회 동의를 얻을 필요가 있다."라고 말했다. 국회 동의는 합의문에 대한 형식적 국회 비준 이상의 문제다. 정상 간 회담 및 합의문 발표는 대통령의 통치행위로 이뤄지는 것이지만 합의의 이행에 있어서는 입법부의 동의, 정당 간 협력이 중요하다. 외교와 국내 정치가 동시에 진행돼야 하는 사안이다.

2018년 9월 11일 행정부가 제출한 '한반도의 평화와 번영, 통일을 위한 판문점 선언 비준 동의안'은 보수 야당의 부동의로 20대 국회에서 통과되지 못했고, 2018년 9월 19일 문 대통령과 김정은 국무위원장이 평양에서 발표한 '평양 공동 선언'과 '판문점 선언 이행을 위한 군사 합의서'[16]는 10월 23일 국회 동의 없이 비준되었다. 행정부는 "중대한 재정적 부담이 없고 원칙과 방향을 담은 선언적 합의"라 국회 비준이 필요 없다고 했고, 그 근거로 국회 동의가 필요 없다는 법제처의 해석을 내놓았다.[17] 이는 평양 선언의 의미를 단순한 선언적 합의로 스스로 격하시킨 것이다. 설사 선언적 합의라 해도 이를 되돌릴 수 없는 공고한 공적 합의로 만들어야 했다.

정치에는 당연히 하게 되어 있는 일과 반드시 해야 하는 일이 있다. 문 대통령은 국회에 초당적 협력과 판문점 선언 비준을 요청했다. 그러고는 국회 비준이 이루어지지 않은 상황에서 판문점 선언의 하부 합의서인 평양 선언과 군사 합의서 문건을 선제적으로 비준했다. 대통령은 초당적 협력을 촉구한다는 말은 했지만, 결과를 위해 반드시 '해야만 하는 일'은 하지 않은 것이다. 국회 비준은 행정부 입장에서 번거롭고 힘든 일이지만 이후 사업을 지속적·안정적으로 추진할 수 있다는 장점이 있다. 야당과의 합의 없이 행정부가 독자적으로 할 수 있는 일은 한계가 있다. 힘들더라도 국회와 협력해야 한다. 남북 관계와 관련한 문제는 특히 그렇다. 국회를 우회해서 사업을 추진하면 불필요한 사회적 갈등만 커진다.

남북 관계 관련법은 〈남북관계 발전에 관한 법률〉(남북관계 발전법), 〈남북교류협력에 관한 법률〉(남북교류협력법), 〈남북협력기금법〉 등이 있다. 〈남북관계 발전법〉은 남한과 북한의 기본적인 관계와 남북 관계의 발전에 관해 필요한 사항을 규정한 기본법적 성격의 법으로, '국회 비준'은 이 법에 근거한다. 남북 합의서의 체결·비준 조항(제21조)[18]에 따라 대통령은 국무회의 심의를 거쳐 남북 합의서를 체결·비준하는데 국회는 "국가나 국민에게 중대한 재정적 부담을 지우는 남북 합의서 또는 입법사항에 관한 남북 합의서"에 대한 동의권을 가진다.

국회 비준은 현 단계의 문제이지만, 미래와 관련된 것이기도 하다. 만약 남북 관계에 중대한 변화가 발생하거나 국가 안전보장, 질서유지 또는 공공복리를 위해 필요하다고 판단될 경우에는 대통령이 남북 합의서의 효력을 정지시킬 수 있는데, 국회의 체결·비준 동의를 얻은 남북 합의서에 대해 효력을 정지시키고자 할 때에는 국회의 동의를 얻어야 한다. 즉, 대통령이 독단적으로 효력을 정지시키지 못하게 함으로써 '안정적 이행'을 담보하는 것이다. 민주주의는 여당과 야당이 언제든 교체될 수 있는 체제다. 만약 대통령이 바뀜에 따라 합의의 효력이 즉각 정지된다면 남북 간에 신뢰는 형성되기 어려울 것이다. 또한 국회의 동의라는 절차가 있기 때문에 대통령도 함부로 권한을 행사하지 않고 심사숙고하게 된다. 이처럼 미래 이행을 위해서라도 국회는 권한으로서 동의권을 행사할 필요가 있다.

과거 (김대중 대통령과 김정은 국방위원장이 발표한) 2000년 6·15공동선언 직후에는 많은 결의안과 동의안이 국회에서 통과됐다. '남북 이산

가족의 조속한 상봉을 위한 결의안'을 시작으로, '남북 사이의 소득에 대한 이중과세 방지 합의서 체결 동의안', '남북 사이의 투자 보장에 관한 합의서 체결 동의안', '남북 사이의 청산 결제에 관한 합의서 체결 동의안', '남북 사이의 상사 분쟁 해결 절차에 관한 합의서 체결 동의안', '남북 이산가족의 생사 및 주소 확인 사업의 광범위한 실시를 촉구하는 결의안', '남북 사이 차량의 도로 운행에 관한 기본 합의서 체결 동의안', '남북 상사 중재위원회 구성·운영에 관한 합의서 체결 동의안', '남북 사이의 열차 운행에 관한 기본 합의서 체결 동의안', '남북 해운 합의서 체결 동의안' 등 국회 상임위원회 위원장과 행정부가 제안한 동의안과 결의안이 줄줄이 의결됐다. 모두 정상회담 이후 국회가 한 일이다. 그런데 20대 국회에서는 정상회담 이전인 2017년 6월 가결된 '8·15 남북 이산가족 상봉 촉구 결의안'(정세균 의원 등 5인 외 261인) 외에 의결된 남북 관계 관련 동의안·결의안은 없다. 앞서 말했듯이 정상회담 이후 정부가 제출한 '한반도의 평화와 번영, 통일을 위한 판문점 선언 비준 동의안'도 통과되지 못했다.

20대 국회와 16대 국회의 움직임은 차이가 크다. 2000년 첫 남북정상회담을 앞두고 국회는 교섭단체 간 합의에 따라 여야 11명의 의원으로 '남북정상회담 관련 결의안 기초 특별위원회'를 구성했고, 특위에서 제안한 '남북정상회담 개최 지지 결의안'은 남북정상회담 전인 6월 9일 원안 가결됐다. 당시 의석 분포는 한나라당이 133석, 새정치국민회의가 115석, 자유민주연합이 17석으로 여소야대 상황이었다. 그럼에도 국회는 원 구성 직후 정당 간 합의로 남북정상회담을 지지하는 결의안을 통과시켰다. 남북 정상 간 회담의 구경꾼이나 훼방꾼이 아니라 통치의 주체로서 국회가 해야 할 일을 한 것이다.

남북 관계의 변화는 남북의 적대적 관계를 기반으로 형성된 정당 체계에 변화를 가져올 수도 있을 것이다. 그동안 '냉전 반공'을 기반으로 하는 보수정당의 영향력은 컸고, 민주화 이후에도 큰 변화는 없었다. 김성희는 대북 정책을 둘러싼 적대적 갈등의 구조는 냉전이 국내 정치화하는 과정에서 형성된 불신과 증오가 보수정당 간 정치 경쟁의 핵심적 수단으로 제도화된 것이며, 남북 관계가 개선되어 상호 적대의 정치적 기반이 약화된다면 적대적 갈등은 설 곳을 잃게 될 것이라고 했다.19 남북 관계의 변화는 단순히 군사·경제적 문제가 아니다. 정당 기반의 변화, 이를 통한 정당 체제의 변화, 궁극적으로 정치의 변화에 관한 문제다. 남북 관계의 변화에 따라 정치의 중심도, 보이지 않는 전쟁의 공포에서 보이는 삶의 문제로 이동할 수 있을 것이다.

(3) 결의안과 건의안, 규칙안

결의안은 국회의 의사를 대외적으로 표명하거나 국회 운영에 관한 사항을 결정할 목적으로 제출하는 의안을 말한다. 결의안은 국회 내 특별위원회 구성부터 행정부와 주민 간 대화 촉구, 특정 사안에 대한 규탄, 예산의 지속적 확보, 외교적 문제 등 그야말로 다종다양하다.

결의안이라는 명칭을 사용하지 않더라도 감사 요구안, 탄핵소추안,

국회의원 윤리 강령처럼 국회의 결의를 표명하기 위해 발의된 것이면 결의안으로 분류한다. 회기 결정, 국무총리·국무위원 등 출석요구, 보고·서류 등의 제출 요구, 증인·감정인 또는 참고인 출석요구, 국정감(조)사 결과 보고서 채택 등도 결의안으로 본다. 그 밖에 의원 석방 요구 결의안, 계엄 해제 요구 결의안, 특별위원회 구성 결의안 등이 있다. 국회의 의사를 대외적으로 표명하는 결의안이 본회의에서 가결되면 결의 내용을 행정부나 국제기구, 대사관 등 관계 기관에 송부한다.

일반 의안 성격의 결의안은 시급한 현안을 반영하는 경우가 많다. 2020년 중국에서 시작된 신종 바이러스 '코로나19'가 특정 종교 집단을 통해 급속도로 확산되자 밀폐된 실내에서의 종교 집회 자제를 촉구하는 '코로나19 확산 방지를 위한 종교 집회 자제 촉구 결의안'이 2020년 3월 4일 문화체육관광위원회에서 제안되었다. 이 결의안은 3일 만인 3월 7일 본회의에서 원안 가결되었다. 외국 정부에 보내는 결의안도 종종 제안되는데 주로 일본 정부에 대한 결의안이 많다. 20대 국회에서도 '2020 도쿄 하계올림픽대회 및 하계 패럴림픽 대회에서의 욱일기 경기장 내 반입 금지 조치 촉구 결의안', '일본 정부의 보복적 수출규제 조치 철회 촉구 결의안', '일본 초등 교과서 검정 시정 촉구 결의안' 등이 원안 가결되었다. 또한 20대 국회에서 북한과 관련해 본회의에서 의결된 결의안은 '북한의 제5차 핵실험 규탄 및 핵 폐기 촉구 결의안'(2016년 9월 21일), '북한의 미사일 발사 등 군사적 도발 행위 규탄 결의안'(2017년 7월 18일), '북한 제6차 핵실험 규탄 결의안 채택의 건'(2017년 9월 4일), '북한의 미사일 발사 및 정전협정 위반 행위에 대한 규탄 결의안'(2017년 12월 2일), '북한의 핵 고도화와 미사일 도발 규탄 및 재발 방지 촉구 결의안'(2019년 9월 30일) 등으로 북한의 핵실험이나 미사일 발사에 대한 입장 표명이 주된 내용이다. 이처럼 결의안은 대내외적으로 '대한민국 국회'의 입장을 알리기 위한 목적으로도 활용된다.

건의안은 행정부 등에 건의할 목적으로 제출하는 의안을 말한다. 크게 두 가지로 나눌 수 있는데, 일반 의안으로서의 건의안과 국무총리·국무위원 해임 건의안이다. 건의안이 본회의에서 의결되면 건의 내용을 행정부 또는 해당 기관에 송부한다. 강제성이 있는 것은 아니지만 건의안을 송부 받은 기관은 건의안의 처리 결과를 국회에 제출하는 것을 관례로 한다.

2000년 이후 발의된 건의안은 총 53건이다. 이 중 국무총리 및 국무위원 해임 건의안은 22건으로 17건이 폐기, 2건이 부결되고, 3건이 원안 가결되었다.[20]

19대 국회에서 발의된 건의안은 모두 5건이었는데 국무총리 해임 건의안 1건과 국무위원 해임 건의안 4건이다. 2012년 발의된 '김황식 국무총리 해임 건의안'은 박지원 의원 등 126인, 2013년에 발의된 '황교안 법무부 장관 해임 건의안'은 전병헌 의원 등 127인, 2014년 발의된 '서남수 교육부 장관 해임 건의안'은 전병헌 의원 등 126인, 같은 해 '황교안 법무부 장관 해임 건의안' 역시 전병헌 의원 등 126인이 공동 발의했다. 마지막은 '황우여 부총리(교육부 장관) 해임 건의안'으로 이

종결 의원 외 127인 공동 발의였다. 공동 발의 인원이 많은 것은 대부분 야당이 당론으로 발의하기 때문이다.

20대 국회에서 발의된 건의안 6건 중 정권 교체 전인 2016년 9월 우상호 의원 등 2인 외 130인이 '농림축산식품부 장관 김재수 해임 건의안'을 발의했고, 이후에는 발의자가 뒤바뀌어 2018년부터는 '행정안전부 장관 진영 해임 건의안'은 심재철 의원 등 108인이 두 차례 발의하고, '국방부 장관 정경두 해임 건의안'도 두 차례 발의하는데 각각 나경원 의원 등 134인, 나경원 의원 등 113인이 발의했다. '통일부 장관 조명균 해임 건의안'은 김성태 의원 등 110인이 발의했다.

해임 건의안이 발의되면 의장은 발의 후 처음 개의하는 본회의에 이를 보고하고, 본회의에 보고된 때로부터 24시간 이후 72시간 이내에 무기명투표로 표결해야 한다. 〈국회법〉에 따라 기한 내에 표결을 못 하면 해임 건의안은 자동 폐기된다. 19대에 발의된 5건의 건의안은 모두 폐기되었다. 20대 국회도 한 건을 제외하고 모두 폐기되었다.

19대 국회에서 발의된 해임 건의안 5건 중 2건은 황교안 법무부 장관 해임 건의안이다. 2건의 상세한 내용은 다르지만 건의 내용은 유사하다. "(황 장관은) 검찰에 부당한 압력을 가해 국가정보원의 불법적인 대통령 선거 개입 사건의 총책임자인 원세훈 전 국정원장에 대한 선거법 위반 기소를 무마시키려 했으며, 검찰의 구속 수사 방침을 전격적으로 후퇴시켰으며, 국정원 대선 개입 사건 관련자 대부분을 기소유예 하는 데에도 적극 개입한 혐의"가 있으므로 황 장관은 더 이상 장관직을 수행할 자격이 없다고 했다. 또한 "황교안 법무부 장관이 퇴임하지 않는 한, 부당한 외압에 휘둘리고, 정치권의 눈치 보기에 연연하며, 정치권력의 시녀로 전락하는 검찰의 행태는 더욱 심화될 것이며, 이는 결국 민주주의의 위기와 권위주의 정권의 부활로 귀결될 것임을 우려하지 않을 수 없음."이라고 했다. 이에 따르면 황 장관은 '법과 원칙'의 수호자로서의 책무를 저버리고 헌법과 법률을 위반한 사람이다.21

하지만 야당의 건의와 무관하게 황 장관은 2013년 3월 법무부 장관에 취임한 이래 2015년 6월까지 자리를 지켰고, 임기 내내 여러 쟁점 사안에 대해 적극적으로 발언했다. 황 장관은 마침내 제44대 대한민국 국무총리가 되었다. 국회에서 진행한 두 번의 인사청문회도 거쳤다. 3백 명의 의원 중 무려 126명 이상이 동의한 해임 건의안은 아무런 힘을 발휘하지 못했다. 이런 건의안을 왜 발의했을까? 정치적 압박을 위해서? 통과되지 못할 해임 건의안을 발의하는 것이 제1야당이 택할 최선의 방법이었을까? 한편, 야당이 해임 건의안을 두 번이나 냈던 장관을 국무총리로 임명한 박근혜 행정부는 야당과 어떤 관계를 유지하고 싶었던 것일까? 야당의 의견을 무시해도 될 만큼 정국 운영의 주도권을 장악하고 있다고 생각한 것일까? 아니면, 야당 없는 정치를 하고 싶었던 것일까? 여야가 서로를 이런 방식으로 대한다면 민주적 소통이 가능할까? 이후 황 장관은 박근혜 대통령 탄핵 이후 대통령 권한 대행을 했고, 자유한국당 대표가 되었다. 여야가 바뀐 상황에서 그는 여당을 어떤 태도로 대하고 있을까? 여당은 제1야당 대표를 어떻게 대하고 있는가? 정치적 타협이나 대화가 원활히 진행될 수 있을까?

해임 건의안은 제헌국회 이후 86건이 발의되었는데, 그중 80건이

1993년 이후에 발의된 것이다. 1994년 한 해에만 총 44건이 발의되는 등 전체의 절반이 넘는 49건이 14대 국회에서 발의되었다. 일종의 '내각 총사퇴'를 두 차례 촉구했기 때문이다. 15대 국회에서도 9건의 해임건의안이 발의된다. 16대 국회의 경우 전체 건의안 19건 중 8건이 해임 건의안이었다. 이는 17대 국회에서 전체 건의안 18건 중 2건으로, 18대는 5건 중 1건으로 감소했으나, 19대 들어 다시 증가해 전체 건의안 5건이 모두 해임 건의안이었고, 20대 역시 건의안 6건이 모두 해임 건의안이었다. 20대 국회에서는 1건이 원안 가결되기도 했다. 해임 건의안은 주로 야당이 대통령의 인사권을 공격하기 위해 제출한다는 점에 비춰 보면 그만큼 정치 상황이 대결로 치닫고 있다고 볼 수 있다.

좀 다른 이야기지만 탄핵소추안도 20대 국회에서는 이전과 다른 목적으로 활용되었다. 2000년 이후 탄핵소추안은 모두 14건이 제안되었는데, 2004년 3월 12일 가결된 '노무현 대통령 탄핵소추안'(유용태 의원 등 2인 외 157인 발의)과, 2016년 12월 9일 가결된 '박근혜 대통령 탄핵소추안'(노회찬·우상호·박지원 의원 등 171인 발의)을 제외하고, 나머지는 모두 폐기되었다. 2000년부터 2009년까지는 검찰총장, 대검찰청 차장검사, 검사, 대법관 등 주로 법조계 인사에 대한 탄핵소추안이 발의되었는데,[22] 이에 비해 20대 국회에 들어서는 2015년 '행정자치부 장관 정종섭 탄핵소추안'이 이종걸 의원 외 128인으로 발의되더니 정권이 바뀐 이후에는 야당이 같은 취지의 탄핵소추안을 연거푸 발의하고 있다. '홍남기 기획재정부 장관 탄핵소추안'은 2019년 12월 두 차례, 2020년 1월 한 차례 등 모두 세 차례에 걸쳐 심재철 의원 등 108인이 발의했고, '추미애 법무부 장관 탄핵소추안'도 2020년 1월 동일한 발의자에 의해 발의된 바 있다. 건의안도 부족해 탄핵소추안까지 인사권에 대한 공격 수단으로 활용되고 있는 것이다.

건의안이 다르게 활용된 경우도 있다. 17대 국회에서 원안 가결된 건의안 중에는 '고액 화폐권 여성 초상 인물 선정 요청에 관한 건의안'이 있다.[23] 2009년 당시 5만 원권 화폐 발행을 앞두고 초상 인물을 누구로 할 것인지가 관심사였다. 초상 인물 후보 10명 중에 신사임당, 유관순 열사가 포함되어 있었고, 시민사회에서도 의녀 출신으로 조선시대의 대표적인 여성 사업가로 인정받게 된 김만덕, 한국사 최초의 여왕인 선덕여왕, 시인 허난설헌, 화가 나혜석, 최초의 여성 법률가 이태영 등 초상 인물을 여성으로 하자는 의견이 대두되고 있었다. 이에 국회는 "새 화폐 초상 인물을 여성으로 선정함으로써 양성 평등한 사회 추구에 부합하도록 화폐에도 성별 다양성이 표현되고, 나아가 미래 세대가 양성 평등하고 미래지향적인 여성상을 통해 긍정적인 영향을 받도록" 새 화폐의 초상 인물에 진취적 여성을 선정해 줄 것을 행정부에 건의했다. 신사임당은 국회 건의안의 원안 가결에 힘입어 치열한 경쟁을 뚫고, 대한민국 최고액 화폐의 주인공이 되었다. 건의안의 긍정적인 사례라 할 수 있다.

규칙안은 국회의 규칙에 관한 의안을 말한다. 국회운영위원회의 심사를 거쳐 본회의 의결로 확정된다. 국회 규칙은 법령의 종류는 시행령이지만 행정입법과 달리 〈국회법〉의 시행령은 아니다. 국회의 의사와 내부 규율에 관한 규범적 성격을 가지고 있다. 규칙에는 국회 청원 심사 규칙, 국회 인사 규칙, 국회상임위원회 위원 정수에 관한 규칙, 국회에서의 중계방송 등에 관한 규칙, 국회 정보 공개 규칙, 국회기 및 국회 배지 등에 관한 규칙, 국회 입법 예고에 관한 규칙, 국회 기록물 관리 규칙, 국회 상설소 위원회 설치 등에 관한 규칙, 국회 방청 규칙, 국회의원 청가請暇 및 결석에 관한 규칙, 국회에서의 증인 등 비용 지급에 관한 규칙, 국회의원 수당 등에 관한 규칙 등이 있다.

(4) 의원징계의 바탕은 공통의 정치 규범

의안 중에는 국회의원 징계안도 있다. 제헌의회부터 20대 국회(2020년 3월 9일 현재)까지 발의된 징계안은 모두 288건인데 이 중 본회의에서 가결된 징계안은 6건에 불과하다. 그중 가장 유명한 건 1979년 10월 4일 김영삼 전 대통령이 국회의원이자 신민당 대표였던 시절에 국회의원에서 제명된 건이다. 당시 강경론자였던 김영삼 의원이 야당 총재가 되자 박정희 대통령과 공화당은 긴장했고, 언론 인터뷰에서 김영삼 의원이 "카터 행정부는 독재자 박정희 정권에 대한 지지를 철회해야 한다."라고 말한 것을 문제 삼아 제명안을 냈다. 외세를 끌어들여 국내 정치를 혼란스럽게 만들었다는 이유였다. 대한민국 역사상 유일한 국회의원 제명안은 10분 만에 가결되었다.

그 이후로 징계안은 한 건도 통과되지 않다가 2011년에 이르러 한

건이 가결된다. 바로 강용석 의원(당시 한나라당) 징계안이다. 강 의원은 2010년 국회의장배 전국 대학생 토론 대회에 참석한 학생들과 함께한 식사 자리에서 성희롱 발언을 한 사실이 언론을 통해 알려지면서 징계안이 제출되었다. 원안 가결로 기록되어 있는 강용석 의원 징계안은 한 번에 가결된 것이 아니다. 애초 윤리특위가 심사한 징계안의 징계 수위는 '국회의원 제명'이었는데, 본회의에서 재적 의원 3분의 2 이상의 찬성을 얻지 못해 부결되었다. 국회의장은 "제명이 의결되지 아니한 때에는 본회의는 다른 징계의 종류를 의결할 수 있다"는 〈국회법〉 조항에 따라 교섭단체 간에 다시 협의해 올 것을 주문했다. 의원징계의 종류는 공개회의에서의 경고, 공개회의에서의 사과, 30일 이내의 출석정지, 제명이 있다. 강 의원은 다시 발의된 징계안에 의해 '30일 이내의 출석정지' 징계를 받았다.

이외에 가결된 4건 중 2건은 제헌국회 시기인데, 동일인에 대한 것이다. 1948년 이문원 의원이 한미 협정에 관한 국회 결의에 반대 성명을 발표하자 국회는 징계위원회를 열어 동일 회의에서 공개 사과를 하도록 하는 징계안을 의결했다.[24] 이 의원이 불응하자 본회의에서 7일간 발언 정지라는 징계가 의결되었다. 2대 국회(김정식 의원), 3대 국회(박재홍 의원)에서도 각각 30일간 출석정지의 징계가 의결된 적이 있다.

징계안은 제헌의회부터 14대 국회까지는 51건에 머물렀으나, 15대 국회 이후 대폭 증가해 237건이 발의되었다. 대수별로 보면 제헌의회 5건, 2대 1건, 3대 18건, 4대 4건, 6대 2건, 7대 1건, 8대 0건, 9대 9건, 10대 1건, 11대 0건, 12대 2건, 13대 5건, 14대 3건 등이다. 그런데 15

대 국회에서 갑자기 44건으로 늘어났고, 16대에 13건으로 줄어드는가 싶더니, 17대 37건, 18대 57건으로 다시 증가했다. 19대에도 39건, 20대 국회는 47건(2020년 3월 9일 기준)을 기록하고 있다. 징계안의 건수는 늘었으나 의미는 퇴색하고 있다. 정치가의 윤리적 규범을 만들어 나가겠다는 의도보다 정치적 공방에 치중하다 보니 징계안 자체도 심사숙고하지 않고 쉽게 발의하고, 징계의 대상이 된 정치인도 언행에 대해 성찰할 필요를 느끼지 못한다.

또한 과거에는 많지는 않아도 7대 국회 1건, 9대 국회 2건, 12대 국회 1건 등 국회의장이 제의한 징계안이 있었으나 12대 이후로는 없다. 국회의장이 낸 징계안 중 2건은 징계의 대상이 된 의원이 사직을 하면서 폐기되는데, 각각 1966년 6대 국회 김두한 의원, 1975년 9대 국회 김옥선 의원이다. 제명 전 의원직을 사직했으니 징계를 받은 것과 마찬가지라고 볼 수 있다. 또한 1970년 7대 국회 송원영 의원징계 건은, 송의원이 국회의장의 발언에 대해 항의하면서 의장석 의자를 넘어뜨린 사건으로 인한 것인데 본회의에서 유진산 의원(당시 신민당 당수)의 해명을 듣고, 이어서 민주공화당 측에서 '불문에 부하기로' 결정함으로써 표결 보류하는 것으로 마무리되었다. 개인 차원의 문제로 두지 않고, 정당 간 합의로 푼 것이다.

국회의원이 동료 국회의원을 징계하는 것이 쉽지 않다는 문제 제기가 있다. 이를 보완하기 위해 윤리특별위원회에 외부인으로 구성된 윤리심사자문위원회를 두고 있다.

또한 〈국회법〉은 징계 사유를 매우 구체적으로 명시하고 있다. 겸직 금지 규정 위반, 영리 업무 종사 금지 규정 위반, 정보위원회 기밀 누설은 물론, 탄핵 소추 사건을 조사할 때 〈국정감사 및 조사에 관한 법률〉에 따른 주의의무를 위반하는 행위를 했을 때, 〈국정감사 및 조사에 관한 법률〉, 〈공직자윤리법〉에 따른 징계 사유에 해당할 때, 〈국회의원윤리강령〉이나 〈국회의원윤리실천규범〉을 위반했을 때 등이다.

회의와 관련해서는 더욱 상세하다. 의제와 관계없거나 허가받은 발언의 성질과 다른 발언을 하거나 발언 시간제한 규정을 위반해 의사 진행을 현저히 방해했을 때, 공개되지 않은 회의에 대해 회의록에 게재되지 않은 부분을 다른 사람에게 열람하게 하거나 전재 또는 복사하게 했을 때, 공개되지 않은 회의에 대해 공표 금지 내용을 공표했을 때, 회의장의 질서를 어지럽히는 행위를 하거나 이에 대한 의장 또는 위원장의 조치에 따르지 아니했을 때, 본회의 또는 위원회에서 다른 사람을 모욕하거나 다른 사람의 사생활에 대한 발언을 했을 때, 의장석 또는 위원장석을 점거하고 점거 해제를 위한 의장 또는 위원장의 조치에 따르지 아니했을 때, 본회의장 또는 위원회 회의장 출입을 방해했을 때, 정당한 이유 없이 국회 집회일부터 7일 이내에 본회의 또는 위원회에 출석하지 아니하거나 의장 또는 위원장의 출석 요구서를 받은 후 5일 이내에 출석하지 아니했을 때 모두 징계 대상이다. 그럼 왜 징계가 쉽게 이루어지지 않을까?

문제는 징계 심사를 외부인이 하느냐 내부인이 하느냐가 아니다. 의원징계는 형사법적 판단이 아니기 때문이다. 의원징계는 규범적 요소가 가장 크게 작용한다. '입법부'라는 소속감을 바탕으로 한, 정치인의 윤리 규범에 관한 여야 간의 합의가 필요하다. 지금처럼 징계안, 해임 건의안, 탄핵소추안이 상대에 대한 정치적 공격 수단으로 쓰이고 있는 상황에서는 공통의 합의가 이루어지기 어렵다. 외부인에게 판단을 위임하거나, 징벌을 강화하는 것보다 중요한 것은 공통의 정치 규범을 만드는 일이다.

국회 안에서 해결되지 않으면 사법적 판단에 의존하게 된다. 정치인들 사이에 명예훼손 고소·고발과 이에 대응하기 위한 무고죄 고소·고발이 이어지는 것은 긍정적으로 보기 어렵다. 〈국회법〉이나 〈선거법〉 위반에 대해서도 마찬가지다. 정치의 문제를 왜 사법부에 묻는가? 입법부의 권위를 스스로 낮추는 것일 뿐만 아니라 사법 개혁을 말하는 것과 모순되는 일 아닌가? 사법기관이 수사와 재판 과정에서 정치적 고려를 하지 않을 수 있을까? 수사를 할지 말지, 언제 시작할지 언제 종료할지에 대한 결정 자체가 정치적 판단이다. 검찰 개혁을 말하면서 왜 정치권에 대한 칼을 서로 경쟁적으로 검찰에 쥐어 주는 것인지 알 수 없다. 위법행위에 대해 책임을 물어야 할 필요가 있다면 국회법 위반에 대한 법적 책임은 국회사무처가, 선거법 위반에 대해서는 선거관리위원회가 물으면 된다. 정당과 정치인은 정치의 방법으로 문제를 해결하는 게 낫다. 윤리 규범은 그 토대가 되어야 한다.

(5) 인사에 대한 국회의 권한

선출안, 인사 청문 요청안과 각종 위원의 위촉·추천·지명의 건

선출안이란 헌법 및 법률에 따라 구성되는 기관의 구성원을 국회에서
선출하기 위한 의안을 말한다. 헌법에 따라 국회에서 선출하는 구성원
은 헌법재판소 재판관 3인, 중앙선거관리위원회 위원 3인이고, 법률에
따라 국회에서 선출하는 구성원은 국가인권위원회 위원 4인, 개인정보
보호위원회 위원 5인, 법률에 따라 국회에서 추천하는 구성원은 방송
통신위원회 위원 3인, 국민권익위원회 위원 3인, 주식백지신탁심사위
원회 위원 3인, 원자력안전위원회 위원 4인, 특별감찰관 후보자 3인 등
이다. 관례에 따라 추천안도 선출안에 포함한다. 대체로 원안 가결되지
만 간혹 부결되기도 한다. 20대 국회에는 총 43건의 선출안이 제안되
었고, 제안자는 모두 국회의장이다. 이 중 1건은 부결, 1건은 철회되었
다.[25] 2000년 이후 총 186건의 선출안이 제안되었고, 그중 2건이 철회
되었고, 4건이 부결되었다.[26]

　　2015년 국가인권위원회 위원으로 추천되었던 박영희는 선출안이
부결되자 한 언론사에 "나는 대한민국 국회로부터 사과받고 싶다."고
기고하며 심경을 토로했다(박김영희 2015).[27] 인권위는 위원장 포함 총
11명의 인권위원으로 구성된다. 상임위원과 비상임위원 각 2명씩 4명
을 국회에서 선출하는데 여당과 야당이 1명씩 추천하는 것을 관례로
해왔다. 당시 비상임위원 1명은 새정치민주연합(새정연)의 몫이었고,

새정연은 시민사회의 의견을 받아 8월 3일 비상임위원으로 박영희 대표(전국장애인차별금지추진연대)를 추천했다. 그런데 11일 본회의 의결을 앞두고 새정연 의총에서 박 대표의 과거 정당 활동에 대한 문제가 제기되자 한 차례 추천을 보류한다. 2012년 통합진보당 비례대표 17번을 받았던 것에 대한 문제 제기였는데, 당시 박 대표는 비례대표 후보를 자진 사퇴했고, 통합진보당에서 탈당한 이후 정당 활동을 하지 않고 있었다. 새정연은 추천 보류에 대한 항의가 잇따르자 추천을 철회하지 않고 본회의에서 표결하도록 했는데, 총 투표수 260표 중 찬성 99표, 반대 147표, 기권 14표로 결국 선출안이 부결되고 말았다. 새정연이 추천한 후보지만 새정연 소속 의원들도 반대표를 던진 것이다. 박영희 대표는 "인권위 비상임위원으로 활동하는 것이 통합진보당 경력과 무슨 상관이 있는지" 물었다. 선출안은 무기명 투표이므로 찬성·반대의 명단이 공개되지 않는다. 부결의 책임은 누가 져야 할까? 반대한 의원들일까? 추천한 정당일까? 반대한 의원들은 침묵했고, 그를 추천했던 정당은 답변도 사과도 하지 않았다. 당시 새정연이 박영희 대표를 인권위원에 추천한 추천사를 다시 읽어 보자. 추천의 이유는 있는데, 부결의 이유는 없다.

위 사람은 20여 년 전 장애 여성 운동의 불모지에서, 장애와 여성이라는 두 가지 어려움을 함께 겪어 내며 살아가고 있는 여성 장애인의 삶과 함께하기 위해 처음 인권 운동을 시작했고, 이후 장애인의 이동권 확보와 지역사회에서의 자립 생활을 위한 활동 보조인 서비스 제도화 등 장애인의 권리를 찾고, 장애인의 인권을 지켜 내야 하는 자리에서 온힘과 온몸으로 함께하면서 개인의 삶보다는 함께하는 삶을 살아왔음. …… 후보자는 20여 년간 온몸으로 인권의 소중함과 가치를 지켜 나가야 한다는 것을 보여 주었던 분이기에 인권 문제에 관한 전문 지식과 경험을 두루 갖춘 적임자로 판단되어 국가인권위원회 위원으로 추천함.

인사의 기본은 책임성이다. 대통령 요청이라면 대통령이, 국회 추천 몫이라면 국회가, 정당 추천이라면 추천한 정당이 인사에 책임을 져야 한다. 인사를 둘러싼 논란의 진짜 문제는, 책임져야 할 단위가 아니라 추천을 받은 당사자에게만 책임을 묻는다는 것이다.

인사 청문 요청안은 인사 청문을 요청하는 의안으로 대통령(당선인), 대법원장이 법률에 따라 국회에 제출하는 안건을 말한다. 인사 청문 대상은 헌법재판소 재판관, 중앙선거관리위원회 위원, 국무위원, 방송통신위원회 위원장, 국가정보원 원장, 공정거래위원회 위원장, 금융위원회 위원장, 국가인권위원회 위원장, 국세청장, 검찰총장, 경찰청장, 합동참모의장, 한국은행 총재, 특별감찰관, 한국방송공사 사장 등이고, 인사청문특별위원회를 구성하거나 소관 상임위원회에서 실시한다. 임명동의안·선출안과 달리 본회의 의결이 반드시 필요한 것은 아니다. 인사청문회에 대해서는 뒤에서 다시 다루겠다.

각종 위원 위촉·추천·지명의 건은 법령에 따라 의장이 정부 또는 공공단체의 위원을 위촉·추천·지명하는 것으로 본회의의 의결을 필요로 하지 않는다.

의안 심사 과정

(1) 의안 발의 과정

의안의 심의 절차를 글로 설명하면 상당히 복잡하게 느껴진다. 실제로는 과정이 복잡하다기보다 관문이 많다. 기본적으로 '상임위원회(전체회의) – 소위원회 – 상임위원회(전체회의)' 구조다. 크게 보면 '(소관)상임위원회 – 법제사법위원회 – 본회의' 구조가 있다. 먼저 전체적인 통과 과정을 살펴보고 상임위원회, 소위원회, 본회의 순서로 좀 더 자세히 설명하겠다.

법안 발의의 시작은 의원 10명에게 공동 발의 서명을 받는 것이다. 17대 국회만 해도 법안을 발의하려면 밤새워 복사기를 돌렸다. 법률안과 공동 발의 협조 요청서를 복사해 모든 의원실 사서함에 배포했다. 제정법의 경우 수십 쪽이 넘어가니 한두 시간 내에 복사가 끝나지 않는다. 과열된 복사기가 멈추면 선풍기를 틀어 주면서 상전으로 모셨다. 의원실 대부분의 법안 발의 풍경은 비슷했다. 사서함에는 날마다 공동 발의 요청서가 쌓였다. 아침에 출근하면 신문을 읽고 나서 공동 발의 요청 법안을 검토하는 것으로 일과를 시작했다. 꼭 공동 발의해야 할 중요한 법안을 놓칠 수도 있고, 문제가 있는 법안이 없는지 살펴야 했기 때문에 꼼꼼히 읽었다. 궁금한 게 있을 때는 대표 발의한 의원실에 물어보고, 판단하기 모호한 내용은 관련 단체나 전문가에게 문의하기도 했다.

좋은 법안이다 싶으면 소속 정당이 다르더라도 따지지 않고 공동 발의했다. 우리 의원실 법안도 이해관계가 첨예하게 부딪히는 사안이 아닌 이상 보수정당 의원실에서도 공동 발의에 동참하는 경우가 종종 있었다. 법안의 내용만을 놓고 정책적으로 검토한 결과다. 발의 단계에서 법안을 검토하면 다음에 어떤 논의가 전개될지 예측이 가능하다. 문제가 있을 것으로 예상되는 법안의 경우 대응할 시간을 벌 수 있다. 그런데 점점 사서함을 이용해 법안을 배포하는 의원실이 줄어들고 있다. 법안 발의는 폭발적으로 증가했지만 공동 발의 요청은 오히려 줄어들었다. 가능한 한 더 많은 의원실로부터 공동 발의를 받고자 했던 노력이 사라지고, 최근에는 10명 이상이라는 법안 발의 최소 요건만 갖추어 발의하는 경향이 두드러진다. 친한 의원실들끼리 '어깨 걸기'로 공동 발의를 한다. 어깨동무를 한 것처럼 서로서로 상대방의 법안에 대해 공동 발의를 해주는 것이다. 법안의 내용에 동의해서 공동 발의를 한다기보다 친분과 인맥을 중심으로 공동 발의가 이루어지고 있다. 과정보다 편의성이 우선하기 때문이다. 의원실 업무가 증가했기 때문이기도 하고, 일단 발의하고 나서 논의는 그다음 단계에서 하면 된다는 생각도 있다. 상황이 이러니 소속 정당이 다르면 같은 상임위원회 의원실조차 제·개정안이 공유되지 않는다. 물론 발의와 동시에 의안 정보 시스템에 올라오지만 바쁜 일과 중에 시스템만 들여다보고 있을 수가 없다. 예전처럼 내용을 사전에 꼼꼼히 검토하지 않으니 그만큼 법안 논의에 있어서 책임성이 떨어진다.

법안의 대표·공동 (찬성) 발의자의 정당 간 분포를 파악하기 위한 하나의 사례로 〈국민기초생활 보장법〉을 임의로 선정해 분석해 보았다(〈표 2.6〉). 이 법은 16대 국회에서 제정된 법으로, "생활이 어려운 사람에게 필요한 급여를 실시해 이들의 최저 생활을 보장하고 자활을 돕는 것을 목적"으로 2000년부터 시행되고 있다. 빈곤층의 생활을 보장하기 위한 법이라 이익 단체가 개입할 여지가 크지 않고, 여야 간 첨예한 갈등이 발생할 가능성도 높지 않다. 이에 사례로 선정해 16대 국회 이후 20대 국회(2020년 2월 24일 현재)까지 발의된 142건의 공동 발의 현황을 분석했다.

이 법의 공동 발의 평균 인원은 16대 15.6명, 17대 16.8명, 18대 13.4명, 19대는 당론 발의 1건(126명)을 제외하면 11.6명(포함할 경우 14.6명), 20대 13.6명이다. 공동 발의 최소 인원인 10명으로 발의한 경우는 16, 17대는 없었고, 18대는 35건 중 8건으로 22.9%를 차지했다. 19대는 39건 중 21건으로 53.8%로 증가했고, 20대는 38건 중 15건으로 39.5%를 차지한다.

다른 당과 교차 없이 같은 정당 소속 의원끼리만 발의한 경우는, 20대 국회의 경우 총 38건의 법안 중 더불어민주당 소속 의원으로만 단독으로 발의한 경우 10건, 자유한국당만 단독으로 발의한 경우 9건, 국민의당만 단독으로 발의한 경우 2건, 총 21건으로 전체의 55.3%를 차지했다. 19대 국회의 경우 총 39건의 법안 중 새정치민주연합(민주당) 단독으로 발의한 경우 17건, 새누리당 6건으로, 전체의 59.0%를 차지했다. 18대 국회의 경우 35건의 법안 중 민주당 단독 발의 7건, 한나라당 단독 발의는 4건으로 전체의 31.4%였다. 16, 17대 국회의 경우 어느 한 정당이 단독으로 발의한 법안은 없었고, 통합민주당, 열린우리당,

표 2.6 〈국민기초생활 보장법〉 공동(찬성) 발의자 소속 정당 현황

구분		발의 인원	공동(찬성)발의자의 당적			
			더불어민주당 (계열)	자유한국당 (계열)	바른미래당 ·민주평화당 ·무소속	정의당
20대	1	10	더불어민주당 9		바른미래당 1	
	2	10		자유한국당 10		
	3	11		자유한국당 11		
	4	10	더불어민주당 10			
	5	17	더불어민주당 17			
	6	15	더불어민주당 8		바른미래당4 민주평화당 3	
	7	10		자유한국당 9	무소속1	
	8	13	더불어민주당 2		바른미래당 8 민주평화당 3	
	9	10	더불어민주당 2	자유한국당 2	민주평화당 3 바른미래당 2	정의당1
	10	14	더불어민주당 5		바른미래당 2 민주평화당 6	정의당1
	11	11	더불어민주당11			
	12	11	더불어민주당11			
	13	12	더불어민주당12			
	14	10		자유한국당 10		
	15	12	더불어민주당12			
	16	10	더불어민주당10			
	17	10	더불어민주당 1	자유한국당 5	바른미래당3 무소속 1	
	18	15	더불어민주당 14		국민의당 1	
	19	10		자유한국당10		
	20	12	더불어민주당 10		국민의당 2	
	21	12		자유한국당 12		
	22	10			국민의당10	
	23	10			국민의당10	
	24	10	더불어민주당 10			
	25	14	더불어민주당 11		국민의당 2 무소속 1	
	26	13	더불어민주당 12		국민의당1	
	27	11		자유한국당 11		
	28	13	더불어민주당 12			정의당1
	29	10		자유한국당 10		
	30	10	더불어민주당 3		국민의당 1	정의당6
	31	10		새누리당 10		
	32	31	더불어민주당 4	새누리당 26	국민의당 1	
	33	11	더불어민주당2	새누리당 1	국민의당 8	
	34	43	더불어민주당 42			정의당1
	35	27	더불어민주당 26			정의당1
	36	11	더불어민주당 10			정의당1
	37	17	더불어민주당 9		국민의당 2	정의당6
	38	21	더불어민주당 21			

대					
	1	10	새정치민주연합 10		
	2	10	새정치민주연합1	새누리당 9	
	3	10	새정치민주연합10		
	4	10	새정치민주연합10		
	5	10		새누리당10	
	6	25	새정치민주연합 25		정의당 1
	7	11	새정치민주연합 10		통합진보당 1
	8	12	새정치민주연합 7		정의당 5
	9	11	새정치민주연합 11		
	10	14	새정치민주연합 14		
	11	10	새정치민주연합 10		
	12	10	새정치민주연합 10		
	13	10	새정치민주연합 10		
	14	10	새정치민주연합 10		
	15	12		새누리당 12	
	16	129	새정치민주연합 129		
	17	10	민주당 10		
	18	10	민주당 9		정의당 1
	19	10	민주당 1	새누리당 9	
19대	20	10	민주당 10		
	21	11	민주당 9	새누리당 2	
	22	12	민주당 10	새누리당 2	
	23	12	민주당 12		
	24	11		새누리당 11	
	25	10		새누리당 10	
	26	10	민주당 4		통합진보당 6
	27	16	민주당 14	새누리당 1	통합진보당 1
	28	14	민주당 9 민주통합당1	새누리당 4	
	29	10		새누리당 10	
	30	12	민주당 12		
	31	11	민주당 1	새누리당 10	
	32	10	민주당 10		
	33	14	민주당 9		통합진보당 5
	34	10		새누리당 10	
	35	18	민주당 17		통합진보당 1
	36	10	민주당 1	새누리당 9	
	37	10	민주당 10		
	38	10	민주당 10		
	39	15	민주당 11	새누리당 2	무소속 1 · 통합진보당 1
	1	11	민주당 11		
	2	11	민주당1	한나라당8	자유선진당1 무소속1
	3	10	민주당 5	한나라당 4	자유선진당 1
	4	10	민주당 10		
18대	5	11		한나라당9	자유선진당1 무소속1
	6	10	민주당 3	한나라당 7	
	7	15		한나라당14	자유선진당 1
	8	11	민주당 9		자유선진당 1 무소속 1
	9	13		한나라당 13	

10	11	민주당8	한나라당2		민주노동당1
11	12	민주당 12			
12	10	민주당 8	한나라당 2		
13	10		한나라당 10		
14	12	민주당 11	한나라당 1		
15	12		한나라당 10	자유선진당 1 무소속 1	
16	11	민주당 10	한나라당 1		
17	11	민주당 11			
18	10	민주당 9		무소속 1	
19	12	민주당 1	한나라당 10	자유선진당 1	
20	20	민주당 20			
21	22	민주당 22			
22	16	민주당 1	한나라당 3	자유선진당 12	
23	11	민주당 9	한나라당 1	자유선진당 1	
24	11	민주당 3	한나라당 1	창조한국당 1	민주노동당 6
25	18	민주당 1	한나라당 15	자유선진당 1 무소속 1	
26	11	민주당 1	한나라당8	자유선진당 1 무소속1	
27	18	민주당 10	한나라당 6	무소속 1 창조한국당1	
28	10	민주당 10			
29	11	민주당 3	한나라당 2		민주노동당6
30	10		한나라당8 친박1		민주노동당1
31	17		한나라당 17		
32	11	민주당 1	한나라당 10		
33	13		한나라당 13		
34	20	민주당 4	한나라당14 친박1		민주노동당 1
35	38	민주당 4	한나라당32 친박1	무소속1	
17대 1	12	통합민주당5 열린우리당5	한나라당1	자유선진당1	
2	11		한나라당 10	무소속 1	
3	18	통합민주당3 열린우리당4 민주당1	한나라당9	자유선진당1	
4	14	통합민주당3 열린우리당 11			
5	13	통합민주당4 열린우리당7	한나라당1	자유선진당1	
6	16	통합민주당1	한나라당15		
7	28	통합민주당10 열린우리당11	한나라당5	자유선진당1	민주노동당 1
8	17	열린우리당 1	한나라당 16		
9	22	통합민주당5 열린우리당8	한나라당7	자유민주연합1 무소속 1	
10	19	통합민주당4 열린우리당10 민주당 2	한나라당2	무소속 1	
11	14	통합민주당6 열린우리당7 민주당 1			
12	18	열린우리당 2 통합민주당 4	한나라당 2		민주노동당 10

16대	1	15	새천년민주당6 통합민주당1	한나라당7		자민련1
	2	12	새천년민주당 2	한나라당 10		
	3	18	새천년민주당 1	한나라당17		

자료: 국회 의안 정보 시스템(검색일: 2020년 2월 24일), 헌정회 역대 의원 현황.
주: 1. 당적은 19대, 20대는 발의일 기준, 16, 17, 18대의 경우 헌정회 자료 기준 사후 분석.
 2. 당의 변화에 따라 더불어민주당·민주당·새정치민주연합·통합민주당 등은 더불어민주당 계열 정당으로
합산했으며, 자유한국당·새누리당·한나라당 등 자유한국당 계열 정당으로 합산했다.
바른미래당·민주평화당·자유민주연합·창조한국당 등의 정당과 무소속은 별도로 합산했으며, 정의당은
진보정당과 보수정당의 거리를 측정하기 위해 별도로 표기했다.
 3. 옅은 음영은 정의당을 제외한 나머지 정당들이 공동 발의한 경우를 가리키며, 짙은 음영은 정당 간 이념적
거리가 먼, 정의당과 자유한국당 계열이 공동 발의에 참여한 경우를 가리킨다.

민주당을 민주당 계열 정당으로 본다면, 17대 국회는 12건 중 2건이 민주당계 정당들만으로 발의한 법안에 해당했다.

더불어민주당(계열)과 자유한국당(계열) 의원이 공동 발의한 경우는 16대는 3건의 개정안 모두(100%), 17대는 12건 중 9건(75%), 18대는 35건 중 18건(51.4%), 19대는 39건 중 9건(23.1%), 20대는 38건 중 4건(10.5%)으로 비율이 낮아졌다. 20년 만에 10분의 1로 줄어든 것이다.

이념적으로 거리가 훨씬 더 먼 진보정당(계열)과 자유한국당(계열)이 공동 발의한 경우를 살펴보면,[28] 17대의 경우 민주노동당 소속 의원이 발의한 2건 모두 한나라당 소속 의원이 공동 발의에 참여했다. 이 중 1건은 민주노동당 소속 의원이 대표 발의한 법안이며 한나라당 의원 2인이 공동 발의했다. 18대 민주노동당 소속 의원이 발의에 참여한 경우는 5건이며, 5건 모두 한나라당 소속 의원도 공동 발의했다. 이 중 2건은 민주노동당 의원이 대표 발의한 법안이며 각각 한나라당 2인, 1인이 공동 발의했다. 다른 2건은 한나라당 소속 의원이 대표 발의한 법안에 민주노동당 각 1인이 공동 발의한 것이다. 달라진 것은 19대부터이다.

19대는 정의당(통합진보당 포함) 소속 의원이 공동 발의한 9건 중 2건에 새누리당 소속 의원도 공동 발의했다. 교차가 발생한 2건은 민주당 소속 의원이 대표 발의한 법안이다. 두 정당 소속 의원이 대표 발의한 경우를 보면, 통합진보당의 대표 발의 2건에 대해서는 새누리당의 공동 발의 참여가 없었고, 마찬가지로 새누리당 대표 발의 법안에 대해서도 통합진보당의 공동 발의가 없었다. 20대 국회에서 정의당이 공동 발의안 8건 중 자유한국당이 공동 발의한 경우는 1건이었다. 이는 민주평화당 소속 의원이 대표 발의한 법안으로 더불어민주당, 자유한국당, 민주평화당, 바른미래당 모두 공동 발의자로 참여했기 때문에 교차가 이루어졌다고 보기 어려운 사례다. 정당 간 거리가 점점 멀어지는 가운데 의원들의 정당 일치감은 높아졌고, 이에 따라 의원 상호 간 정책적 협조 가능성은 줄어들고 있다. 양극화된 정치에서는 정책 역시 정당 간 갈등 관계로부터 자율성을 갖기 어렵다는 사실을 보여 준다.

의안의 발의 요건은 의안에 따라 다르다. 법률안과 마찬가지로 대부분의 의안을 발의하는 데 10인 이상의 의원이 필요하다. 가장 적은 인원이 필요한 것은 일반 동의와 위원회에서의 동의로, 의원 2인 이상이면 된다. 의원의 윤리 심사 또는 징계 요구, 의사일정 변경 동의, 국무위원 등의 출석요구, 긴급 현안 질문 요구는 의원 20인 이상이 있어야 한다. 교섭단체 구성 요건과 동일하다. 일반 의안에 대한 수정동의, 의원의 자격 심사 청구, 위원회에서 폐기된 의안의 본회의 부의 요구는 의원 30인 이상, 예산안에 대한 수정 동의는 의원 50인 이상이어야 가능하다. 임시회의 집회 요구, 휴회 중 본회의 재개 요구, 국정조사 요구,

의원의 석방 요구, 전원위원회 개회 요구는 재적 의원 4분의 1 이상, 국무총리 또는 국무위원에 대한 해임 건의안, 탄핵소추의 발의는 재적 의원 3분의 1 이상이 있어야 한다. 재적 의원 과반수가 발의해야 하는, 가장 강력한 요건을 필요로 하는 의안은 대통령에 대한 탄핵소추와 헌법 개정안 두 가지다.

최순영 의원(당시 민주노동당)이 대표 발의해 2007년 4월에 대안 통과된 〈장애인의 교육 지원에 관한 법률안〉[29]은 229명이 공동 발의한 법안이다. 아마 전무후무한 기록일 것이다. 장애인 의무 무상교육 체계 확립, 생애 주기별 교육 지원 체계 마련, 학부모·장애인 당사자의 권한 확대, 실질적인 통합 교육을 주요 내용으로 하는 이 법의 제정 취지에 여야 구분 없이 광범위하게 동의했다. 여야의 구분이 뚜렷한 국회의 속성상 아무리 취지가 좋은 법안이라도 다른 정당 의원의 법안에 의원 대다수가 공동 발의에 참여하는 일은 드물다. 관련 단체가 함께하고, 의원실과 정당이 집중해 엄청난 노력을 들여야 가능한 일이다.

10명만 넘으면 발의할 수 있는데 왜 이런 노력을 기울였을까? 발의 후 법안을 제정하려면 결국 온힘을 다해 여야 모두를 설득해야 한다. 최 의원은 논의 과정을 앞당겨 발의 단계에서부터 설득한 것이다. 하나의 법안에 이렇게 노력을 기울이면 지금처럼 많은 법안이 발의될 수도, 발의될 필요도 없다. 사실 법을 제·개정하는 과정은 모두 이래야 하지 않나 싶다. 법을 왜 제·개정하고자 하는지 동료 의원에게 설명하고 설득해야 한다. 그 과정에서 신뢰를 구축하고 협의해야 한다. 물론 비효율식이다. 시간도 많이 걸린다. 하지만 법안의 제·개정은 시민들의 삶에 큰 영향을 미친다. 논의는 신중할수록 좋다. 소속 정당과 무관하게 발의 전 동료 의원들과 법 제·개정안을 공유하던 관행이 유지되었으면 한다. 대표 발의 법안에 대한 진지한 책임감이자 동료 의원에 대한 존중이며 입법부의 권위를 스스로 높이는 일이다.

법안 공동 발의 서명을 다 받았다면 의안과에 접수하기 위해 서류를 준비해야 한다. 법안, 비용 추계서, 공동 발의 서명부, 국회 양식에 따른 공문이 필요하다. 접수 과정에서 별다른 문제가 없다면 의안과는 의안 접수 후 소관 상임위원회로 회부한다. 법률안이 회부되면 위원장은 간사와 협의해 입법 취지와 주요 내용을 국회 공보나 국회 홈페이지 등에 게재해 일부 개정 법률안은 10일 이상, 전부 개정 법률안이나 제정법은 15일 이상 입법 예고를 한다.

'국회입법예고' 게시판http://pal.assembly.go.kr을 통해 의견을 받는다. 법안 심사 전 시민들의 의견을 직접 청취한다는 취지이지만, 실제 온라인상에 제출되는 의견은 시민들의 다양한 의건을 대표한다고 보기 어렵다. 대부분의 의견은 '반대'다. 이유는 없다. '반대합니다'가 전부다. 행정부도 법안 제출 전 입법 예고를 한다. 의견은 전자우편으로 받는다. 관련 단체는 정리된 입장을 송부한다. 이와 달리 '국회입법예고' 게시판은 개개인이 포털 사이트의 댓글처럼 의견을 올린다. 어떤 사람들은 시민들이 직접 의견을 제출할 수 있다는 데 의미를 둔다. 개방과 참여를 통해 평등한 시민의 권리를 확대할 수 있다고 한다. 개방과 참여는 좋은 말이다. 하지만 만인에게 개방하고, 만인에게 참여의 기회를 제공한다 하여 모두에게 평등한 민주주의가 실현되는 것은 아니다. 의회정치는 기본적으로 정당을 통해 이루어지며 정당의 역할은 다양한 집단의 의견을 수렴해 정책에 반영하는 것이다. 특히 사회경제적 약자의 권리는 정당을 통할 때 더 평등하게 보장될 수 있다. 의견은 조직된 다수를 통해 결집되고, 토론을 통해 결정될 때 영향력을 갖는다. 개인의 직접 참여 확대는 적극적으로 의견을 개진하는 개인들에 의해 왜곡될 가능성이 크다. 참여의 불평등은 시스템만으로 개선되지 않는다. 실제 입법 예고 제도는 시민들이 의견을 전달하는 수단으로도, 법안 심사의 참고 자료로도 별다른 가치가 없다. 입법 전 의견을 수렴한다는 입법 예고 제도의 취지에 동의한다 하더라도 현재와 같은 시스템은 개선될 필요가 있다.

상임위원회에 회부된 의안은 상임위원회 전체 회의가 열릴 때 안건으로 상정된다. 법안의 내용이 다른 상임위원회의 소관 사항과 관련되어 있을 때는 그 상임위원회에도 회부한다. 의견을 청취하기 위해서다. 의견 제시 기간을 정해 주고, 기간 내에 의견 제시가 없으면 소관 위원회는 바로 심사 보고를 할 수 있다. 기간은 연장할 수도 있지만 다른 상임위원회 의견은 참고 자료일 뿐 심사에 직접적 영향을 미치지는 않기 때문에 큰 신경을 쓰지는 않는다. 소관 위원회 입장에서는 타 상임위원회 의견은 안 받아도 그만이다. 오히려 의견을 제시하는 상임위원회 쪽에서 더 신경을 쓴다. 관련 내용에 부정적 입장을 가지고 있으면 더욱 그렇다. 하지만 소관 법을 심사하기도 바쁜 터라 타 상임위원회 법에까지 깊이 개입하기는 어렵기 때문에 이런 과정은 종종 생략된다.

예산 관련 법률안은 법적으로 소관 위원회 마음대로 할 수 없다.

〈국회법〉에서 예산결산특별위원회와 협의를 거쳐야 한다고 규정하고 있기 때문이다(〈제83조의2〉).[30] 이 때문에 정기회 때는 예산 심사와 함께 예산 부수 법안 처리가 한꺼번에 진행된다. 법에는 예결특위와 협의하라고 되어 있지만, 사실상 기획재정부와 협의하라는 것이다. 예산이 소요되는 법안은 기획재정부가 반대하면 통과되기 어렵다.

(2) 상임위원회에 법안을 상정한 이후

상임위원회 전체회의에 법안이 상정되면 대표 발의 의원실로 제안 설명서를 제출하라는 연락이 온다. 제안 설명은 대표 발의 의원이 직접 전체회의에서 구두로 하는 방법이 있고, 서면으로 대신하는 방법이 있다. 바쁘기 때문에, 회의 시간을 절약하기 위해서, 제·개정안이 워낙 많이 발의되고 있기 때문에 등 다양한 이유로 최근에는 서면으로 대체하는 경향이 높다. 많게는 한 번에 1백 건이 넘는 의안이 상정되므로 모두가 제안 설명을 하면 회의가 정상적으로 진행되기 어려운 것이 현실이다. 어쩌다 한두 건씩 직접 제안 설명을 하는 의원이 있긴 하지만 동료 의원들이 그다지 귀담아 듣지 않고, 심사에 큰 영향을 미치지도 못한다. 다분히 형식적 절차에 머물고 있다. 법안 발의는 소속 상임위원회와 무관하게 할 수 있지만 해당 법안의 소관 상임위원회 위원이 아닌 이상 법안 심사 과정에서 대표 발의자가 의안에 대해 설명할 기회는 거의 없다. 생각해 보면 대표 발의자가 법안을 발의한 이유를 설명하고,

동료 의원들에게 질문을 받고, 토론을 하는 것이야말로 '정상적'인 진행 절차가 아닌가. 법안 발의의 남발이 낳은 문제점 가운데 하나다.

제안 설명 이후에는 전문위원이 검토 보고를 한다. 상임위원회에 입법 활동을 지원하기 위해 의원이 아닌 전문 지식을 가진 위원, 즉 전문위원을 두고 있다. 상임위원회별로 수석전문위원 1명, 전문위원, 입법심의관과 입법조사관 등이 있다. 수석전문위원은 별정직이고, 차관보에 해당하는 보수를 받는다. 전문위원은 2급, 입법심의관은 2급 또는 3급, 입법조사관은 3급에서 5급으로, 대체로 일반직 공무원이며 간혹 임기제 공무원도 있다. 특별위원회는 대부분 겸직한다. 예를 들어 복지위 소속 전문위원이 코로나19대책 특별위원회, 저출산고령화대책 특별위원회(20대), 공적 연금 강화와 노후 빈곤 해소를 위한 특별위원회, 중동호흡기증후군대책 특별위원회(19대)를 겸임하는 식이다.

〈국회사무처법〉에 나와 있는 전문위원의 업무는 ① 법률안, 예산안, 청원 등 소관 안건에 대한 검토 보고, ② 각종 의안을 비롯한 소관 사항에 관한 자료의 수집·조사·연구 및 소속 위원에게 그 자료의 제공, ③ 위원회에서의 각종 질의 시 소속 위원에게 질의 자료의 제공, ④ 의사 진행의 보좌, ⑤ 그 밖에 소속 위원회 소관에 속하는 사항 등인데 ②, ③의 업무는 사문화되어 있고, 검토 보고와 행정 업무가 주를 이룬다. 특히 법안의 타당성, 찬반 의견 등을 검토한 전문위원 검토 보고서는 법안심사 소위원회에서 심사할 때 통과를 좌우할 정도로 영향력이 있다. 17대만 해도 참고 자료 정도였는데, 어느 때부터인가 전문위원이 반대하면 통과 자체가 어려울 만큼 영향력이 커졌다. 이러다 보니 전문위원이 또 하나의 로비 창구가 되고 있다. 심지어 행정부조차 전문위원을 설득하느라 애를 먹고 있다고 한다. 원래 전문위원은 어떤 권한도 위임받은 적이 없는, 단지 의정 활동을 지원하는 역할일 뿐인데 최근에는 전문위원이 의원보다 더 큰 권한을 행사하고 있다. 〈국회법〉상 전문위원은 위원회에서 발언할 수 있으며 본회의에서도 본회의 의결 또는 의장의 허가를 받아 발언할 수 있다. 1994년 〈국회법〉 개정을 통해 권한이 확대되는데, 의안 및 청원 심사, 국정감사, 국정조사 등의 업무와 관련해 검토 보고 및 관련 자료의 수집·조사·연구를 한다고 명시되었고, 이를 위해 정부·행정기관 등에 위원장의 허가를 얻어 필요한 자료를 요청할 수 있도록 했다. 행정부에 대한 자료 요청권은 의원이 가지고 있는 독립적 권한 중 하나인데 전문위원에게도 이 권한을 부여한 것이다. 2005년에는 전문위원과 공무원의 정치적 중립성 유지 조항이 신설되었다. 어느 정당의 입장도 대변하지 않음을 명시한 것인데 이는 오히려 전문위원의 '독보적 지위'를 확고히 하는 근거가 되었다.[31] 현재와 같은 전문위원 제도가 꼭 필요한지 의문이다. 역할을 축소하던지, 아니면 정당에 소속된 정책연구위원이 이 역할을 하도록 해야 한다. 전문위원을 정당이 추천하도록 하는 것도 개선 방법 중의 하나이다. 입법에 관한 권한은 국회의원에게 위임된 것이다. 동시에 정당도 같은 권한을 위임받았다. 정당의 정책은 정치적 중립성을 고수하는 일이 아니라 누군가의 이익을 대변하는 일이다. 전문위원이 위임받지 않은 권한을 '중립성'이라는 명분으로 행사하도록 방치할 것이 아니라 정당의 책임성을 강화하는 방법으로 해결해야 한다.

전문위원 검토 보고가 끝나면 대체 토론을 한다. 대체 토론은 의결하지 않는 토론을 말한다. 안건 전체에 대한 문제점과 당부當否에 관한 일반 토론으로, 자유롭게 의견을 개진하고 질문도 할 수 있다.[32] 상임위원회 전체회의 이후에는 법안심사 소위원회(법안 소위)에서 심사를 한다. 법안 소위는 통상 10명 안팎의 인원으로 구성된다. 소수의 위원들이 머리를 맞대고 심의하기 때문에 한 명이라도 강력히 반대하는 의원이 있다면 그 법안은 통과가 쉽지 않다. 행정부가 반대해도 마찬가지다. 여야가 합의에 이르지 못한, 이른바 '쟁점 법안'이라고 불리는 법안과, 행정부가 비협조적인 법안은 논의하지 않고 그냥 둔다. 이를 '계류 중'이라고 하는데, 안건 상정 뒤 통과되지 않은 모든 법안은 상임위원회 법안 소위에 계류 중이다. 통과를 막고 싶은 법안이 있다면 법안 소위에 계류시켜 놓으면 된다. 의견을 반영해 내용을 조정할 수도 있다. 법안 심사는 모두 소위에서 이루어진다. 법안 소위에 참여하지 못했다는 것은 법안을 중심으로 한 가장 중요한 협의 과정에 참여하지 못한다는 것이다.

법안 소위 위원이 아닌 의원이 의견을 개진할 방법은 없을까? 법안 소위에서 심사가 끝나 의결한 법안은 상임위원회 전체회의에 심사 보고를 한다. 찬반 토론을 한 뒤 의결하는데, 소위에서 심사를 완료한 법안은 만장일치 통과를 관행으로 한다. '여야 간 합의'한 법안이기 때문에 통상 표결도 하지 않는다. 상임위원회에서 표결을 하는 경우는 상당히 특별한 경우다. 드물지만 소위원회에서 이미 의결했더라도 해결되지 않은 생점이 남아 있는 것이 확인된 경우 다시 소위원회로 돌려보내기도 한다. 재회부라고 한다. 반대 의견이 소수라면 의결을 강행한다. 법안 소위에 참여하지 못한 경우 전체 회의에서 발언을 하는 것이 유일한 의사 표현 방법인데, 이는 통과를 막을 만큼 위력적이지 않다. 소수 의견으로 속기록에 남을 뿐이다. 가장 강력한 항의 표시라고 해야 의사 결정에 참여하지 않고 퇴장하는 것뿐이다. 퇴장은 만장일치 관행을 깨지 않고 존중한다는 의미도 있다. 법안 통과는 상임위원회, 법제사법위원회, 본회의 심사 과정을 거치며, 이 모든 단계에서 절차적으로 의견 표명의 기회가 보장돼 있지만, 결국 법안에 대한 실질적 심사는 상임위원회 법안 소위에서 이뤄진다. 법안 소위가 중요한 이유다.

1998년에 제정된 〈국회상설소위원회설치등에관한규칙〉에 따르면 교육위원회에는 교육자치 소위원회, 대학교육 소위원회, 교육개혁 소위원회를 두도록 돼 있고, 복지위에는 보건의료 소위원회, 사회복지 소위원회, 식의약품안전 소위원회를 두도록 돼 있다. 이 밖에도 상임위원회별로 구성해야 할 소위원회를 구체적으로 명시하고 있으나 현재 소위원회 구성은 이 규칙과 차이가 있다. 의제가 아니라 기능에 따라 구성하고 있으며 법안심사 소위원회, 예산결산심사 소위원회, 청원심사 소위원회를 기본으로 한다. 2019년 4월 〈국회법〉 개정으로 변화의 여지가 생겼는데, 상임위원회에 복수 소위원회를 둘 수 있도록 했고, 법안심사 소위원회는 매달 2회 이상 개최하도록 규정했다. 소위원회에서도 그 의결로 의안 심사와 직접 관련된 보고 또는 서류 및 해당 기관이 보유한 사진·영상물의 제출을 행정부·행정기관 등에 요구할 수 있고, 증인·감정인·참고인의 출석을 요구할 수 있다. 소위원회의 권한이 좀

더 강해졌다(〈국회법〉제57조).[33]

국회는 입법부다. 입법은 국회가 가지는 권한 중 가장 중요하고 강력하다. 그래서 모든 국회의원이 '법안 발의권'을 갖고 있다. 그런데 '법안 심사권'은 사실상 법안 소위 위원을 맡은 소수에게 재위임되어 있다. 과도한 위임이다. 소위원회 구성이 심사 편의를 위한 것이라면 개정된 〈국회법〉에 따라 모든 의원이 법안 소위에 참여할 수 있도록 복수의 소위원회를 구성하면 된다. 모든 의원이 법안 소위에 참여한다면 의회의 책임성도 좀 더 강화될 수 있을 것이다.

(3) 상임위원회 의결 이후

소관 상임위원회에서 심사를 마치고 가결되었다면 다음은 법제사법위원회이다. 쟁점이 없다면 전체회의를 거쳐 바로 본회의로 가지만 법사위원 중 한 명이라도 심사를 요구하면 제2소위로 회부된다. 법사위에 계류되는 것이다. 순조롭게 통과될 수도 있지만 길게는 수개월씩 계류될 수도 있다. 심지어 내용을 수정하기도 한다.

20대 국회에서 복지위는 김명연·윤종필·박주민·황주홍·박인숙·이철희·송옥주·윤소하·기동민 의원 등이 대표 발의한 9건의 〈국민건강증진법〉을 통합·조정해 위원회 대안으로 마련했다. 이 법은 2018년 9월 20일 복지위에서 의결되어 법사위로 회부되었다.

여러 법안을 병합 심의에 내8도 많았는데 크게 세 가지다. 먼저,

2013년 알코올로 인한 사회경제적 비용이 약 9조4,524억 원으로 추산되는 등 알코올이 우리 사회에 미치는 폐해가 심각하므로 건전한 음주 문화 조성을 위해 금주 구역을 지정하고 음주 광고에 대한 처벌 수준을 담배 광고와 동일한 수준으로 맞추도록 했다. 또한 현행법은 어린이와 청소년, 의료 기관 이용자 등을 간접흡연으로부터 보호하기 위해 어린이집, 학교, 의료 기관 등의 시설을 금연 구역으로 지정하고 있으나, 담배 연기가 창문 등을 통해 시설 내부로 들어와 간접흡연이 우려되고 있고, 흡연실이 설치된 금연 시설의 경우 흡연실의 청소 시간이 별도로 지정돼 있지 않아 청소 근로자가 간접흡연의 위험에 노출돼 있다. 이런 문제를 개선하고자 금연 시설 외부 구역을 금연 구역으로 추가로 지정하고, 흡연실의 청소 시간을 지정하고, 청소 시간 중 금연 구역화로 청소 노동자의 건강권을 보호하도록 했다. 마지막으로, 현행 〈담배사업법〉은 담배 성분의 표시를 위해 담배 제조업자 및 수입 판매업자가 지정된 측정 기관에 의뢰해 담배 연기에 포함된 니코틴, 타르 등 주요 성분과 그 함유량을 측정, 표시하도록 하고 있으나, 현행 측정 및 표시 방식으로는 담배 연기 성분의 상세한 내용을 일반인들이 충분히 알 수 없다는 문제가 있다. 담배의 유해성이 과소평가되거나 정보가 왜곡되는 상황을 개선하기 위해 담배 제조업자 등이 담배 유해 성분을 보건복지부 장관이 지정한 검사 기관에 측정·의뢰하고, 그 결과를 보건복지부 장관에게 제출하며, 장관은 제출받은 담배 유해 성분을 공개하도록 했다.

윤소하 의원이 대표 발의한 법안은 주요 내용과 무관한 것으로 보건복지부장관이 국민건강증진종합계획을 수립하는 데 있어 영유아·아동·청소년·청년·중장년·노인 등 생애 주기 및 성별에 따른 인구 집단에 대해 고려하도록 하고, 저소득층·장애인 등 건강 취약 집단이나 계층에 대한 건강 증진 지원 방안을 수립하도록 하는 것이었다. 원래 복지위 법안 소위에서는 8건의 법안만으로 대안을 의결했다가 윤소하 의원 안까지 포함해 번안 의결 거쳐 9건의 대안을 마련했다.

이처럼 복지위에서 여러 차례 법안심사 소위원회 심사를 거쳐 하나의 대안을 마련해 법사위로 회부했는데, 법사위에서는 2018년 11월 13일 전체회의 상정 후 의결하지 않고 법안심사 제2소위로 회부했다. 소위 논의는 다음 해인 2019년 3월 26일이 되어서야 진행되는데, 또 의결에 이르지 못했다. 같은 해 7월 17일 법안심사 제2소위에 다시 상정해 논의를 진행했으나 2020년 3월 10일 현재까지 계류 중이다. 당초 법사위 전체회의에서는 당일 의결하자는 의견, 전체회의에서 한 차례 계류했다 심사하자는 의견, 제2소위로 회부하자는 의견이 제출되었는데, 법사위 위원장(여상규 의원)은 2소위 회부를 결정했다. 사유는 보건복지부 소관의 〈국민건강증진법〉 개정안의 내용이 기획재정부 소관 〈담배사업법〉 개정안과 겹치는 부분이 있으므로 논의가 필요하다는 것이었다. 담배 유해 성분 정보 관리에 관한 부분이었다. 이후 소위원회 논의 과정에서 기재부와 복지부는 규제 관리를 〈담배사업법〉으로 일원화하는 것으로 하는 조정안을 가져왔다. 복지위 위원장, 교섭단체 간사 3인, 대표 발의 의원들의 양해 의견서를 서면으로 받아 제출하기까지 했다. 그런데 다시 계류되었다. 이견이 있으므로 다음 소위에서 재논의하겠다는 것이었나. 새논의는 이루어지지 않았다.

이보다 나중에 복지위 대안으로 마련된 〈국민건강증진법〉 개정안이 또 있다. 윤일규·윤후덕·기동민 의원 등 3인의 대표 발의 법안을 하나의 위원회 대안으로 통합·조정한 것인데 '신체 활동 장려 사업'을 국민 건강 증진 사업에 포함해 국민 건강 증진 기금으로 추진할 수 있도록 하고, '건강 친화 기업 인증 제도'를 도입하고, 금연 교육 또는 금연 지원 서비스를 받은 경우 과태료를 감면할 수 있도록 하는 내용이다. 이 법안은 2019년 7월 17일 복지위 전체회의에서 의결되고, 다음날 법사위에 회부되어 10월 24일 법사위 전체회의에서 통과된 데 이어 10월 31일 본회의에서 가결되었다.

윤소하 의원이 발의한 법안의 경우 법사위에서 쟁점이 된 내용과 아무런 상관이 없는 법이기 때문에 만약 앞선 대안에 포함되지 않고, 나중에 마련된 대안에 포함되었다면 무리 없이 본회의에서 가결되었을 것이다. 해당 상임위원회에서 이미 논의를 거쳐 통과된 안이고, 정부 부처 간 조정이 이루어졌음에도 불구하고 법사위 소위에 계류시켜 놓는 것은 납득하기 어렵다. 주류 업체, 담배 업체의 이해관계가 걸린 법이라 오랜 계류는 더욱 불편한 마음을 갖게 한다. 법사위가 과도한 권한을 행사하고 있다고 볼 수 있는 지점이다.

상임위원회 통과 이후 법사위가 법안 통과를 막는 문지기 역할을 하는 것이 타당하지 않다는 문제 제기가 계속되자 2012년 〈국회법〉 개정으로 법사위의 권한에 일정한 제한 규정이 만들어졌다. 회부된 날부터 120일 이내에 법사위가 심사를 마치지 않으면 소관 상임위원회에서 직접 본회의에 부의를 요구할 수 있게 한 것이다. 그런데 절차가 만만치 않다. 상임위원장이 교섭단체 간사와 협의해 이의가 없는 경우 의장에게 해당 법률안의 본회의 부의를 서면으로 요구할 수 있고, 만약 이의가 있으면 해당 법률안에 대한 본회의 부의 요구 여부를 무기명 투표로 결정한다. 해당 위원회 재적 위원 5분의 3 이상의 찬성이라는 상당히 높은 기준을 요구하고 있다. 소관 상임위원회에서 본회의 부의 요구가 있으면 의장은 교섭단체 대표 의원과 합의해 바로 본회의에 부의한다. 교섭단체 대표 의원과 합의가 이루어지지 않는다면? 30일까지는 합의할 시간을 허용한다. 그때까지 합의하지 못하면 30일 이후 처음으로 개의되는 본회의에서 해당 법률안에 대한 본회의 부의 여부를 무기명 투표로 결정한다. 매우 복잡해서 실제로는 추진하기 어렵다. 아직까지 한 번도 적용된 적이 없다. 이보다 현실적인 방안은 법사위의 체계·자구 심사 권한을 폐지하는 것이다. 체계 심사는 위헌 여부, 조항 간 또는 다른 법률과의 충돌이나 모순을 살피는 것이고, 자구 심사는 용어의 적합성에 대한 심사다. 체계·자구 심사 권한을 근거로 실제로는 정책 심사를 하고 있다. 상임위원회에서 심사를 거쳐 통과한 법안을 법사위에서 재검토하고, 심지어 내용까지 수정하는 것은 월권이다. 심지어 법안 심사 과정에서 소관 부처 장관에게 법안과 무관한 '현안 질의'도 한다. 권한은 부여된 만큼만 행사되어야 한다. 법사위도 다른 상임위원회와 마찬가지로 소관 법안 심사에만 집중하는 것이 바람직하다.

(4) 본회의 심사 과정

모든 과정을 거쳐 본회의에 심사 보고서가 올라오면 제안 설명, 찬반 토론 뒤 표결을 한다. 본회의에 상정된 법안은 상임위원회에서 합의를 거친 안이므로 대부분 원안대로 통과된다. 원안에 대한 수정안이 상정되기도 하는데 수정안이 올라오면 수정안부터 표결한다. 수정안이 여러 건일 경우 가장 늦게 제출된 수정안부터, 의원과 위원회 수정안이 있을 경우 의원의 수정안부터, 의원의 수정안이 여러 건 있을 경우에는 원안과 차이가 많은 것부터 표결한다. 수정안이 가결되면 원안은 표결 없이 폐기되고, 수정안이 부결되면 원안에 대해 표결한다. 이에 대해 수정안은 수정한 부분에 대한 표결이기 때문에 원칙적으로 나머지 원안에 대해서도 표결을 해야 한다는 의견이 있으나 오랜 관례로 굳어져 〈국회법〉 개정이 이루어지지 않고 있다. 국회에서는 이처럼 관례를 따르는 경우가 많다.

찬반 토론은 반대 토론이 우선한다. 제안 설명이 찬성 입장을 말하는 것이므로 반대 토론 없이 찬성 토론만 하는 것은 의미가 없기 때문이다. 형평성상 반대 토론 1인, 찬성 토론 1인이 교차로 발언하는데, 찬성 토론은 신청자가 없으면 생략하기도 한다.

본회의에서 반대 토론을 통해 부결되는 경우는 많지 않다. 17대 국회부터 2020년 4월까지 16년간 본회의에서 부결된 법률안은 17건에 불과하다. 19대 국회만 보면 1만7,822건의 법률안이 발의돼 7,429건이 통과됐는데, 본회의에서 부결된 건수는 단 3건이었다. 그중 한 건인

〈상속세 및 증여세법〉 개정안은 박원석 의원(정의당) 등의 반대 토론에 힘입어 재석 255인 중 찬성 94인, 반대 123인, 기권 38인으로서 부결 되었다. 이 개정안은 가업 상속 공제 대상 기업을 대폭 확대하고, 가업 상속 공제의 사전·사후 요건은 대폭 완화하는 내용으로 '말만 가업 상 속이지 가업을 승계할 준비도 능력도 없는 상속인에게 세금 한 푼 없이 부의 무상 이전을 허용하는 상속세 무력화 법안이나 마찬가지'라는 토론의 내용이 의원들의 반대를 이끌어 낸 것이다. 드문 경우다.

20대 국회에서는 2건이 부결 되었는데, 특정 기업에 혜택을 주는 법이라는 논란 끝에 2020년 3월 5일 본회의에서 부결된 〈인터넷전문 은행 설립 및 운영에 관한 특례법〉 개정안이 그중 한 건이다. 채이배 의원(당시 민주통합의원모임)은 "오늘 올라온 개정안은 독과점, 시장 지배 적 지위 남용, 갑질, 담합 등 공정거래법을 위반하여 공정한 시장경제 질서를 해친 자도 은행의 대주주가 될 수 있도록 하자는 것"이라며 반대 토론을 했고, 재석 184인 중 찬성 75인, 반대 82인, 기권 27인으로 부결되었다. 그러나 이 법은 약간의 수정을 거쳐 정무위원회 안으로 다시 제안되었고, 4월29일 열린 본회의에서 가결된다. 이날 채이배 의원은 "지난 3월 5일 이미 본회의에서 부결된 것은 우리 여기 계신 의원님들이 범죄 기업이 은행의 대주주가 돼서는 안 된다라는 것을 확인하시고 결론을 내려 주신 겁니다. 하지만 오늘 또 이 법안이 올라온 것은 정말 저는 참담하기 그지없는 상황이라고 생각을 합니다."라며 3월 본회의에서 반대 또는 기권 표결을 했던 의원들을 일일이 호명했지만 재석 209인 중 찬성 163인, 반대 23인, 기권 23인으로 가결된다. 찬성은 늘고, 반대 인원은 줄어든 것이다. 두 법안의 내용이 대동소이함에도 불과 55일 사이에 이런 입장 변화가 발생한 것은 개인의 소신보다 정당의 단속이 우선했기 때문이다.

본회의에 상정된 법안이 원안대로 일사천리 통과되는 것은 정당의 규율이 작동하기 때문이다. 한 번의 회의에 수백 건의 법안을 처리하는데 소관 상임위원회 법안이 아닌 경우 대부분 본회의장에서 처음으로 법안을 본다. 의원 개인이 법안의 내용을 검토해서 찬반 입장을 정하고 표결에 임하는 경우는 거의 없다. 본회의 표결은 대체로 소속 정당의 입장에 따른다. 간혹 개인적 관심사와 소신에 따라 자유 투표를 하는 경우도 있지만 드물다. 법안을 심사한 동료 의원과 정당의 판단에 대한 신뢰가 협조의 바탕이 된다. 자유로운 토론이 있었고, 그 과정에서 의원들의 의견이 충분히 반영되었다면 정당 투표가 더 바람직하다. 하지만 만약 당 내에서 자유로운 토론을 할 수 없었다면, 이견을 말했다는 이유로 극단적 지지자들로부터 강력한 항의를 받는다면, 반대 의견에 대해 지도부가 설명 없이 묵살한다면 정당 투표는 비민주적 억압 기재로 작동할 가능성이 있다. 정당의 규율이 민주주의에 역행하지 않고, 책임정치의 방향에서 작동하기 위해서는 절차를 준수해야 하고 합의에 이르는 과정이 민주적이어야 한다.

본회의장은 상임위원회 회의장과 또 다른 긴장감이 있다. 뭔가 의관을 정제하고 들어가야 할 분위기다. 전체 의원이 한자리에 모여 있을 뿐더러 본회의는 늘 중계되고, 성능 좋은 언론사의 카메라가 의원의 휴대폰 화면까지 선명하게 찍을 수 있으니 일거수일투족이 자유롭지 못한 곳이다. 또한 상임위원회 회의장과 달리 본회의장은 국회의원만 출입이 가능하므로 보좌관은 본회의장에 들어가기 직전까지만 의원을 보좌할 수 있다. 국회의원들의 책무가 더욱 무겁게 느껴지는 공간이다.

2015년 말, 이자스민 의원(당시 새누리당)이 본회의장에서 초코바를 섭취한 것이 〈국회법〉 위반이라는 논란이 있었다. 근거는 〈국회법〉 제148조(회의 진행 방해 물건 등의 반입 금지)는 "본회의 또는 위원회의 회의장에 회의 진행에 방해가 되는 물건이나 음식물을 반입해서는 아니 된다."는 조항인데, 초코바가 회의 진행을 방해하는 음식물일까? 게다가 본회의가 시작되기 전이었다. 음식물에 대한 기준도 모호해서 본회의장에는 생수 반입을 제한하지만 상임위원회 회의장에는 생수가 놓여 있다. 장시간 회의가 진행되는 소위원회 회의의 경우 사탕과 초콜릿, 과자 등 간식이 놓여 있다. 커피도 마신다. 심사 시간을 절약하기 위해 회의 도중 도시락이나 과일, 떡을 먹기도 한다. 어떤 경우에 어떻게 적용할 것인지는 상황에 따라 달라진다. 이 조항은 2005년에 개정되었는데 이전에는 '끽연 등의 금지' 조항이었다. 이때에는 음식만이 아니라 끽연, 의안과 관련 없는 신문·잡지 기타 간행물 열독, 휴대전화기 사용을 금지했으며, 특히 본회의 회의장 안에서는 '개인 휴대 컴퓨터' 사용도 금지했다. 지금은 휴대전화기 휴대가 가능함은 물론, 의석마다 컴퓨터 단말기가 있다. 이 조항은 어디까지나 원활한 회의 진행을 위한 규정일 뿐이다. 초코바를 논쟁으로 끌고 온 것은 언론이다. 본회의장에서 벌어지는 실수나 실언, 핸드폰 문자나 검색 등 해프닝이 주요 뉴스로 다루어질 만큼 가치 있는 것인가? 이자스민 의원이 대표 발의한 〈이주아동권리보장기본법〉이 초코바보다 중요하게 다루어져야 하지 않을까?

이 의원은 "혈통주의를 채택하고 있는 현행 국적법에 따르면 이주
아동은 대한민국에서 태어났다 하더라도 한국 국적을 취득하는 것이
불가능하며, 출생 등록조차 되지 않아 부득이하게 합법적인 체류 자격
을 취득하지 못하거나 상실한 경우에는 불법체류 상태로 전락하게 되
어 보육 서비스, 학생으로서의 권리, 건강보험 혜택 등 삶을 영위하기
위해 필요한 기본적인 권리조차 전혀 보장받지 못하는 인권의 사각지
대에 방치되고 있기 때문"이라고 법안 제안 이유를 밝히고 있다.[34] 한
국은 유엔 "아동의 권리에 관한 협약"을 비준한 나라다. 아동의 인권은
어떠한 경우에도 보호되어야 한다는 것이 협약의 기본 취지다. 유엔 아
동권리위원회는 '부모의 법적 지위나 출신에 상관없이 모든 아동의 출
생등록과 동등한 교육 접근성이 보장되어야 한다'고 권고한 바 있다.
유엔 인종차별철폐위원회도 '난민, 인도적 지위 체류자, 난민 신청자,
미등록 이주민 자녀의 출생을 적절히 등록할 제도와 절차를 마련하라'
고 촉구했다. 〈이주아동권리보장기본법〉은 이에 입각한 것으로 여야
의원 23인이 공동 발의했는데 그중 한 명이 심상정 의원(정의당)이다.

(5) 본회의의 원칙

본회의는 중요한 만큼 공개하는 것이 원칙이다. 그래서 언제나 〈국회
방송〉으로 중계된다. 본회의장 소식은 질의와 답변, 의안이 중심이 되

어야 한다. 언론이 안건 이외의 것을 다루지 않길 바란다. 정치 규범은 함께 만들어 가야 한다. 언론이 정치인의 자극적 언행을 부각하면 정치는 더 자극적 언행을 하게 된다. 특히 본회의장에서 의원의 일거수일투족이 그날의 안건보다 중요할 이유는 없다.

보좌관들은 보통 본회의가 시작되면 중계방송을 켜놓고 다른 업무를 하면서 모니터링을 하는데, 어쩌다 회의 진행을 깜박 놓치는 순간이 있다. 갑자기 의원들이 일어서서 나오는 모습이 화면에 비치면 다급히 확인을 한다. 정회停會야? 산회散會야? 정회는 잠시 쉬는 것이고, 산회는 회의를 끝내는 것이다. 의사일정에 올라온 안건의 의사가 끝났을 때 의장은 산회를 선포한다. 한번 산회를 선포하면 당일에는 회의를 다시 개의할 수 없다. 내우외환·천재지변 또는 중대한 재정·경제상의 위기, 국가의 안위에 관계되는 중대한 교전 상태나 전시·사변 또는 이에 준하는 국가비상사태의 경우로서 의장이 각 교섭단체 대표 의원과 합의한 때에는 열 수 있다. 보통 때는 절대 안 열린다는 말이다. 정회는 다르다. 언제든 회의를 다시 열 수 있다. 따라서 산회를 선포하면 회의가 완전히 끝난 것이니 퇴근할 수 있지만, 정회를 선포하면 대기해야 한다. 제4대 국회까지는 오후1시가 지나면 산회를 선포했고, 제5대 국회에서는 민의원은 오후 1시, 참의원은 오후 5시가 되면 의사가 끝나지 않아도 의장이 산회를 선포할 수 있었다고 한다. 이는 1963년에 바뀌었다.[35] 회의는 1일 1차수를 원칙으로 하므로 자정까지 회의가 안 끝나면 밤 12시 직전에 일단 산회를 선포하고 0시를 기해서 다음 차수 회의를 시작한다. 이를 차수 변경이라 부른다. 차수 변경은 드문 일이 아니라서 본회의가 있는 날은 마음의 준비를 해야 한다. 이처럼 회의가 계속 진행되어 늦어지는 건 괜찮은데, 정회 상태에서 회의가 다시 열리지 않는 경우도 있다. 어떤 경우는 속개할 시간을 정하고 정회를 하기도 하는데 그 시간이 되어도 열리지 않으면 대기하던 입장에서는 다소 허탈해진다. 대체로 교섭단체 간 합의가 이루어지지 않았을 경우에 발생하는 일이다.

원칙적으로 본회의는 공개하게 되어 있지만, 의장의 제의 또는 의원 10인 이상의 연서에 의한 동의로 본회의에서 의결하거나 의장이 각 교섭단체 대표 의원과 협의해 국가의 안전보장을 위해 필요하다고 인정할 때에는 비공개로 할 수 있다. 이런 경우 토론은 하지 않고 바로 표결한다.

의사정족수는 회의를 진행하는 데 필요한 최소한의 인원수, 의결정족수는 의결을 하는 데 필요한 최소한의 인원수를 말한다(〈표 2.7〉). 본회의 개의를 위해서는 재적 의원 5분의 1 이상, 의결을 위해서는 재적 의원 과반수의 출석, 출석 의원 과반수의 찬성이 필요하다. 가끔 정족수가 아슬아슬한 상황에 처하면 모두가 긴장한다. 의장은 개의 시간으로부터 1시간이 경과할 때까지 의사정족수에 미달하면 유회를 선포할 수 있다. 회의 중간에 정족수에 미달할 때에도 회의의 중지 또는 산회를 선포할 수 있다. 늘 그런 것은 아니다. 교섭단체 대표 의원이 의사정족수의 충족을 요청하는 경우 외에는 회의를 계속할 수 있다. 의사정족수는 시작할 때에만 확인하고, 진행 도중에는 잘 확인하지 않는다. 반면 의결정족수는 반드시 지켜야 한다. 본회의가 늦은 시간까지 계속될

표 2.7　안건에 따른 의결정족수

안건	의결정족수
일반 안건	재적 의원 과반수 출석 출석 의원 과반수 찬성
국회의장·부의장 선거 시 결선투표	재적 의원 과반수 출석 출석 의원 다수표
임시의장 선거	
상임위원장 등 선거	
대통령이 환부한 법률안 재의결	재적 의원 과반수 출석 출석 의원 3분의 2 이상 찬성
번안동의 의결	
국무총리·국무위원 해임 건의안 의결	재적 의원 과반수 찬성
국무총리 등의 탄핵소추안 의결	
계엄 해제 요구	
국회의장·부의장 선거	
신속 처리 안건 지정 동의 의결	재적 의원 5분의 3 이상 찬성
무제한 토론의 종결 동의	
국회의원 제명	재적 의원 3분의 2 이상 찬성
대통령에 대한 탄핵소추안 의결	
헌법 개정안 의결	
국회의원 자격 상실 결정	

자료: 국회 홈페이지(https://bit.ly/35YIDY7)를 참조해 재구성.

경우 재석 의원이 의결정족수에 미치지 못할까 봐 전전긍긍하기도 한다. 특히 금요일 저녁 시간에는 출석을 강제하기가 상당히 어렵다. 지역구 의원들이 주말 일정 때문에 지역에 내려가는 시간대이기 때문이다. 따라서 민감한 사안은 당 지도부가 의원들의 출석을 직접 챙긴다. 의결정족수가 되지 않아 안건이 보류되는 사태를 막기 위해서다. 경우에 따라서는 국무위원까지 출석시키기도 한다.

　의안의 표결은 의장의 표결 선포에 따라 진행되는데 반드시 의장석에서 선포해야 하고, 의장이 표결을 선포하면 해당 안건에 대해 더 이상 발언할 수 없다. 표결은 특별한 경우를 제외하고 전자 투표 방식으로 이루어진다. 표결 방식은 이외에도 여러 가지가 있다. 무기명 표결은 투표용지에 안건에 대한 가부만 기재하고 의원명은 기재하지 않는 것으로 국회에서 행하는 각종 선거, 대통령으로부터 환부된 법률안, 국무총리 또는 국무위원 해임 건의안, 국무총리에 대한 탄핵소추안 등은 이 방식으로 한다. 의장이 안건에 대해 '이의 없으십니까' 물어서 이의가 없다고 하면 안건이 가결되었음을 선포하는 방법이 '이의 유무 표결'인데 상임위원회에서는 주로 이 방식으로 표결한다. 기립 표결도 있다. 표결 안건에 대해 먼저 찬성하는 의원을 기립하게 해 그 수를 집계한 다음, 반대하는 의원을 기립하게 해 그 수를 집계하는 표결 방법인데 최근에는 거의 사용하지 않는다.

(6) 법안 통과의 구체적 과정

상임위원회와 법사위를 통과한 법안이 본회의에서 통과되는 것을 저지할 수 있는 마지막 방법이 있다. 전원위원회를 소집하는 것이다. 전원위원회는 위원회의 심사를 거치거나 위원회가 제안한 의안 중 정부 조직에 관한 법률안, 조세 또는 국민에게 부담을 주는 법률안 등 주요 의안에 대해 재적 의원 4분의 1 이상의 요구로 열 수 있다. 재적 의원 4분의 1 이상은 야당이 단독으로 소집할 수 있는 인원이므로 비교적 기준이 낮은 편이다. 16대 국회에서 '국군 부대의 이라크 전쟁 파견 동의안에 관한 전원위원회', 17대 국회에서 '국군 부대의 이라크 파견 연장 동의안에 관한 전원위원회'가 소집 요구된 바 있다. 16대에는 김원웅 의원 외 70인으로부터 소집 요구된 전원위가 2003년 3월 28일, 29일 이틀에 걸쳐 정상적으로 진행된 반면, 17대 국회에서는 당시 '여당'이던 이인영 의원 외 83인이 전원위원회 개회 요구서를 제출해 전원위원회가 개의되긴 했으나 '야당'이었던 한나라당 위원들이 입장하지 않아 대체 토론조차 진행하지 못하고 회의가 취소되었다. 묘한 정국이었다. 두 건 모두 본회의 보고와 의결은 없었다.

본회의는 일사부재의一事不再議의 원칙이 반영되어 한 번 부결된 안건은 같은 회기 중에 다시 발의하지 못한다. 다음 회기에는 발의할 수 있다. 하지만 다시 발의한다 한들 이미 논의가 끝난 사안을 통과시키는 것은 불가능에 가깝기에 보통 재발의는 하지 않는다. 그러니 앞서 말한 〈인터넷전문은행 설립 및 운영에 관한 특례법〉은 정말 특별한 경우다. 20대 국회에서 반드시 가결시키겠다는 정당 간 암묵적 합의가 반영된 결과다.

경우는 다르지만, 우리도 부결된 법안을 다시 발의한 적이 있다. 2008년 A형 예방접종을 정기 예방접종 대상에 포함시키도록 하는 '전염병예방법' 개정안[36]을 발의했다. A형 간염은 치료제가 개발되어 있지 않아 예방접종이 확산을 방지할 수 있는 유일한 방법이며, 예방접종으로 94% 이상을 예방할 수 있기 때문에 주요 선진국에서도 국가 필수 예방접종 내성으로 지정해 관리하고 있었다. 우리나라도 A형 간염의 집단 발생 우려로 인해, 발생 또는 유행 즉시 방역 대책을 수립해야 하는 '제1군 감염병'으로 관리하고 있었지만 필수 예방접종 대상은 아니었다. 따라서 법을 개정해 보건소의 정기 예방접종 종목에 A형 간염을 추가하고자 했다. 부처와의 협의도 긍정적으로 진행되었다. 그런데 〈전염병예방법〉 12건을 병합 심의하는 과정에서 우리 법안의 내용은 반영하지도 않고, '대안 반영'이라는 이름으로 한꺼번에 통과시켜 버렸다. 내용이 반영되지 않았으니 사실상 폐기된 것이지만 이 경우 기록상으로는 '대안 반영 폐기'다. 통상 이런 경우는 대표 발의 의원실에 계류시킬 것인지 폐기할 것인지를 확인하는데, 그런 과정도 없었다.

알고 보니 예산 문제였다. 예산 때문이라면 협의를 통해 대상자를 줄이는 것으로 수정할 수도 있었다. 예방접종 대상자를 영유아, 고교생과 군인까지 포함할 경우 국고 지원은 연간 약 954억 원으로 추계되었지만, 1~2세 영유아로 한다면 약 88억 원이면 된다. 예산의 과다한 지출이 문제라면 지출이 가능한 범위를 협의하면 될 일이었다. 그러니 폐기되었다고 포기할 상황이 아니었다. 같은 내용의 개정안을 다음 회기에 다시 제출했고, 임기 내내 노력했으나 아쉽게도 결국 통과에 이르지는 못했다. 18대 국회 임기 만료와 함께 폐기된 이 법은, 19대 국회에서 다른 정당 소속 의원이 발의했고 무난히 통과되었다. 2015년부터 36개월 이하 영유아는 A형 간염 예방 백신을 무료로 맞고 있다(현재 2012년 이후 출생자 무료). 정치는 노력한 순서대로 기록을 남기지 않는다. 우리의 노력에도 불구하고 우리의 이름이 빛나지 않을 수 있다. 성과는 우리의 걸음과 발맞추지 않고 멀찍이 뒤에서 따라온다. 씁쓸하더라도 어쩔 수 없다. 무료 예방접종을 받는 아이들의 보호자 누구도 어떻게 '무료' 예방접종이 실시된 것인지 알지 못하겠지만, 보람은 A형 간염 확산을 막았다는 데 있다.

　법안은 단독으로 통과되는 경우가 많지 않고, 한 번 심의할 때 여러 건의 개정안을 한꺼번에 묶어서 한다. 심사 편의를 위한 것인데 '병합 심의'라고 부른다. 비슷한 내용을 병합해 심사하는 것은 타당한 면이 있지만, 전혀 다른 내용을 병합해 심사하는 것은 문제가 있다. 하나의 법안에 우리가 대표 발의한 내용과 우리가 반대해 온 내용이 함께 담겨 하나의 대안으로 만들어지면 어떻게 해야 할지 굉장히 난감해진다. 찬성, 반대, 기권 중 단 하나의 입장을 택해야 하고, 설명은 할 수 없기 때문이다. 내용이 상이한 법안을 단일 건으로 병합해 심의하는 것은 문제가 있다. 책임 있는 의결을 위해서도 가능하면 유사한 내용의 법안으로만 병합해 처리해야 한다. 위원회 명의로 하나의 법안이 본회의에 회부되면 다른 법안은 '대안 반영', 또는 '대안 폐기'라고 한다. 대체로 수정된 내용이 반영되지만, 간혹 앞서 말한 법처럼 내용이 하나도 담기지 않았지만 대안 폐기로 기록되기도 한다. ■

■ <수정안, 대안, 위원회안>

의안은 원안 그대로 통과되는 경우도 있지만 수정되어 통과되는 경우가 더 많다.
　수정안修正案은 의안의 원안에 추가·삭제·변경 등을 해 일정한 형식을 갖추어 발의하는 것을 말한다. 수정안은 원안의 목적 또는 성격을 변경하지 않는 범위 안에서 작성되어야 한다. 수정안은 인을 갖추어 발의·세안·세출되는 것이므로 엄연한 의안이지만 원안과는 별개로 독립해 존재할 수 없으므로 독립된 의안 번호는 부여하지 않는다(모든 의안은 접수 후 의안 번호가 붙는다).

수정안은 어디에서 수정했느냐에 따라 위원회 수정안과 본회의 수정안으로 구분된다. 본회의 수정안은 원안 또는 위원회에서 심사보고(제안 설명)한 안의 취지 및 내용과 직접 관련성이 있어야 한다. 결산, 예비비 지출 승인의 건, 조약 비준 동의안 등은 그 의안이 가지고 있는 특성으로 인해 수정을 할 수 없다.

대안代案은 일반적으로 원안과 취지는 같으나 그 내용을 전면적으로 수정하거나 체계를 전혀 다르게 해 원안에 대신할 만한 내용으로 제출하는 의안을 말한다. 수정안의 일종이라고 볼 수 있다. 대안은 위원회 제출 대안과 의원 발의 대안으로 나눌 수 있다. 본회의에 올라오는 상당수의 법안은 위원회 제출 대안이다. 예컨대 <국회법> 개정안을 심의한다고 하자. 수십 건의 법안이 발의되어 있을 것이고, 그중에는 같은 취지의 개정안이 여러 건 있을 수 있다. 내용이 다르다 하더라도 정치 개혁 과제라는 성격이 동일할 수도 있다. 같은 회기에 심의한다며 따로 논의할 이유가 없다. 한꺼번에 심의하는 게 효율적이다. 이렇듯 여러 건의 법안을 함께 심의하는 것을 앞에서 말한 대로 병합 심의라고 한다. 병합해 심의한 개정안은 한 건의 위원회 대안으로 작성해 제출한다. 오래된 관행은 아니다. 몇 년 전 법제사법위원회에서 한 회기에 같은 법 개정안 두 건이 회부되자 하나의 건으로 수정하라고 해당 상임위원회로 법안을 반송하면서 암묵적으로 정해진 규칙이다.

위원회 대안과 달리 위원회안委員會案은 위원회가 그 소관에 속하는 사항에 관해 독자적으로 입안한 안을 말한다. 똑같이 위원회에서 제출하는 안이더라도 원안이 있는 경우는 대안, 원안이 없는 경우는 그냥 위원회안이 된다.

법안 통과율을 산정할 때 원안 통과만 통과로 분류하고, 대안 폐기를 통과가 아니라 폐기로 합산해 버리는 경우가 있다. 이는 국회의 법안 심의 절차를 잘 몰라서 발생한 무지의 결과다. 원안 통과는 매우 드물며, 원안 통과만이 의미 있는 것은 아니다. 대안 폐기는 여러 건의 원안을 병합 심의해 위원회 대안으로 만들어 원안을 본회의에 부의하지 않게 되었을 때 사용하는 용어다. 위원회 심사 과정에서 종종 활용되는 의결 방식이다. 대안에 반영된 원안은 본회의에 부의되지 않아 본회의 가결 건수로는 집계되지 않지만 대부분 위원회 대안에 원안의 내용이 들어가 있다. 내용적으로는 가결인 셈이다. 간혹 원안의 내용이 취지대로 반영되지 않기도 한다. 법안 심의가 의견이 다른 정당의 정치인들이 합의하는 절차이기 때문에 이런 상황은 곧잘 발생한다. 아쉽지만 어쩔 수 없다. 여러 상황이 혼재되어 있는 '대안 폐기'를 무조건 폐기로 분류하는 것은 객관적인 분류라 할 수 없다. 정확하게 평가하려면 내용을 살펴야 한다. 내용이 어느 정도 반영되었는지를 파악해서 말하는 게 다소 귀찮고 복잡하더라도 정확한 방법이다. 법안 처리 과정에 대한 오해가 계속되자 국회사무처는 2015년 9월부터 국회 의안 정보 시스템의 법률안 처리 통계 산정 방식을 바꿨다. '대안 반영' 법률안과 '가결' 법률안을 합해 '법률 반영' 법률안 정보를 제공하고 있다.

<의결·부결·폐기>

의안의 통과는 의결·부결·폐기로 구분한다. 의결은 가결·부결·동의·승인·채택 등 의사 결정을 의미하는데 의결이라는 용어 자체가 가결의 개념으로 사용되기도 한다. 가결은 의안이 통과되는 경우, 부결은 의결정족수에 미달해 사실상 통과되지 않는 경우를 말한다.

폐기는 안건을 심의·의결 대상에서 제외시키는 조치를 말하는데 국회에서 의안이 폐기되는 경우는 딱 네 가지이다. ① 위원회가 본회의에 부의하지 않기로 결정해 이를 본회의에 보고한 후 30인 이상의 의원이 폐회 또는 휴회 기간을 제외한 7일 이내에 본회의 부의 요구가 없는 경우, ② 해임 건의안, 탄핵소추안 등이 <국회법>상 의결 시한을 경과한 경우, ③ 의원 체포 동의안 제출 후 폐회 중 해당 의원이 체포되거나, 국무총리·국무위원 해임 건의안 제출 후 해당 국무총리·국무위원이 해임되어 의안이 추구하고자 하는 목적이 이미 실현되거나 소멸되어 심사의 실익이 없는 의안, 즉 의안의 제안 취지가 상실된 경우, ④ 의원의 임기가 만료된 경우이다. 법안과 상관있는 것은 첫 번째와 네 번째 경우인데 대안 폐기를 제외하면, 사실상 심사가 완료되지 않아 폐기되는 것은 네 번째, 즉 임기 종료뿐이다. 의안은 헌법이 정한 '회기 계속의 원칙'에 따라 회기 중에 의결되지 못하더라도 폐기되지 않으며 국회의원의 임기가 만료될 때까지 유지된다. 20대에 발의된 의안은 20대가 끝날 때까지 유효하다는 것이다. 이렇게 '논의 중'인 의안은

본회의에서의 발언

본회의에서는 법안 등 각종 의안 심의 외에도 대통령의 예산안 시정연설, 각 정당 대표 연설, 대정부 질문, 긴급 현안 질문, 5분 자유 발언, 의사 진행 발언, 신상 발언 등이 이루어진다(〈표 2.8〉). 의장은 각 교섭단체 대표 의원과 협의해 동일 의제에 대한 총 발언 시간을 정해 이를 교섭단체별로 소속 의원 수의 비율에 따라 할당한다. 교섭단체 대표 의원은 할당된 시간 내에서 발언자 수 및 발언자별 발언 시간을 정해 미리 의장에게 통보해야 한다. 비교섭단체 의원의 발언 시간 및 발언자 수는 의장이 교섭단체 대표 의원과 협의해 정한다. 행정적 절차도 있다. 질의, 찬반 토론, 의사 진행 발언, 신상 발언, 반론 발언, 보충 발언 모두 신청서를 제출해야 한다.

대정부 질문은 질문 요지서를 48시간 전에, 긴급 현안 질문은 질문 요지서를 24시간 전에, 5분 자유 발언 신청은 본회의 개의 4시간 전까지 해야 한다. 대정부 질문의 경우 교섭단체 소속 의원은 당 행정실을 통해 제출하고, 비교섭단체 의원은 의사과로 신청서 원본을 직접 제출해야 한다.

'계류 중'이라고 한다. 계류되었던 법안은 임기 종료와 함께 폐기된다. 임기 만료로 폐기된 법안을 그대로 복사해 다음 국회가 시작하자마자 발의하는 경우가 종종 있다. 좋은 법안을 다시 발의해 논의를 이어가는 것은 비난받을 행동은 아니다. 하지만 다른 의원이 공을 들여 발의했던 법안을 아무런 의견 수렴 과정 없이 며칠 새 똑같이 내는 것은 실적 쌓기를 위한 '재활용 법안'이라는 따가운 시선을 피하기 어렵다.

표 2.8   본회의 발언의 종류

대정부 질문	회기 중 기간을 정해 국정 전반 또는 특정 분야를 대상으로 행정부에 대해 질문을 하고 그 답변을 듣는 제도. 일문일답 방식으로 하되 의원의 질문 시간은 20분을 초과할 수 없으며 질문 시간에 답변 시간은 포함되지 않는다. 질문 요지서를 48시간 전까지 행정부에 송부해야 한다.
긴급 현안 질문	회기 중 현안이 되고 있는 중요한 사항을 대상으로 행정부에 대해 질문을 하고 그 답변을 듣는 제도. 총 질문 시간은 120분이며 의원 1인의 질문 시간은 10분을 초과할 수 없으며, 보충 질문은 5분 초과할 수 없다. 답변 시간은 포함되지 않는다. 질문 요지서를 24시간 전까지 의장에게 제출해야 한다.
5분 자유 발언	의원이 자신의 의견을 자유롭게 발언하는 것으로 발언 시간은 5분 이내. 본회의 4시간 전 발언 취지를 서면으로 제출해야 한다.
의사 진행 발언	회의 진행 과정에서 회의 진행 방법 등에 대해 이의를 제기하거나 의견을 개진하기 위해 하는 발언으로, 발언 시간은 5분 이내. 본회의 중 서면으로 신청한다.
신상 발언	의원의 일신상에 관한 문제가 생긴 경우에 본인이 해명하는 발언으로, 발언 시간은 5분 이내. 본회의 중 서면으로 신청한다.
반론 발언	다른 의원이 이미 행한 발언에 대해 관련 있는 의원이 해명을 하거나 반론을 제기하는 발언으로, 발언 시간은 3분 이내. 본회의 중 서면으로 신청한다.

자료: 〈국회법〉 제104조(발언 원칙), 제105조(5분 자유 발언), 제122조의2(정부에 대한 질문),
제122조의3(긴급 현안 질문) 참조.

(1) 대정부 질문과 긴급 현안 질의

대정부 질문은 국정 전반 또는 특정 분야를 대상으로 국무총리를 비롯한 국무위원에게 질문을 하고 답변을 듣는 제도다. 대정부 질의는 정치, 외교·통일·안보, 경제, 교육·사회·문화 등 4개 분야로 나누어 진행된다. 국무총리는 모두 출석하지만 국무위원은 그날 질의에 관계된 부처 상관만 출석한다. 20대 국회 미지막 정기회이 대정부 질의 사례를 보면, 질의 의원 49명은 더불어민주당 20명, 자유한국당 20명, 바른미래당 6명, 민주평화당 1명, 정의당 1명, 무소속 1명으로 구성되어 있다.[37] 인원은 의석 비율에 따라 나뉘는데, 대정부 질의 전체 의원을 몇 명으로 할 것인지부터 정당별로 몇 명이 어느 분야에 질의할 것인지까지 모두 교섭단체 간 협상을 통해 결정한다. 질의 순서는 정당별로 돌아가면서 진행된다.

대정부 질의는 가장 부담스러운 업무 가운데 하나다. 질의 주제를 정하고, 자료를 확인하고, 부처별로 물어야 할 것을 정리하고, 질의문을 작성하고, 여러 차례 회의를 거쳐 수정한다. 윤소하의원은 20대 국회에서 두 번의 대정부 질의를 했다.[38] 한 번은 성과 연봉제 도입의 부당성에 대한 질의였는데 주로 소관 부처인 고용노동부 장관에게 질의를 했지만, 국무총리에게도 질의를 통해 병원처럼 공공성이 중시되는 기관에 성과 연봉제를 도입해서는 안 된다는 견해를 피력했다. 소속된 상임위원회가 복지위였기 때문에 같은 내용으로 상임위원회에서 보건복지부 장관에게 질의한 바 있지만 이 사안은 정부가 정책적으로 추진하는 것이므로 한 부처 장관의 소관 사항이 아니었다. 대정부 질의를 통해 국무총리에게 묻고, 해당 정책의 부당성에 대해 시민들에게 알리고자 했다. 또한 국회 내 '공공 부문의 바람직한 임금체계 및 개혁을 위한 사회적 논의 기구' 구성을 제안했다. 이처럼 대정부 질의에는 정부에 대한 질문뿐만 아니라 동료 의원들에게 제안하거나 사회적으로 의제화하려는 내용이 담길 수도 있다.

두 번째 질의는 2018년 이대목동병원에서 발생한 신생아 사망 사건에 대한 것이었는데 보건복지부에 관리 감독 책임과 재발 방지 대책을 묻고, 종합 감사 실시를 제안했다. 행정안전부에는 병원장 등 운영진에 대한 수사 확대 계획에 대해 질의했다. 같은 사안으로 여러 관계 부처에 물을 수 있다는 것이 대정부 질의의 최대 장점이다. 또한 이때 대정부 질의 날짜가 마침 설날 직전이었는데, 국무총리에게 사회복지 급여를 명절 이전에 지급할 것을 요청하는 질의를 했다. 기초 생활 보장 생계 급여는 매달 20일 지급되는데 2018년 설 명절은 16일이었기 때문에 생계 급여가 명절 이후에 지급될 수밖에 없었다. 이낙연 국무총리에게 "사회복지 급여로 생활하시는 분들이 따뜻한 명절을 보낼 수 있도록 기초 생활 수급자의 생계 급여 등 사회복지 급여 지급을 설 명절 이전으로 앞당겨야 한다."고 했고, 행정부가 제안을 수용해 결국 명절 전에 지급되었다. 이 일로 고맙다는 인사를 많이 받았다. 지급액을 올린 것도 아니고, 단지 지급일을 며칠 앞당겼을 뿐인데도 수급자분들은 자신들의 사정을 알아줬다는 데 고마워 하셨다. 조기 지급을 받았던 기초 생활 보장 가구는 전국에 약 91만1천 가구나 되었다. 작은 성과지만, 사람들의 삶에 가까이 다가간 결과라 뿌듯했다.

대정부 질의에 영상 자료를 활용할 수도 있다. 영상 자료가 전광판에 표출되는 시간은 질문 시간에 포함된다. 2012년 9월 국회 본회에서 심상정 의원(당시 통합진보당)은 쌍용자동차 문제와 관련해 대정부 질의를 하면서 직접 준비한 5분짜리 영상을 상영했다. 2004년 쌍용자동차를 인수한 상하이차는 3천여 명의 노동자들을 정리해고한 채 기술만 손에 쥐고 우리나라를 떠났다. 공권력은 정리해고에 저항한 노동자들에게 야만적인 폭력을 행사했다. 2009년, 77일의 파업은 테이저건 발사, 1년치 최루액의 95% 살포를 동반한 무자비한 진압으로 종료되었다. 이 사태 이후 쌍용자동차 해고자와 그 가족 스물두 명이 사망한 것에 대한 행정부의 책임과 대책을 추궁하는 대정부 질의를 하면서 진압 장면이 담긴 영상을 보여 준 것이다(2018년 말 쌍용차 관련 사망자는 30명으로 늘었다).

긴급 현안 질문은 현안이 되고 있는 중요한 사안을 행정부에 질문하고 답변을 듣는 제도다. 1993년 〈국회법〉 개정에 따라 신설된 제도로, 첫 현안 질의는 '대구 가스 폭발 사고'에 관한 것이었다. 1995년 4월 28일 대구 지역에서 발생한 비극적 사고에 대해 이홍구 국무총리가 수습 상황과 향후 대책 보고를 하고,[39] 의원들이 사고의 원안과 대책에 대해 질의했다.

긴급 현안 질문에서는 다양한 현안이 다루어진다. 특별한 제한은 없다. '중동 호흡기 증후군 확산 및 대책'처럼 단일한 의제로 진행될 수도 있고, '기초연금과 채동욱 전 검찰총장의 건'이나 '청와대 문건 유출과 비선의 인사 개입 의혹, 4대강 사업, 자원 외교, 방산 비리 관련 의혹, 공무원 연금 개혁'처럼 여러 현안에 관한 질문을 같은 날 진행할 수도 있다. 일정도 합의하기 나름이다. 하루만 할 수도 있고, 2~3일에 걸쳐 할 수도 있다. 19대 국회에서는 '세월호 침몰 사고에 대한 긴급 현안 질문'이 2014년 5월 20일, 21일 이틀에 걸쳐 진행된 바 있다.

20대 국회에서 실시된 긴급 현안 질문은 모두 4건이었는데, 그중 2건은 최순실 게이트 및 대통령 탄핵 관련 사안이다. 2016년 11월 10일

박완주·김관영·이정미 의원 외 17인이 '최순실 게이트 등 진상 규명에 대한 긴급 현안 질문 요구서'를 제출했고, 다음날 본회의에서 긴급 현안 질문 실시의 건을 상정하고, 의결하면서 곧장 긴급 현안 질의를 실시했다. 본회의장에는 이미 국무총리와 국무위원 전원이 출석해 있었다. 의결 직후 질의가 가능한 이유는 교섭단체 간 사전 합의가 전제되기 때문이다. 이미 의제와 범위에 대한 합의가 이루어진 상황에서 형식적 절차로서 요구서를 제출하는 것이기 때문에 요구서를 의결하는 날 현안 질문을 실시할 수 있다. 긴급 현안 질문 일주일 후인 11월 17일부터 '박근혜 정부의 최순실 등 민간인에 의한 국정 농단 의혹 사건 진상 규명을 위한 국정조사'가 실시되었고, 국정조사 중간 무렵인 12월 9일 박근혜 대통령에 대한 탄핵 소추 의결서가 가결되었다. 2017년 3월 한 차례 더 긴급 현안 질의를 실시하는데 '탄핵 인용 이후 정국 정상화 논의를 위한 긴급 현안 질문'이다. 이날 질문은 각 부처의 여러 현안을 점검하는 내용이었는데, 대통령 탄핵 및 재판 관련 질의도 있었지만, 쌀 가격 우선 지급제 문제에 대해 농림부 장관에게 묻고, 사드 이후 중국의 보복성 조치에 대해 외교부에 묻고, 김해 신공항 예비 타당성 조사 결과 발표가 늦어지는 이유에 대해 기재부에 묻기도 했다. 중요한 현안도 있지만 다소 시급성이 떨어지는 질의도 있다. 탄핵 인용이라는 중차대한 상황 이후의 질의라기에 그 중요성이 공감되지 않는 질의도 있다. 중요한 것은, 개개인의 개별적 질의가 아니라 '행정부에 대한 의회의 질의'라는 정치적 행위다. 입법부는 질의를 통해 행정부를 질책하기도 하지만 일을 하도록 독려하기도 한다. 행정부의 수장이 탄핵된 상황에서 행정의 공백이 발생하지 않으려면 행정부는 끊임없이 긴장하고 시민들의 요구에 반응해야 한다. 의회는 질의를 통해 행정부의 반응성을 요구한다. 입법부는 이때 현안 질의를 통해 정부의 공동 구성원이자 통치자의 역할을 한 것이다.

긴급 현안 질의는 14대부터 20대까지 30회 진행되었고, 다루어진 현안을 크게 정치, 대북(외교 포함), 사회(경제 포함) 분야로 나누어 살펴보면 정치 11회, 대북 11회, 사회 13회 등으로 고르게 다루어진 것으로 나타났다(중복 포함). 그런데 대수별로 보면 상황이 조금 다르다. 14대는 사회, 정치 각 1회, 15대는 정치 3회, 대북 2회, 사회 1회, 16대는 정치 1회, 대북 3회, 사회 1회로 이때까지는 정치와 대북 문제가 사회경제적 문제보다 더 많이 다루어졌다. 17대는 대북 1회, 사회 1회였고, 18대는 정치 2회, 대북 3회, 사회 5회로 전보다 긴급 현안 질의가 많이 실시되었으며, 사회문제도 유래 없이 많이 다루었다. 19대에는 정치 2회, 사회 3회로 대북 관련 질의는 없었다. 그런데 20대 국회에서는 정치 2회와 함께 다시 대북 관련 질의가 2회 있었고, 사회경제적 현안은 다루어지지 않았다(〈표 2.9〉).

긴급 현안 질문은 정치의 흐름과 깊은 연관이 있다. 교섭단체 간 합의에 따라 실시되기 때문이다. 행정부에 대한 질의라는 특성상 야당의 발언권이 더 강력하지만, 긴급 현안 질의에 합의한 안건은 대부분 여당과 야당 어느 한쪽이 문제를 외면할 수 없을 만큼 심각하고 중요한 사안이다. 긴급 현안 질문 안건을 보면 대북 문제는 여전히 우리 사회의 주요 문제다. 또한 커다란 정치 사안이 발생하면 사회문제는 후순위로

표 2.9   14대 국회 이후 긴급 현안 질문 현황

구분	날짜		안건
14대	1995년 5월 4일	사회	대구 가스 폭발 사고에 관한 긴급 현안 질문
	1995년 11월 30일	정치	12.12와 5.18 사건 및 노태우 전 대통령 부정 축재에 관한 긴급 현안 질문
15대	1998년 3월 25일	대북	북풍 의혹 진상 규명에 관한 긴급 현안 질문
	1999년 1월 14일	정치	안기부 국회 정치 사찰 관련 긴급 현안 질문
	1999년 4월 6일	정치	재·보궐선거 및 정부 조직 개편안 등 국정 현안 관련 긴급 현안 질문
	1999년 6월 18일	대북	북한의 서해 서방 한계선 침범 행위 및 교전 사태 등 국정과 관련한 긴급 현안 질문
	1999년 8월 3일	정치 사회	최근의 주요 정치·경제 현안에 관한 긴급 현안 질문
16대	2001년 6월 19일	대북	북한 선박의 북방 한계선 침범과 6·15 남북정상회담 밀약설에 관한 긴급 현안 질문
	2001년 7월 18일	사회	현 정권의 언론사 세무조사 등에 관한 긴급 현안 질문
	2002년 12월 30일	대북	북한 핵 개발 문제 관련 긴급 현안 질문
	2003년 8월 13일	대북	국방 및 안보 문제와 경제 활성화 대책 관련 긴급 현안 질문
	2004년 3월 2일	정치	노무현 대통령 불법 사전 선거운동에 관한 긴급 현안 질문
17대	2004년 6월 24일	사회	이라크에서 납치된 한국인 인질 피살 사건에 관한 긴급 현안 질문
	2006년 10월 10~12일	대북	북한의 핵실험에 관한 긴급 현안 질문
18대	2008년 7월 16, 18일	사회	쇠고기 협상 및 경찰 진압 관련 긴급 현안 질문
	2008년 7월 21일	대북 외교	독도 영유권 문제 및 금강산 총격 사건 관련 긴급 현안 질문
	2008년 7월 22, 23일	사회	고물가·고유가 대책 및 공기업 선진화 관련 긴급 현안 질문
	2009년 2월 11일	사회	용산 참사 사건 관련 긴급 현안 질문
	2010년 4월 2일	대북	천안함 침몰 사건 관련 긴급 현안 질문
	2010년 11월 10일	정치	청목회 입법 로비 의혹 관련 긴급 현안 질문
	2011년 4월 12일	사회	원전 안전 운영 및 고유가 대책 관련 긴급 현안 질문
	2011년 12월 22일	대북 정치 사회	김정일 사망과 관련 한반도 안정과 평화 문제에 관한 사항, 중앙선관위 홈페이지 디도스(DDoS) 공격에 대한 사항, 서해안 중국어선 불법 조업 단속 중 해경 사망 사고에 대한 사항 관련 긴급 현안 질문

19대	2013년 10월 1일	사회 정치	기초연금 및 채동욱 전 검찰총장 관련 긴급 현안 질문
	2014년 5월 20, 21일	사회	세월호 침몰 사고에 대한 긴급 현안 질문
	2014년 12월 15, 16일	정치 사회	청와대 문건 유출과 비선의 인사 개입 의혹, 4대강 사업, 자원 외교, 방산 비리 관련 의혹 및 공무원 연금 개혁에 대한 긴급 현안 질문
	2015년 6월 8일	사회	중동 호흡기 증후군 확산 및 대책에 대한 긴급 현안 질문
20대	2016년 7월 19, 20일	대북 외교	사드(THAAD, 고고도 미사일 방어 체계) 배치에 대한 긴급 현안 질문
	2016년 11월 11일	정치	최순실 게이트 등 진상 규명에 대한 긴급 현안 질문
	2017년 3월 16, 17일	정치	탄핵 인용 이후 정국 정상화 논의를 위한 긴급 현안 질문
	2018년 2월 28일	대북	김영철 북한 노동당 부위원장의 2018 평창 동계올림픽 참석에 관한 긴급 현안 질문

자료: 국회 회의록 시스템(검색일: 2020/03/12).

밀린다. 정치의 안정, 남북 관계의 평화적 진전이 중요한 이유다.

(2) 제한된 시간 안에 자유롭게

5분 자유 발언은 국회의원이 자신의 의견을 자유롭게 발언하는 것으로 발언 시간이 5분 이내로 정해져 있어서 5분 자유 발언이라고 한다. 1994년 4분 자유 발언으로 시작해 1997년 시간이 1분 늘어나 5분 자유 발언이 되었다. 국회에서의 모든 발언은 정해진 시간이 지나면 마이크가 꺼지기 때문에 시간에 맞추어 발언해야 한다. 〈국회법〉에 의원이 시간제한으로 발언을 마치지 못한 부분에 대해서는 의장이 인정하는 범위 안에서 회의록에 게재할 수 있다고 되어 있어서 통상 마이크가 꺼져도 속기록에 기록은 남지만 회의 영상에는 나오지 않으니 전달력이 떨어진다. 관례적으로 교섭단체 대표 연설, 정부의 시정연설, 대정부질문 등이 있는 본회의에서는 5분 자유 발언을 실시하지 않는다. 금지규정이 있는 것은 아니므로 예외적으로 실시되는 경우도 있다.

의사 진행 발언은 회의 진행 과정에서 회의 진행 방법 등에 대해 이의를 제기하거나 의견을 개진하기 위해 하는 발언이고, 신상 발언은 본인의 일신상의 문제에 대한 발언으로 발언 시간은 모두 5분 이내다. 의사 진행 발언이나 신상 발언은 사전에 준비하기가 어렵다. 현장에서 직접 대처해야 한다. 의사 진행 발언이 잦은 것은 회의가 원활하게 진행되고 있지 않다는 것을 의미한다.

반론 발언은 다른 의원의 발언에 대해 해명하거나 반론을 제기하는 발언으로 발언 시간은 3분 이내다. 동료 의원의 발언에 직접적으로 반박하는 것을 의원들은 선호하지 않는다. 의견이 다르더라도 동료 의원의 발언은 그 자체로 존중하는 것이 관행이다. 반대 의견을 말할 때에는 행정부에 질의하는 형식을 빌려 간접적으로 한다. 본회의에서의 반론 발언도 매우 드물어서 19대 국회에서 한 건, 20대 국회에서 한 건뿐이다.[40] 최근 들어 이런 경향은 달라지고 있다. 발언권을 얻지 않고 발언하거나 동료 의원의 발언에 야유를 보내거나 고성을 지르는 등 직접적으로 반박하는 일이 자주 발생한다. 상임위 회의에서 의사 진행 발언은 실제 회의 관련 발언이라기보다 동료 의원과 공방을 벌이는 경우가 많다. '상호 존중', '발언권 보장'과 같은 의회 구성원 공통의 규범을 준수하기 위한 실천적 노력이 필요하다.

본회의장에서의 발언 가운데 기억에 남는 것이 있다. 18대에 함께 일했던 곽정숙 의원이 첫 본회의에서 한 발언이다.[41] 발언문을 사전에 준비하지 않았는데 갑자기 본회의장 영상에 곽 의원이 등장해 깜짝 놀랐다. 본인의 경험에 근거해 국회 편의 시설 확충을 촉구하는 신상 발언을 한 것이다. 곽 의원은 척수 장애인으로 키 130센티미터, 앉은키는 60센티미터였다. 서있을 때는 물론, 앉은키도 비장애인에 비해 매우 작다. 정식 임기가 시작되기 전 당선자 신분으로 국회 기자회견장인 정론관에 섰는데 단상이 너무 높아 얼굴이 보이지 않았다. 급히 에이포A4 용지가 들어 있는 종이상자를 가져다 놓고, 그 위에 올라서서 발언을 하도록 했다. 곽 의원은 이를 비롯해 국회 단상, 의자 등 편의 시설 미비의 문제를 본회의에서 지적한 것이다. 국회의장은 가장 빠른 시간 내에 수정·보수하겠다고 답변했다. 하지만 기자회견장 발언대가, 높이를 조절할 수 있는 단상으로 교체되는 데 1년이 걸렸다. 가장 빠른 시간이 1년이었던 셈이다.

본회의장에서의 연설과 발언은 행정부와 동료 의원을 상대하는 것 같지만 본질적으로 시민들을 향한 것이다. 동료 의원들을 설득하거나 논의하는 기능은 주로 상임위원회, 소위원회 등에서 수행되며, 때때로 비공식적 만남에서도 협상이 진행된다. 본회의장은 공개를 전제로 하며 설명보다 주장을 통해 의견을 표명한다. 정치인은 본회의장에서 자신의 결정을 정당화하거나 다른 사람의 결정에 대해 비판한다. 언론의 반응을 기대하거나 여론에 호소해 지지를 획득하고자 한다. 때때로 그 대상은 매우 구체적이어서 지지 단체, 이익집단, 지역구민, 정당의 당원이 되기도 한다. 또한 야당의 입장에서 본회의장은 반대할 권리를 행사하는 자리이기도 하다. 특히 대정부 질문은 현 정부를 대표해 질문을 받는 상대가 존재한다. 말하자면 현재의 정부와 미래의 정부가 되고자 하는 정치 세력 사이의 논쟁이다. 질문에는 다음 선거에서 질문을 받는 자와 질문을 하는 자의 위치가 바뀔 수 있다는 기대가 담겨야 한다. 현명한 정치인이라면 체계적이고 설득력 있는 반대와 대안 제시를 통해 대안 정부를 이끌 '그림자 장관'으로서의 가능성을 스스로 시험해 볼 수도 있을 것이다. 질의를 포함해 본회의장에서 행하는 모든 연설과 발언이 이런 관점에서 이루어질 때 무의미한 고성과 불필요한 공방이 줄어들 수 있을 것이다.

다시 보는 무제한 토론

(1) 합법적 의사 진행 방해 수단

〈스미스 씨 워싱턴에 가다〉(1939)라는 영화가 있다. 가상의 도시인 잭슨 시의 상원의원 중 한 명이 임기 중 사망하자 주지사는 정치에 대해 아무것도 모르는, 소년단 지도자 제퍼슨 스미스를 상원의원으로 지명한다. 지역 정치인들이 한통속이 되어 큰 이권이 걸린 댐 건설을 추진

중이므로 여기에 반대하지 않을 허수아비 정치인이 필요했기 때문이다. 어느 날 갑자기 상원의원이 된 스미스는 '무엇을 할 것인가' 고심한 끝에 자신의 유일한 지지 기반인 소년단, 고향 마을 소년들을 위한 캠프를 만들기로 결심하고 법안을 제출한다. 하필이면 그 장소가 댐 공사 현장이었다. 이에 지역 정치인들은 스미스를 회유하려 하지만 실패한다. 그러자 이들은 그를 부도덕한 사람으로 몰아간다. 한순간에 손가락질 받는 죄인이 된 것이다. 스미스는 모든 것을 포기하고 고향으로 돌아가려 한다. 하지만 그의 곁엔 용기를 북돋아 주는 동료들이 있었다. 결국 마음을 바꿔 마지막 발언권을 행사한다. 장장 2시간의 의회 발언이 시작된다. 합법적 의사 진행 방해 수단 무제한 토론, 필리버스터다.

우리나라도 2012년 필리버스터 제도가 도입되었다. 〈국회법〉에 제106조의2(무제한 토론의 실시 등) 조항이 신설되어 '시간의 제한을 받지 아니하는 토론'의 근거가 생겼다. 그렇다면 발언 시간은 언제 어떻게 정해졌을까? 1948년 제정된 〈국회법〉에서는 발언 시간제한이 없었다. 1964년 김대중 전 대통령이 의원 시절에 5시간 19분 동안 발언을 했고,[42] 1969년에는 신민당 박한상 의원이 3선 개헌을 막기 위해 10시간 동안 질의를 하기도 했다. 하지만 개헌은 성공했고, 이에 따라 박정희 대통령이 1971년 세 번째 대통령 임기를 시작했으며, 1972년 10월 장기 집권을 위한 유신 체제가 수립되었다. 그 직후인 1973년 2월 〈국회법〉이 개정되었는데, 발언 시간제한 조항은 이때 등장했다. 발언 시간은 30분, 의장의 허가를 얻으면 15분 한 차례 연장할 수 있으니 최대 45분이었다. 보충 발언과 의사 진행 발언, 신상 발언도 10분으로 제한되었다. 너무 짧다 싶었던지 같은 해 12월 발언 시간은 다시 45~60분으로 늘었다. 신상 발언도 20분으로 늘었다. 발언 시간이 다시 줄어든 것은 1981년, 12.12 군사 쿠데타의 주역인 전두환 장군이 통일주체국민회의에서 대통령으로 당선된 이듬해다. 발언 시간은 20분으로 줄었고, 신상 발언도 10분으로 제한되었다. 대신 행정부에 대한 질문, 예산안 및 결산, 국무총리 또는 국무위원 해임안, 기타 중요하다고 인정한 안건은 30분, 교섭단체 대표 발언은 40분까지 허가했다. 1988년에는 발언 시간이 30분으로 늘었다가 1994년에 15분으로 대폭 줄었다. 민주화 이후 〈국회법〉은 국회 권한을 강화하는 방향으로 개정되는 추세였는데, 발언 시간은 이때 사상 최대로 짧아졌다. 20년이 넘도록 이 기준이 유지되어 현재 대정부 질문을 제외한 의원의 통상적 발언 시간은 15분 이내이며, 동일 의제에 대한 발언도 2회로 제한하고 있다. 의사진행 발언, 신상 발언, 보충 발언은 5분 이내, 반론 발언은 3분이다. 물론 회의를 원활히 진행하기 위해서는 발언을 무한정 허용할 수 없다. 하지만 발언 시간에 제한을 두는 것은 토론을 제약한다는 점도 고려해야 한다. 특히 상임위원회상임위원회의 경우 질의 시간에 행정부의 답변까지 포함된다. 질의하는 의원이 행정부의 답변을 듣지 않고 윽박지르거나 몰아붙이거나 일방적 주장으로 일관하는 것은 질의 시간이 짧기 때문이기도 하다. 행정부 답변 시간과 의원의 질의 시간은 분리할 필요가 있다. 본회의는 회의 진행의 효율성을 고려해 발언 시간에 일정한 제한을 두어야 한다는 점을 인정할 수 있지만 상임위원회에서는 충분히 논의할 수 있도록 해야 한다.

외국은 어떨까? 사실 대부분의 나라가 발언 시간을 제한하고 있다. 우리나라보다 더 짧은 나라도 많다. 미국 상원은 필리버스터를 허용하고 있는 것으로 알려져 있는데, 의사규칙에서 '필리버스터'라는 용어를 명시적으로 사용하는 것은 아니다. 상원의원이 발언 신청을 할 때 의장이 불허하거나 시간제한을 할 수 없어 자연스레 장시간 발언이 보장된다. 대신 토론 종결 규정(클로처cloture)이 있다. 16인의 상원의원이 제출한 동의안에 5분의 3(60명)이 찬성해야 한다. 하원은 이와 달리 1842년부터 발언 시간제한 규정을 갖고 있다.[43] 다만 하원 의장, 정당 원내 대표에게는 무제한 발언권이 있고, 이를 활용해 장시간 발언을 하기도 한다.

영국은 상원의 경우 월요일부터 목요일까지 의사일정 시작 전 30분 동안 대정부 질문을 한다. 하원은 주요 부처에 대한 질문이 4주마다 진행되며 월요일부터 목요일까지 예비 심사 이후 1시간 동안 이루어진다.[44] 독일의 경우 대정부 질문은 매주 수요일 오후 1시에 진행되며 시간은 30분으로 의원 1인당 5분이 주어진다. 질의 시간은 연방의회 의장의 권한으로 연장할 수 있다. 현안 토론은 특별히 지정된 주제에 대해 진행하는데 본회의가 열리는 날 하루 1회만 가능하며, 각 발언자에게 주어진 시간은 5분이다. 독일 연방의회도 발언 시간제한 규정을 두고 있으며 무제한 토론은 허용하지 않는다.[45] 각 나라마다 정치체제, 민주주의가 발전해 온 역사에 따라 발언 제도도 각각 다르게 운영하고 있다.

(2) 무제한 토론의 요건

우리나라는 무제한 토론을 하려면 재적 의원 3분의 1 이상이 서명한 요구서를 의장에게 제출해야 한다. 본회의가 열리기 전까지 제출하도록 되어 있지만 개의 당일 의사일정에 안건이 추가된 경우에는 해당 안건의 토론 종결 선포 전까지 요구서를 제출할 수 있다. 필리버스터는 주로 소수당이 다수당의 독주를 막기 위해 의사 진행을 합법적으로 저지하는 행위 또는 제도로 해석되는데, 지금 도입된 무제한 토론은 1백 명 이상의 의원 서명을 받아야 하므로 1백 석은 넘되 과반수에 못 미치는 정당들에게 주는 발언권이라고 보는 것이 더 적절할 듯하다. 무제한 토론이 시작되면 종결 선포 전까지 본회의는 산회하지 않는다. 의원 5분의 1 이상이 자리를 비워도 회의는 계속된다. 무제한 토론을 종결하는 방법은 재적 의원 3분의 1 이상의 서명으로 종결 동의를 의장에게 제출하는 것이다. 종결 동의가 제출되면 24시간 후 무기명투표로 표결해 재적 의원 5분의 3, 즉 180명 이상이 찬성하면 종결할 수 있다. 종결 요건이 더 강력한 것은 발언권을 최대한 보장하기 위한 것이다. 한번 발언을 시작하면 적어도 24시간 동안 발언이 보장된다. 발언을 계속해서 회기가 종료되면 어떻게 될까. 해당 회기가 종료되면 무제한 토론은 자동 종결되고, 해당 안건은 다음 회기에 지체 없이 표결하도록 되어 있다. 한 회기를 미뤘다는 의미는 있지만 해당 안건의 표결을 원천적으로 막을 수는 없다. 미국 정치 드라마 〈웨스트윙〉에는 78살의 상원의원이 데이비느 가버블느의 마술, 카지노 가드 게임 규칙, 요리법 등 법안과 전혀 무관한 연설을 9시간 동안 멈추지 않고 계속해 법안 통과를 저지하는 장면이 나온다. 미국은 발언 내용과 상관없이 발언자가 연단을 떠나지 않으면 발언권이 지속되고, 회기가 끝날 때까지 표결을 못 하면 그 법안은 통과되지 못한다. 우리나라의 필리버스터 제도는 미국과 다르다. 안건과 무관한 내용으로 발언할 수 없고, 통과를 저지하지 못한다.

영화나 드라마 속 이야기, 또는 그와 다를 바 없는 남의 나라 이야기라고 생각했던 필리버스터가 2016년 우리나라에서도 실제로 진행되었다. 19대 국회에서 정의화 국회의장이 직권 상정한 〈국민보호와 공공안전을 위한 테러방지법〉('테러방지법')에 대한 토론이었다. 이 법이 제정되면 테러 방지라는 명목으로 경찰 권력, 정보 권력이 과도하게 강화되고, 인권을 침해하거나 제한하는 일을 마음대로 할 수 있게 된다는 우려 때문이었다. 2016년 2월 23일 오후 7시 5분에 시작해 3월 2일 오후 7시 32분 종료될 때까지 9일 간 38명의 의원이 참여한 가운데 192시간 27분 동안 진행되어 세계 최장 기록을 세웠다. 당시 필리버스터에 대한 시민들의 반응은 뜨거웠다. 〈국회방송〉 누적 시청자 수가 5백만 명을 넘었으며 국회에 직접 찾아와 본회의를 방청한 인원도 3천2백여 명에 달했다. 아이들을 데리고 와서 본회의장을 견학하는 시민들이 줄을 이었다. 시민들은 필리버스터에 임한 의원들의 발언을 경청했으며 민주주의에 대한 학습의 기회로 삼았다.

필리버스터는 앞서 설명했듯이 안건을 폐기시키지는 못한다. 단지 통과를 한 차례 유보할 뿐이다. 〈국회법〉은 다수당에게는 신속 통과 권한을, 소수당에게는 발언할 권한을 주고 있다. 무제한 토론의 실질적 효과는 시민들에게 직접 호소하는 것이라 할 수 있다. 비록 통과를 막지는 못하지만 왜 반대하는지 시민들을 향해 발언하고, 설득해 지지를 호소하는 것이다. 다수결의 원리를 기본으로 하는 민주주의 제도하에서 소수 정당에게 주어진 적극적 발언 기회다.

2019년 연말에 진행된, 〈선거법〉 개정에 관한 필리버스터는 어느 쪽으로도 의미가 있었다고 보기 어렵다. 먼저, 반대하는 정당만이 아니라 찬성하는 정당도 무제한 토론에 동참했다. 앞으로 다수당은 신속 통과 권한과 무제한 토론 권한을 모두 향유할 수 있게 되었다. 필리버스터 도입 취지를 무색하게 만든 것이다. 또한 반대하는 정당은 시민들에게 호소하는 데도 실패했다. 본회의장은 텅 비었고 동료 의원들조차 서로의 발언을 듣지 않았다. 소수의 강력한 지지 집단은 국회 경내 집회까지 불사했지만 보통의 시민들은 저 멀리 있었다. 야당이 동원하고자 했던 집단은 다수 시민이 아니라 극단적 반대 입장을 가진 시민들이었고, 이를 통해 흔들리는 기반을 공고히 하고자 했기에 야당의 태도는 도발적이었고, 사용한 언어는 자극적이었다. 국회 안에서 지켜야 할 규범은 상호 간에 적용된다. 2019년 필리버스터는 이와 같은 규범을 무너뜨렸다. 이 점이 2016년 필리버스터와 가장 큰 차이다.

(3) 제도보다 운영

필리버스터의 역사를 거슬러 올라가 보면 좋은 취지의 제도라 해두 언제나 좋게만 활용되지 않는다는 사실을 알 수 있다. 전 세계에서 가장 유명한 필리버스터는 1957년 미국의 스트롬 서먼드 상원의원이 〈민권법〉Civil Rights Act을 막기 위해 24시간 18분 동안 발언한 것이다.

1964년에 제정된 미국 〈민권법〉은 인종과 피부색, 종교, 성별, 출신 국가에 의한 차별을 금지하는 광범위한 차별금지법으로 흑인뿐만 아니라 아시아계, 중남미계 등 모든 유색인종에 대한 차별을 종식시킨 법으로 평가된다. 당시 린든 존슨 대통령은 서먼드 의원을 비롯한 남부 출신 의원들이 83일간 진행한 필리버스터에도 굴하지 않고 결국 법안을 통과시켰다. 법안 통과 후 대법관과 주택도시개발부 장관에 흑인을 임명했고, 다음 해에는 남부에서 흑인을 대상으로 시행하던 문자 해독 능력 테스트와 투표세를 폐지하는 〈투표권법〉Voting Rights Act을 제정해 모든 인종에게 평등한 투표권을 부여했으며, 〈이민법〉Immigration and Nationality Act을 제정해 유럽인들에게만 허용되었던 이민을 유색인종, 중남미계 사람들에게도 허용했다. 제도는 누구나 활용할 수 있다. 민주주의는 선한 사람들만 향유하는 제도가 아니다. 그래서 더욱 상호 규범이 중요하다. 여야가 바뀌어도, 다수당과 소수당이 바뀌어도 서로 지켜야 할 규범은 존중되어야 한다.

미국도 필리버스터 제도가 골칫거리였던 것 같다. 역대 대통령이 지명한 고위 공직자의 인준 안에 대한 필리버스터 가운데 절반이 오바마 행정부에서 발생하자 연방 상원은 고위 공직자 인준 안에 대한 표결을 하기 전 토론 종결에 필요한 절차적 표결의 기준을 60명 이상(재적 의원 1백 명) 찬성에서 51명으로 낮추는 법안을 통과시켰다. 당시 민주당 상원의원은 55석이었다. (그러나 대법관 지명자에 대한 인준안과 일반 법안에 대한 필리버스터 차단 정족수는 기존대로 유지하고 있다.)

좋은 제도를 마련하면 정치가 좋아질까? 민주주의는 서로 다른 생각을 가진 집단이 자신의 주장을 관철시키기 위해 최선의 노력을 다하는 정치체제이다. 상대가 최선의 노력을 다하지 않기를 바라면서 말이다. 민주주의는 선하기는커녕 인간의 야비한 본성을 끌어내는 데 탁월하다. 제도만으로 좋은 정치가 보장되지는 않는다. 제도를 잘 운용하는 것이 더 중요하다.

(4) '국회 선진화법' 이후

국회는 2012년 〈국회법〉을 개정해, 물리적 충돌 사태를 방지하기 위한 제도를 마련한 바 있다. 이른바 '국회 선진화법'이라고 불린다. 의안 심사 과정에서 대화와 타협이 작동하도록 절차를 촘촘히 마련했고, 의장석 또는 위원장석 점거 금지 등으로 질서유지를 강화했다.

2011년 5월 30일 교섭단체 대표(황우여 의원, 김진표 의원)회담에서 〈국회법〉을 개정하기로 합의하고, 이후 교섭단체 대표 의원 간 협의와 교섭단체 수석 부대표 의원(이명규 의원, 노영민 의원) 간 협의를 진행했다. 교섭단체 대표 의원 간 합의에 따라 국회운영위원회 위원들로 6인 소위원회(이명규 위원, 김세연 위원, 이두아 위원, 노영민 위원, 박우순 위원, 안규백 위원)를 구성했고, 2011년 12월 말까지 수차례 회의를 열어 국회

운영위원회에서 심사 중인 〈국회법〉 개정안, '국회바로세우기모임'(황우여 의원 등)과 '민주적 국회운영모임'(김진표 의원 등) 등 각 의원 모임에서 마련한 의안 처리 개선 방안, 전직 국회의장들의 의견 등을 참고해 "의안 처리 개선 및 질서유지 관련 국회법 등에 대한 개정 의견"을 채택했다. 이에 대해 각 교섭단체에서 소속 의원들의 의견을 수렴한 후 국회 운영위원회 법안심사 소위원회(2012년 2월 10일) 및 전체 회의(2012년 2월 27일, 4월 17일)에서 논의한 뒤 의결했다. 이에 따라 18대 국회 임기 종료 직전인 2012년 5월 2일 본회의에서 가결되었다.[46] 의사 진행, 의안 심사에 관한 〈국회법〉 개정은 어느 한 정당이 임의로 할 수 없다. 여야의 문제가 아니라 국회 운영에 관한 사항이기 때문이다. 다수의 힘보다 다수의 합의가 중요하다. 각 정당들이 협의하고, 의견을 수렴해 만든 결과가 이른바 '국회 선진화법'이다.

주요 내용을 보면, 쟁점 안건[47]의 경우 이견을 조정하기 위해 재적위원 3분의 1 이상의 요구에 따라 여·야 동수로 위원회에 '안건조정위원회'를 둘 수 있다. 또한 상임위원회에 회부된 의안[48]은 숙려 기간[49]이 지난 후 30일이 경과한 날 이후 처음으로 개회하는 위원회에 상정된 것으로 간주하는 '안건 자동 상정 제도'가 도입되었다. 예산안, 기금 운용 계획안, 임대형 민자 사업 한도액안 및 세입 예산안 부수 법률안으로 지정된 법률안은 매년 11월 30일까지 심사를 마쳐야 한다. 심사를 마치지 않은 경우, 그 다음날에 본회의에 바로 부의된 것으로 간주한다. '예산안 자동 부의제'이다.

무엇보다 이전 국회에서 본회의장 충돌 사태가 발생한 사유의 대부분은 국회의장의 직권 상정으로 인한 것이었는데, 이에 대한 요건을 강화했다. 원칙적으로 의안은 상임위원회와 법사위 심사를 마쳐야 본회의에 회부되는데 여야 간 이견으로 말미암아 교착상태에 빠졌을 경우 심사 과정을 건너뛰고 본회의에 곧장 상정할 수 있도록 국회의장에게 권한을 부여한 것이 '직권 상정'이다. 본회의에 안건으로 상정되기만 하면 표결로 처리할 수 있으므로 다수 의석을 차지한 정당은 어떻게든 상정해 다수결의 원리를 작동시키고 싶어 하는 욕구가 있다. 소수 정당이 이를 저지하는 과정에서 점거와 폭력 사태가 반복된 것이다. 이에 의장의 직권 상정 요건을 강화해 이를 사실상 불가능하게 하고, 대신 입법 효율성을 위해 '안건 신속 처리 제도'를 마련했다. 앞서 말한 무제한 토론은 이 과정에서 소수 정당의 발언권을 보장하기 위한 것이었다.

현재 국회의장이 심사 기간을 지정해 그 기간이 지난 뒤 본회의에 직권으로 상정할 수 있는 경우는 천재지변, 전시·사변 또는 이에 준하는 국가비상사태, 각 교섭단체 대표 의원 간 합의가 있는 경우로 한정되었다. 천재지변이나 국가비상사태라도 심사 기간을 지정하기 위해서는 교섭단체 대표 의원 간 협의가 필요하다.

안건의 신속 처리 제도, 이른바 '패스트트랙'은 회부된 안건에 대해 재적 의원 과반수가 서명한 신속 처리 대상 안건 지정 요구 동의를 의장에게 제출하거나, 위원회의 경우 위원회 재적 위원 과반수가 서명한 신속 처리 안건 지정 동의를 위원장에게 제출하면, 의장 또는 위원장은 무기명 투표를 실시하고, 재적 의원 또는 소관 위원회 재적 위원 5분의 3 이상의 찬성으로 가결되면 의장이 심사 기간을 지정하도록 한 제도다. 위원회는 신속 처리 대상 안건으로 지정한 날부터 180일, 법사위의 체계·자구 심사는 90일 이내에 심사를 완료해야 한다. 위원회 심사를 완료하지 않으면 법사위에, 법사위 심사를 완료하지 않으면 바로 본회의에 부의된 것으로 간주한다.[50] 본회의에 부의된 것으로 간주된 날부터 60일 이내에 본회의에 상정되지 않으면 그 기간이 경과한 후 처음으로 개의되는 본회의에 상정된다. 즉, 최대 330일(180일+90일+60일)이 지나면 본회의에 상정되는 것이다.[51]

20대 국회에서 패스트트랙 대상이 된 안건은 〈사회적 참사의 진상 규명 및 안전사회 건설 등을 위한 특별 법안〉(사회적 참사법), 〈사립학교법〉, 〈유아교육법〉, 〈학교급식법〉 개정안 등 유치원 3법, 선거제 개편을 위한 〈공직선거법〉 개정안, 검경 수사권 조정을 위한 〈형사소송법〉〈검찰청법〉 개정안(검경 수사권 조정법), 〈고위공직자범죄수사처 설치 및 운영에 관한 법률안〉(공수처법) 등이다. '사회적 참사법'은 2016년 12월 26일 신속 처리 안건으로 지정됨에 따라, 2017년 11월 24일 일찌감치 통과되었고, 〈공직선거법〉은 2019년 12월 27일, '공수처법'은 같은 해 12월 30일, 유치원 3법과 '검경 수사권 조정법'은 2020년 1월 13일 통과되었다. 신속 처리 대상 안건으로 지정된 것은 유치원 3법이 2018년 12월 27일, 〈공직선거법〉과 '검경 수사권 조정법' 2건, '공수처법'은 모두 2019년 4월 30일이다.

문제는 이 과정에서 다시 물리적 충돌이 발생했다는 것이다. '국회 선진화법' 개정 이후 처음 있는 일이었다. '국회 선진화법'은 처벌 규정을 강화했다. 의원은 의장석 또는 위원장석을 점거해서는 안 되고, 점거한 의원이 의장 또는 위원장의 조치에 불응하는 경우 징계안을 바로 본회의에 부의해 지체 없이 의결하도록 했다. 또한 국회 회의 방해 금지 규정[52]이 신설됐는데, 국회의 회의를 방해할 목적으로 회의장이나 그 부근에서 폭력행위 등을 해서는 안 되고, 이를 위반해 폭행, 체포·감금, 협박, 주거침입·퇴거 불응, 재물 손괴의 폭력행위를 하거나 이런 행위로 의원의 회의장 출입 또는 공무 집행을 방해한 사람은 5년 이하의 징역 또는 1천만 원 이하의 벌금에 처하도록 했다. 또한 회의를 방해할 목적으로 사람을 상해하거나, 폭행으로 상해에 이르게 하거나, 단체 또는 다중의 위력을 보이거나 위험한 물건을 휴대해 사람을 폭행 또는 재물을 손괴하거나, 공무소에서 사용하는 서류, 그 밖의 물건 또는 전자기록 등 특수 매체 기록을 손상·은닉하거나 그 밖의 방법으로 그 효용을 해한 사람은 7년 이하의 징역 또는 2천만 원 이하의 벌금에 처하도록 했다. 이 사건으로 의원과 보좌진 27명이 재판을 받고 있다. 과거에는 주로 발언권을 온전히 획득하지 못한 소수 정당이 다수당의 일방적 안건 처리에 항의하고, 입법의 부당성을 주장하기 위해 점거나 항의 등 물리적 방법을 사용했다. 쟁점화하는 효과도 있었지만 의회정치에 대한 신뢰감이 낮아지는 결과를 가져왔고, 소수 정당의 입장에서도 물리적인 방법으로는 실제 통과를 저지할 수 없어 그 효용성에 대한 회의감이 커졌다. 결국 정당들이 합의 수준을 높이기 위한 절차적 방법을 모색하며 '국회 선진화법'이 만들어진다. 하지만 또다시 충돌이 발생한 것이다.

제도는 정치를 지배하지 못한다. 처벌 강화도 대안이 아니다. 정당 간 갈등이 '정치적인 것'으로 바뀌어야 한다.

입법에 관한
권한

입법은 사회적 갈등과 이해 집단 간 이익의 차이를
정당 간 타협을 통해 단일한 의사로 만드는
과정이라고 할 수 있다.
각 정당의 역할은 기울어진 세계의 수평을 맞추는 일이다.
겨우 맞춰 놓은 위태로운 수평, 그게 입법이다.

법이란 무엇인가

(1) 욕망 없는 이성의 지배

존 로크는 『통치론』에서 "입법권이란 공동체와 그 구성원들을 보존하기 위해서 국가의 힘을 어떻게 사용할 것인가를 지도할 수 있는 권리를 가진 권력"이라고 했다.[1] 법을 만드는 정치가는 법에 대해 얼마나 알아야 할까? 법률가만큼 법리적 해석에 정통할 필요는 없다. 행정가만큼 법의 적용에 매달릴 필요도 없다. 입법하는 사람은 법의 빈틈을 채우고, 현실과 괴리가 있는 부분을 고치고, 법이 공공의 이익을 위해 기능하도록 살피는 능력이 필요하다.

법은 행위에 대한 사후적 처벌, 이를 회피하기 위한 자발적 복종에 머무르지 않는다. 법은 권력을 통제하고, 폭력을 억제하고, 기본권을 보호하고, 갈등을 해결하는 가장 합리적이고 공정한 방법이다. 나아가 불평등을 강제로 해소하고, 약자의 이익을 전폭적으로 보호할 수도 있다. 법치국가에서 법은 힘이 약한 사람과 목소리를 내기 어려운 집단을 위해 기능해야 한다. 힘이 센 사람과 목소리가 큰 집단은 굳이 법이 아니더라도 다양한 방법으로 이익을 추구하고, 스스로 충분히 보호할 수 있기 때문이다. 하지만 입법을 효과적으로 이용하는 집단은 후자다. 조직과 돈으로 발현되는 권력을 가지고 있는 이 집단은 선거에서도 위력을 발휘할 수 있다. 이들을 대변하는 사람이 의회에 진출할 경우 기득권은 더욱 보호·강화된다. 법은 이미 권력을 가진 자의 권력을 강화하고 고착화하는 수단으로 사용될 가능성이 점점 더 커진다.

법은 민주주의에 역행하고 권위주의를 강화하는 수단이 되기도 한다. 마틴 루터 킹은 "히틀러의 만행이 당시 합법이었다는 것을 잊지 말아야 합니다."라고 말했다.[2] 우리도 '합법적 독재'의 역사가 있다. 제헌국회 이후 18대 국회에 이르기까지 다른 기구가 국회의 기능을 대신했던 적이 세 차례 있었는데, 국가재건최고회의(1961~63년), 비상국무회의(1972~73년), 국가보위입법회의(1980~81년)가 그것이다.

국가재건최고회의는 1961년 5·16 군사 쿠데타 직후 비상조치로 설치된 국가 최고 통치 기관이다. 국가재건최고회의는 국민의 기본적 인권을 제약하고, 입법·행정·사법의 3권을 통합하고 국회와 행정부를 대신했으며 1963년 제3공화국 출범까지 존속되었다. 비상국무회의는 1972년 박정희 전 대통령의 10월 유신 특별 선언에 의해 설치되었다. 국회를 해산하고 정당의 정치 활동을 중지시키고, 비상국무회의가 국회의 역할을 대신하도록 했다. 1973년 3월, 9대 국회 개원까지 존속되었다. 국가보위입법회의는 1980년 5·18 광주 민주화 운동을 폭력으로 진압한 이후 전두환 전 대통령에 의해 같은 해 10월 공포된 제5공화국 헌법에 따라서 국회의 권한을 대행한 입법기관이다. 1981년 11대 국회 개원까지 권한을 행사했다.

세 기구 모두 입법 활동이 활발했다. 권위적 통치자들이 비상시국을 이용해 권력을 장악하고자 의도적으로 만든 기구에서 법안 처리가 활발하게 이루어졌다는 점에 주목해야 한다. 국가재건최고회의의 경우 의원 발의 545건, 행정부 제출 613건 등 1,158건의 법률안이 접수되었고, 행정부 제출 건 중 508건이 가결된다. 비상국무회의 때는 행정부 제출 271건 모두 원안 그대로 가결되었다. 국가보위입법회의 때는 의원 발의 33건, 행정부 제출 156건 등 총 189건이 접수되었고, 역시 모두 원안 가결 또는 수정 가결되었다. 비상국무회의는 개헌안 국민투표 실시에 대비해 〈국민투표에 관한 특별법〉과 동 시행령, 〈선거관리위원회에 관한 특례법〉과 동 시행령을 의결·공포했으며, 1972년 10월 27일에는 개헌안을 의결·공고했다. 새 헌법에 의해 〈통일주체국민회의법〉을 만들고, 이 법에 따라 1972년 12월 15일 통일주체국민회의 선거를 했으며, 12월 23일 마침내 통일주체국민회의에서 박정희를 대통령으로 선출했다. 모두 정해진 수순이었다. 1973년 3월 국회의원 정수 3분의 1을 통일주체국민회의에서 일괄 추천하는 방식으로 선출된 제9대 국회가 개원했고, 모든 상황이 정리되자 비로소 비상국무회의가 행사하던 권한을 국회로 이양했다. 국가보위입법회의는 입법의원 81인으로 구성되었는데 조직과 운영을 위해 제정한 〈국가보위입법회의법〉을 통해 권한과 기능을 국회와 동등하게 했다. 심지어 〈헌법〉 부칙 제6조 3항에 따라서 국가보위입법회의가 제정한 법률과 이에 따라 행해진 재판 및 예산, 기타 처분 등은 그 효력이 지속되며, 이 헌법 기타의 이유로 제소하거나 이의를 주장할 수 없게 명시하기까지 했다.[3]

　폭력으로 정권을 잡고, 폭압으로 권력을 유지하면서도 절차적 민주주의에 입각해 법적 토대를 만든 것이다. 권위주의 시대는 지나갔지만,

많은 이들의 기대와 달리 입법은 그 자체가 선을 실현하는 과정은 아니다. 각기 다른 선호와 저마다의 이해관계 속에서 각자의 이익을 추구하는 가운데 중간 지대의 타협점을 찾는 일이다. 그러므로 우리가 해야 할 최선의 노력은 힘이 균형을 이루도록 하는 것이다. 다양한 집단의 사회적 균형, 입법부·행정부·사법부 사이의 균형, 정부 부처 간 균형에 이르기까지 무게중심을 찾아야 할 영역은 많다. 입법부는 하나로 통칭되지만, 여러 정당으로 구성되어 있다. 입법은 사회적 갈등과 이해 집단 간 이익의 차이를 정당 간 타협을 통해 단일한 의사로 만드는 과정이라고 할 수 있다. 각 정당의 역할은 기울어진 세계의 수평을 맞추는 일이다. 겨우 맞춰 놓은 위태로운 수평, 그게 입법이다.

(2) 정책은 함께 만드는 것

국회 안에서 일한다면 법안 제·개정은 일상이다. 날마다 새로운 의안이 발의된다. 어떤 법은 꼭 필요한 법이다 싶어 '잘 만들었다!'는 감탄사가 나오지만 어떤 법은 이런 법을 대체 왜 발의하나 싶기도 하다. 실적을 쌓기 위해 발의하는, 속내가 빤히 보이는 법안도 상당수 있다. 법을 제정, 또는 개정하기에 앞서 먼저 생각해야 봐야 할 점이 있다. 법안 발의·심사·통과 과정에서 견지해야 할 자세는 어떤 것일까.

내가 처음 일했던 17대 국회 우리 의원실에서 발의한 첫 번째 법안은 〈장애인·노인·임산부 등의 교통수단 이용 및 이동 보장에 관한 법률안〉이었다. 당시 장애인들의 이동권 보장 요구는 강력하고도 절박했다. 지하철역에서 잇따라 장애인이 추락해 사망하는 사고가 발생했기 때문이다. 장애인들의 3년여에 걸친 이동권 보장 투쟁은 민주노동당이라는 진보정당이 원내에 진출함에 따라 법안 발의로 이어졌고, 이 법은 행정부가 제출한 〈교통약자의 이동편의 증진법〉과 병합 심의해 2004년 12월 29일 본회의에서 재적 182명에 찬성 182명으로 만장일치 통과했다. 민주노동당이 통과시킨 '첫 번째' 법안이었다.

지금은 시내에서 저상 버스를 종종 볼 수 있지만 2000년대 초반만 해도 보기 어려웠다. 휠체어나 유모차가 다른 사람의 도움 없이 오르고 내릴 수 있도록 차체 바닥을 낮추고, 계단 대신 경사판을 설치한 저상 버스는 1976년 독일에서 개발된 이래 선진국 대도시에서는 보편적으로 보급되었다. 우리도 일부 지방자치단체에서 도입했지만 의무가 아니었으므로 확대되지 못하고 있었다. 이런 상황에서 제출된 행정부의 법안에는 장애인 이동권에 대한 개념이 명시되어 있지 않았고, 저상 버스 도입도 지방자치단체에 권고하는 데 머물렀다. 장애계는 실효성이 없는 법안이라며 크게 반발했다. 저상 버스를 의무적으로 도입하도록 해 이동권을 실질적으로 보장하자는 것이 민주노동당 법안의 핵심이었다.

당시 민주노동당 의원은 10명이었다. 10석의 한계를 뛰어넘기 위해 '장애인 이동 보장법 제정 추진 국회의원 모임'을 구성했다. 민주노동당이 중심이 된 이 모임에는 열린우리당 25명, 한나라당 12명, 민주당 9명 등 58명의 여야 의원들이 참여했다.[4] 모임 소속 의원들은 건설교통부 법안심시 소위인회 회외장을 직접 찾아가 설명하는 등 저극저으로 활동했다. 원외에서는 '장애인 이동권 연대'와 '장애인·노인·임산부 등의 교통수단 이용 및 이동 보장에 관한 법률 입법 추진 공동대책위원회'가 39일간의 단식 농성, 국회 앞 천막 농성, 40차에 달하는 버스 타기, 지하철 선로 점거, 1백만 명 서명운동 등을 진행했다. 이때 받은 55만 명의 서명을 국회에 전달하기도 했다. 이런 전방위적인 노력덕분에 해를 넘기지 않고 법이 제정되었다. 그때는 몰랐지만, 5개월여만에 제정법이 통과된 것은 기적 같은 일이었다. 여야 의원들이 협력해행정부를 설득했고, 원내와 원외가 공조했다. 저상 버스를 생산하는 기업과 함께 시승 행사를 진행하기도 했다. 운이 좋았다. 국회에 들어온첫해에 정치의 진수를 맛보았다.

18대 때인 2009년에는 쪽방과 임대 아파트를 찾아가 직접 빈곤 실태 조사를 진행했고, 조사한 결과를 가지고 〈국민기초생활 보장법〉 개정안을 작성했다. '빈곤층 권리 보장을 위한 국민기초생활 보장 수급자실태 조사'(빈곤 실태 조사)는 기초 생활 수급자들이 기초 생활 보장 제도 및 권리 구제 절차에 대해 얼마나 알고 있는지, 구체적인 피해 사례가 있는지 등을 조사해 제도 개선에 반영하기 위한 것이었다. 실태 조사는 빈곤사회연대, 기초생활보장권리찾기행동 등 관련 단체와 함께했고, 민주노동당 지역위원회 29곳이 참여했다. 지역위원회가 이 사업을통해 주민들과 새롭게 만나고, 지역 복지 단체들과 함께하면서 새로운영역을 개척할 수 있도록 의원실-중앙당-지역위원회 공동 사업으로진행했다. 주민들과의 만남도 일회성 사업이 아니라 설문 조사를 통한1차 방문, 설문 조사 결과 보고를 통한 2차 방문, 정책 성과를 보고하기 위한 3차 방문까지 이어지도록 준비했다.

당시 민주노동당 대표였던 강기갑 의원과 복지위 곽정숙 의원도 직접 쪽방촌을 방문해 실태 조사를 진행했는데, 하필 방문한 날 비가 억수같이 퍼부었다. 강 의원은 늘 한복에 고무신 차림으로 다녔는데 빗방울이 어찌나 거센지 고무신에 물이 가득 차고, 흰 두루마기도 젖어 들었다. 방문한 곳은 한 층에 15가구가 생활하는 5층 건물의 쪽방이었다. 층마다 공동 화장실, 공동 세면실을 사용하고 있었고, 1.5평 남짓 쪽방은 한 사람이 겨우 몸을 눕힐 수 있는 크기였다. 거주자와 강 의원, 곽 의원이 앉자 더 이상 발 디딜 틈도 없었다. 서울시 용산구 동자동 지역에만 이런 쪽방이 수십 개 있었다. 이날 만난 분들은 기본적인 생활을 꾸려 나가기조차 어려운 현실과 함께, 일을 하고 싶어도 일자리를 구하지 못하는 상황 등 생활의 고통에 대해 이야기했다.

"기초 생활 수급자로 살아온 게 몇 년째다. 전에는 이렇게 괴롭히지 않았다. 일 못한다는 의사 진단서를 3개월에 한 번씩 떼어 오라고 한다."

"능력은 안 되고, 살 길은 막막하고, 가슴은 답답하다."

"지금 내가 버는 돈하고, 수급비 받는 거하고 한 50만 원 되는데 방값 15만 원 내고, 35만 원으로 산다. 한 20만 원만 더 벌면 저축해서 집을 옮겨 가고 싶다."

"갓난아이가 숨을 안 쉬어서 병원에 갔다. 아이 병원비가 없어서 긴급 지원을 받았는데 1년에 한 번밖에 못 받는다고 한다. 또 아프면 어떻게 할지 막막하다."

실태 조사에서 나온 내용을 바탕으로 '빈곤층 권리 보장을 위한 10대 요구안'을 발표했고, '국민기초생활 보장법 10주년 대토론회'를 하고, 〈국민기초생활 보장법〉 개정안을 발의했다. 이 모든 과정이 법을 만드는 일이다. 법은 의원실 단독으로 만드는 것이 아니다. 정책의 대상자와 생산자가 따로 있을 수 없다. 이를 일치시키는 것이 정치의 역할이기도 하다. 법안 개정을 위한 모임을 구성하고, 실태 조사와 서명 운동을 진행하며, 다양한 요구안을 발표하고, 토론회와 기자회견을 조직하는 것은 정치가 지닌 책무를 더욱 책임감 있게 감당하기 위해서다. 법안을 대표 발의한다는 것은 해당 의제를 독점하겠다는 개념이 아니다. 대표해 책임을 진다는 의미다. 관련 단체, 정당, 지역, 동료 의원이 함께 입체적으로 만들어 낸 예술 작품이 법이다.

(3) 입법에는 시간이 필요하다

법 제·개정 과정은 한 번의 보람을 위해 아흔아홉 번의 좌절을 견뎌야 하는 일이다. 모두가 안 된다고 해도 도전하는 사람들이 사회를 진보하게 했다. 법안도 다르지 않다.

2011년 사회적으로 큰 반향을 일으켰던 영화 〈도가니〉를 기억할지 모르겠다. 한 청각 장애인 학교에서 일어난 실제 사건을 소재로 한 영화다. 2000년부터 5년간 교장과 행정실장이 아이들을 상대로 성폭력과 학대를 저질렀다. 가해자는 학교 설립자의 아들이었고, 학교와 법인의 주요 직책이 친인척으로 구성된 족벌 경영 구조로 인해 외부로 알려지기까지 오래 걸렸으며, 장기간에 걸쳐 지속되었다. 사건을 알게 된 시민단체와 학부모들은 '인화학교 성폭력 대책위원회'를 꾸려 삭발 시위, 등교 거부, 국가인권위원회 진정에 이어 242일 동안 장기 농성을 진행했다.

국회에 들어와 처음 접한 사회복지시설의 인권침해 실태와 비리는 상상하는 범위 이상이었다. 성폭행, 폭력, 그로 인한 사망, 열악한 생활환경, 보조금 횡령, 부당노동행위 등 행정부로부터 보조금을 받는 사회복지시설에서 장기간에 걸쳐 벌어진 일이라고는 믿기 어려웠다. 어찌나 폐쇄적인지 내부 고발이 없으면 제대로 알려지지도 않았다. 문제를 해결하고자 사회복지법인과 시설의 민주적 운영, 인권 보장을 위한 〈사회복지사업법〉 개정안을 마련했다. 2년에 걸친 준비 끝에 2006년 발의했고, 다음 해인 2007년에는 보건복지부도 비슷한 내용이 담긴 개정안을 제출했다.

법안만 발의했던 것이 아니다. 2006년 11월 27일, 법 개정을 촉구하며 '사회복지시설 민주화와 공공성 쟁취를 위한 전국연대회의', '성람재단 비리 척결과 사회복지사업법 전면 개정을 위한 공동 투쟁단', 에바다학교, 광주인화학교 대책위원회, 민주노동당 등 45개 단체는 종로구청 앞에서 국회의사당까지 48시간 동안 삼보일배를 했다. 7.5킬로미터, 그냥 걷기도 가깝지 않은 거리다. 세 걸음 걷고 엎드려 절하는 삼보일배 참여단 뒤에서 휠체어를 탄 장애인들이 함께 고개를 숙였다. 바람도 찬데 겨울비까지 내렸다. 이날은 1996년 굶주림, 강제 노역, 폭력을 견디다 못한 장애인들이 농성을 시작했던 '에바다 복지회' 농성 10년이 되는 날이었다. 문제를 제기한 지 10년이 지났지만 해결은 요원했고, 문제는 이어졌다.

삼보일배 참여단은 "이름 없이 죽어 간 이들, 갖은 폭력과 성폭력의 대상이 되어 온 이들, 외출 한 번 하지 못한 채 강제적인 노동에 동원되고도 돈 한 푼 받지 못하고, 종신 수용소처럼 시설에서 살아간 이들의 아픔을 우리는 기억해야 할 것"이라고 했다. 국가청렴위원회에서도 사회복지시설 관련 제도 개선 방안을 제시했다. 법인 이사회에 설립자의 친·인척이나 연고자 등 특수 관계에 있는 사람이 임명되는 사례가 빈발해 이사회 운영의 투명성과 신뢰성이 떨어지므로 일정 규모 이상의 법인에 대해 개방형 이사제를 도입하라는 것이었다. 하지만 17대 국회에서 〈사회복지사업법〉 개정은 좌절되었다. 당시 야당이었던 한나라당의 반대로, 개정안은 17대 국회 임기 만료와 함께 폐기되었다. 행정부와 여당, 진보정당, 시민사회단체가 함께 힘을 모았으나 통과되지 못했고, 그 절망감은 컸다.

18대 국회가 시작되었지만 이 문제를 어떻게 풀어야 할지 답을 찾지 못하고 있었다. 같은 법안을 발의한다 한들 똑같은 상황이 반복된다면 아무 소용이 없을 것 같았다. 관련 단체들도 더 이상 동력이 안 생긴다고 했다. 오랜 싸움에 지친 것이다. 아무것도 못하고 있다는 죄책감에 괴로웠다. 그런 와중에 영화 〈도가니〉가 개봉되었다. 일주일도 되지 않아 관객 1백만 명을 돌파하더니 온 국민이 분노하기 시작했다. 처음에는 어안이 벙벙했다. 인화학교 문제는 그동안 언론에도 많이 보도되었고, 사회복지시설 문제로 당사자들은 10년 이상을 싸웠으며, 17대 국회에서 법 개정을 위해 4년 내내 그토록 열심히 활동했는데, 이제 와서 마치 처음 알았다는 듯이 사람들이 분노하는 것을 보았을 때 적잖이 당황했다. 그리고 생각했다. '이유가 무엇이든 이 기회를 놓치지 말자.' 시민들의 지지가 광범위하게 형성되었을 때, 지금이 바로 법 개정을 위한 시간이다. 관련 단체들과 곧장 논의에 들어갔다. '광주 인화학교 성폭력 사건 해결과 사회복지사업법 개정을 위한 도가니 대책위원회', 약칭 '도가니 대책위'를 꾸렸다. 그리고 반드시 통과시켜야 할 내용만 담은 개정안을 서둘러 다시 작성했다. 사회복지법인에 공익 이사를 파견하도록 하는 내용이었다.

2011년 11월 15일, 떨리는 마음으로 〈사회복지사업법〉 개정안을 발의했다. 여야 의원들이 앞서거니 뒤서거니 속속 개정안을 발의했다.[5] 여론이 성숙되었다고 논의가 일사천리 이루어졌던 것은 아니다. 마지막까지 쟁점이 되었던 것은 공익 이사의 수였다. 곽정숙 의원(당시 민주노동당) 대표 발의 개정안은 이사 정수를 최소 5명에서 7명으로 늘리고, 전체 이사의 3분의 1 이상을 공익 이사로 두도록 했다. 7명 중 3명은 되어야 제대로 기능할 것이라 여겼다. 하지만 여당 의원은 3분의 1로 하되 소수점 이하는 버리도록 하는 이상한 방식으로 공익 이사의 수를 한 명 줄이는 안을 제시했다. 공익 이사제에 대한 사회복지법인 측의 거부감 때문에 공익 이사라는 명칭도 사용하지 못했다. 결국 '공익 이사 3인'을 두는 안은 '외부 이사 2인'으로 수정되었다. 후퇴였다. 수정안은 반아야 한지 말지 고민했다. 도가니 대책위와 긴밀하게 의견은 주고받았다. 전 국민의 지지를 받았음에도 이 정도밖에 할 수 없나 싶었다. 한편으로는 완벽한 법안은 아니지만 지금 이 시기를 놓친다면 어쩌면 또다시 긴 싸움을 해야 할지도 모른다는 생각이 들었다. 2011년 연말은 사실상 18대 국회에서 통과시킬 수 있는 마지막 기회였다. 다음해는 총선이 있는 해였다. 물러섰다. 이번에는 한걸음만 나가기로 했다. 단 2명이라도, 명칭은 외부 이사라 하더라도, 중요한 것은 폐쇄적 법인 안으로 외부인이 들어가는 것이었다. 2011년 12월 29일, 재석 의원 163명 중 162명의 찬성으로 마침내 〈사회복지사업법〉 개정안이 통과되었다. 이렇게 통과될 수 있는 법이었는데 그토록 오랜 시간이 걸렸단 말인가.

법안의 통과는 사회적 상황과 무관하지 않다. 할 수 있는 모든 노력을 다했다고 생각했는데, 강력한 저항에 부딪혀 무산되고 나면 대체 뭘 할 수 있을까 깊은 회의감이 밀려온다. 절대 무너지지 않을 것 같은 거대한 벽에 온몸을 던지는 기분이 들기도 한다. 일명 '도가니법'이라 불렸던 〈사회복지사업법〉 개정안은 좌절 금지라는 교훈을 남겼다. 아무것도 하지 않았다면 사회적 상황도 만들어지지 않았을 것이다. 좌절의 시간들이 쌓여 마침내 통과가 가능한 상황을 만든 것이다. 바꾸고 싶다면 바꾸기 위해 노력해야 한다. 한 번의 노력으로 이루어지는 것은 없다. 원하는 만큼 이룰 수도 없다. 우리는 대체로 엄청난 노력을 기울여 작은 성과를 얻게 될 것이다. 서둘지 말고, 지치지 말고, 포기하지 말고, 해야 할 일을 하면 된다. 법을 제·개정하고, 제도를 만들거나 변경하는 건 시간이 걸리는 일이다.

법이 필요한 경우

법이 필요한 경우는 다양하다. 먼저 법이 없어서 문제가 되는 경우가 있다.

〈장애인복지법〉은 장애를 신체적 장애와 정신적 장애로 구분하고 있고, 동 시행령에서 장애 유형을 지체, 뇌병변, 시각, 청각, 언어, 지적, 자폐성, 정신, 신장, 심장, 호흡기, 간, 안면, 장루·요루, 뇌전증 장애 등 총 15가지로 분류한다. 만약 두 가지 이상의 장애를 갖고 있는 경우 별도의 장애 유형이 아닌 중복 장애로 본다. 그렇다면 시청각 장애인은? 시각 및 청각 기능이 동시에 손상된 시청각 장애인은 시각 장애인이나 청각 장애인과 다르다. 다른 어떤 유형의 장애와 비교해도, 이들이 가진 복지 욕구와 비슷하지 않다. 이들은 의료 접근성이 열악하고, 일상생활에서 도움이 필요한 정도가 매우 높다. 예를 들어, 의사소통을 위해 시각 장애인은 점자, 음성 도서 등을, 청각 장애인은 수화, 큰 문자 등을 사용할 수 있으나, 시청각 장애인은 수화 통역을 받더라도 '일대다'가 아닌 '일대일'로 지원이 이루어져야 하며 시력을 모두 상실한 경우에는 촉수화(상대방이 구사하는 수화를 손으로 만져서 이해하는 방법)를 사용해야 한다.

이런 시청각 장애인의 특성을 고려해 미국, 일본 등 선진국에서는 시청각 장애를 장애의 한 종류로 분류하고 별도의 지원센터를 설치해 자립 생활을 위한 각종 교육을 실시하고, 의사소통 지원 전문 인력을 양성·파견하는 등 다양한 지원 서비스를 제공하고 있다. 서채정·고아라·임수경에 따르면[6] 미국의 경우 시청각 중복 장애인을 위한 헬렌켈러 국립센터HKNC와 시청각중복장애인센터DBSC를 통해 시청각 장애인의 사회생활을 지원하고 있다. 일본의 경우도 후생노동성에서 '맹농인을 위한 통역개호인 양성 사업'을 통해 수화 통역사를 양성·파견하고, 도쿄도 맹농인 친우회에서 등록 대상 맹농인에게 통역 도우미를 파견하고 있다.

그런데 우리나라는 시청각 장애가 별도의 장애 유형으로 분류되지 않아 정확한 실태 조사가 이루어지지 않았고, 체계적인 지원도 없었다. 법에 아무런 근거가 없어서 발생한 문제다. 이에 시청각 장애를 별도의 장애 유형으로 명시한 이른바 '헬렌 켈러 법'이라 불린 〈장애인복지법〉 개정안을 발의했고, 2019년 통과되었다. 이에 따라 국가와 지방자치단체는 시청각 장애인을 위해 의사소통 보조 기구를 개발·보급하고, 의사소통 지원 전문 인력을 양성·파견하기 위해 노력해야 하며, 시청각 장애인을 대상으로 한 전담 기관을 설치·운영하는 등 필요한 시책을 강구해 시청각 장애인에게 필요한 서비스를 제공해야 한다. 법에 따른 지원이 이루어진다면 시청각 장애인들의 자립적 삶의 기반이 마련될 수 있을 것이다. 이럴 때 일하는 보람을 느낀다.

물론 이 법도 쉽게 통과되지 않았다. 첫 관문, 당내에서 질문이 있었다. 다른 장애 유형은 시행령 규정인데 왜 시청각 장애만 별도로 상위법에 규정하느냐는 것이다. 타당한 질문이다. 사실 시행령에 있으면 된다. 지금까지 없어서 문제였던 것이다. 법 개정안을 발의하기 전 행정부와 협의를 했다. 만약 행정부가 시행령 개정을 통해 시청각 장애를 새로운 장애 유형으로 명시할 의사가 있다고 한다면 개정안을 발의하지 않았을 것이다. 그런데 행정부는 그럴 의사가 없었다. 별도의 장애가 아니라 두 가지 장애를 중복해서 가지고 있는 것으로 본다고 했다. 그럼 특성에 맞는 별도의 지원이 이루어질 수가 없다. 다소 법체계에 맞지 않더라도 법에 명시해 강제할 수밖에 없다. 첫 번째 관문은 그렇게 넘어섰고, 두 번째 관문 역시 행정부였다. 시행령 개정을 하지 않겠다는 것은 내용에 동의하기 어렵다는 말이다. 별도로 명시할 경우 지원 체계를 갖추어야 하는데, 대상 인원이 적으므로 보편적 지원 체계를 갖추는 것이 비효율적이라고 했다. 보건복지부에 따르면 2017년 말 기준 등록 장애인 중 시청각 장애인은 7,038명이다.[7] 이것도 행정부 입장에서는 타당한 문제 제기다. 당장 전국적 지원 체계를 갖추기보다 모형 개발을 위한 전문 기관을 지정하는 것이 합리적이다. 이런 것은 충분히 협의가 가능하다. 마지막 문제는 법이 통과된 후에 발생했다. 우리와 일했던 당사자 단체 외에도 같은 주장을 하던 다른 기관이 있었는데 그들은 시청각 장애인 지원을 위한 특별법 제정을 원했다. 우리가 〈장애인복지법〉을 개정해 특별법 제정이 어려워졌다며 항의했다. 지원의 근거가 처음으로 생겼지만 환영은커녕 항의를 받은 것이다. 종종 발생하는 일이다. 시청각 장애인 지원이 필요하다는 입장은 동일하더라도 이해관계에 따라 갈등이 발생할 수 있다.

국민연금 제도 개선 방안을 내놨을 때는 노동조합으로부터 항의를 받았다. 오랫동안 쌓아 놓은 신뢰가 있다고 생각했으나 신뢰와 이해관계는 다른 영역이다. 정책을 다루는 사람은 이에 대해서도 신중할 필요가 있다. 신중하게 고려하되 좌우되어서는 안 된다. 정책은 여론을 쫓아가는 게 아니라 여론을 형성해야 한다. 원칙과 기준 없이 선호도만 반영한 정책은 '바닥을 향한 경쟁'이 될 수 있다. 특히 정당의 정책은 일관성이 중요하다. 시민들은 정당의 정책을 '하나의 묶음'으로 선택하기 때문이다.

둘째, 법이 없어서 문제가 되는 경우는 새로운 조항을 신설하면 되는데, 법이 있어서 문제가 되는 경우는 어떻게 해야 할까?

〈상법〉 제732조는 15세 미만자, 심신상실자 또는 심신박약자의 사망을 보험사고로 한 보험계약은 무효로 한다는 조항이다. 이 조항은 원래 생명보험과 관련한 조항으로 심신상실자 등이 인위적 사고의 희생자가 되는 것을 막기 위한 장치로 도입되었으나 보험회사는 이를 근거로 '본인의 사망을 보험사고로 하는 보험계약', 즉 생사生死혼합보험 계약을 무효로 해버리곤 했다. 보험 상품 중 사망을 포함하지 않는 상품이 거의 없는데다 심신박약·심신상실자의 범주에 지적장애, 정신장애, 자폐 장애, 간질 장애, 넓게는 뇌병변 장애까지 포함해 보험을 거절하는 사유로 삼았으니 제732조는 결국 모든 유형의 장애인이 어떤 보험도 가입할 수 없게 하는 조항으로 기능했다. 심지어 장애인 고용 사업장의 경우 단체보험의 필요성이 타 사업장보다 크지만 근로자 중 지적장애인, 정신장애인이 있으면 단체보험 가입이 거부되었다. 장애인 작업장 화재 사건 때 지적장애인이라는 이유로 보험에 가입하지 못해 배상받지 못한 사례, 뇌성마비 장애인이라는 이유로 종신보험 청약을 거절당한 사례, 뇌병변 장애 및 지체 장애 아동과 부모들이 여행 프로그램에 참여하면서 여행 보험에 가입하려 했으나 거부당한 사례 등 장애인의 보험 가입을 차별하는 다종다양한 사례가 있었다.

국가인권위원회도 이를 인정해 2005년 8월 '민간 보험에서의 장애인 차별 개선 권고'를 통해 〈상법〉 제732조의 삭제와 〈보험업법〉 등 관련 법령의 개정을 법무부 장관, 재정경제부 장관, 금융감독원장, 국무총리에 권고했다. 또한 2010년 9월, 10월 두 차례에 걸쳐 민간 보험회사와 금융위원회, 금융감독원에 장애를 이유로 보험 가입을 거절하는 문제를 개선하도록 권고했다. 심지어 2006년 "국제 장애인 권리 협약"이 유엔 총회에서 채택된 후 우리나라도 2009년 비준·공포했는데, 이 조항으로 인해 "장애인 권리 협약" 제25조 e호 "공평하고 합리적인 방식으로 제공되는 건강보험 및 국내법에 따라 허용되는 생명보험의 제공시 장애인에 대한 차별을 금지한다."는 조항은 유보되는 일도 있었다. 법에 명시되어 있어서 권리가 제약되는 상황이었다.

이에 19대 국회에서 이 조항을 삭제하는 개정안을 발의했고, 장애인 단체들은 '상법 제732조 삭제를 위한 공동대책위원회'를 꾸렸다. 이 법은 법무부 소관이었다. 보건복지부 소관 법보다 협의가 좀 더 까다로웠다. 인권적 측면보다 법체계를 두고 도 오랜 논의를 했다. 2014년 2월 20일, 마침내 개정안이 통과되었다. 김정록·박원석·배기운 의원이 각각 대표 발의한 법안과 행정부가 제출한 법안을 병합 심의한 위원회 대안은 아쉽게도 조항 폐지에 이르지는 못했다. 원래의 조항에 단서 조항을 추가하는 데 그쳤다.[8] 지금까지 했던 문제 제기의 본질에 다가가

지 못한 대안이었다. 보험회사가 얼마나 강력한 영향력을 행사하고 있는지 여실히 느낄 수 있었다. 하지만 성과가 아주 없는 것은 아니다. 보험회사가 장애인의 보험 가입을 거부할 경우 개정된 조항을 근거로 싸울 수 있다. '있어서 문제가 되는 조항'에 단서를 달아, 문제가 될 경우 적어도 문제 제기를 할 수 있게끔 만들어 놓은 것이다. 법이 있어서 문제가 되는 경우는 해당 조항을 삭제하는 것이 최선의 방법이지만, 단서를 만드는 등 우회적인 길도 있다. 좀 많이 돌아가긴 한다.

셋째, 법이 있긴 있는데 실효성이 없는 경우도 있다.

2014년부터 〈기초연금법〉에 따라 65세 이상 노인 중 소득 하위 70%를 대상으로 기초연금을 지급하고 있다. 2019년 현재 526만 명이 기초연금을 지급받는다. 이들 중 40만5천 명은 지급받은 기초연금을 다시 내놔야 한다. 이들이 기초 생활 수급자이기 때문이다. 기초 생활 수급자는 행정부가 '공식적'으로 인정한 빈곤층이다. 그런데 이들에게 〈기초연금법〉에 따라 지급한 기초연금은 〈국민기초생활 보장법〉 시행령에 따라 전액 생계 급여에서 공제된다. 받은 만큼 삭감되기에 '줬다 뺏는 기초연금'이라고 불린다.

2018년 기준 65세 이상 노인의 상대적 빈곤율은 43.4%다. 노인 10명 중 4명은 빈곤하다. 경제협력개발기구OECD 평균 12.5%와 비교할 때 약 세 배 이상 높다. 기초연금은 현 세대 노인 빈곤 문제에 대응하기 위해 도입되었으며 빈곤율을 개선하는 데 효과가 있는 것으로 나타났다. 그런데도 가장 빈곤한 계층인 기초 생활 수급 노인을 기초연금 수급에서 사실상 배제하고 있는 것이다.

기초연금이 10만 원이었을 때에는 그나마 문제가 덜했다. 기초연금 액이 오르면서 문제가 더 커졌다. 기초연금은 2020년부터 소득 하위 40%, 2021년에는 모든 수급자를 대상으로 최대 30만 원으로 인상된다. 기초 생활 보장 생계 급여는 평균 20여만 원이니 기초연금이 이보다 많아지게 된다. 기초연금이 생계 급여보다 많아지면 어떤 일이 생길까? 가처분 소득이 증가함에 따라 기초 생활 수급에서 탈락할 위험이 커진다. 기초연금액이 오른 만큼 고스란히 생계 급여에서 공제되므로 금액이 올라도 아무런 혜택을 받지 못할 뿐만 아니라 오히려 수급 탈락이라는 위기에 처하게 되는 것이다. 상황이 이러하니 65세 이상 기초 생활 수급자 45만5천 명 가운데 4만9천명은 기초연금을 신청조차 못하고 있으며, 이처럼 기초연금을 신청하지 못하는 인원은 해마다 증가하고 있다. 노인 빈곤을 해소하고자 도입한 기초연금 제도가 빈곤 노인들의 고통을 가중하는 제도로 탈바꿈한 것이다. 〈기초연금법〉에서 지급한 기초연금을 〈국민기초생활 보장법〉의 시행령으로 무효화하는 것은 하위법과 상위법상의 법체계 위반이기도 하다. 기초연금 제도의 실효성 확보와 법의 정합성을 위해서도 제도 개선이 필요하다.

이 법의 개정을 반대하는 세력이 누구일까? 행정부다. 기초 생활 수급자 노인 45만5천 명에게 30만 원의 기초연금을 제대로 지급하려면 연간 약 1조6천억 원이 필요하다. 예산 때문에 이처럼 불합리한 방식으로 제도를 운영하고 있는 것이다. 또 있다. 시민단체와 학계 일부다. 국민기초생활 보장 제도는 자신의 소득과 자산을 먼저 사용하고, 그래도 빈곤할 때 행정부가 지원하는 '보충 급여' 방식으로 설계되어 있기 때문에 기초연금도 원칙적으로 소득이라고 주장한다. 학문적으로 제도의 정합성 문제는 논쟁의 여지가 있다. 중요한 것은 이론적 논쟁을 하는 사이에 지금도 생활고로 고통 받는 노인들이 존재한다는 사실이다. 45만 명의 기초 생활 수급자 노인들은 생계 급여 20여만 원으로 한 달을 산다. 이들에게 기초연금 지급이 얼마나 절박한 문제인지가 나는 이론보다 우선되어야 한다고 생각한다. 기초연금이 30만 원으로 오르면 상황은 굉장히 복잡해진다. 앞서 말했듯이 기초 생활 탈락 가능성이 높아질 뿐만 아니라 기초연금이 최빈곤층 생계 급여보다 많아지는 모순이 발생한다. 더 가난한 사람이 더 적은 급여를 받게 되는 것이다. 사람들의 삶에서 드러나는 문제를, 이론의 정합성을 들어 외면하는 것은 학문일 수도 진보일 수도 없다. 정치는 학문적 논쟁과 다르다. 현실의 문제를 해결하기 위해 노력해야 한다. 정합성이 정 문제가 된다면 특례 조치도 있고, 단서 규정도 있고, 시한을 정하거나 대상자를 별도로 규정할 수도 있다. 법은 이론보다 유연하다.

넷째, 적용하는 데 있어 사각지대가 있는 경우, 법 개정을 통해 해소해야 한다.

〈국민건강보험법〉, 〈건강검진기본법〉은 모든 국민은 국가 건강검진의 대상자가 된다고 규정하고 있다. 이에 따라 생애 주기별로 무료 건강검진을 받을 수 있다. 그런데 〈국민건강보험법〉 시행령에서 일반 건강검진의 대상을 직장 가입자 본인, 40세 이상인 지역 가입자, 40세 이상인 피부양자로 한정했다. 이에 따라 만 20~39세 지역 가입자 중 세대원, 만 20~39세 직장 피부양자, 만 20~39세 의료 급여 수급자 중 세대원은 국가 건강 검진 대상에서 제외된다. 즉, 직장이 없는 청년들은 무료 건강검진을 받지 못했다. 2017년 12월 말 기준, 20~39세 지역 가입자 세대원은 227만 명, 직장 피부양자는 410만 명으로 약 640만 명의 청년들이 국가 건강 검진을 받지 못하고 있는 상황이었다.

건강검진에서 청년들을 제외한 논리는 청년들은 일반적으로 다른 연령대 사람들보다 건강하다는 것이었다. 그래서 청년들의 건강 상태를 통계로 확인해 보기로 했다. 통계는 우리가 생각했던 것보다 더 나쁜 결과를 보여 줬다. 건강보험심사평가원 의료 통계 정보 자료(2012~2016년)를 분석한 결과, 20~29세의 환자는 이 기간에 경추 질환 27.7%, 척추 질환 13.0%, 공황 장애 65.0%, 우울증 22.2%, 궤양성 대장염 및 크론병 41.3%, 장염 28.4%, 위·식도 역류병 20.6%가 증가했다. 근골격계 질환, 공황 장애 및 우울증 등 정신 건강 관련 질환, 소화계 질환, 급성신부전, 전립선 증식증 등 다양한 영역에서 청년들의 건강이 전체 세대를 통틀어 가장 빠르게 악화되고 있었다.[9] 청년들이 건강하다는 과거의 인식과 다른 결과였다. 이 정도면 청년들의 건강 문제는 개인의 건강관리 영역이 아니라 사회문제다. 근본적으로 청년들의 학업, 취업, 미래 불안 등의 문제를 사회적으로 해결해 나가야 하나, 우선 객관적 건강 실태 파악과 건강관리를 위해서라도 청년들이 건강검진에서 배제되어 있는 문제를 빠르게 해결해야 했다. 국민건강보험공단이 실시하는 건강검진 대상자에 청년들을 포함하도록 하는 〈국민건강보험법〉 개정안을 발의했다. 2018년 법안이 통과되어 2019년 1월부터 청년들도 무료 건강검진을 받을 수 있게 되었다. 20대 국회에서 가장 뿌듯했던 성과 중 하나다.

하지만 이 법은 정의당 당론으로 추진하지 못했다. 당내에서 반대 의견이 있었기 때문이다. 청년들은 건강하다는 주장도 예외 없이 나왔고, 건강검진 자체가 무용하다는 주장도 있었다. 의료 기관의 이윤을 위해 불필요한 검사에 건강보험 재정을 투입하고 있다는 것이었다. 이는 건강검진 제도의 문제와 청년 문제를 혼동한 결과이다. 현재 실시되고 있는 건강검진 제도를 모두 없애자는 주장을 할 것이 아니라면 청년들이 불합리하게 배제된 문제를 개선하는 데 동의하지 못할 이유가 없다. 이와 유사한 주장은 앞서 언급한 〈상법〉 개정안에 대해서도 제기되었다. 현행 보험 제도는 보험회사가 선량한 가입자에게 과도한 이윤을 추구하고 있다는 문제가 있는데 왜 보험 가입 대상을 확대하는 법을 발의하느냐는 것이었다. 민간 보험회사의 횡포로부터 사회적 약자인 장애인을 보호해야 한다는 논리였다. 왜 장애인만 보호받아야 하는가? 이는 전형적인 '시혜적 관점'이다. 보험에 가입할지 말지에 대한 판단은 장애인이든 비장애인이든 당사자가 하는 것이다. 보험회사는 장애인 가입을 거부함으로써 더 많은 이윤을 얻는다. 근본적인 변화를 바라는 사람 중에는 이처럼 이상적 가치와 현실에서 드러난 문제를 혼동하는 경우가 많다. 특히 법 개정은 주로 현행 제도를 개선하는 데 초점이 맞춰지는데, 이것이 근본적인 해결 방안이 되지 않는다고 비난한다면 결국 그토록 바라는 근본적 해결에 한걸음도 접근하지 못한다. 근본적 해결이란 무엇인가. 인간 사회에서 악을 원천적으로 제거하는 것? 그럴 수 없기 때문에 만들어진 것이 정치제도다.

다섯째, 새로운 사업을 시행하거나 새로운 제도·기구·체계를 만들려면 법이 필요하다.

제정법은 대체로 이 범주에 해당된다. 17대, 19대, 20대 국회에서 연달아 발의했던 〈사회복지세법안〉이 있다.[10] 이 법의 취지는 새로운 목적세를 도입하자는 것이었다. 소득세, 법인세, 상속세 및 증여세, 종합부동산세 등 본세에 일종의 부가세를 신설하자는 것인데, 이를 사회복지 분야에만 사용하도록 목적을 부과해 목적세로 기능하도록 설계했다. 과세표준은 소득세액, 법인세액, 상속세액 및 증여세액, 종합부동산세액으로 하고, 세율은 소득세액과 법인세액에 대해서는 10%에서 20%, 상속세액 및 증여세액과 종합부동산세액에 대해서는 20%로 정했다. 사회복지세를 신설하면 2018년 13.9조 원, 2022년 23.5조 원 등 2018~2022년 동안 총 102.0조 원(연평균 20.4조 원)의 추가 세수가 발생할 것으로 추계되었다.[11] 사회복지에만 쓸 수 있는 재정이 연 20조 원 증가하는 것이다. 20조 원이면 정말 많은 일을 할 수 있다. 재정 확보 측면에서만 장점이 있는 것이 아니다. 우리나라 시민들은 세금에 대한 신뢰가 두텁지 않다. 세금으로 공공복지를 강화해 온 나라들과 달리 우리나라는 민간 중심의 복지를 발전시켜 왔기 때문에 시민들은 세금을 더 걷는다 한들 복지 제도가 강화될 것이라고 확신하지 못한다. 사회복지 목적세는 용처가 정해져 있기 때문에 이런 불신을 줄일 수 있다. 시민들이 세금을 더 내는 것이 '개인의 손해'가 아니라 '모두의 이익'이라고 생각할 때 고부담-고복지 사회로 갈 수 있다. 사회복지 목적세는 세금에 대한 인식을 전환하는 중요한 계기가 될 수 있다.

복지 확대에 찬성하지만 증세에 반대하는 것은 모순이다. 재정 확보 대책 없는 복지 강화는 불가능하다. 재정지출 절감, 세수 자연 증가분과 여유 자금 활용, 탈루·지하경제 과세 강화 등으로 확보할 수 있는 재정은 한계가 있다. 조세개혁을 통한 증세분은 연간 10조 원 남짓이다. 복지 정책에는 돈이 들어간다. 고령화 시대에 복지 재정은 더 가파르게 증가할 것이다. 어떻게 마련할 것인가? 정치권은 이에 책임 있는 답변을 내놔야 한다. 복지 정책을 안정적으로 추진하기 위해서는 추가적인 세입 확보가 필요하다. 모두 알지만 아무도 말하지 않고 있다.

여섯째, 발생한 문제를 해결하기 위한 경우다. 대부분의 법 개정은 여기에 해당한다. 앞서 말한 모든 경우가 넓게 보면 문제 해결을 위한 것이기도 하다.

어린이집 정문에서 열 걸음 떨어진 곳에서 담배를 피웠다. 단속 대상일까 아닐까? 담배를 피우면서 걸어갔는데, 마침 열려 있던 어린이집 창문으로 담배 연기가 들어갔다. 단속 대상일까 아닐까? 어린이집 안 화장실에서 담배를 피웠다. 이건 좀 쉽다. 단속 대상이다.

〈국민건강증진법〉에 따라 어린이집 등의 공중 이용 시설은 법정 금연 구역으로 정해져 있다. 그런데 2017년까지 단속 대상은 실내 흡연만이었다. 인근 도로나 문 앞에서 담배 연기가 유입되어도 단속할 수 없었다. 간혹 단속하는 지역이 있었는데, 이는 지방자치단체가 조례로 금연 구역을 추가로 정한 곳이었다. 한국건강증진개발원 조사에 따르면 의료 기관 주변은 2.4%, 어린이집 주변은 11.4%만이 금연 구역으로 지정되어 있었다.[12] 그래서 어린이집 주변의, 일정 거리 이내에 있는 도로도 금연 구역으로 추가하는 개정안을 발의했다. 이처럼 일상에서 발생한 문제를 해결하기 위해 법안을 발의한다. 〈국민건강증진법〉 개정안은 2017년 12월 29일 통과되었다. 이제 유치원과 어린이집 주변 10미터 이내의 도로는 법정 금연 구역이다. 앞서 말한 법사위에 계류 중인 〈국민건강증진법〉 개정안은 학교, 운동장, 청소년 시설 등 금연 구역을 더 확장하는 법이다. 참고로, 이 개정안에서는 왜 '어린이집 주변'을 금연 구역으로 정하지 않고 '어린이집 주변 도로'로 했을까? 주변 사유지를 모두 단속 대상에 추가할 경우 재산권 침해 논쟁이 있을 수 있기 때문이다. 법은 까다롭다. 약자가 피해를 입지 않도록 보호하기 위한 개정안이지만, 사적 재산권을 침해할 만큼 보호의 이유가 타당한지도 검토해야 한다. 공익을 중요시하는 쪽은 전자를, 자유를 중요시하는 쪽은 후자를 강조한다. 어느 한쪽이 우선권을 가진다고 볼 수 없다. 법은 언제나 균형을 이뤄야 한다.

모든 것을 법으로 정할 필요는 없다. 어린이집에 담배 연기가 직접적으로 전해지는 곳에서는 본인 소유의 건물이라 할지라도 흡연을 자제하는 사회를 만들 수 있다. 이는 사회적 규범의 영역이다. 사회 구성원 간에 규범적 합의가 이루어졌다면 처벌을 전제로 한 법적 강제는 하지 않는 편이 낫다. 우리가 한 사회 구성원으로서 기본적으로 합의한 사항이 있다. 타인에게 피해를 입히지 않는다, 타인에게 피해를 입히지 않는 한 사적 자유는 존중되어야 한다, 타인의 자유와 나의 자유가 충돌할 때 자유는 통제될 수 있다, 타인과 자신에게 위협·위해를 가하는 자유는 통제되어야 한다는 것 등이다. 법으로 정한다는 것은 공권력에 자유를 의탁하는 것이다. 가능하면 법으로 통제하지 않는 것이 더 좋다. 법은 '마지못한 선택'이 되어야 한다.

일곱째, 법은 모든 문제를 완전히 해결하지 못한다.

문제가 드러나도 어떤 경우는 신속히 합의에 이르지만, 어떤 경우는 상당한 시간이 소요된다. 법을 개정했다고 문제가 완전히 해결되는 것도 아니다.

20대 국회 들어 얼마 지나지 않았을 때 장애인 단체에서 급히 연락이 왔다. 경상북도 경산시의 한 서점에서 출입구에 경사로를 설치했는데, 해당 지자체가 경사로를 불허했다는 것이다. 이 경사로가 통행권을 침해하고, 민원이나 분쟁의 소지가 있다고 했다는데, 전체 도로 폭이 2미터80센티미터였고, 경사로가 차지하고 있는 폭은 43센티미터였으니 통행에 막대한 지장이 있다고 보기 어려웠다. 휠체어 탑승자와 유모차 이용자, 보행이 불편한 노인들의 통행을 원활하게 하기 위해 설치한 경사로는 〈장애인·노인·임산부 등의 편의증진 보장에 관한 법률〉 제4조 "장애인 등은 장애인 등이 아닌 사람들이 이용하는 시설과 설비를 동등하게 이용하고, 정보에 자유롭게 접근할 수 있는 권리를 가진다."라는 조항에 근거한 것이다. 이 법에서는 시설주에게 편의 시설 설치

의무를 부과하고 있다. 이를 불허했다면 〈장애인차별금지 및 권리구제 등에 관한 법률〉 위반이다.[13]

19대 국회 때도 똑같이 지자체가 경사로를 철거한 경우가 있었다. 대구시의 한 가게에서 출입 편의를 위해 업주가 경사로를 설치했는데, 지자체가 〈도로법〉 위반이라며 철거해 버린 것이다. 도로에 뭔가를 설치하려면 지자체로부터 도로점용 허가를 받아야 한다. 그런데 당시 〈도로법〉상 경사로는 도로점용 허가 대상에 포함되어 있지 않았다. 통상 경사로는 교통 약자의 이동 편의를 위한 시설로 보아 점용 허가 없이 설치할 수 있었는데, 유독 이곳에서는 규정에 없다는 이유로 불법 점유물로 취급해 버린 것이다. 지자체는 〈도로법〉에 없는 점유물이기에 허가해 줄 수 없다는 입장을 고수했다. 왜 이런 '적극 행정'을 하는지 알 수 없었지만, 이 문제를 해결하기 위해 〈도로법〉을 개정하기로 했다. 경사로를 도로점용 대상에 포함시키고, 〈장애인·노인·임산부 등의 편의증진 보장에 관한 법률〉에 따라 경사로를 설치한 경우에는 점용료를 삭감하거나 면제해 주도록 하는 도로법 개정안이 2014년 통과되었다. 따라서 앞으로는 이런 문제가 발생하지 않겠거니 했는데, 이번에는 지자체에서 점용 허가를 내주지 않은 것이다. 허가를 해줄지 말지에 대한 판단은 지자체에 있다는 것이 이유였다. 교통 약자가 이동할 권리에 대한 인식이 변화하기를 기대하면서, 〈도로법〉 개정안을 다시 발의했다. 도로관리청은 〈장애인·노인·임산부 등의 편의증진 보장에 관한 법률〉에 따른 편의 시설 중 주출입구 접근로와 주출입구 높이 차이 제거 시설을 설치하기 위해 도로 점용 허가를 신청한 경우에는 '도로 점용 허가를 하되

록' 명시했다. 지자체가 자의적으로 판단하지 않도록 의무 규정으로 바꾸는 안이었다. 이 건은 20대 국회에서 통과되지 않았다.

〈장애인·노인·임산부 등의 편의증진 보장에 관한 법률〉에서 경사로를 설치하도록 했는데 왜 이런 상황이 벌어지는 걸까? 같은 법 시행령에서 3백 제곱미터(약 90평) 미만 음식점·편의점·제과점·약국 등 공중 이용 시설에 대해 장애인 편의 시설 설치 의무를 면제하고 있기 때문이다. 2014년 사업장 면적 규모별 사업체 수 자료에 따르면 일반 음식점의 95.8%, 제과점의 99.1%, 식료품 소매점의 98.0%가 편의 시설 설치 의무가 없다. 법이 있지만 적용 대상이 적다. 이에 2018년 국가인권위원회는 2019년 1월 1일부터 신축·증축·개축되는 50제곱미터(약 15평) 이상 음식점·편의점·약국 등 공중 이용 시설에 대해 출입구 높이 차이 제거 등을 의무화하도록 시행령 개정을 보건복지부 장관에게 권고했다.[14] 보건복지부는 이를 수용했고, 연구 용역이 끝나면 반영하기로 했지만 2020년 4월 현재까지 개정되지 않고 있다.

(1) 행정부의 입법권 침해

삼권분립 원칙에 따르면 입법권은 국회의 고유 권한이다. 국회에서 법을 만들면 행정부는 법률의 위임에 따라 대통령령·총리령·부령(시행령, 시행규칙)을 만든다. 즉 시행령, 시행규칙 등 행정입법은 어디까지나 국회가 만든 법률의 틀 안에서 행정부가 만드는, 법의 시행을 위한 하위 규정이다. 그런데 행정부가 국회 입법권을 침해하는 일이 종종 발생한다. 예컨대 행정부가 관련 법 개정안을 냈다가 국회에서 통과되지 않으면 시행령 개정을 통해 추진해 버리거나, 모법母法의 취지와 다른 하위 법령을 만든다거나, 만들어야 하는데 만들지 않는다거나 하는 식이다. 고용노동부의 전국교직원노동조합에 대한 법외노조 통보나 4·16세월호참사 특별조사위원회 구성을 둘러싼 논란 등도 시행령으로 인한 것이다.

국회는 〈국회법〉 제98조의2에 따라 행정부가 법률에서 위임한 취지에 맞게 시행령을 만들었는지 검토하고, 문제가 있다면 해당 상임위원회의 의결을 거쳐 담당 부처에 고치라고 통보할 수 있다. "당해 대통령령 등이 법률의 취지 또는 내용에 합치되지 아니하다고 판단되는 경우에는 소관 중앙 행정기관의 장에게 그 내용을 통보할 수 있다. 이 경우 중앙 행정기관의 장은 통보받은 내용에 대한 처리 계획과 그 결과를 지체 없이 소관 상임위원회에 보고해야 한다."라는 조항인데 국회가 시행령에 대해 문제를 제기해도 행정부가 무시하고 넘어가는 경우가 잦아 입법권 침해라는 문제 제기가 끊이지 않았다.

이에 행정부의 입법권 침해를 방지하고 입법부의 권한을 강화하고자 〈국회법〉 개정안이 발의되었고,[15] 2015년 5월 29일 본회의에서 재석 244인 중 찬성 211인, 반대 11인, 기권 22인으로 가결 선포되었다. 여야가 입법부로서 일체감을 발휘한 결과다. 특히 개정안이 통과되는데는 당시 여당이었던 새누리당 원내 지도부의 협조가 큰 역할을 했다. 이 법은 상임위원회가 소관 중앙 행정 기관의 장이 제출한 대통령령·

총리령·부령 등 행정입법이 법률의 취지 또는 내용에 합치되지 않는다고 판단되는 경우에 수정·변경을 요구할 수 있도록 하고, 소관 중앙 행정기관의 장은 처리 결과를 상임위원회에 보고하도록 하는 내용이었다. 국회의장은 2015년 6월 15일 〈국회법〉 제97조에 따른 의안 정리 절차를 통해 본회의 의결안 제98조의2 제3항의 '요구'를 '요청'으로 수정한 〈국회법〉 개정안[16]을 행정부에 이송했다.

이날로부터 38일 뒤 국회는 이 법의 개정을 없던 일로 만들어 버린다. 박근혜 대통령이 거부권을 행사하며 〈국회법〉 개정안에 대해 재의 요청서를 보내어 강력한 반대 의사를 표명했기 때문이다. 재의 요구된 법률안은 〈헌법〉 제53조 제4항에 따라 재적 의원 과반수의 출석과 출석 의원 3분의 2 이상이 찬성해야 법률로서 확정된다. 표결은 〈국회법〉 제112조 제5항에 따라 무기명투표로 하도록 규정되어 있다. 전자 무기명 투표는 자기 자리에서 하는 것이 아니라 기표소에서 투표를 한다. 카드형 명패를 받아 기표소에 입장하고, 명패 투입구에 카드형 명패를 투입하면 안건이 화면에 표시된다. 개정안에 찬성하면 '가'를, 반대하면 '부'를, 기권하면 '기권'을 선택하는 방식이다. 투표 후 확인 버튼을 누른 다음 투표 기기 우측 상단에 출력된 투표 결과지를 확인하고, 투표용지 투입 버튼을 누르면 투표가 종료된다.

2015년 7월 6일 오후 3시 41분에 투표가 개시되었고, 55분 후인 16시 36분에 야당 의원들의 항의에도 불구하고 '투표 불성립'이 선포되었다. 안건에 대한 투표 자체가 성립되지 않은 것이다. 법률안 의결에 필요한 재적 의원 과반수, 150인 이상의 의원이 기표소에 입장해

'출석'을 해야 하지만 128명에 그쳤기 때문이다. 새누리당 의원들은 이 시각 본회의장에 착석해 있었지만, 기표소로 가지 않았다. 그렇게 입법권을 강화하려던 〈국회법〉 개정은 무산되었고, 후폭풍은 거세었다. 2015년 2월 2일 새누리당 원내 대표로 당선되었던 유승민 의원은 본회의 이틀 후인 7월 8일 사퇴했다. 새누리당 의원총회에서 원내 대표에 대한 사퇴 권고를 박수로 추인한 것이다. 그는 공천을 받지 못했고, 탈당해 무소속으로 출마했으며 20대 국회의원에 당선, 이후 바른정당을 창당해 대선 후보가 되었다.

미국은 시행령이 만들어져 의회에 제출됐을 때, 상·하원이 합동으로 시행령 거부를 결의하면 해당 시행령이 효력을 갖지 못한다. 영국은 중요한 법률의 경우 시행령 개정도 의회 본회의 심사가 이뤄지도록 하고 있으며 초안 작성 단계부터 의회가 개입한다. 독일은 행정입법 제정 전에 의회에서 청문회를 실시한다고 한다. 우리도 국회법을 강화해 국회의 시정 요구를 행정기관이 반드시 따르도록 하고, 사후적 시정 조치가 아니라 사전적 개입이 이루어질 수 있도록 해 국회의 입법권을 보장해야 한다.

2020년 1월 〈국회법〉 개정안이 본회의를 통과했다. 대통령령과 총리령의 경우 상임위원회에서 검토해 법률의 취지 또는 내용에 합치되지 아니한다고 판단하면 검토 결과 보고서를 의장에게 제출하고 본회의 의결로 행정부에 송부하도록 했다. 행정부는 그 처리 결과를 국회에 제출해야 한다(다만 부령은 현행과 같다). 이로써 법에 관한 국회의 통제권이 좀 더 강화될 수 있게 되었다.

(2) 법 제·개정이 꼭 좋은 것은 아니다

법안 제·개정이 꼭 바람직한 방향으로만 진행되는 것은 아니다.

2014년 제정된 〈기초연금법〉은 17대 국회에서 제정된 〈기초노령연금법〉이 발전한 것으로, 기초연금액이 인상되었다는 데 큰 의미가 있다. 그런데 내용을 뜯어보면 기존의 법보다 좋은 방향으로 발전했다고 보기 어려운 부분들이 있다.

먼저 〈기초연금법〉이 제정된 2014년 5월 2일의 심사 통과 과정을 보자. 법안이 계류 중이던 복지위 법안 소위가 5월 2일 오후 5시에 열렸다. 〈기초연금법〉은 소위가 열린 지 15분 만에 처리되었고, 5시 17분, 복지위 전체회의가 열린다는 문자가 발송되었다. 3분 만인 5시 20분에 전체회의가 열렸다. 국회의원회관에서 상임위원회 회의장이 있는 본청으로 이동하는 데만 3분이 넘게 걸린다. 상식적으로 시간을 맞추기 어려운 회의 통보였지만 21명의 복지위 위원 중 대기 중이던 14명이 참석한 가운데 새누리당 의원 11명 전원 찬성, 야당 의원 3명 반대로 속전속결 의결되었다. 당일 오후 9시 40분, 본회의로 가는 마지막 관문인 법사위가 속개되었고, 이 법은 10시에 가결되었다. 법사위가 끝나면 본회의가 열리는 그간의 절차를 무시하고, 법사위가 열리고 있던 시간 본회의도 동시에 진행되었다. 법사위가 산회하던 10시 무렵 본회의장에서는 이날 상정된 76항의 안건 중 69번째 안건 표결이 이루어졌다. 10시 20분, 75항까지 안건 표결이 다 끝났는데 〈기초연금법〉 심사 보고서는 본회의장에 도착하지 않았다. 국회의장이 의원들에게 잠시 자리에 앉아 대기하라고 공지했다. 76항 〈국회기 및 국회배지 등에 관한 규칙〉일부 개정 규칙안 안건은 뒤로 미뤄졌다. 마지막 안건 심사를 마치면 산회해야 하기 때문이다. 10시 28분, 〈기초연금법〉과 〈장애인연금법〉이 77, 78항 안건으로 새로 상정되었다. 11시 11분, 반대 토론을 마친 박원석 의원(정의당) 등 야당 의원 일부가 퇴장한 가운데 〈기초연금법〉이 가결되었다. 19대 전반기 마지막 국회 본회의는 이날 밤 11시 22분에 산회했다. 전 국민의 노후가 걸려 있는 법안이 제정되는 데 채 7시간이 걸리지 않았다. 길게 잡아도 행정부가 〈기초연금법〉을 제출한 2013년 11월 25일부터 채 반년이 되지 않았고, 박근혜 행정부가 출범한 2월 25일까지 거슬러 올라가도 약 1년 2개월이 지났을 뿐이다. 다른 나라의 연금 개혁 논의는 10년씩 걸린다는데 뭐가 그리 급했을까.

　시작은 박근혜 대통령 후보의 공약이었다. 그는 대통령에 당선되면 65세 이상 모든 어르신에게 기존 기초 노령 연금액의 2배인 20만 원을 기초연금으로 지급하겠다고 약속했다. 공약은 대통령 당선 이후 수정되었다. 재정적 어려움 때문에 '모든' 어르신에게 지급하기는 어렵다는 것이었다. 그래서 정해진 기준이 소득 하위 70%다. 아쉽지만 동의할 수 있었다. 문제는 따로 있었다. 국민연금 가입 기간이 길수록 기초연금을 적게 지급받도록 설계한 것이다. 이에 따르면 기초연금 수급자 가운데 국민연금 수급자의 경우, 국민연금액이 기초연금 기준 연금액의 150%를 초과하면 국민연금 가입 기간에 따라 일정액이 감액된다. 성실한 국민연금 납부자들이 손해를 보는 방식이라 당시 야당이었던 새정치민주연합 소속 복지위 의원들이 강력한 반대 입장을 표명하고 있었다. 그런데 새정치민주연합 지도부는 새누리당 지도부와 아침 식사를 하면서 이 내용을 포함한 개정안에 전격 합의한다. 당론 결정 과정에서도 문제점을 노출했다. 새정치민주연합 지도부는 당내 반발이 심하자 소속 국회의원들의 의견을 전수 조사한다며 설문지를 돌렸다. 그래도 반발이 줄어들지 않자 의원들에게 핸드폰을 통해 문자 조사를 실시하고, 국민 여론조사를 실시했는데 여론조사 문항도, 조사 결과도 명확히 공개하지 않았다. 내부 갈등이 심각했지만 결국 새정치민주연합 의원들은 이 사안에 대한 판단을 지도부에 위임하기로 결론을 내린다.

기초연금은 어떻게 되었을까? 2019년 6월 기준 기초연금 수급자 중 국민연금 수급자는 206만 명이고, 그중 연계 감액자는 약 32만 명으로 전체의 15.4%이다. 이는 2014년 12.8%에서 2.6%p, 인원으로는 15만 명 증가한 것이다. 국민연금 수급자가 증가하고, 가입 기간도 증가함에 따라 기초연금 감액 대상자와 감액 액수도 증가하고 있다. 국민연금 제도가 성숙하는 만큼 성실한 국민연금 납부자의 불이익이 커지는 것이다. 지난 2018년 국민연금제도발전위원회도 국민연금 가입 유인 저해, 제도 복잡성의 문제를 지적하고, "기초연금 급여 산식에서 국민연금 연계 감액 폐지 검토"를 권고한 바 있다(국민연금제도발전위원회 2018). 이처럼 법은 제·개정 과정에서 기존의 제도보다 후퇴하기도 한다. 과거에 발생한 문제를 현재 정치에서 책임지고 해결하는 사람이 필요하고, 그런 사람이 실력 있는 정치인이다.

특히 연금제도는 현재와 미래 모두에 영향을 미치는 공적 의제다.

장기적 영향을 염두에 두고 논의해야 하며, 종합적으로 설계해야 한다. 연금제도는 신중하게 논의해서 사회적 갈등이 해소되었을 때 결론을 맺는 게 최선이다. 법이 '법'으로만 다뤄지고, 임기 내 또는 회기 내라는 시간적 제약 속에 논의가 이루어지면 장기적 관점에서 바라보기 어렵다. 장기적인 전망은 의원 개개인이 아니라 정당 차원에서 수립해야 할 과제다. 정책을 두고 경쟁한다는 것은 누가 더 사람들의 시선을 끌 만한 제도를 제시하느냐가 아니라, 정당이 정책을 통해 정체성을 확고히 하고 시민들에게 지지를 구한다는 것을 의미한다. 누구도 더 내고 덜 받기를 원하는 사람은 없다. 당장 대중의 인기를 얻기 위해 덜 내고 더 받는 연금제도를 설계한다면 복지국가의 미래는 없다. 필요하다면 시민들을 설득할 수 있어야 한다. 연금 정책은 정말 중요하고, 상당히 어렵다. 연금 정책을 다루는 실력에 따라 정당의 실력이 가늠된다고 봐도 무방하다.

너무 많은 법안 발의

(1) 일괄 개정 법률안에 대하여

흔하지는 않지만 같은 내용이 여러 법률에 똑같이 들어 있어 한꺼번에 개정하는 경우가 있다. 이를 일괄 개정 법률안이라고 한다. 내가 있던 의원실도 한 번에 가가 79개, 43개 개정안은 받익한 저이 있다.

하나는 17대 국회인데, 파산으로 인한 직업상의 불이익을 없애고, 회생의 기회를 보장하기 위한 것이었다. 당시 파산자는 제대로 된 직업을 가질 수 없었다. 약사 자격증이 있어도 약사를 할 수 없었고, 임상병리사, 방사선사, 물리치료사, 작업치료사, 치과기공사, 치과위생사 등 의료기사도, 건축사도, 의무소방대원도 할 수 없었다. 사법시험 응시 자격도 없고, 변호사나 법무사의 사무원으로 취직할 수도 없었다. 파산을 한다는 것 자체가 경제적 어려움으로 인한 것인데 파산 이후에 경제 활동을 전혀 영위할 수 없다면 살아갈 길이 정말 막막하지 않겠는가. 파산자라는 이유만으로 직업을 제한하는 법들을 일괄 개정해 파산으로 인한 직업상의 불이익과 피해를 줄이려 했다. 파산, 신용 불량자 상담 등 관련 사업에 적극적이던 당론에 따른 것이었다. 79개 개정안 중 최종적으로 19개 법안이 통과되었다. 이에 따라 〈사법시험법〉, 〈변호사법〉, 〈법무사법〉, 〈약사법〉, 〈의료법〉, 〈장애인복지법〉, 〈사회복지사업법〉, 〈응급의료에 관한 법률〉, 〈의료기사 등에 관한 법률〉, 〈위험물 안전관리법〉, 〈유선 및 도선 사업법〉, 〈의무소방대설치법〉, 〈지적법〉, 〈소방시설공사업법〉, 〈소방시설 설치유지 및 안전관리에 관한 법률〉, 〈해양교통안전법〉, 〈건축사법〉, 〈교통안전법〉, 〈기르는 어업육성법〉 등 각각의 법에서 규정한, 적어도 19개 이상의 직종에서 파산자도 일할 수 있게 되었다. 이때 감사하다는 인사를 많이 들었다. 누군가에게 삶의 희망이 생긴 것이다.

18대 국회에서도 43건의 일괄 개정 법률안을 발의했다. 정신장애인에 대한 부당한 차별 대우를 없애기 위한 것이었다. 정신 질환 등 장애가 있다는 이유만으로 각종 법률에 의해 면허, 자격 취득, 직업 유지, 영업 제한을 하고 있다. 정신장애인에 대한 편견은 매우 깊어 파산자 관련 일괄 개정 법률안보다 통과시키기 어려웠다. 43건의 일괄 개정안 가운데 내용이 반영되어 통과된 개정안은 5건에 불과했다. 그것도 조건부 개정이 많았다. 하지만 일부 법안에서나마 정신장애인에 대한 편견을 깼다는 점은 성과였다. 최초로 벽이 허물어진 것이다. 〈유선 및 도선 사업법〉의 통과로 보호자가 동승同乘하는 경우에는 정신장애인에게도 유선의 대여 등이 가능하게 되었고, 〈기르는 어업육성법〉에서는 조건을 달아 결격사유에서 제외했다. 이제 정신과 전문의가 업무를 수행할 수 있다고 인정하는 사람은 수산 질병 관리사를 할 수 있다. 〈사격 및 사격장 단속법〉에서는 사격의 제한에 해당하는 자에 대해 장애인을 비하하는 용어를 〈장애인복지법〉에 따른 장애인으로 변경했고, 〈사행 행위 등 규제 및 처벌 특례법〉에서는 일부 정신장애인에 대한 사행 행위 영업을 허용했다. 〈문화재보호법〉은 〈문화재수리 등에 관한 법률〉로 제명과 내용이 바뀌는 과정에서 정신장애인의 문화재 수리 기술자 등록을 취소하는 조항이 삭제되어 자격을 유지할 수 있게 되었다. 이 일괄 개정안은 정신장애인에 대한 편견과 부당한 차별에 도전하는 의미가 컸다.

두 건의 일괄 개정 법률안은 모두 대형 프로젝트였다. 일이 정말 많았다. 일단 두 경우 모두 사전 준비 기간이 길었다. 파산자 관련 개정안은 당과 함께 준비했고, 정신장애인 관련 개정안은 정신장애인 단체와 함께 준비했다. 개정 취지를 공유하고, 방향을 설정하고, 관련 법을 건

색해 모조리 찾아냈다. 이렇게 찾은 법을 놓고 과연 개정이 필요한지, 우리의 주장이 타당한지 한 건 한 건 토론해 입장을 정한다. 다른 문제가 없는지를 확인하고, 개정의 필요성에 대한 논리적 근거를 마련하는 절차다. 이런 과정을 통해 각종 사례와 타 법 규정, 판례까지 찾아 놓았다. 발의 준비도 힘들지만 발의 이후에도 손 가는 것이 많다. 각각 79장, 43장(10명 공동 발의 기준)의 서명 용지에 실수 없이 공동 발의 도장을 받아야 했고, 개정안이 상정될 때마다 별도의 제안 설명문을 준비해야 했다. 정기회에 한꺼번에 상정될 때는 너무 헷갈려서 목록을 책상에 붙여 놓고 하나씩 표시를 했다. 안건이 상정된 후에도 개정안이 여러 상임위원회에 흩어져 있으니 진행 상황을 점검하기가 무척 어려웠다. 〈문화재보호법〉은 통과된 후에야 알게 되기도 했다.

일괄 개정안에 들어간 노동을 생각하면 어지간하면 다시 하고 싶지 않다. 그런데 어떤 의원실은 사소한 문구를 바꾸어 수십 건의 개정안을 한꺼번에 발의하기도 한다. 법안 발의·통과 건수를 늘리기 위해, 말하자면 실적 쌓기 용도로 보이는 법안도 많다. 법안 건수로 의정 활동 성과를 평가하는 관행이 낳은 웃지 못할 결과다. 일괄 개정 법률안을 발의할 때에는 정말 그 많은 법률안을 몽땅 개정해야 할 만큼 중차대한 문제인지 고민해야 한다. 일본어를 우리말로 순화하거나 단순한 자구 수정, 양벌규정, 타법 개정에 따른 개정과 같은 일괄 개정은 행정부가 해도 충분하다. 20대 국회에서는 지방 사무에 관한 법률안이 일괄 처리되었다. 행정부가 그 필요에 따라 제출한 법이다.

(2) 폭증하는 의안 발의

의안 발의는 대수를 거듭할수록 많아지고 있다. 14대 국회까지만 해도 1천4백여 건에 머물렀으나 16대에 3천 건을 넘어서더니 17대 국회부터 폭발적으로 증가하고 있다. 20대 국회는 2020년 2월 2일 현재 2만4,564건의 의안이 발의되었다. 이는 17대 국회 8,368건보다 2.9배, 16대 국회와 비교하면 7.7배, 14대 국회와 비교하면 17배 증가한 것이다(〈표3.1〉).

의안 발의가 증가한 이유는 무엇일까? 의안의 대부분은 법안이다.

먼저, 2000년 2월 〈국회법〉이 개정되어 "의원이 법률안을 발의하는 때에는 발의 의원과 찬성 의원을 구분하되, 당해 법률안에 대해 그 제명의 부제로 발의 의원의 성명을 기재한다."는 조항이 신설되었다는 점을 꼽을 수 있다. 법 제명 아래에 대표 발의자 이름이 명기되면서 법안 발의에 대한 책임성이 증가하는 한편, 법안 발의도 증가한 것으로 보인다. 또한 2003년 발의 요건이 20인 이상에서 10인으로 줄어든 것도 영향을 미쳤을 것이다.

그런데 이보다 17대 국회가 시작된 2004년 이후를 더 주목해야 한다. 의안의 본격적인 증가는 17대 국회부터 시작되었기 때문이다. 17대 국회는 노무현 대통령 탄핵 정국 속에 초선 의원이 62.5%나 되었고, 여대야소가 시작된 때이기도 하다. 17대 국회는 299명 가운데 초선 187명, 2선 53명, 3선 42명, 4선 9명, 5선 7명, 6선 1명 등이었다. 16대 국회는 초선 111명, 2선 82명, 3선 34명, 4선 25명, 5선 14명, 6선 5명, 8선 1명, 9선 1명 등 273명 중 40.7%가 초선이었다.[17] 다선 의원

표 3.1   역대 국회 발의 주체별 법안 발의 현황

구분	의안	법안 (A+B)	의원·위원회 (A)	행정부 (B)
제헌의회(1948~1950)	507	246	103	143
2대(1950~1954)	1,314	416	201	215
3대(1954~1958)	1,243	409	170	239
4대(1958~1960)	648	324	123	201
5대(1960~1961)	666	297	138	159
국가재건최고회의(1961~1963)	1,797	1,156	543	613
6대(1963~1967)	1,200	658	416	242
7대(1967~1971)	877	534	243	291
8대(1971~1972)	247	139	44	95
비상국무회의(1972~1973)	270	270	0	270
9대(1973~1979)	951	633	154	479
10대(1979~1980)	309	129	5	124
국가보위입법회의(1980~1981)	215	189	33	156
11대(1981~1985)	774	491	204	287
12대(1985~1988)	641	378	210	168
13대(1988~1992)	1,439	938	570	368
14대(1992~1996)	1,439	902	321	581
15대(1996~2000)	2,570	1,951	1,144	807
16대(2000~2004)	3,177	2,507	1,912	595
17대(2004~2008)	8,368	7,489	6,387	1,102
18대(2008~2012)	14,762	13,913	12,220	1,693
19대(2012~2016)	18,735	17,821	16,728	1,093
20대 현재(2016~2020.2.2)	24,564	23,769	22,682	1,087

자료: 국회 의안 정보 시스템(검색일: 2020/12/06) 자료를 재구성.

이 줄어들고 초선 의원이 대폭 증가한 것이다. 참고로, 18대 국회는 초선 의원이 134명으로 전체의 44.8%, 19대 국회는 148명으로 49.3%, 20대 국회는 132명으로 44.0%였다.

17대 국회의 의석수 비율은 열린우리당 50.8%, 한나라당 40.5%,

민주노동당 3.3%, 새천년민주당 3.0%, 무소속 2.3%였다. 정당 득표 비율은 열린우리당 38.3%, 한나라당 35.8%, 민주노동당 13.0%, 새천년민주당 7.1% 등으로 열린우리당과 한나라당의 지지율이 엇비슷했고, 민주노동당이 진보정당 최초로 원내에 진출한 시기이기도 하다. 즉, 17대 국회는 초선 의원의 증가, 진보정당의 원내 진출, 균등한 정당 지지율 등에 힘입어 정당 간에 경쟁적으로 일하는 구도가 형성될 수 있었다. 따라서 이 시기에 의안 발의가 증가한 것은 긍정적인 측면이 있다.

그러나 18대 이후부터의 증가는 긍정적으로 보기 어렵다. 그야말로 '폭증'이었다. 이는 정당 내 조정 기능이 사라지고, 의원 개인 간 경쟁이 심화되었기 때문이다. 법안 발의 건수, 통과율이 의정 활동에 대한 시민단체의 평가는 물론, 공천에 반영되는 정당 내 평가에서도 지표로 활용됨에 따라 경쟁은 더욱 가속화되었다. 다른 의원이 이미 발의한 법안과 유사한 법안을 중복해서 발의하거나, 경미한 자구 수정만으로 수십 건의 일괄 개정 법률안을 발의하는 등 다양한 방식으로 양적 확대가 이루어졌다.

지나치게 많은 법안 발의는 법안의 수준을 떨어뜨리고, 통과율을 낮춰 불필요한 비난을 야기한다. 무엇보다 큰 문제는, 중요한 법안일수록 사회적 쟁점이 되는 경우가 많은데, 법안이 많이 발의되면 이른바 갈등적 요소가 적은 '비쟁점' 법안을 먼저 다루게 된다. 따라서 정작 사회적으로 중요한 법안은 쟁점 법안으로 밀려 다루어지지 않는다는 데 있다.

법안이 많이 발의되면서 법안 철회도 증가했다. 제헌의회 이후 20대 국회까지 본회의에서 철회된 법률안 현황을 보면 모두 1,245건이

표 3.2   역대 국회 발의 주체별 법안 철회 현황

대수	합계	의원	위원회	정부
제헌(1948~1950)	1	0	0	1
제2대(1950~1954)	8	2	1	5
제3대(1954~1958)	7	1	0	6
제4대(1958~1960)	1	0	0	1
제5대(1960~1961)	1	0	0	1
국가재건최고회의(1961~1963)	32	0	27	5
제6대(1963~1967)	14	6	0	8
제7대(1967~1971)	6	1	1	4
제8대(1971~1972)	3	2	0	1
비상국무회의(1972~1973)	0	0	0	0
제9대(1973~1979)	4	3	0	1
제10대(1979~1980)	0	0	0	0
국가보위입법회의(1980~1981)	0	0	0	0
제11대(1981~1985)	19	19	0	0
제12대(1985~1988)	12	12	0	0
제13대(1988~1992)	49	47	0	2
제14대(1992~1996)	18	13	0	5
제15대(1996~2000)	47	32	0	15
제16대(2000~2004)	41	41	0	0
제17대(2004~2008)	89	86	0	3
제18대(2008~2012)	508	501	2	5
제19대(2012~2016)	172	172	0	0
제20대(2016~2020.3.17)	213	213	0	0
합계	1,245	1,151	31	63

자료: 국회 의안 정보 시스템(검색일: 2020/03/17)

고, 이 가운데 17대 국회 이후 철회 건수가 982건으로 전체의 78.9%를 차지한다. 그 비중에 있어서도 제헌국회 이후 8대 국회까지는 정부안의 비중이 높았고, 국가재건최고회의 때에는 위원회안이 다수였는데,

표 3.3　　민주화 이후 연도별 행정부 제출 법안 현황

대수	대통령	현황	
		연도	행정부 제출
제14대(1992~1996)	김영삼 대통령	1993	189
		1994	172
		1995	165
		1996	168
제15대(1996~2000)		1997	138
	김대중 대통령	1998	299
		1999	202
		2000	199
제16대(2000~2004)		2001	135
		2002	109
	노무현 대통령	2003	148
		2004	206
제17대(2004~2008)		2005	242
		2006	325
		2007	319
	이명박 대통령	2008	563
		2009	399
제18대(2008~2012)		2010	406
		2011	330
		2012	294
	박근혜 대통령	2013	256
제19대(2012~2016)		2014	309
		2015	238
		2016	338
	문재인 대통령	2017	263
제20대(2016~2019)		2018	275
		2019	211

자료: 국회 의안 정보 시스템(검색일: 2020/02/02) 자료를 재구성.

11대 국회 이후에는 15대를 제외하고, 철회한 법안 대부분이 의원 발

의안이었다(〈표 3.2〉). 철회의 사유는 제각각이지만 총체적으로 법안 자체가 부실하거나 논의가 미흡했다고 볼 수 있다. 그만큼 법안에 대한 책임성이 떨어지고 있는 것이다.

행정부 발의 법안의 증가는 다른 측면에서 살펴볼 필요가 있다. 행정부의 법안 발의는 14대 국회 이전에는 5백 건을 넘지 않았는데, 17대 국회에서 처음으로 1천 건을 넘어서더니 계속해서 이 수준을 유지하고 있다.

민주화 이후 연도별 행정부의 제출 법안 현황을 보면 대체로 대통령 임기 초반에 법안 제출이 많은 것으로 나타난다. 그런데 노무현 행정부는 후반기 2년 동안 644건이 발의되었다. 전반기 3년보다 더 많은 건수다. 노무현 대통령 임기 중에 추진하던 정책을 임기 이후에도 안정적으로 지속될 수 있도록 제도화하고자 했던 것으로 보인다. 17대 국회는 의원 발의뿐만 아니라 행정부 제출 법안도 많았다. 사회적 갈등을 국회 안에서 해결하고자 하는 노력이 활발했던 것이다. 2008년 이명박 행정부의 경우 임기 첫해에 행정부 제출 법안이 563건으로 역대 최고였다는 점도 특이할 만하다. 노무현 전 행정부가 법을 통해 제도를 안착화하고자 했던 만큼, 정권 교체 후 새로 집권한 행정부도 법을 통해 제도의 대대적 변화를 꾀했던 것으로 보인다(〈표 3.3〉).

행정부의 법안 반영률은 의원 발의 법안보다 높다. 반영률이란 본회의에서 가결된 법률안과, 본회의에 부의되지 않았으나 위원회에서 제안한 대안에 반영된 법률안 등 국회에서 법률안을 심의한 결과 최종적으로 법률에 반영된 법률안의 비율을 말한다. 바꿔 말하면, 처리된 법

표 3.4   역대 국회 발의 주체별 법률안 반영 현황

대수	행정부안			의원 및 위원회안		
	제출	반영*	반영률	발의	반영	반영률
제헌(1948~1950)	143	109	76.2%	103	59	57.3%
제2대(1950~1954)	215	149	69.3%	201	103	51.2%
제3대(1954~1958)	239	91	38.1%	170	80	47.1%
제4대(1958~1960)	201	53	26.4%	123	39	31.7%
제5대(1960~1961)	159	43	27.0%	138	35	25.4%
국가재건최고회의(1961~1963)	613	519	84.7%	543	509	93.7%
제6대(1963~1967)	242	200	82.6%	415	235	56.6%
제7대(1967~1971)	291	255	87.6%	243	150	61.7%
제8대(1971~1972)	35	34	97.1%	14	8	57.1%
비상국무회의(1972~1973)	270	270**	100.0%	0	0	0
제9대(1973~1979)	479	470	98.1%	154	102	66.2%
제10대(1979~1980)	124	97	78.2%	5	3	60.0%
국가보위입법회의(1980~1981)	156	156	100.0%	33	33	100.0%
제11대(1981~1985)	287	279	97.2%	204	104	51.0%
제12대(1985~1988)	168	164	97.6%	210	119	56.7%
제13대(1988~1992)	368	355	96.5%	570	352	61.8%
제14대(1992~1996)	581	561	96.6%	321	167	51.0%
제15대(1996~2000)	807	737	91.3%	1,144	687	60.1%
제16대(2000~2004)	595	551	92.6%	1,912	1,028	53.8%
제17대(2004~2008)	1,102	880	79.9%	6,387	2,893	45.3%
제18대(2008~2012)	1,693	1,288	76.1%	12,220	4,890	40.0%
제19대(2012~2016)	1,093	803	73.5%	16,729	6,626	39.6%
제20대(2016~2020.2.2)	1,087	672	61.8%	22,682	7,322	32.3%

자료: 국회 의안 정보 시스템(검색일: 2020/02/02).
주: * 법률 반영 : 본회의에서 가결된 법률안, 본회의에 부의되지 않았으나 위원회에서 제안한 대안에 반영된
법률안 등 국회에서 법률안을 심의한 결과 최종적으로 법률에 반영된 법률안.
** 이 시기는 행정부만 법률안을 제출할 수 있었다.

안 중 부결·폐기·철회되어 최종적으로 법률에 반영되지 못한 경우를

제외한 법률안의 비율이다.

행정부의 법안 반영률은 100%를 기록한 적이 두 번 있었다. 비상국무회의와 국가보위입법회의 시절이다. 행정부의 법안 반영률은 1981년 이후 2004년까지 줄곧 90%를 넘다가 17대 국회부터는 감소해 17대 79.9%, 18대 76.1%, 19대 73.5%를 기록하고 있다. 감소했다고는 하지만 전체적으로 제출 건수가 늘어나서 모수가 커진 영향이 있다. 반영 건수만을 보면 17대 국회는 880건, 18대 국회는 역대 최대로 무려 1,288건의 법안이 반영되었다. 19대 국회에서도 803건이 반영되었다.

의원 및 위원회 발의안의 반영률은 행정부안보다 훨씬 떨어진다. 1981년 이후 2004년까지는 50%가 넘는 수준이었으나 17대 이후에는 17대 45.3%, 18대 40.0%, 19대 39.6%로 지속적으로 하락하고 있다. 반영 건수로 보면, 16대 1,028건, 17대 4,890건, 19대 6,626건, 20대 국회는 2020년 2월 기준 7,322건이 반영되었다. 16대와 20대를 비교하면 발의 건수는 7.7배 증가, 반영 건수는 7.1배 증가했다. 같은 기간 행정부 제출안은 발의 건수 기준 1.8배 증가, 반영 건수는 1.2배 증가했다(〈표 3.4〉).

17대부터 20대 국회 사이에 국회의원은 299명에서 3백 명으로, 보좌진은 8명에서 9명으로 한 명씩 늘었다. 그런데 의원실이 처리하는 법안의 양적 업무는 적어도 3배 이상 증가했다. 16대와 비교하면 7배 증가했다. 20대 국회를 역대 최악의 국회라고 하며, 너도나도 '일하는 국회'를 만들어야 한다고 말한다. 그런데 법안 발의 및 반영률을 보면 일하지 않는 국회라고 보기 어렵다. 오히려 역대 최대로 일을 많이 한 국회다.

20대 국회는 법안을 많이 발의하고 많이 반영했지만 그만큼 일을 잘했다고 평가하기는 어렵다. 양적 평가의 한계다. 법안들 중에는 부실한 법안들이 상당수 있다. 다른 의원이 낸 법안과 유사한 법안을 중복해서 발의하는 일도 많다. 행정부가 준비해 준 법안을 대리해서 발의하기도 한다. 의원들이 법안 발의와 통과 실적에 연연하는 것은 앞에서 말한 것처럼 그동안 시민단체들의 의정 활동 평가가 양적 지표를 기준으로 이루어졌기 때문이고, 무엇보다 정당의 공천 심사에도 영향을 미치기 때문이다.

　또한 법안 발의의 양적 증가는 정당 내에서 정책 조정 기능이 상실된 결과라고도 할 수 있다. 정당 내에서 논의를 거쳐 의원들 간에 분담과 협업을 하는 것이 아니라, 의원들 간에도 경쟁하는 경향이 점점 강화되고 있다. 요컨대, 3백 명의 의원 개개인이 무한 경쟁을 하는 상황이다. 입법은 의원 간 경쟁에서 정당 간 경쟁으로 전환되어야 한다. 정당의 정책 경쟁은 긍정적인 효과를 낳지만 의원 개인의 경쟁은 부실한 법안의 남발로 귀결된다. 최근 입법 과정에서 물리적 충돌이 발생하는 등 정당 간 갈등이 심화되는 양상을 보며 정당 간 경쟁이 과연 '긍정적'인지 의문이 생길 수 있다. 정당 간에 법안의 내용을 둘러싸고 견해의 차이가 발생하는 것은 당연한 일이다. 입법 과정에서 정치적 쟁점을 둘러싸고 대립과 충돌이 발생하는 것은 피할 수 없다. 중요한 것은 절차를 준수하는 것이다. 법안이 정당한 구속력을 갖기 위해서는 논의에 참여한 정당들이 결과에 승복해야 하기 때문이다.

　박찬표는 의회가 입법 과정에서 수행하는 중요한 기능으로 정책 기능, 사회적 통합 기능, 갈등 관리 기능, 정통성 기능을 꼽았다.[18] 정당 간 갈등이 심화되면 입법 과정은 사회 통합 기능보다 갈등을 증폭하는 수단으로서의 역할이 커진다. 입법이 본연의 기능을 수행하기 위해서는 정당 간 갈등이 줄어들고 정당 내 정책 기능이 강화되어야 한다. 정당은 사회적 이해를 수렴해 입법을 통해 이를 반영해야 한다. 만약 정당이 이런 기능을 수행하지 않는다면, 아무리 많은 법안이 통과되더라도 시민들은 의회가 열심히 일한다고 생각하지 않을 것이다.

국회는 입법 과정을 통해 대표성을 획득하고, 사회 갈등을 해소해 통합에 기여할 수 있어야 한다.

청원권에 대하여

(1) 왜 입법 청원을 할까?

앞서 언급한 〈노숙인 등의 복지 및 자립지원에 관한 법률〉(노숙인 지원법)의 경우 법안을 대표 발의한 의원과 청원을 대표 소개한 의원이 모두 곽정숙 의원이었다. 법안만 발의해도 되는데 왜 별도로 청원을 제출했을까?

첫 번째 이유는, 입법 과정에 당사자 의견을 좀 더 직접적·적극적으로 전달하기 위해서다. 보통, 법안을 심사할 때 관련된 내용의 청원이 있다면 함께 올려 심사한다. 의원 발의 법안과 대동소이한 내용이더라도 당사자의 요청이라는 점이 참작된다. 조직된 당사자들의 의견은 쉽게 무시할 수 없다. 법안을 심사하는 의원들과 행정부가 고려해야 할 요소가 된다.

두 번째, 입법 필요성(또는 입법 반대)에 대한 여론을 조성하기 위해서다. 청원은 입법부에 제출하기는 하지만 입법부만을 향한 것이 아니다. 청원의 내용을 사회적으로 알리기 위한 의도가 있다. 현애자 의원(당시 민주노동당)이 2010년에 소개한, 청원인 숫자가 무려 30만 명이나 되는 '의료 민영화 입법 반대' 청원은 관련 법안 통과를 막는 데 든든한 버팀목이 되었다. 이는 '의료 민영화 저지와 건강보험 보장성 확대를 위한 범국민운동본부'가 범국민 서명운동을 전개한 뒤 제출한 것인데, 제목 그대로 당시 행정부가 추진하던 의료 민영화 관련 5법[19]에 반대하는 내용이었다. 30만 명을 동원한 서명운동 자체가 '의료 민영화 반대' 여론을 조성하는 데 기여했음은 물론, 30만 명의 청원을 조직한 '범국민운동본부'의 존재는 행정부가 아무리 추진하고 싶은 정책이라도 일방적으로 추진할 수 없게 하는 제동장치가 되었다.

세 번째, 해당 의제를 주도적으로 추진해 온 당사자(단체)를 존중하는 의미가 있다. 이 경우 대체로 법안 발의에 앞서 청원을 먼저 제출한다. 〈교통약자의 이동편의 증진법〉이 이런 경우다. 법안 발의에 앞서 '장애인·노인·임산부 등의 교통수단 이용 및 이동 보장에 관한 법률 제정 청원'을 먼저 제출했다. 이 청원은 17대 국회 임기가 시작된 지 딱 한 달 만인 2004년 6월 30일에 제출했다. 법안은 청원 제출 20일 뒤인 7월 19일에 발의했다. 저상 버스 의무 도입을 명시한 이 법은 같은 해

12월 29일 본회의에서 만장일치로 통과되었다. 장애인 이동권 법제화의 역사 맨 앞에 '청원'이라는 이름으로 장애인 단체의 노력이 기록되어 있다. 청원이 갖는 숨은 의미다.

청원 제도는 당사자를 조직하고 의견을 수렴하는 데 유용하며, 국회와 당사자(단체)를 이어주는 역할을 했다. 이처럼 국회 청원은 대의 민주주의와 별개의 제도가 아니라 의정 활동과 밀접하게 결합되어 있다. 청원을 소개한 의원이 당연히 청원의 내용까지 책임지고, 청원에서 제기된 문제가 해결될 수 있도록 다양한 경로로 노력하기 때문이다.

(2) 공익적이며 다수를 위한 국회 청원

국회에 제출된 청원은 양적으로도 적지 않다. 1988년 13대 국회 이후 청원 접수 및 채택 현황을 보면 13대 503건 접수(13건 채택), 14대 534건(11건 채택), 15대 595건(3건 채택), 16대 765건(4건 채택), 17대 432건(4건 채택), 18대 272건(3건 채택), 19대 227건(2건 채택)이다. 20대 국회는 2020년 4월 27일 현재 207건 접수, 4건이 채택되었다(〈표 3.5〉).

국회 청원 접수는 16대에서 정점을 찍었고, 17대부터 줄어드는 추세다. 이는 법안 발의가 증가한 상황과 무관하지 않다. 의원과 위원회 발의 법안은 13대 국회 570건, 14대 321건, 15대 1,144건, 16대 1,912건, 17대 6,387건, 18대 1만2,220건, 19대 1만6,729건, 20대 국회는 2020년 4월 27일 현재 2만2,929건이다(행정부 제출 법안 제외).

표 3.5   13대 국회 이후 청원 및 의원·위원회 발의 법안 비교

구분	청원 접수	의원·위원회 발의 법안
13대	503	570
14대	534	321
15대	595	1,144
16대	765	1,912
17대	432	6,387
18대	272	12,220
19대	227	16,729
20대*	207	22,929

자료: 국회 의안 정보 시스템(검색일: 2020/04/27).
주: * 2020년 4월 현재.

청원의 상당수가 입법 또는 제도 개선을 요하는 내용이므로 17대 국회 이후 법안 발의가 활발해지면서 청원의 필요성이 줄어든 것으로 볼 수 있다. 17대 국회의원 선거는 비례대표제를 도입한 첫 선거였다. 과거 지역구 투표율에 따라 전국구 의석을 배분하던 방식에서 1인 2표 제를 도입한 것인데, 이에 따라 진보정당이 처음으로 비례대표 8석을 확보하는 등 정당 구성에 변화가 발생했다. 법안 발의가 증가한 것은 그동안 대표되지 않았던 요구가, 다원화된 정당 구성에 따라 국회 안에서 다양하게 반영된 것이라 볼 수 있다.

국회 청원은 대체로 공익적이며, 개인이 아니라 다수의 이익을 위한 것이 많다. 상대를 조롱하거나 혐오하는 내용은 찾아볼 수 없다. 심각한 갈등을 초래하거나 반사회적인 청원도 없다. (지역이나 특정 집단의 이해 관계가 반영된 내용은 가끔 있다.) 개인적인 민원이나 폭로도 해당되지 않

는다. 국회에 제출하는 청원은 국회의원 1인 이상 소개를 요건으로 하기 때문에 의원실에서 사전에 ① 청원에 적합한 내용인가, ② 어떻게 해결할 것인가를 검토한다. 이 과정에서 타인을 비방하거나 불합리한 내용은 걸러진다. 국회 청원은 공적 절차이며 의정 활동의 일환이다. 현재는 〈국회법〉이 개정되어 일정한 기간 동안 일정 인원 이상의 동의를 받으면 국회의원의 소개 없이도 청원을 제출할 수 있다(〈국회법〉 제123조).[20]

국회의원 1인이 소개하도록 하는 규정이 청원권을 침해하는 것이라는 주장에 대해 헌법재판소는 2006년, 2012년 두 번에 걸쳐 합헌이라한 바 있다(2005헌마604, 2012헌마330). 헌재는 의원의 소개를 얻도록한 것이 "무책임한 청원서의 제출과 남용을 예방해 청원 심사의 실효성을 확보하려는 것"으로서, 청원은 "일반 의안과 같은 심사 절차를 거치므로 청원서 제출 단계에서부터 의원의 관여가 필요하며, 청원의 소개의원이 되려는 의원이 단 한 명도 없는 경우에까지 청원서를 제출할 수 있도록 해 이를 심사할 실익은 없다."고 했다.

'일반 의안과 같은 심사 절차'라는 말은 청원이 법률안과 동일한 처리 절차를 거치게 된다는 뜻이다. 〈국회청원심사규칙〉에 따라 소관 상임위원회에 회부되고, 상임위원회는 회부된 청원을 안건으로 상정하고, 청원 심사 소위원회를 통해 심사한다. 청원 심사 소위원회는 회기에 관계없이 활동할 수 있다. 또한 필요한 경우 직원을 현지에 파견해 사실을 확인하고, 자료를 수집하고, 그 결과를 보고하도록 하고 있다. 청원인이나 이해관계인, 학식과 경험이 있는 사람에게 진술을 들을 수도 있다. 청원은 '의안'으로 처리되기에 '민원'과 다른 위상을 지닌다.

(3) 청원과 민원은 다르다

넓은 의미에서 청원권은 민원까지 포함한다고도 볼 수 있지만 법적으로는 다소 차이가 있다. 청원은 〈청원법〉, 민원은 〈민원 처리에 관한 법률〉의 적용을 받는다. 국회에 제출하는 청원은 〈국회법〉과 〈국회청원심사규칙〉, 지방의회에 제출하는 청원은 〈지방자치법〉에 따른다.

민원은 일반 민원과 고충 민원으로 구분된다. 일반 민원은 행정기관에 대해 답변(특정한 행위)을 요구하는 것으로 법정 민원, 질의 민원, 건의 민원 등이 이에 해당된다.[21] 고충 민원은 〈부패방지 및 국민권익위원회의 설치와 운영에 관한 법률〉에 따라 처리하며 불합리한 행정제도 개선과 부패 발생의 예방 및 규제를 목적으로 한다. 과거에는 시민들의 권리 구제와 권익 보호를 위한 기능이 국민고충처리위원회, 국가청렴위원회, 행정심판위원회 등으로 나뉘어 있었는데, 2008년 국민권익위원회로 통합했다. 권익위원회는 시민들이 고충 민원을 자유롭게 올릴 수 있도록 '국민신문고'www.epeople.go.kr를 운영하고 있다.

국회의 경우도 청원과 민원(진정)을 구분하고 있다. 진정은 의원의 소개가 없어도 되며 국회민원지원센터에서 접수·처리한다. 헌재는 앞선 판결에서 국회가 '민원 처리장화'되는 것을 방지하기 위해 스스로 적절한 수단을 선택할 수 있다고 했다. 헌재 판시의 핵심은 국회가 '민원 처리장화'되는 것을 방지하고, 청원을 효율적으로 심사하기 위해서는 '무책임한 청원의 억제'가 필요하며, 국회의원 소개 규정을 둔 것은 이에 합당한 제도라는 것이다.

〈헌법〉 제26조에 명시된 '청원권'은 시민들이 국가기관에 직접적 요구를 할 수 있는 권리다.[22] 청원권을 보장하기 위해서는 시민들이 자유롭게 의견을 개진할 수 있어야 한다. 그런데 우리가 살고 있는 나라는 '의견 개진의 자유'가 보장되어 있다. 우리나라를 민주주의 국가라고 부르는 이유다. 그다음 단계는 실질적 권리 보장이다. 청원권은 청원한 내용이 법과 제도, 행정부 정책에 반영될 때 권리로서 실효성을 갖는다.

현행법상 행정부는 국회에서 의결한 청원에 대해 '처리 결과를 지체 없이 국회에 보고'해야 한다(〈국회법〉 제126조).[23] 그러나 행정부는 의결된 청원이라 할지라도 선별적으로 수용하고, 수용하지 않을 경우 국회에 아무런 보고를 하지 않고 있다. 이송 후 행정부가 별다른 조치를 취하지 않는다면 국회의 청원 심사는 무력해진다. 또한 위원회의 심사 과정에서 행정부가 처리하겠다고 약속하면 본회의에 부의하지 않기로 (불부의) 결정을 내리는데, 이 경우는 이행 여부를 전혀 파악할 수 없다. 청원권이 제대로 보장되려면 입법부의 권고에 대한 행정부의 이행이 좀 더 적극적으로 강제되어야 한다. 이행 여부를 확인할 수 있는 구체적 방법이 있어야 하며, 필요하다면 이 과정을 공개해야 한다.

(4) 사회적 갈등을 확대·재생산하는 청와대 국민 청원

청원권의 보장이 '실체적 변화'를 만드는 데 달렸다고 본다면 청와대

국민 청원은 이와 거리가 멀다. 30일 동안 20만 명이 동의하면 답변하는 청와대 국민 청원은 법적 의미의 청원을 제출하는 전자 시스템이라기보다 시민 다수의 질의에 대한 대통령(비서실)의 답변 게시판에 가깝다. 또한 미국 백악관의 청원(위더피플We the people)[24]을 모델로 삼았다고 했지만, 처음엔 그와도 상당히 달랐다.

정재환에 따르면 ① 청와대 국민 청원은 소셜 네트워크 서비스SNS 계정을 통해 올리지만 위더피플은 자체 계정에 회원 가입을 해야 올릴 수 있고, ② 위더피플은 비공개 1차 관문(150명 동의)이 있어서 개인이 무분별하게 올리는 걸 방지할 수 있으며, ③ 청와대 국민 청원은 소관 업무 범위가 없으나 위더피플은 사법부, 주州 행정부, 지방자치단체 소관 사항 등 백악관 소관 외 업무는 답변하지 않는다고 밝히고 있고, ④ 청와대 국민 청원은 답변 거부 조항이 없으나, 위더피플은 선출직 공직 후보자에 대한 찬반, 위더피플 관할을 벗어난 청원에 대해서는 답변을 거부한다고 명시하고 있는 점이 차이라고 했다.[25]

문제 제기가 잇따르자 청와대 국민 청원에도 일정한 제약이 생겼다. 30일 이내에 1백 명의 사전 동의를 받아야 청원의 내용이 공개되며, 삼권분립 정신을 훼손한다거나 지방자치단체 고유 업무에 해당하는 것은 답변이 어렵다고 명시하고 있다. 형식상으로는 위더피플과 유사해졌다. 또한 청와대 및 행정부에 대한 민원·제안 및 공익신고·고발 등은 국민권익위원회의 국민신문고를 이용해 달라고 안내하고 있다.

그러나 여전히 답변 범위를 벗어난 청원이 올라오고 있다. 삼권분립을 흔드는 청원도 계속되고, 동료 시민에 대한 혐오의 조롱도 줄어들지 않고 있다. 누군가를 처벌해 달라거나 철저히 수사해 달라거나 안타까운 사연, 억울함을 호소하는 내용도 많다. 이는 입법, 정책 제안, 제도 개선 요청이 주를 이루는 국회 청원과 크게 다른 점이다. 그동안 국회 청원에서 개인적인 민원은 찾아보기 어려웠다. 청원 심사 소위가 제대로 열리지 않고, 심사가 형식적으로 이루어지고 있다는 한계가 있지만 적어도 국회 청원은 '공적 영역'에서 문제를 해결하고자 노력해 왔다. 하지만 이제 국회 청원도 청와대 청원처럼 국회의원 소개 없이 직접 청원이 가능해졌으니 이 규범이 얼마나 지속될지는 알 수 없다. 국회 청원도 청와대 청원과 비슷해지거나, 최악의 경우 청와대 청원 게시판과 경쟁 관계가 될 가능성도 있다.

청와대 국민 청원은 '직접 소통'이라는 명분을 들고 나왔지만 지금까지 운영되어 온 청원·민원 제도의 절차와 규범을 파괴하고 시민들로 하여금 오로지 대통령을 향해 읍소하게 만들었다. 무엇보다 큰 문제는 사회적 갈등을 확대·재생산하는 공간이 되고 있다는 점이다. 2019년 각각 183만 명, 33만8천 명이 참여한 정당 해산 청원은 내전을 방불케 하는 것이었다.[26] 문재인 대통령 탄핵 청원도 25만 명이 넘었다. 정당 해산도 탄핵도 청원으로 할 수 있는 일이 아님은 물론이다. 이들이 오프라인에서 부딪힌다면 어떻게 될까? 상상하고 싶지 않은 혼란이다. 특정 집단이나 개인에 대한 비난, 혐오도 사회적 규범을 넘어서고 있다.

정치는 시민들의 갈등을 조정하고 해결하는 데 의미가 있다. 청와대 국민 청원은 그런 면에서 적절한 정치적 역할을 하고 있다고 보기 어렵다. "국민이 물으면 행정부가 답한다."라는 문재인 행정부의 정치철학

표 3.6 　국회 청원 제출 및 채택 현황

국회	제출	채택	청원 명
20대*	207건	4건	노인문화건강증진센터 건립 지원에 관한 청원
			연구자 주도 기초연구 지원 확대(정부 이송, 국정 반영)
			바르셀로나 영사관 재개설 요청
			금강산 투자 기업 피해 보상에 관한 청원
19대	227건	2건	국립현충원 일본 수종 제거
			울산 혁신 도시의 고가 차도(서동 고가 차도) 건설 반대 및 평면 교차로, 지하 차도 건설 촉구(정부 이송, 국정 반영)
18대	272건	3건	'호국 의병의 날' 기념일 제정(정부 이송, 국정 반영)
			〈여객자동차 운수사업법〉 시행규칙 개정
			장애인의 지하철 이동 편의 개선
17대	432건	4건	어업용 면세 유류 낚시 어선업 공급
			핸드볼 전용 경기장 건립
			인천 내항 함만 재개발과 영종도 준설토 투기장 함만 재개발 기본 계획 철회
			육군 제39보병사단의 조속한 부대 이전 촉구
16대	765건	4건	'부부의 날' 국가 기념일 제정
			민간 보육 시설 융자금 상환 기한 연장 등
			병원 중환자실 인력 시설 기준
			어린이 안전 교육 법적 의무화
15대	595건	3건	서울특별시 중구 지역 관광특구 지정
			화물자동차 운송 사업 등록 기준 하향 조정 반대
			대구 지하철 국비 지원 확대
14대	534건	11건	울산광역시 설치
			의료보호 진료비 체불 해소 및 진료비 예탁제 도입
			공업계 고등학교 실기 교사의 준교사 자격 취득 기회 부여
			석오 이동녕 선생 동상 건립
			병역법 시행령 개정
			1980년대 강제 해직 지역 예비군 중대장 명예회복 및 보상(동일한 청원 2건)
			약업사 지위 보장
			〈국가유공자 등 예우 및 지원에 관한 법률〉 개정
			삼청교육대 피해자 명예회복 및 보상
			창원지방법원 마산 지원 및 창원지방검찰청 마산 지청 설치 촉구

13대	503건	13건	염빙전철역(가칭) 신설
			정박 아동을 위한 특수학교 신축비 지원
			인천직할시 운동장 전철역(가칭) 설치
			사회복지법인 명휘원의 이전 건축비 국고 보조
			재일본 한국 YMCA회관 보존 대책
			소사 전철역(가칭) 설치
			환수 조치한 농지의 무상 환원 등을 위한 특례법 개정
			연안여객선 건조 자금 융자 조건 개선
			사할린 억류 한국인 귀환 촉구
			우리말 다듬기 남북 모임 구성
			금오공과대학 국립화
			사설 강습소에 관한 법률 시행령 개정
			사형수 윤도형의 특별 감형

자료: 국회 의안 정보 시스템 자료 재구성(검색일: 2020/04/27).
주: 2020년 4월 기준.

을 폄하할 생각은 없다. 하지만 선한 의지가 선한 결과를 보장하는 것은 아니다. 민주주의는 '절대선'이 아니라 '최선'을 추구하는 제도다. 청원 제도도 민주주의의 원칙에 입각해야 한다. 절차와 규범을 지켜야 하며 권력은 절제해서 사용해야 한다. 권한에는 언제나 책임이 뒤따른다. 입법부, 사법부의 영역 등 대통령의 권한 밖에 있는 청원에 대해 답하는 것은 답변의 내용과 상관없이 오해의 소지가 있다. 무엇보다 청와대 국민 청원이, 타협할 수 없는 갈등의 대결을 조장하는 장이 되지 않기를 바란다. 일방적인 주장과 과장된 분노, 부풀려진 여론은 결국 민주주의를 공허하게 만든다.

재정에 관한
권한

세입을 정하고,
세출 계획을 심의하는 것은
세금을 내는 시민을 대표해
세금의 규모와 용처를 정하는 고도의 정치 행위다.
예산 심사는 대의 민주주의 기능을
여과 없이 보여 주는 정치과정이기도 하다.

예산이란 무엇인가

(1) 정책의 실효성 확보는 예산으로

국립자연휴양림에 가면 '무장애 산책로'가 있다. 휠체어와 유모차 이동이 가능하고, 나무로 만들어 환경 친화적인 자연 통행로다. 2011년 당시 37개 자연휴양림 중 무장애 산책로가 있는 곳은 4개소에 불과했다. 그래서 단계적으로 무장애 산책로를 늘려 가는 예산을 요구했는데 기획재정부는 1개소 예산만 반영했다. 이 속도라면 34년이 걸려야 모든 자연휴양림에 무장애 산책로가 만들어진다. 그 필요성에 대해 정말 열심히 설득해서 결국 5개소 예산을 편성했다. 한번 이렇게 편성하면 단계적으로 확대할 수 있다. 그곳을 오가는 사람들은 아무도 모르겠지만, 휴양림에 설치된 무장애 산책로를 보면 뿌듯하다. 장애 편의 시설은 저절로 갖춰지지 않는다. 예산이 편성되어야 한다. 법에 규정되어 있더라도 예산이 편성되지 않으면 소용이 없다. 무장애 산책로처럼 단 1개소 예산만 반영해 34년이 걸리더라도 행정부는 '노력하고 있다'고 답변할 수 있다. 모든 정책의 실효성은 예산으로 확보된다.

국정감사를 마치고 나면, 숨 쉴 틈도 없이 바로 예산 정국이 시작된다. 예산은 재정 부수 법안과 함께 논의되므로 상임위원회별 예산심사소위원회, 법안심사 소위원회가 날마다 열리고, 예산결산특별위원회

(예결위) 예산안등조정 소위원회(계수조정 소위)[1]도 동시다발로 진행된다. 마라톤을 마치자마자 북한산에 오르는 기분이다.

국회는 예산·결산 심사권, 기금 운용 계획안과 기금 결산에 대한 심사권을 가진다. 재정에 관한 권한이다. 예산은 한 회계연도의 세입·세출에 대한 계획이며, 조세를 기반으로 한다. 결산은 한 회계연도의 수입·지출의 실적을 표시한 것이다. 기금은 특정한 목적을 위해 특정한 자금을 운용할 필요가 있을 때 법률에 의해 설치하고, 세입·세출 예산과는 별도로 운용하는 자금이다. 재정에 관한 다른 권한은 계속비 의결권, 예비비 지출 승인권, 국채 동의권 등이 있다.

한 회계연도(1년)를 넘어 장기간 지출할 필요가 있을 때 행정부는 5년 범위 내로 연한을 정해 국회 의결을 얻어야 하는데 이를 계속비 의결권이라고 한다. 예비비는 총액만 국회가 의결한다. 예비비의 구체적 지출에 대해서는 다음 해 국회에서 승인을 얻어야 하는데 이를 예비비 지출 승인권이라고 한다. 총액을 편성해 주면 행정부가 알아서 쓰고, 추후 승인을 받는 형식이다. 국채는 국가가 세입 부족을 충족하기 위해 국회의 의결을 거쳐 모집할 수 있는데 이를 국채 동의권이라고 한다. 이 밖에 예산은 아니지만 국가의 부담이 될 계약을 체결하려 할 때 행정부는 미리 국회의 의결을 얻어야 한다. 국가의 부담이 될 계약 체결에 대한 동의권이다. 국가적 차원의 계약은 경제에 장기적으로 영향을 미칠 수 있어 국회 동의권 행사의 중요성이 크다. 하지만 재정에 관한 권한 중 가장 발휘되지 못하고 있는 권한이 아닌가 싶다.

(2) 고도의 정치 행위, 예산 심사

예산은 크게 일반회계와 특별회계, 기금으로 나뉜다. 일반회계는 말 그대로 일반적인 재정 활동이고, 특별회계는 특별 세입으로 특정 세출을 충당하는 특별한 재정 활동이다. 일반회계와 특별회계는 기획재정부가 편성한다. 반면, 기금은 기금 관리 주체가 기금 운용 계획안을 수립하고 기획재정부 장관과 협의해 조정한다(〈표 4.1〉).

일반회계와 특별회계는 회계연도 독립의 원칙에 따라 한 회계연도 내에서 세입과 세출을 일치시켜야 한다. 기금은 이와 달리 일정 시점의 재산 상태를 나타내는 조성과, 일정 기간의 운영 상황을 나타내는 운용으로 나누어 계획을 수립한다. 따라서 기금 운용 계획안은 조성과 운용을 종합적으로 봐야 한다. 기금은 특별회계와 설치 사유는 비슷하지만 운용이 훨씬 자유롭고 탄력적이다. 예산안을 분석할 때 일반회계를 중심으로 보고 67개나 되는 기금은 상대적으로 꼼꼼히 살피지 않는 경향이 있다. 사업 예산이 아니라서 복잡하고 어렵기 때문이다. 국민연금기금만 해도 2019년 4월 말 기준 690조 원에 달한다. 2019년 행정부의 1년 예산안 규모가 399조 원이니 하나의 기금 규모가 행정부 예산안 총액보다 크다. 예산 심사를 제대로 하려면 기금까지 분석해야 하는데 의원실의 한정된 인력으로는 감당하기 쉽지 않은 일이다.

예산을 다룰 때 종종 '본예산'이라는 용어가 등장한다. 추가경정예산이 포함된 예산과 구분하기 위해 사용하는 용어로 기확정된 예산을 말한다. '추경'이라고 줄여서 말하는 추가경정예산은 이미 확정된 예산

표 4.1   중앙정부 재정 체계

일반 회계	(세입)내국세, 관세, 목적세, 세외수입(부족 시 국채 발행)	(세출)보건·복지·고용, 교육, 문화·체육·관광, 환경, 연구 개발(R&D), 산업·중소기업·에너지, 사회간접자본(SOC), 농림·수산·식품, 국방, 외교·통일, 공공질서·안전, 일반·지방행정
기업 특별 회계 (5개)	우편 사업, 우체국 예금, 양곡 관리, 조달, 책임 운영 기관	
기타 특별 회계 (14개)	교도작업, 국가 균형 발전, 농어촌 구조 개선, 등기, 행정 중심 복합 도시 건설, 아시아 문화 중심 도시 조성, 에너지 및 자원 사업, 우체국 보험, 주한미군 기지 이전, 환경 개선, 국방·군사시설 이전, 혁신 도시 건설, 교통 시설, 유아 교육 지원	
기금 (67개)	사회 보험성 기금 6개, 사업성 기금 48개, 금융성 기금 8개	

자료: 국회예산정책처, "2019 경제·재정 수첩."

에 변경을 가하기 위해 제출하는 예산을 의미하며, 법에서 정한 요건에 해당하는 경우에만 예외적으로 편성할 수 있다(〈국가재정법 제89조〉).[2] 즉, 추경은 전쟁이나 대규모 재해, 경기 침체나 대량 실업, 남북 관계의 변화, 경제협력과 같은 대내외 여건의 중대한 변화, 법령에 따라 국가가 지급해야 할 지출이 발생하거나 증가한 경우에만 편성할 수 있는데, 2015년 대규모 재해에 사회 재난이 추가되었다. 2000년대 이후 2010 년, 2011년, 2012년, 2014년은 추경 편성이 없었다. 그런데 2015년 이 후로는 줄곧 추경을 편성하고 있다(〈표 4.2〉). 행정부가 관례적으로, 또 는 부족한 예산을 보충하기 위해 편성하고 있는 것은 아닌지 신중하게 검토해야 한다. 법령에 따른 지출 증가는 사실 예산 추계를 정확히 하면 본예산에서 편성할 수 있는 예산이다. 추경은 꼭 필요한 경우에 한해 목적에 맞게 편성·집행해야 한다. 법에서 규정한 사항 외에는 편성을 하지 않는 것이 재정 지출 원칙에 부합하는 일이다.

2020년에는 코로나19 사태에 대응하기 위해 두 차례 추경을 편성했다. 2차 추경은 2003년 이후 17년 만이다. 코로나19의 전 세계적 유행으로 인해 국제통화기금IMF은 세계경제가 마이너스 3% 성장할 것으로 전망했고, 우리나라도 2020년 1/4분기 경제성장률이 마이너스 1.4%를 기록한 상황이기에 추경의 필요성에 대해서는 여야 간에 큰 이견이 없었다. 이는 예산 편성 시에 예측할 수 없었던 긴급한 사회 재난이며 이로 인한 경기 침체 여파를 최소화해야 한다는 점을 모두 인정할 수밖에 없기 때문이다. 다만 지원 대상 범위를 둘러싼 논쟁이 경제부처와 여당 간, 여당과 야당 간에 발생해 자칫 집행 시기가 늦어질 뻔했다.

추경은 시기도 중요하다. 때때로 추경 편성을 둘러싸고 여야 간 공방을 거듭하다 시기적으로 늦게 편성되는 경우가 있다. 추경은 당해 연도의 필요에 의해 편성된 것이기 때문에 회계연도가 끝나기 전에 집행을 끝내야 하는데 편성 시기가 늦어지면 지자체에서 집행하는 데에도 어려움이 발생한다. 이런 경우 추경을 편성한 목적은 사라지고, 집행하는 데 급급하게 된다. 추경은 신중하게 편성해야 하며 동시에 적절한 시기에 투입되어야 한다.

추경은 당해 연도의 목적성 예산이지만 그 지출 내역은 다음 연도 예산에 영향을 미친다. 결산을 할 때나 예산 심사 과정에서 전년도 예산안과 비교하게 되는데, 행정부의 편성 기준을 살펴보려면 본예산을

표 4.2 **연도별 추가경정예산의 편성 횟수** (단위 : 회)

연도	1950	51	52	53	54	55	56	57	58	59	60	61	62	63	64	65
횟수	7	3	2	2	3	2	–	–	1	–	2	4	3	3	1	3

연도	66	67	68	69	70	71	72	73	74	75	76	77	78	79	80	82
횟수	2	2	3	3	1	1	3	–	1	1	1	1	1	1	1	1

연도	82	83	84	85	86	87	88	89	90	91	92	93	94	95	96	97
횟수	1	–	1	1	–	1	1	1	2	2	1	–	1	1	1	1

연도	98	99	2000	01	02	03	04	05	06	07	08	09	10	11	12	13
횟수	2	2	1	2	1	2	1	1	1	1	1	1	1	–	–	1

연도	14	15	16	17	18	19
횟수	–	1	1	1	1	1

자료: 국회예산정책처, "2019 경제·재정 수첩."

비교하는 것이 좋고, 실제 필요 예산을 보려면 추경까지 포함해 비교하는 것이 낫다. 어떤 사업 예산을 살필 때 본예산만 비교하면 전년보다 증가한 것으로 나타나더라도 전년도 추경예산을 포함해 비교하면 증가하지 않거나 오히려 감소했을 수도 있다. 집행률도 비교해야 한다. 집행률은 편성한 예산을 얼마나 썼는지를 파악하기 위한 것인데, 본예산의 집행률은 높은데 추경예산의 집행률이 낮다면 그것은 추경의 필요성이 없었거나 집행에 문제가 발생한 것이다. 이는 실집행률을 통해 파악할 수 있다. 편성하고 배분했으나 실제로 얼마나 집행했는지 따져 봐야 한다.

〈헌법〉은 국가예산안의 편성·제출권은 행정부에, 심의·확정권은 국회에 전속시켜서 예산은 오직 국회의 심의·의결에 의해서만 확정되도록 규정하고 있다. 예산안 심사는 단순히 행정부의 예산 '지출 계획'

을 승인하는 것이 아니다. 세입을 정하고, 세출 계획을 심의하는 것은 세금을 내는 시민을 대표해 세금의 규모와 용처를 정하는 고도의 정치 행위다. 예산 심사는 대의 민주주의 기능을 여과 없이 보여 주는 정치 과정이기도 하다.

예산안에 첨부되는 서류에는 세입 세출 예산 사업별 설명서, 예산안 심의 자료 및 부속서류, 성과 계획서, 성인지 예산서, 조세 지출 예산서, 독립기관 및 감사원 예산 감액 내역 및 의견서 등이 있다. 그 밖에 기금 운용 계획안, 국가 재정 운용 계획, 임대형 민자 사업 한도액안, 임대형 민자 사업 행정부 지급금 추계서, 공공 기관 중장기 재무관리 계획, 국가 보증 채무 관리 계획 등의 서류가 있다. 조세 지출 예산서는 〈조세특례제한법〉과 개별세법상의 비과세·감면, 소득공제·세액공제 등 조세 지원 실적을 3개년도(직전 연도, 해당 연도, 다음 연도)로 항목별·기능별로 분류해 작성해야 한다.[3]

예산의 독립성을 갖는 독립기관으로는 국회·대법원·헌법재판소·중앙선거관리위원회가 있다. 법적 독립기관은 아니지만 감사원도 같은 맥락의 기관이다. 독립기관에 예산의 독립성을 부여하는 것은 행정부가 예산으로 기관을 통제하지 못하도록 하기 위한 것이다. 만약 행정부가 국가 재정 상황 등으로 피치 못하게 독립기관의 세출 예산 요구액을 감액할 경우 규모 및 이유, 감액에 대한 독립기관의 장의 의견을 국회에 함께 제출해야 한다. 감사원의 예산을 감액하려면 국무회의에서 감사원장의 의견을 구해야 한다. 이처럼 예산은 독립성 측면에서도 중요하나. 기획재정부가 다른 부처보다 힘을 갖고 있다고 인식되는 것은 예산편성권을 갖고 있기 때문이다.

예산편성과 심사 과정

(1) 예산편성 과정

국회에서 예산안 심사는 정기회 때 진행되지만 예산안 편성은 중앙 관서의 장이 중기 사업계획서를 기획재정부 장관에게 제출하는 1월 31일부터 시작된다. 각 부처는 이날까지 기획재정부에 중기 사업계획서를 제출하고, 행정부는 이를 바탕으로 향후 5년간 재정 운용의 기본 방향과 목표, 경제성장률 및 세입 규모 등에 대한 전망, 분야별 재원 배분 계획과 투자 방향 등이 포함된 국가 재정 운용 계획을 수립한다. 국가 재정 운용 계획은 국가의 정책 전망과 재원 배분 계획을 제시하는 5년 단위의 계획으로, 단년도 예산편성의 기본 틀이 되며, 매년 경제·사회적 여건의 변화를 반영해 조정·보완된다. 기획재정부는 이런 계획에 기초해 3월 31일까지 각 부처에 다음 연도의 예산안 편성 지침을 통보하는데, 여기에는 예산안 편성에 필요한 세부 원칙과 사업 유형별 지침 등이 포함되어 있다. 이것이 실질적인 가이드라인이다.

각 부처는 예산 요구서를 작성해 기획재정부에 5월 30일까지 제출한다. 다음 회계연도에 필요한 예산이 있다면 이전에 부처와 협의를 마쳐야 원활하다. 부처에서 편성한 예산이 기획재정부와 협의 과정에서

표 4.3　예산안 편성 절차

기 간	사 항	비 고
전년도 12월 31일까지	국가 재정 운용 계획 수립 지침 통보 (기획재정부 장관 → 각 중앙 관서의 장)	
1월 31일까지	중기 사업계획서 제출 (각 중앙 관서의 장 → 기획재정부 장관)	해당 회계연도부터 5회계연도 이상의 기간 동안의 신규 사업 및 기획재정부 장관이 정하는 주요 계속 사업에 대한 중기 사업계획서 제출
3월 31일까지	• 다음 연도 예산안 편성 지침 통보(기획재정부 장관 → 각 중앙 관서의 장) • 예산안 편성 지침 국회 예산결산특별위원회 보고(기획재정부 장관 → 예산결산특별위원장)	국가 재정 운용 계획과 예산편성을 연계하기 위해 중앙 관서별 지출 한도를 포함해 통보 가능
5월 31일까지	예산 요구서 제출(각 중앙 관서의 장 → 기획재정부 장관)	
6~8월	예산안 편성 – 기획재정부 내부 조정 – 관계 부처, 이해관계자 의견 수렴 – 정당 설명회, 재정정책자문회의 등 – 대통령 보고	
8월 말	예산안 확정 – 국무회의 심의 및 대통령 승인	
9월 3일까지	예산안 국회 제출	회계연도 개시 120일 전까지

자료 : 국회 홈페이지(검색일: 2019/07/01).

감액되는 경우는 많지만, 증액되는 경우는 드물다. 특히 신규 사업은 이때 편성되지 않으면 매우 힘겨운 과정을 거쳐야 한다. 예산의 기본 중 기본은 회계 계정 – (분야 – 부문) – 프로그램 – 단위 사업 – 세부 사업이다. 단위 사업명, 세부 사업명(코드)이 없으면 주민등록번호가 없는 것과 마찬가지다. 국회에서 행정부가 편성하지 않은 예산을 신규 편성하려고 할 때, 이 사업은 출생신고를 안 한 것과 마찬가지라 코드가

표 4.4   예산안 심의 절차

기간	사항	비고
9월 3일까지	예산안 국회 제출	회계연도 개시 120일 전까지
9~10월 초	소관 상임위원회 회부 및 행정부의 시정연설	
9~10월	예산안에 대한 상임위원회 예비 심사 예산안 편성 지침, 국회 예산결산특별위원회 보고(기획재정부 장관 → 예산결산특별위원장)	제안 설명, 검토 보고, 대체 토론, 소위 심사, 위원회 의결 순으로 진행
10월 중	소관 상임위원회의 예비 심사 보고서 제출	
10~11월 30일까지	예산결산특별위원회 종합 심사 -예산안의 예산결산특별위원회 회부 -예산안에 대한 예산결산특별위원회 종합 심사 ※ 소관 상임위원회 동의 - 삭감 세출예산 각 항 증액 - 새 비목 설치	• 소관 상임위원회의 예비 심사 보고서 첨부 • 제안 설명, 검토 보고, 종합 정책 질의, 부별 심사(분과위 심사), 소위 심사, 찬반 토론, 위원회 의결순으로 진행 ※11월 30일까지 심사를 마치지 아니한 경우 그 다음날(12월 1일) 본회의 부의 간주(의장이 각 교섭단체 대표 의원과 합의한 경우 예외)
12월 2일까지	본회의 심의·확정 및 이송 - 예산안 증액 동의 요구 - 예산안 본회의 심의·확정 - 예산 이송	회계연도 개시 30일 전까지(헌법 제54조제2항)

자료 : 국회 홈페이지(검색일: 2019/07/01).

없고, 그래서 예산편성이 어렵다. 증액은 이미 코드가 있기 때문에 산출 근거만 명확히 작성하면 된다. 예산을 요청할 때에는 신규 사업인지 증액 사업인지, 일반회계인지 특별회계인지 기금 사업인지, 국비와 지방비 비율이 어떻게 되는지, 연도별 소요 예산이 얼마나 되는지를 정확히 해야 한다. 다시 강조하지만, 예산의 1차 관문인 부처의 예산편성

표 4.5   예산의 집행 절차

기 간	사 항
전년도 12월 중순	증액 동의 및 예산 공고 국무회의 – 국회 수정 예산의 증액 동의 – 예산 공고
전년도 12월 말	예산 배정 계획 및 자금계획 작성 – 기획재정부 장관은 분기별 예산 배정 계획을 국무회의 심의와 대통령의 승인을 받아 확정
매 분기 개시 15~20일 전 연중	예산 배정 및 지출원인행위 – 각 중앙 관서별·분기별 예산의 배정 – 배정된 예산의 범위에서 예산의 재배정 – 배정된 예산의 범위에서 지출원인행위
연중	자금 공급 및 지출 – 배정된 예산의 범위에서 월별 자금 배정 – 공급된 자금의 범위에서 지출원인행위액 지출
연중	이용·전용, 이체, 예비비 사용 – 사유 발생 시 소관 예산의 이용·전용, 이체, 예비비 지출 결정 및 지출
다음 연도 1월 31일까지	예산의 이월 – 이월 사유 발생 시 사고 이월 또는 명시 이월(이월 명세서를 작성해 다음 연도 1월 31일까지 기획재정부 장관 및 감사원에 송부)

자료 : 국회 홈페이지(검색일: 2019/07/01).

시기는 5월이다.

기획재정부는 각 부처 요구안을 심사 조정한 후 차관회의, 국무회의, 대통령 승인을 거쳐 회계연도 시작 120일 전, 즉 9월 3일 까지 국회에 제출해야 한다. 행정부의 예산편성은 6월에서 8월 사이에 협의를 거쳐 확정되는데, 해당 부처가 기획재정부를 설득하는 시간이다. 이것이 2차 관문이다. 이 시기에 행정부와 여당은 더 긴밀한 협의를 해야 한다고 생각한다. 집권 여당이 정책적으로 추진하고자 하는 사업이 있을 것인데 재정 당국이 협조하지 않으면 집행하는 데 어려움을 겪게 된다.

편성권을 가지고 있다고 해서 기획재정부가 일방적으로 처리할 일이
아니다.

(2) 국회의 예산 심사

행정부가 예산안을 국회에 제출하면 비로소 심사가 시작된다. 〈헌법〉
에 행정부는 회계연도 개시(1월 1일) 90일 전까지 예산안을 국회에 제
출하고, 국회는 회계연도 개시 30일 전(12월 2일)까지 예산안을 의결해
야 한다고 되어 있다. 과거에 국회는 예산안 처리 시한을 곧잘 어겼다.
2004년부터 2014년까지 한 번도 제 날짜에 처리한 적이 없었다. 2012
년, 2013년에는 심지어 1월 1일 자정을 넘겨 회계연도 개시일이 되어
서야 처리하기도 했다. 연말은 국회가 극한 갈등으로 치닫는 시기였다.
예산안을 비롯해 쟁점이 되는 법안들에 대해 여야 간 합의에 이르지 못
하면, 다수 의석을 차지하는 당은 상임위원회를 통한 처리 절차를 뛰어
넘어 다수결로 처리하려 했다. 재적 위원 과반수의 출석과 출석 위원
과반수의 찬성이라는 의결 요건은 선거에서 다수를 차지한 당이 그에
합당한 권한을 갖도록 하는 것이었는데, 문제는 다수결이 반드시 평화
적인 것은 아니라는 데 있었다.
　이른바 '국회 선진화법'에 의해 여러 가지 변화가 발생했는데 특히
예산안은 법정 기일을 준수하도록 강력한 장치를 두었다. 이때 신설된
예산안 자동 부의 조항에 따라 국회 심의가 법정 기한 48시간 전, 즉 11

표 4.6　일반회계 세입·세출 예산안 수정 내용(단위 : 백만 원)

구분		제출 총액	국회 수정액	의결 총액
2013년도 예산안	일반	235,558,654	▲666,634	236,225,288
	특별	61,954,874	▲225,515	62,180,389
2013년도 제1회 추가경정예산안	일반	4,556,177	▲160,826	4,389,351
2014년도 예산안	일반	248,762,864	▲1,559,701	247,203,163
	특별	62,307,328	181,973	62,489,301
2015년도 예산안	일반	257,852,145	733,502	258,585,647
	특별	63,668,688	532,736	64,201,424
2015년도 제1회 추가경정예산안	일반	3,589,382	▲22,611	3,566,771
2016년도 예산안	일반	268,023,579	363,620	268,387,199
	특별	61,885,622	398,807	62,284,429

자료 : "제19대국회경과보고서 통합본(2012.5.30.~2016.5.29.)."

월 30일까지 완료되지 않으면 행정부가 제출한 안이 본회의에 바로 상정된다(〈국회법〉 제85조의3). 행정부 원안이 수정 없이 상정되는 사태를 피하려면 기한 내에 심사를 완료해야 한다. 19대에는 기한이 지켜졌으나 20대 국회 들어 기한이 조금씩 어긋나고 있다. 2018년 예산안은 12월 6일, 2019년 예산안은 12월 8일, 2020년 예산안은 12월 10일에 본회의를 통과했다.

　여야 간 극심한 대립을 피하기 위해 만든 규정이지만 이는 행정부의 권한을 강화하는 결과를 가져왔다. 명목상 예산 심사권은 국회에 있지만 사실상 편성권을 가진 행정부가 예산에 있어 더 많은 권한을 가지고 있다. 행정부는 준기 재정 운용 계획을 수립하고, 분야별 배분 계획도

표 4.7   기금 운용 계획안 수정 내용(단위 : 백만 원)

구분	제출 총액	국회 수정액	의결 총액
2013년 기금 운용 계획안	499,477,600	▲1,949,300	497,528,300
2014년 기금 운용 계획안	517,434,100	▲2,000,200	515,433,900
2015년 기금 운용 계획안	507,447,000	▲2,734,200	504,712,800
2016년 기금 운용 계획안	621,724,800	▲1,713,800	620,011,000

자료 : "제19대국회경과보고서 통합본(2012.5.30.~2016.5.29.)."

수립한다. 국회는 이에 따라 당해 연도 예산만 심사하는 것이기에 애초에 국회가 조정할 수 있는 예산은 전체 예산 중 일부에 불과하다. 실제 총지출 중 증감액, 총수입 중 증감액 심사 내역을 보면 국회에서 수정하는 규모는 전체 예산의 1~2%에 불과하다(〈표 4.6〉, 〈표 4.7〉). 전략적 재정 운용 계획을 입안하는 데 원천적으로 개입할 수 없고, 당해 연도에 한해 '계수 조정' 수준에 머무는 예산안 심사의 한계는 의원들로 하여금 생색나는 지역구 사회간접자본 예산 확보에 치중하도록 한다. 여기에 심사 기일까지 지정되었으니 원안이 반영될 여지가 더 커졌다.

국회의 예산 심사권이 실질적으로 발휘되려면 편성할 때부터 개입할 수 있어야 한다. 현행 〈국가재정법〉상 행정부는 매년 향후 5년간 국가 재정 운용 계획을 수립해 국회에 제출하도록 하고 있다. 국가 재정 운용 계획은 '재정 운용의 방향'이 담겼다는 점에서 당해 연도 예산안 이상으로 중요하지만 국회가 심의권을 갖고 있지 않아 예산안 심사의 참고 자료에 그치고 있다. 국회가 단년도 예산안만이 아니라 국가 재정 운용 계획안을 심의·의결하도록 규정해 재정 심사권을 강화해야 한다.

덧붙여, 성인지 예결산 제도가 도입되어 시행 중이나 재정 운용 전반에 걸쳐 반영되기보다는 부차적으로 다뤄지고 있다. 국가 재정 운용 계획에 성인지적 재정 운용 방향과 목표를 포함해야 한다.

(3) 상임위원회 예산 심사의 한계

상임위원회 예산 심사는 점점 형해화되고 있다. 예산안은 행정부의 시정연설, 상임위원회 예비 심사, 예결특위 종합 심사 후 본회의에서 심의·확정한다. 상임위원회에서 여야가 치열한 토론 끝에 증액에 합의하더라도 실제 반영 여부는 미지수다. 상임위원회 예비 심사는 '존중'하도록 되어 있을 뿐 강제성이 없기 때문이다. '존중한다'는 건 법적으로 의미 있는 단어가 아니다. 상임위원회 증액은 예결위 심사의 참고 자료에 불과하다(〈국회법〉 제84조).[4] 이와 달리 감액은 민감하다. 상임위원회에서 감액을 하면 예결위에서 함부로 증액할 수 없다. 상임위원회에서 삭감한 금액을 예결특위에서 다시 증액하려면 소관 상임위원회의 동의를 얻어야 하기 때문이다. 그러다 보니 감액에는 행정부가 격렬히 반발하고 적극적으로 소명하지만, 상임위원회 증액은 심사가 헐거워 의원들의 요구가 쉽게 반영된다.

상임위 예산 심사를 하다 보면 저런 것까지 지원해 줘야 하나 싶은 무리한 예산 요구도 있는데 의외로 행정부가 쉽게 동의해서 깜짝 놀랄 때가 있다. 원래 재정 관리자의 위치에 있는 행정부는 지출에 보수적으로 임하는 것이 정상이다. 모든 요구가 수용될 수는 없다. 재정 지출을 둘러싼 의회와 행정부의 갈등은 지극히 자연스러운 현상이다. 상임위원회 심사에서 행정부가 이견을 내지 않는 것은 '동의'라기보다 '무책임'에 가까운 것이다. 상임위원회에서 증액해도 예결위에 가서 감액될 것을 알기 때문에 굳이 반대 의견을 내서 의원들과 다툴 이유가 없는 것이다. 행정부가 상임위원회 예비 심사를 중요하게 생각하지 않는 것은, 의원들 스스로도 그렇게 여기기 때문이다. 2020회계연도의 경우 국회 운영위원회, 보건복지위원회, 여성가족위원회, 과학기술정보방송통신위원회 등의 상임위원회는 예비 심사 보고서를 의결하지 못했다.

2020회계연도 예산안 심사 보고서를 의결하지 않은 상임위 중 하나인 복지위는 2018회계연도에도 복지부 예산안 심사 보고서를 의결하지 못했다. 물론 복지위 예산결산심사 소위원회에서는 절차대로 심사를 진행했다. 소위에서 대부분의 내역 심사를 마치고 아동 수당, 기초연금 등 몇 건의 쟁점 사안만 남은 상황이었는데, 쟁점에 대해 합의가 어렵다는 이유로 상임위원회 예결소위를 다시 소집하지 않았다. 과연 합의하지 못할 만큼 첨예한 쟁점이었을까. 협의하지 않기 위해 일부러 남겨 놓은 쟁점이 아닌가 싶을 정도였다. 2020회계연도 예산 심사도 같은 상황이었다. 사회서비스원 등 몇몇 쟁점이 남아 있었지만 합의하지 못할 정도의 사안이라고 보기는 어려웠다. 또 아무리 첨예한 갈등 사안이라 해도 협의를 통해 최선을 다해 차이를 좁혀 가는 것이 기존의 심사 관행이었는데, 이제는 협의를 하려는 시도조차 하지 않고 있다. 야당은 심사에 협조하지 않기 위해, 여당은 굳이 행정부가 편성한 예산을 수정할 이유가 없기 때문에 어느 쪽도 적극적으로 협의를 촉구하지 않는다. 결국 복지위는 예결위에 상임위원회 심사 보고서를 송부하지 못했다. 상임위원회 심사가 반영할 의무가 없는 예비 심사이기는 하지만 예결위에서 반영될 가능성이 전무한 것은 아니다. 특히 복지부 예산은 예산 심사 과정에서 늘 행정부 원안보다 몇 천억 원씩 증가했었다. 그런데 상임위원회 심사 보고서를 채택하지 못했던 2018회계연도 보건복지부 예산은 행정부가 제출한 원안보다 무려 1조862억 원이나 감액되었다(총지출 규모는 63조1,554억 원, 전년도 본예산 대비 9.5% 증가). 만약 복지위에서 심사한 예산안을 의결해 예결위로 부의했다면 어땠을까? 복지위에서 증액해서 갔기 때문에 당초 행정부안보다 줄어들지 않았을 가능성이 높다. 적어도 예결위에서 정치적인 이유로 복지 예산을 감액하는 사태는 막을 수 있었을 것이다.

이때 감액된 예산 중 하나가 건강보험료 국고 지원금 2천2백억 원이다. 행정부 원안은 전년도 예산 대비 4천3백억 원을 증액하는 것으로 되어 있었다. 행정부가 증액하겠다고 들고 온 액수의 무려 절반 이상을 삭감해 버린 것이다. 행정부가 무리하게 증액했을까? 아니다. 〈국민건강보험법〉에서 지원하라고 정해져 있어서 예산을 편성한 것이다(제108조).[5]

법에 따라 행정부는 건강보험료 예상 수입액의 14%를 지원해야 한다. 4천3백억 원을 증액하면 2018년도 예상 수입액의 10.2%가 된다. 행정부안으로도 14%에 못 미친다. 가입자가 내는 건강보험료는 2.4% 증액하기로 해서 '예상 수입액'이 늘어났는데, 행정부는 지원금을 그만큼 늘리지 않은 것이다. 행정부는 이런 식으로 예산 수입애에 못 미치는 금액을 지원해서 지난 10년간 약 5조 원에 이르는 돈을 미지급하고 있는 상황이었다. 그래서 상임위원회에서 증액의 필요성을 주장했다. 더 많이 지원하라는 것이 아니라 법에서 정해 놓은 만큼 예산을 편성하라는 요구였다. 그런데 안 그래도 부족하게 편성된 이 법정 예산을 증액은커녕 '교섭단체 지도부 간 협상'에서 감액해 버렸다. 그 결과, 그해의 건강보험 국고 지원금은 예상 수입액의 9.8%가 되었다. 국회가 행정부에 법을 위반하라고 결정한 것이다.

정치권이 협상을 통해 주고받아도 되는 것이 있고, 안 되는 것이 있다. 이건 명백히 후자다. 예산 협상은 예산의 규모를 늘리느냐 줄이느냐에 관한 것인데, 이것은 법을 지키느냐 위반하느냐에 관련된 것이기 때문이다. 애초에 협상의 대상이 아니다. 그런데도 여야 지도부 간 협상 테이블에 올라온 이유는 '문재인 케어' 관련 예산이었기 때문이다. 건강보험의 보장성 강화는 문재인 행정부가 간판급으로 내건 정책이다. 문제는 재원이다. 당시 행정부는 2017년부터 2022년까지 추가로 30.6조 원의 재정이 소요된다고 추계했다. 행정부는 안 쓰고 쌓아 놓은 건강보험 누적 적립금 20조 원을 활용하고, 2017년 기준 6.9조 원 규모인 국고 지원금을 지속적으로 확대하겠다고 했었다. 이 상황에서 행정부 지원금이 줄어든 것이다. 재원은 어떻게 할 것인가? 아무도 답하지 않았다.

건강보험 보장성 강화를 실현하기 위해서는 돈이 많이 든다. 행정부가 추계한 30.6조 원 이상이 소요될 수도 있다. 단계적으로 재원을 마련하지 않으면 시간이 지날수록 부담이 커진다. 재원이 부족하면 정책을 제대로 추진하지 못할 수도 있다. 국고 지원금은 건강보험 보장성 강화에 대한 행정부의 책임을 보여 주는 것인데, 행정부는 10년이 넘도록 법을 어기고 있다. 상황은 더 악화되고 있다. 2008년부터 2015년까지 지원율은 최저 12.1%, 최대 14.1%였다. 그런데 문재인 정부 출범 이후인 2018년 9.7%, 2019년 10.3% 등으로 더 줄었다. 2007년부터 2017년까지 10년간 국고 지원금 미납액은 17조1,770억 원이며, 문재인 행정부 출범 이후인 2018년, 2019년 두 해에만 미납액이 4조4,121억 원에 달했다.6 2020년도 예산안도 부족하게 편성되었다. 보험료 예상 수입액의 14%는 8조9천6백억 원인데, 행정부가 편성한 예산안은 이보다 1조8천8백억 원이 적은 7조8백억 원에 불과하다. 행정부는 건강보험 보장성을 강화하겠다며, 이를 대표 정책으로 내세워 대통령의 이름을 걸었다. 그러면서도 정작 행정부가 책임져야 할 재정에 대해서는 소극적인 태도로 일관하고 있다. 법에서 정해진 기준만큼은 반드시 준수해야 한다.

(4) 복지 예산의 증액과 감액의 정치적 의미

그동안 국회는 복지 예산의 증액에 적극적이었다. 어느 정당이 집권하느냐에 상관없이 기획재정부는 복지 분야 지출 확대에 소극적이었기 때문에 국회에서 증액해 필요 예산을 보충하는 것이 일종의 관행이었다. 국회는 이를 통해 '약자의 수호자'라는 명분을 획득할 수 있었다. 최근 들어 이런 경향이 변하고 있다. 2018회계연도 보건복지부 예산은 앞서 말한 대로, 행정부 원안보다 무려 1조 원 가량이 감액되었고, 2019회계연도의 경우 행정부 원안 대비 1천4백억 원을 증액하는 데 머물렀다. 아동 수당 2,356억 원 증액분이 포함된 것이므로, 사실상 다른 분야는 미흡하거나 삭감된 것이다.

아동 수당의 경우 18대 국회에서 처음 발의한 법은 상정조차 되지 않았다. 당시만 해도 소득과 자산 조사 없이 '모든' 아동에게 수당을 주는 것은 과도한 재정 지출이며 대중 영합주의라는 반응이었다. 19대 국회 때도 발의했다. 이때는 안건으로 상정은 되었지만 복지부와 전문위원이 '과다한 재정 소요에 비해 사업 효과에 의문이 있다.'라며 반대 의견을 냈고, 더 이상 논의가 이루어지지 않았다. 20대 국회 전반기, 민주당은 물론 새누리당(현 바른정당 소속 의원), 국민의당 의원이 관련 법을 각각 대표 발의했다. 이때에 이르러서야 전문위원 검토 보고서에 찬성 입장과 반대 입장이 모두 등장한다. 전문위원은 '아동이 절대적인 빈곤에서 벗어나 건강하게 성장할 수 있도록 최소한의 생존권을 보장하기 위한 지원이 될 수 있다.'는 점을 도입 찬성 근거로 들었다. 복지부는 '아동 수당 제도의 취지에 공감하지만, 아동 수당에 수반되는 재정의 문제, 기존 아동 지원 제도와의 정합성 등에 대한 종합적 검토와 충분한 사회적 논의가 필요하다.'는 의견을 냈다. 아동 수당에 대한 행정부의 입장이 유연해진 것이다. 그 사이 바뀐 것은 무엇일까? 야대 국회가 되었고, 야당의 집권 가능성이 높아졌다. 이후 당시 야당이었던 더불어민주당이 여당이 되었고, 아동 수당 제도가 전격적으로 도입되기에 이른다. 2018년 9월 처음 도입될 당시에는 적용 범위가 만 6세 미만 일부 아동(소득·재산 기준 하위 90%)이었는데, 논쟁 끝에 2019년 1월부터 만 6세 미만 전체 아동에게 지급하도록 했다(2019년 1월부터 소급해 4월에 지급). 이는 다시 2019년 9월 만 7세 미만 모든 아동으로 확대되었다. 처음 아동 수당 제도를 제안했을 때의 반응을 생각하면 10년 만에 격세지감이 느껴질 지경이다. 아동 수당의 보편적 도입은 20대 국회의 가장 큰 성과로 꼽을 수 있다. 하지만 다른 복지 예산 심사는 이와 거리가 멀다.

복지 관련 예산은 수급자(이용자)와 제공자, 전달 체계가 복잡하게 얽혀 있고, 예산 확대가 서비스의 양적 증가와 질적 개선에 따른 수급자의 삶의 질 상승, 종사자의 노동권 보장, 재분배 강화에 따른 사회 통합과 연결되기 때문에 더욱 중요하다. '공평성'이 사회적 화두가 될 만큼 불공정함이 사회 곳곳을 잠식하고 있는 상황에서 복지 예산 증액은 출발점의 격차를 재조정한다는 의미도 크다. 그런데 관련 예산은 소홀히 다뤄지고 있다. 왜 이런 현상이 발생하는 걸까?

예산을 둘러싸고 입장 차가 생기는 것은 각 정당이 자기 정체성에 입각해 예산을 대하기 때문이다. 이런 논쟁은 불가피하며 대체로 복지 분야에서 갈등이 부각된다. 과거 무상 급식부터 20대 국회에서 도입·확대된 아동 수당, 기초연금에 이르기까지 지급 범위를 둘러싼 논쟁은 근본적으로 '보편적 복지'와 '선별적 복지' 사이의 논쟁이다. SOC는 이와 달리 정당의 정체성에 관한 문제라기보다 '땅따먹기'에 가깝다. 누가, 얼마나 가져갈 것인가를 두고 다툰다(물론 SOC에 대한 입장은 정당의 정체성과 관련된다). 이념과 무관하니 안전하고, 성과가 확실하고, 구체적이다. 논쟁의 성격이 다르다. SOC 예산은 특성상 대체로 정치인 개인의 성과가 더 강조된다. 예컨대, 특정 지역에 특정 건설 예산이 편성되면 공은 예산을 유치한 정치인에게 돌아간다. 누가 어떤 노력을 기울여 따냈는지 이름표가 달린 예산이다. 반면, 복지 예산은 특정 개인이 아니라 아동·노인·장애인 등 대상 집단 전체가 수혜자라는 특성을 가지고 있다. 이 경우는 정당의 입장이 중요하고, 정당이 부각된다. 정치인 개인에 대한 지지와 큰 상관이 없다. 예컨대, 아동 수당이 도입되고, 전체 아동에게 지급하도록 예산을 증액했다고 해도 그걸 정치인 누가 했는지는 기억하지 못한다. 아동 수당 지급 범위를 놓고 벌어지는 논쟁은 모두 정당 차원의 것이다. 기초연금이 인상되어도 마찬가지다. 어떤 정당이 추진했느냐가 남지 어떤 정치인이 추진했느냐는 크게 중요하지 않다.

복지 예산 심사는 제대로 이루어지지 않고, SOC 예산만 증액했다는 것은, 정당이 아니라 정치인 개인의 목소리가 더 비중 있게 반영되고 있음을 의미한다. 정치가 점점 더 개인화·분자화되고 있는 건 아닌지 돌아볼 필요가 있다. 정당 지지자들은 해당 정당의 정책을 '묶음'로 받아들이기 때문에 좋아하는 정책과 함께 다소 마음에 안 드는 정책도 관대하게 수용한다. 하지만 정치인 개인을 지지하는 시민들은 정당의 정체성이나 정책 묶음에 관심이 적다. 그들은 자신이 지지하는 정치인의 안위를 더 중요하게 생각한다. 지지하는 정치인에게 강한 유대감을 표명하며 무조건적 응원을 보내기도 하지만 토대가 허약하기에 쉽게 열광한 만큼, 쉽게 돌아선다. 이들에게 의존하는 정치인은 지지를 잃지 않기 위해 이들의 의견에 민감하게 반응한다. 실시간 정보가 오가는 대중매체의 발달로 정치인과 지지자 상호 간의 반응은 즉각적으로 이루어진다. 이와 같은 상황에 놓인 정치인은 점점 더 강경한 발언으로 정국을 주도하고자 할 것이다. 온건한 정치인보다 극단적 이념을 강조하고 여론 영합적인 정치인이 인기를 얻게 되며, 이들이 당내 리더십을 장악할 위험도 커진다. 정치적 책임의 소재는 정당에서 정치인 개인으로 이동한다. 정당과 시민의 관계가 정치인의 이미지를 기반으로 맺어진다면, 정당은 정책을 중요시할 이유가 없다. 시민 다수의 이익과 관련된 보편적 사안이 소홀히 다루어지고, 사회적 약자의 목소리는 점점 더 뒷전으로 밀릴 것이다. 정당이 무너지면, 사회적 약자의 권리도 함께 사라진다. 인기 영합 정치만 득세한다. 악순환의 궤도에 올라탄 것이다. 예산 심사는 민주주의의 바로미터다.

예산 심사를 잘하기 위해서

(1) 예산결산특별위원회의 권한과 역할

예산안의 실질적 심사는 예산결산특별위원회에서 이루어진다. 특히 사업 하나하나를 심사하는 예산안등조정 소위원회(계수조정 소위)에서 핵심적인 논의가 이루어진다. 계수조정 소위는 과거 보좌진 배석도 없이 비공개로 회의를 진행해 비민주적 절차, 쪽지 예산에 대한 논란이 발생한 적이 있었고, 계수조정 소위를 아예 열지 않고 예결특위 위원장, 여야 간사 3인 회의로 대체한 적도 있었다. 몸싸움, 말싸움 없이 법정 기한을 준수했다고 칭찬을 받았던 2015년 예산안 심사에서도 계수조정소위는 감액 심사밖에 하지 못했다. 시간에 쫓겨 증액 심사는 여야 교섭단체 간사 간 협의로 넘겼다. 예전처럼 쪽지 예산으로 불리지는 않지만 크게 달라진 것도 없다. 비공개 회의에서 행정부 예산을 심사하는 것은 입법부 스스로 자기 권한을 내려놓는 것이다.

예산결산특별위원회를 맡았을 때는 자괴감이 더욱 컸다. 공청회부터 시작해 종합 질의, 경제 분야, 비경제분야 질의를 했고, 당내 각 의원실로부터 받은 요구안을 취합해 소위원회 심사에 반영되도록 서면으로 제출했다. 그런데 그 이후 예산안 심사 과정에서 어떤 자료도 공식적으로 받지 못했다. 심지어 본회의에 올라온 수정안도 본회의에서 통과되고서야 확인했다. 증·감액 세부 내역을 예결 위원조차 모르는 상황에서 예산안이 통과된 것이다. 예산안은 교섭단체 원내 대표와 정책위 의장단이 구성한, 법에도 없는 '소소위'라는 기구에서 최종 심사를 했다. 과거에는 예결위 교섭단체 간사단 차원에서 이루어졌던 밀실 협상만 문제였는데 이제는 다양한 형태의 비공식 논의 기구를 만들어 협상을 진행한다.

국회 안에서 어떤 사안들은 상임위원회 심사와 무관하게 '여야 지도부 간 합의'에 따라 전격적으로 타결된다. 갈등이 첨예한 사안일수록 극적이다. 예산안이 여기에 해당하는 사안인지 늘 의문이다. 예산 심사는 세입을 정하고, 정해진 세입을 배분하는 과정이다. 찬성과 반대가 아니라 어디에 얼마나 쓸 것인지에 대한 결정이다. 예산안 협상 과정과 내용을 보면, 어떤 이유로 반대하고, 무엇이 그토록 첨예한 쟁점이었는지 알 수 없을 때가 많다. 모든 갈등 사안을 지도부에 위임할 수는 없다. 지도부에 위임하는 의제의 범주가 넓고 많을수록 의원들은 할 일이 없어진다. 예산안을 통째로 위임한다면? 상임위원회 예산 심사는 무의미해지고, 예결위도 무력해지며, 의원들은 존재 의미가 없어진다. 위임은 최소화되어야 한다. 재정에 관한 권한은 지도부가 홀로 행사할 영역이 아니다.

현재와 같이 50명의 의원이 겸임 상임위원회로 하는 예결특위 구조에서는 심도 깊은 예산 심사를 하기 어렵다. 예결위의 의원 숫자를 줄이고, 상설 상임위원회로 전환해 전문 상임위원회로서 역할을 하도록 할 필요가 있다. 예결위를 상설화할 경우 지금처럼 예결위가 세부 내역 사업을 심사하도록 해서는 안 된다. 특정 지역, 특정 집단의 이익을 위해 계수 조정을 하는 것이 아니라 거시적 조정만을 담당해야 한다. 즉, 예결위는 중기 재정 운용 계획, 전략적 재원 배분, 재정 건전성, 기금 운용, 경제정책 방향 등 국가 재정 전반을 심사하고, 예결위에서 확정한 분야별 재원에 따라 부처 예산의 총액을 정한 뒤 그 범위 내에서 상임위원회가 정책적 고려에 따라 부처별 예산을 심사하도록 해야 한다.

국회에서는 부처별 예산안을 심사하는데, 사업별 예산만으로는 국가 재정이 어느 분야에 얼마나 배분되는지 정확히 알기 어려워 만든 것이 '분야별 재원 배분 현황'이다. 보건·복지·고용, 공공질서·안전, 환경, R&D, SOC 등 12개 분야로 되어 있다. 분야별 재원 배분은 현재로서는 심사 대상이 아니다. 예결위를 상설화하고, 상임위원회의 심사 기능을 분리하면 상임위원회는 예산 심사에, 예결위는 전략적 재원 배분 논의에 집중할 수 있다. 전반적인 정책 기조를 살펴볼 수 있으며 결산 심사, 기금 심사도 좀 더 철저히 할 수 있다. 여당은 행정부에 대한 영향력을 강화하고, 야당은 비판적 시선으로 재정의 건전한 운영에 일조할 수 있게 될 것이다. 물론 고민해야 할 지점은 있다. 현재 세입은 기획재정위원회에서 논의한다. 세입과 세출을 분리 심사하는 것이 적절한지, 반대로 만약 세입·세출을 한 상임위원회에서 다룬다고 할 때 그 상임위원회가 지나친 권한을 갖는 것은 아닌지에 대해서도 토론해 봐야 한다. 미국 하원은 세입위원회와 세출위원회, 예산위원회가 분리되어 있다.

예결위를 상설화해 권한을 분리·실질화하더라도 재정 운용은 중장기적 관점에서 봐야 하고, 거시 경제 흐름, 세계 경제 동향 등을 함께 고려해야 하기 때문에 개별 의원실에서 감당하기 어렵다. 재정 운용 전략은 정당 차원에서 긴 안목으로 짜야 한다. 예산은 단순한 숫자가 아니다. 재정을 배분하는 것이다. 정당들이 예산을 '정부 운영의 문제'로 바라보지 않고 거래의 대상으로 삼은 결과, 예산 심사에서 국회의 역할은 점점 축소되고, 행정부의 통제권은 점점 더 강화되고 있다. 국회가 재정에 관한 권한을 잘 행사하기 위해서는 정당의 정책 정당 기능이 강화되어야 한다.

(2) 재정에 관한 권한을 잘 행사하기 위하여

재정에 관한 권한을 행사하는 데 있어 염두에 두어야 할 점이 몇 가지 있다.

첫째, 근거가 중요하다. 행정부와 동료 의원을 설득해야 반영될 수 있다는 점에서는 예산도 법안과 동일하다. 그 필요성에 관한 논리적 근거가 있어야 한다.

국민연금은 크게 사업장 가입자와 지역 가입자로 구분할 수 있다(임의 가입자 제외). 당신이 소득이 적은 사업자 가입자라면? 국민연금 보험료를 지원받을 수 있다. 농어민이면서 지역 가입자라면? 역시 국민연금 보험료를 지원받을 수 있다. 소득이 적은 지역 가입자인데, 농어민이 아니라면? 국민연금 보험료 지원을 받지 못한다. 현재 10인 미만 사업장에서 일하면서, 월평균 보수가 210만 원 미만인 사업장 가입자의 경우 '두루누리 사회보험료 지원 사업'에 따라 연금 보험료의 40~90%를 지원받고 있다(기존 가입자는 40%, 신규 가입자는 1~4인 90%, 5~9인 80%). 이는 소규모 사업장에서 일하는 저소득 노동자와 사업주의 연금 보험료 부담을 경감하고, 국민연금 사각지대를 해소하기 위한 것이다. 농어민도 1995년부터 연금 보험료의 일부를 지원받고 있다. 행정부가 고시한 기준 소득 월액 97만 원을 기준으로 그 이하 소득자는 연금 보험료의 절반을, 기준 소득 월액을 초과하는 가입자는 4만3,650원(97만 원의 9%인 8만7,300원의 절반)을 정액 지원받는다. 반면, 저소득 지역 가입자는 아무런 지원을 받지 못하고 있다. 지역 가입자는 연금 보험료의 절반만 본인이 납부하는 사업장 가입자와 달리 소득의 9%를 전액 본인이 납부해야 하므로, 동일한 소득일지라도 지역 가입자가 느끼는 보험료 부담은 훨씬 크다. 지역 가입자 250만 명의 39.4%, 무려 163만 명이 체납자이며 체납자의 72.3%가 월 125만 원 미만의 소득을 갖고 있는 것으로 나타났다(2016년 기준).7 노동시장의 격차로 말미암아, 소득이 높고 가입 기간이 길수록 연금액이 많다. 노후 양극화가 심화되지 않도록 저소득층에 대한 지원을 적극적으로 강화해야 한다. 우리는 이에 대해 예산 편성 때만이 아니라 국정감사 등을 통해서도 누차 강조했다. 아무런 지원을 받고 있지 못한 지역 저소득 가입자에 대한 연금 보험료 지원 사업을 시행할 필요가 있다는 점을 줄기차게 주장한 결과, 실직 등으로 납부예외 상황인 경우에 한해 지원하는 것으로 최종 반영되었다. 지역 저소득 가입자에 대한 연금 보험료 지원 근거가 드디어 마련된 것이다.

둘째, 이미 반영되었더라도 부족하다면?

20대 국회에서 우리 의원실이 첫 번째로 발의했던 법안은 일명 〈어린이 병원비 국가 책임법〉(국민건강보험법 개정안)이었다. 만 15세 이하 어린이의 병원비만큼은 국가가 전적으로 책임을 지자는 것이다. 66개 시민단체와 함께 노력한 끝에 결국 행정부가 추진한 건강보험 보장성 강화 대책에 어린이 병원비 상한제가 포함되었고, 2017년 10월부터 15세 이하 어린이의 경우 10~20%에 이르렀던 본인 부담률이 5%로 낮아져 병원비 부담이 상당히 줄어들었다. 큰 성과라 할 수 있다. 하지만 과중한 부담이 완전히 해소된 것은 아니다. 희귀 난치병이나 중증 질환의 경우 치료법과 치료약이 건강보험이 적용되지 않는 비급여 항목인 경우가 많다. 또한 향후 건강보험이 적용될 수 있는 예비 급여 항목으로 분류되더라도 본인 부담률이 50~90%에 달한다. 비급여와 예비 급여 항목의 높은 본인 부담률로 인해 여전히 고액의 병원비가 지출되고 있다. 그래서 큰 성과를 냈지만 그에 머무르지 않고 또다시 '어린이 병원비 1백만 원 상한제'를 제안했다. 18세 미만 아동 850만 명에 대해 본인이 연간 부담하는 병원비 총액을 제한하자는 것이다. 즉, 요양 급여에 대한 본인 일부 부담금과 비급여 진료 비용 중 본인이 부담하는 금액을 합한 금액의 상한을 1백만 원으로 하고, 초과 금액은 공단이 부담하도록 하는 안이었다. 외국은 어린이 진료비를 경감, 면제하는 나라가 많다. 스웨덴은 20세 미만의 경우 외래 진료비와 입원비를 전액 면제하고 있고, 독일은 18세 미만의 진료비 본인 부담을 전액 면제하고 있다. 벨기에는 가계소득과 상관없이 19세 미만은 650유로(약 85만 원)를 초과하는 본인 부담금은 면제해 주고, 프랑스는 16세 미만 아동의 본인 부담금을 경감해 주고 있다. 우리도 어린이에 대해서만큼은 그 책임성을 획기적으로 강화할 필요가 있다. 아동의 건강권은 소득과 무관하게 지켜져야 하기 때문이다. 물론 이 예산은 20대 임기 중에 추가로 반영되지는 않았다. 21대에도 적극적으로 요구해야 할 예산이다. 예산은 늘 현재 진행형이다. 편성한 예산이 부족할 수도 있고, 새로운 필요 요구가 생길 수도 있다.

셋째, 예산 반영은 쉽지 않은 일이다.

'인간의 기본적 권리를 사회가 보장한다'는 것이 복지 제도의 근본적인 취지다. 이를 위해서는 먼저, 공평한 삶의 기회가 주어져야 하고, 둘째, 실패했을 때 재기할 수 있어야 하며, 셋째, 누구나 품위 있는 삶을 누릴 수 있어야 한다. 이를 실질적으로 뒷받침하는 것이 예산이다. 아무리 좋은 정책도 예산이 뒷받침되지 않는다면 소용이 없다. 노력 끝에 반영되어 뿌듯한 경우도 있지만, 20대 국회 4년 내내 의견을 제출했지만 반영하지 못한 경우도 있다.

"65세 생일을 축하드립니다. 장애인 활동 지원 서비스를 종료하겠습니다." 이렇게 슬픈 생일이 또 있을까? 장애인이 65세가 되면 그동안 받았던 활동 지원 서비스를 못 받게 된다. 행정부 정책상 65세 이후는 장애인이 아니라 '노인'이기 때문이다. 장애인 활동 지원 서비스는 중증 장애인의 자립 생활과 사회참여를 지원해 장애인의 삶의 질 증진을 목적으로 하는 서비스다. 그런데 현행 활동 지원 서비스는 이용자가 만 65세가 되면 노인 장기 요양 서비스 제공을 위해 등급 판정을 받도록 하고 있다. 노인 장기 요양 등급은 중증도에 따라 1등급부터 인지 지원 등급 등 6개 등급이 있고, 여기에 포함되지 않으면 등급 외 판정을 받는다. 등급 외 판정을 받으면 장애인 활동 지원 서비스를 계속 이용할 수 있지만, 장기 요양 등급에 해당되면 활동 지원 서비스는 중단되고 요양 서비스를 받게 된다. 노인들은 더 많은 요양 서비스를 받고 싶어 상위 등급을 원하지만, 장애인들은 등급 외 판정을 받기를 바란다. 노인 요양 서비스 대상자가 되면 장애인 활동 지원 서비스보다 서비스 제공 시간이 줄어들기 때문이다.

2015년부터 2018년까지 만 65세가 되어 활동 지원 수급자에서 노인 장기 요양 수급자로 전환된 인원은 1,159명에 달하고, 이 중 64.5%인 748명은 서비스 이용 시간이 월평균 188시간 감소되었고, 최대

313시간이 감소된 사례도 있었다.[8] 노인이 되면 활동 능력이 떨어지니 더 많은 서비스가 제공되어야 하는데 오히려 줄어든 것이다. 역시 예산 문제이다. 장애인 활동 지원 서비스는 일반회계에서, 노인 장기 요양 서비스는 장기 요양 보험에서 재정을 부담한다. 행정부는 일반 회계상의 재정적인 부담을 줄이고자 이런 방식으로 설계한 것이다. 65세가 되면 자립 생활과 사회참여의 욕구와 권리가 사라지는가? 이들의 삶의 질은 누가 보장할 것인가? 국가인권위원회도 만 65세 이후에도 장애 특성과 환경 등에 따라 노인 장기 요양 급여와 활동 지원 급여 중 필요한 것을 선택할 수 있도록 할 것을 보건복지부 장관에게 권고한 바 있다. 하지만 예산은 반영되지 않았고, 겨우 문제 해결을 위한 연구용역 예산을 편성하는 데 그쳤다. 그 필요성에도 불구하고, 예산을 확보하는 것이 쉽지 않다. 필요 예산액이 클수록 가능성은 줄어든다. 쉽지 않기 때문에 더욱 할 수 있는 모든 노력을 최대한 기울여야 한다.

넷째, 실효성을 확보하는 것이 중요하다.

예산을 둘러싼 치열한 공방 속에서도 소외되는 분야가 있다. 이른바 '장사'가 안 되는 분야다. 전체 의원 3백 명 중 이 영역에 특별히 관심을 기울이는 의원이 몇 명이나 될까? 그중 여성이 아닌 의원은 몇 명이나 될까? 성인지 예산에 대한 이야기다. 성인지 예산 제도는 형식만 보면 매우 잘 만들어진 제도다. 국가 재정 예산과 결산, 기금 운용 계획, 지방자치단체 예산과 결산, 성별 영향 평가까지 제도 자체는 완결적이다.

좋은 제도를 충분히 활용하지 못하니 안타깝기만 하다. 예산서에는 성평등 기대 효과와 성과 목표, 성별 수혜 분석이 포함된다. 성인지 결산서는 〈국가재정법〉 제57조에 의해 여성과 남성이 동등하게 예산의 혜택을 받고, 예산이 성차별을 개선하는 방향으로 집행되었는지를 평가하는 보고서다. 2011년부터 성과 목표 달성 현황이 추가되었다. 재정 운용의 성인지적 성과 관리를 위해 해당 사업이 성 평등 목표와 관련되는 성과 목표를 설정하고, 그에 대한 목표치와 실적치를 작성·제시하도록 한 것이다.

2018년 보건복지부 성인지 예산 대상 사업은 39개 사업, 16조5,775억 원에 이른다. 보건복지부는 행정부 부처 중 여성가족부와 함께 대상 사업이 가장 많고, 해당 예산도 가장 많다. 결산 현황을 보면 집행률 99.9%, 성과 목표 달성률 80%에 이른다. 숫자로만 보면 집행률도 높고, 성과 목표도 어느 정도 달성한 것으로 보인다. 하지만 내용을 보면 성인지 예산 제도의 목적에 전혀 부합하지 않는 사업들이 있다. 성인지 예산 제도는 예산이 여성과 남성에게 미치는 효과를 분석함으로써 국가 재원이 성 평등한 방식으로 사용되도록 하기 위한 제도다. 예산 배분 구조와 규칙을 변화시키는 재원 배분 과정 중 하나인 것이다. 그런데 단순하게 여성 비율만 반영하는 사업이 있다. 예를 들면, 지역아동센터 아동 복지 교사 여성 비율의 경우 목표 96.3%, 실적 97.6%로 보고되고 있다. 여성 교사가 100% 되는 것이 성인지 예산 제도의 취지에 맞는 걸까? 지역 자율형 사회 서비스 투자 사업의 경우도 여성 일자리 비율 90% 목표, 실적 92.4% 달성이라고 보고되고 있다. 정신건강복지

센터 여성 종사자 비율 목표 86.0%, 실적 86.0%, 감염병 전문가 교육 여성 수혜자 비율 목표 88.7%, 실적 83%도 동일하다. 이미 여성 종사자가 많은 사업을 선정해 성인지 대상 사업으로 삼고, 단순 성별 비율로 평가한다면, 성과 목표를 달성한들 성 평등의 확산과는 아무런 관련이 없는 것이다.

오래된 일이지만, 과거에는 이런 사례도 있었다. 성인지 예산 제도 주무 부처인 기획재정부 산하 청이 제출한 성인지 결산서에서, 조달청 어린이집 운영 사업의 경우 2011년 여직원 수혜 비율 목표치가 35%였는데 실적치는 44.4%로 '성과적'이라고 분석했다. 하지만 여직원 수혜 비율이라고 했던 44.4%는 어린이집 원아 중 여아의 비율이었다. 엉터리 실적 보고로 지적받자 나중에 수정했다. 또한 국세청 조세박물관 운영 사업의 경우 2011년 여성 관람객 42% 이용이 목표치였는데 46.9%가 이용했다고 성과적이라고 보고했다. 조세박물관에 여성 관람객이 많이 오면 성 평등한 사회가 되는가?

현행 〈국가재정법〉은 성인지 예결산서의 작성 주체만 규정하고 있어서 성인지 예산 제도를 총괄 운영하는 주체와 역할이 불분명하다. 기획재정부에 담당자가 있을 뿐이다. 만약 기획재정부가 제도를 진짜 총괄하고자 한다면 단순히 지침을 내리고 취합하는 역할에서 벗어나 성인지적 국가 재정 운용 방향을 수립하고, 국가 재정 운용 계획에 반영하는 등 총괄 부처로서의 역할을 수행해야 한다. '담당자'만 둘 것이 아니라 적어도 '담당 과'가 있어야 한다. 국회도 심의 기능을 강화해야 한다. 상임위원회와 예결특위에 성인지 예결산을 심사하는 수위를 별도로 둬야 한다. 예결산 심사 보고서에도 성인지 예결산은 별도로 작성해 보고해야 한다. 행정부의 서류가 별도로 제출되는 만큼 국회 심사도 별도로 이루어져야 한다. 국회가 관심을 갖지 않으면 제도는 금세 형식만 남는다. 제도를 만들었다고 상황이 종료된 것이 아니다. 제도가 잘 운영되도록 끊임없는 노력과 개입이 필요하다. 국가 재원이 좀 더 성 평등한 방식으로 사용될 수 있도록 입법부와 행정부, 공동의 노력이 있어야 한다.

다섯째, 새로운 제도를 상상하자.

장애인의 사회적 통합을 실현하기 위한 정책들은 예산을 적절히 분배함으로써 현실화될 수 있다. 장애인과 비장애인 간의 차별을 개선하고, 사회적 통합을 실현하기 위해 '장애 인지 예산 제도'를 도입하는 것은 어떨까?

장애 인지 예산 제도는 국가 재정을 장애인과 비장애인에게 평등한 방식으로 사용하자는 취지다. 즉, 국가의 일반 예산이 장애인과 비장애인의 평등을 추구하기 위해 배분되었는지를 분석하고, 만약 불평등을 조장하는 방식으로 예산이 분배되었다면, 향후 자원이 평등한 방식으로 배분될 수 있도록 예산편성 및 집행 과정에 반영하자는 것이다. 이를 위해 부처별로 대상 사업을 선정해 그 사업 예산이 장애인과 비장애인에게 어떻게 분배되는지, 장애인의 사회참여를 높이는 데 어떤 효과를 발휘했는지 그 영향을 평가하고 분석한다. 19대, 20대 국회 두 차례에 걸쳐 관련 법을 발의했으나 논의는 크게 진전되지 않았다. 새로운 제도를 도입하는 것은 쉽지 않다. 하지만 새로운 제도를 상상하지 않는다면 '눈앞에 닥친 문제'를 해결하는 데에만 급급하게 된다. 더 나은 사회를 위한 상상을 제도 안에서 반영하는 것, 정치가 가진 힘 가운데 하나다.

여섯째, 원칙을 지키자.

예산안 심사는 원칙이 중요하다. 어떤 예산은 되고, 어떤 예산은 안되는지 원칙에 맞게 심사하지 않으면 지역구 예산을 두고 이전 투구하게 된다. 안타깝게도 예산만큼 원칙이 안 지켜지는 분야도 없다.

예비 타당성 조사(예타)는 1999년 김대중 행정부 때 도입한 것으로, 대형 공공 투자 사업을 진행하기 전에 행정부가 타당성 여부를 검토하는 제도다. 기획재정부 장관은 총사업비가 5백억 원 이상이고 국가의 재정 지원 규모가 3백억 원 이상인 신규 사업의 경우 예산을 편성하기 위해 미리 예비 타당성 조사를 실시하고, 그 결과를 요약해 국회 소관 상임위원회와 예산결산특별위원회에 제출해야 한다. 예타는 그동안 객관적이고 중립적인 조사를 위해 한국개발연구원KDI 공공투자관리센터와 한국과학기술기획평가원KISTEP에서 실시해 왔다. 예타 통과 실적을 보면 1999년부터 2016년 12월까지 총 782건 중 509건, 65%만 통과했다. 그만큼 불필요하거나 타당성이 부족한 사업을 걸러 내는 안전장치 역할을 해온 것이다. 그런데 2019년 1월 문재인 행정부는 '2019 국가 균형 발전 프로젝트' 차원에서 24조1천억 원 규모의 23개 사업에 대해 예타를 면제하겠다고 발표했다. 예타 면제 대상은 철도나 도로 등

교통 인프라 사업이 대부분이었다. 예타를 생략하더라도 환경영향평가를 거쳐야 하므로 문제가 없을 것이라는 주장도 있었지만, 이명박 행정부가 추진했던 4대강 사업도 환경영향평가는 거쳤다. 환경영향평가와 예비 타당성 조사는 엄연히 다르다.

현행 〈국가재정법〉에서는 예타 대상 사업보다 예타 면제 사업이 더 많이 명시되어 있다(〈국가재정법〉 제38조).[9] 예타 면제 범위가 너무 광범위하다는 지적이 줄곧 있을 정도였다. 예타 대상을 확대하자는 개정안도 발의된 바 있다. 그런데 행정부는 현행법에서 예타 대상으로 규정하는 범위 내에서 면제를 발표해 버렸다. 그러면 이 조항은 무력화된다.

이런 경우는 국회에서 수용하면 안 된다. 입법권을 침해하는 문제이기 때문이다. 하지만 지역에서는 해당 건설 사업에 대한 요구가 강한 경우가 대부분이라 의원들은 거부는커녕, 행정부보다 더 적극적으로 예타 면제를 주장한다. 이는 단순히 예타에 관한 문제가 아니다. 예산 심사에서 정해 놓은 기준을 서로가 지키지 않으면 예산 심사는 돈을 놓고 겨루는 싸움으로 전락하게 된다. 이기는 쪽이 더 많이 갖게 되면, 예산 심사를 통해 재정을 배분한다는 원래의 취지는 사라지고, 약자를 위한 예산, 공공을 위한 예산은 설 자리가 없어진다.

일곱째, 결산 심사가 더 중요하다.

국회가 하는 일 중에서 가장 중요한 일을 꼽으라면 결산을 꼽겠다. 그런데 국회가 하는 일 중에서 가장 소홀히 취급되는 일을 꼽으라면, 역시 결산이다. '가장 중요한 일'은 다소 과장일지 몰라도, 그 중요성에 비해 결산 심사는 갈수록 형식적으로 진행되고 있다. 어떤 상임위원회에서는 결산 심사를 반나절 만에 끝내기도 하고, 심지어 아예 심사 보고서 의결을 안 해 버리기도 한다. 심사를 한다 해도 제대로 된 결산 심사라기보다 행정부 지출을 확인하는 정도에 불과하다.

결산은 한 회계연도에 있어서 국가의 수입과 지출 실적을 확정적 계수로 표시한 것으로 행정부가 예산을 지출한 뒤 그 내용에 대해 사후에 국회의 승인을 받기 위해 제출하는 의안을 말한다. 즉, 올해 하는 결산 심사는 작년의 수입·지출에 대한 것이다. 2019년에 2018년 결산과 2020년 예산을 심사한다. 원칙적으로는 2018년 결산 심사 내용을 2020년 예산 심사에 반영해야 하나 말처럼 쉽게 연결되지 않는다. 국회 결산 심사 전에 행정부의 예산편성이 이루어지기 때문이다. 그럼 결국 2021년 예산에 반영하라는 요구가 되니 행정부도 국회도 긴장감이 떨어지는 것이다.

2018회계연도 보건복지부 결산에서 지적했던 사안을 보면, 결산과 예산과의 관계가 드러난다. 복지부의 재정 상태를 보면 부채가 전년 대비 22.3% 증가한 것으로 나타났다. 금액으로 보면 3조5,251억 원으로 전년 대비 6,423억 원이 증가했다. 특히 유동부채 증가율은 전년 대비 75.5%에 달했다. 유동부채는 1조2,025억 원인데, 이 중 기타의 미지급금이 9,072억 원이다. 미지급금은 법적으로 지급해야 하지만, 행정부가 지급하지 못하고 쌓아 놓은 금액을 말한다. 의료 급여 미지급금이 6,695억 원, 영유아 보육료가 1,506억 원 등으로 두 사업의 미지급금만 8,202억 원에 달했다

미지급금 문제는 결산, 예산 심사 때마다 지적해 왔지만 상황은 갈수록 악화되고 있다. 2018년 결산상의 미지급금 현황을 보면 의료 급여 경상 보조 6,695억4천만 원, 장애인 활동 지원 674억3천만 원, 국가 암 관리 228억9천만 원, 암 환자 지원 사업 92억6천만 원, 에이즈 및 성병 예방 13억2천만 원, 국가 결핵 예방 18억4천만 원, 국가 건강검진 사업 운영 14억3천만 원, 영유아 보육료 지원 1,506억2천만 원, 외국인 근로자 등 의료 지원 16억5천만 원 등 9,259억7천만 원이나 된다. 법적으로 지급해야 하는 금액 1조 원 가량이 빚으로 쌓여 있는 것이다.

특히 2018년 미지급금은 최근 3년간 최대 금액이다. 의료 급여의 경우 매년 추경으로 부족한 금액을 메꿔 왔고, 2018년에도 추경 편성을 했음에도 연도 말 미지급금은 6,695억 원에 이르렀다. 이는 2017년 미지급금 3,334억 원의 2배에 달하는 것이다. 장애인 활동 지원의 경우도 부족분을 추경으로 편성했는데, 2018년에 추경이 없자 미지급금은 674억 원으로 증가했다. 2017년 연도 말 미지급금 잔액은 308억 원이었다. 역시 전년도의 2배에 달하는 금액이다. 예산에서 일단 미지급금을 정산하고, 또다시 부족한 금액이 발생하지 않도록 적정 예산을 편성해야 하는데 계속 소극적으로 예산을 편성해서 발생한 사태다. 본예산에서 적정 금액이 반영되지 않으면 날이 갈수록 상황은 심각해질 것이다. 결국 피해는 의료 급여 수급자, 장애인, 암 환자 등 사회적 약자에게 돌아가게 되어 있다. 결산이 예산에 '영향'을 미쳐야 한다.

또한 국공립 어린이집 설치 지원 사업 사례를 보자. 이 사업의 본래 취지는 농어촌, 저소득층 밀집 지역, 산업 단지 지역 등 주로 보육 취약지를 지원하겠다는 것이다. 2017년 국공립 어린이집 확충 목표는 360 개였고, 373개소가 설치되었다. 목표를 초과 달성했다. 양적으로는 문제가 없다. 그런데 이 중 52%에 달하는 193개소가 서울시에 설치되었다. 경기, 인천 등 수도권을 더하면 276개소, 전체의 73%에 달한다. 대전, 충북은 각각 2개소뿐이다. 국공립 어린이집 설치 비율이 낮은 지역은 여전히 설치되지 않고 있다. 편성된 예산이 사업의 본래 목적과 취지에 부합되게 집행되도록 해야 한다. 행정부가 알아서 잘하면 좋겠지만, 그렇지 않을 수도 있다. 결산 심사를 통해 의회가 해야 할 역할이다.

결산은 국회가 갖는 막강한 권한 중 하나다. 결산을 통해 제도 개선, 주의, 시정, 징계 요구 및 감사원 감사 청구 등을 할 수 있다. 결산 심사 결과 위법하거나 부당한 사항이 있는 경우 행정부나 해당 기관에 변상 또는 책임자 징계 조치 등 시정을 본회의 의결로 요구할 수 있다. 시정 요구를 받은 기관은 그 사항을 즉시 처리해 국회에 보고해야 한다. 문제가 있는 특정 사안에 대해서는 국회가 감사원에 감사를 요구할 수 있다. 행정부를 감시한다는 면에서는 '사용처'를 정하는 예산 심사보다 '제대로 사용했는지'를 살피는 결산 심사가 더 중요하다고 볼 수 있다. 결산을 제대로 한다면 행정부는 결산 심사를 두려워하게 되고, 예산을 적절하게 집행하려고 노력하게 될 것이다. 나아가 행정부 주도, 관료 우위의 예결산 영역에 대해 입법부가 실질적 권한을 행사할 수 있게 된다. 예산이나 입법과 달리 결산은 정당 간 정쟁의 대상이 될 여지가 적다. 지역이나 특정 집단의 이익을 관철하기 위해 담합할 이유도 없다. 행정부에 대한 입법부의 견제 기능만 작동한다. 행정부에 대한 입법부의 통제권을 강화하기 위해서도 결산 심사가 중요하다. 하지만 그 중요성에도 불구하고, 결산 심사는 갈수록 형식적으로 진행되고 있다. 예산만큼 '득표'에 도움이 되지 않기 때문이다.

독일의 경우 연방하원 예산위원회의 소위원회로 감사위원회Rechnung sprüfungsausschuss가 있다고 한다. 연방회계감사원의 전년도 결산 관련 권고 사항이 예산안에 반영되었는지를 확인하는 소위원회다. 연방회계감사원의 감사 기능은 실무적인 것이며 예산집행 감독 기능은 최종적으로 예산위원회의 감사위원회가 담당한다고 한다. 독일 연방회계감사원은 국가 재정을 감사하는 독립기관으로 원장과 부원장은 연방 정부에 의해 제청되고 대통령이 임명한다.[10]

우리도 감사원이 있다. 감사원은 대통령에 소속하되, 직무에 관해서는 독립적인 지위를 가지며 원장은 국회의 동의를 받아 대통령이 임명한다. 감사원은 국가의 세입·세출의 결산 검사를 기본 업무로 하며, 그 밖에 감사원 법 및 다른 법률에서 정하는 회계를 검사·감독하고, 행정기관 및 공무원의 직무를 감찰한다. 〈국가재정법〉에 따라 감사원의 국가 결산 보고서가 국회에 제출되고 있다. 국가 결산 보고서는 기획재정부 장관이 〈국가회계법〉에서 정하는 바에 따라 회계연도마다 작성해 대통령의 승인을 받아 다음 연도 4월 10일까지 감사원에 제출한다. 감사원은 국가 결산 보고서를 검사하고, 그 보고서를 다음 연도 5월 20일까지 기획재정부 장관에게 송부한다. 정부는 감사원의 검사를 거친 국가 결산 보고서를 5월 31일까지 국회에 제출한다. 감사원이 국회 산하 기관이 된다면 많은 문제가 해결될 수 있다. 소속 변경이 당장 쉽지 않다면 독일처럼 예결특위에 국가 결산 보고서를 심사하는 소위원회를 두는 것도 결산 심사를 강화하는 좋은 방법이 될 것이다.

일반 국정에 관한 권한

국회는 입법과 재정에 관한 권한을 행사하며
시민들의 삶을 나아지게 만드는 역할을 하는 한편,
국정감사와 국정조사를 통해 행정부를 감시하고 견제한다.
민주주의는 다수를 점한 쪽에 더 많은 권한을 허용하면서도
그 권한을 무제한 행사하지 못하도록 설계되어 있다.

국정감사

"요즘 한가하시죠? 쌈박질 하느라 일을 안 하니……."

"한가한데 일요일에 나와서 일하다 이 시간에 퇴근하겠어요?"

"실무자만 일하지 의원들은 놀고 월급 받잖아요."

"방금 전까지 의원님과 일하다 나온 겁니다."

"어디서 일하세요?"

"어디든 국회에서 일하는 사람은 다 똑같아요. 밖에서 보시는 것과 다릅니다."

국정감사 막바지 주말 저녁이었다. 물에 젖은 솜뭉치 같은 몸으로 국회의원회관 앞에서 택시를 탔더니 기사님이 말을 붙인다. 국회에서 택시를 타면 곧잘 나오는 이야기인데, 누적된 피로 때문인지 나도 모르게 퉁명스럽게 답하고 말았다. 그래도 일요일 늦은 밤에 퇴근하는 사람에게 '한가하지 않냐'고 묻다니. 내가 퇴근하던 시각에도 의원회관의 불은 환히 켜져 있었다. 국회에 대한 오해는 불신과 짝을 이룬다. '일하지 않는 국회'라는 오명이 하루 이틀 일도 아니고, 국정감사의 위력이 예전만 못하다는 평가도 씁쓸하지만, 그보다 마음에 걸리는 건 국회는 지금 과연 '실질적 변화'를 만드는 일을 하고 있는가의 여부다. 국정감사는 어떤가. '국가정책의 개선'으로 이어지고 있을까?

입법부는 국정감사를 통해 국정 운영의 실태를 파악하고, 입법과 예산심의를 위한 자료를 수집하며, 국정의 잘못된 부분을 지적하고 시정을 요구한다. 즉, 국정감사는 그 자체로도 중요한 의미가 있지만 입법·예산심의·국정통제를 효율적으로 수행하기 위해서도 필요하다. 이것이 국회가 지닌 '일반 국정에 관한 권한'이다. 국정감사는 〈제헌 헌법〉(1948.7.17)에서부터 근거 조항을 두고 있었는데, 유신 때(1972.12.27) 폐지되었다가 민주화 직후인 1987년 제9차 헌법 개정(1987.10.29)으로 부활했다. 이후 정권에 따라 흔들리지 않도록 〈국회법〉과 〈국정감사 및 조사에 관한 법률〉에서 그 권한을 보장하고 있다.

국정감사는, 국정 전반을 한 뼘의 성역 없이 파헤칠 수 있는 입법부의 막강한 권한이자, 야당이 행정부를 비판하고 대안을 제시해 집권 가능성을 보여 주는 장이기도 하다. 이를 기준으로 현재의 국정감사를 본다면 어느 쪽으로도 긍정적이라고 보기 어렵다.

최근 들어 국정감사는 입법부가 일체감을 갖고 행정부를 상대하는 것이 아니라 '행정부와 여당' 대 '야당'의 대결의 장이 되고 있다. 입법부의 권한을 제대로 행사하기 위해서는 여야가 행정부에 대한 감시와 견제라는 공통의 목표를 추구해야 한다. 이때는 여당이 중요하다. 행정부를 대신해 야당의 공격을 방어하는 데 치중하거나 야당을 공격하기 위한 수단으로 질의를 활용하는 것은 입법부 고유의 역할을 방기하는 것이다. 법안이나 예산 심사에서는 행정부와 공조하는 여당의 역할이 강조될 수 있다. 하지만 행정부에 대한 감시와 견제 기능이 주가 되는 국정감사는 다르다.

야당은 어떠해야 할까? 민주주의는 오늘의 야당이 선거를 통해 여당을 대체할 수 있는 체제라고 했다. 따라서 야당은 국정감사를 통해 집권 여당보다 행정부를 더 잘 운영할 수 있다는 것을 보여 줘야 한다. 야당이 여당보다 국정감사를 더 열심히 준비해야 하는 것은 이런 필요 때문이다. 질의를 통해, 정당이 추구하는 지향과 가치를 보여 줘야 한다. 대통령에 대한 비난이 이보다 중요할까? 지난 인사에 대한 책임을 추궁하는 것이 이보다 가치 있는 것일까? 국정감사가 본연의 기능을 하기 위해 가장 중요한 것은 정당의 역할이라고 할 수 있다.

(1) 국정감사에는 어떤 문제가 있을까?

① 많은 피감 기관, 짧은 질의 시간

국정감사를 더욱 잘하기 위해 개선해야 할 문제들이 있다.

2019년 국정감사는 10월 2일부터 24일까지 22일간 상임위원회별로 실시했다. 겸임상임위원회인 국회운영위원회, 정보위원회, 여성가족위원회의 국정감사는 10월 23일 시작돼 11월 6일까지 별도로 실시되었다. 국정감사 대상 기관은 788개로 역대 최다를 기록했다. 2000년 355개 기관이었던 것과 비교하면 2배 이상 증가한 것이다. 최근 3년만 보아도 2016년 665개, 2017년 703개, 2018년 752개 기관으로 꾸준히 증가하는 추세를 보이고 있다. 감사 기간은 22일이지만(겸임 상임위원회 제외), 주말과 자료 정리일(대체로 수요일)을 제외하면 실제 국정감

표 5.1   상임위원회별 국정감사 일정 및 기관 수(2019년)

구분	일 수	기관 수	1일 평균 기관 수
국회운영위원회	2	9	4.5
법제사법위원회	11	76	6.9
정무위원회	11	45	4.1
기획재정위원회	10	29	2.9
교육위원회	8	91	11.4
과학기술정보방송통신위원회	12	82	6.8
외교통일위원회	15	31	2.1
국방위원회	11	64	5.8
행정안전위원회	11	32	2.9
문화체육관광위원회	10	75	7.5
농림축산식품해양수산위원회	10	34	3.4
산업통상자원중소벤처기업위원회	11	61	5.5
보건복지위원회	10	45	4.5
환경노동위원회	12	71	5.9
국토교통위원회	10	32	3.2
정보위원회	3	5	1.7
여성가족위원회	2	6	3.0
합계	159	788	5.0

자료 : 국회사무처. "2019년 국정감사 수첩."

사가 실시되는 날짜는 상임위원회별로 8~15일에 불과하다. 피감 기관이 가장 많은 곳은 교육위원회로, 1일 평균 기관수가 11.4개소에 달한다. 모든 국립대학과 시도 교육청을 감사해야 하기 때문에 감사 1반, 2반으로 나누어 진행한다. 과학기술정보통신위원회의 경우 하루에 27개 기관을 감사하는 날도 있다(〈표 5.1〉, 〈표 5.2〉).

국정감사 기간은 짧은데 피감 기관은 많고, 이에 비해 질의 시간은 터무니없이 짧다. 상임위원회 질의는 통상 1차 7분, 2차 5분, 3차 3분

표 5.2　2000~2018년 국회 국정감사 기간 및 피감기관 현황

구분	감사 기간	감사 기관수		증인 출석		참고인 출석		서류 제출 요구
		선정	실시	요구	출석	요구	출석	
2000년	10.19~11.7 (20일간)	357	355	2,614	2,550	222	214	66,497
2001년	9.10~9.29 (20일간)	402	392	2,612	2,552	199	184	57,547
2002년	9.16~10.5 (20일간)	365	365	2,436	2,385	175	170	56,974
2003년	9.22~10.11 (20일간)	399	364	2,489	2,393	186	162	49,361
2004년	10.4~10.23 (20일간)	457	456	3,068	3,008	91	73	73,695
2005년	9.22~10.11 (20일간)	461	461	3,162	3,073	89	76	70,837
2006년	10.13~11. 1 (20일간)	510	510	3,543	3,427	90	75	76,324
2007년	10.17~11.4 (19일간)	488	488	3,340	3,253	64	52	73,061
2008년	10.6~10.25 (20일간)	478	478	3,457	3,377	236	209	10,686
2009년	10.5~10.24 (20일간)	478	478	3,494	3,401	127	107	100,126
2010년	10.4~10.23 (20일간)	514	514	3,527	2,943	123	95	102,734
2011년	9.19~10.8 (20일간)	560	553	3,269	3,176	99	72	104,574
2012년	10.5~10.24 (20일간)	559	557	3,699	3,606	134	120	112,121
2013년	10.14~11.2 (20일간)	630	628	3,947	3,856	180	149	133,152
2014년	10.7~10.27 (21일간)	672	671	3,761	3,692	169	136	130,463
2015년	9.10~10.9 (23일간)	712	712	4,173	4,090	124	106	148,446
2016년	9.26~10.18 (23일간)	690	665	3,727	3,634	160	137	121,022
2017년	10.12~10.31 (20일간)	703	703	3,956	3,765	223	163	153,450
2018년	10.10~10.29 (20일간)	753	752	4,358	4,181	252	209	150,581

자료: 제16, 17, 18, 19대 국회 경과보고서 통합본: 2016년, 2017년, 2018년 국정감·조사 통계자료집(국회사무처)

으로 진행한다. 3차 질의까지 충실히 해도 총 질의 시간은 15분에 불과하다. 온종일 회의를 해도 의원 한 명당 발언 시간은 20여 분 내외다. 이 시간에 답변도 포함되므로 차분히 답변을 듣기는 애당초 어렵다. 질의하는 입장에서는 일분일초가 금쪽같은데 답변하는 장관이나 기관장이 장황하게 설명을 하거나 핵심에서 벗어나는 발언을 하면 저지하게 되고, 모르쇠로 일관하거나 무책임한 답변을 하면 언성이 높아지기도 한다.

이와 달리 본회의장에서 국무위원을 상대로 이루어지는 대정부 질의는 질의 시간에 답변 시간이 포함되지 않는다. 그렇기 때문에 정해진 시간 안에 질의하고자 하는 바를 충분히 소화할 수 있다. 우리가 국무총리의 정돈된 답변을 들을 수 있는 것은 답변에 시간 제약이 없기 때문이다. 앞서도 언급한 바 있지만 질의와 답변이 일문일답 원칙에 맞게 충실히 이루어지려면 적어도 답변 시간만큼은 질의 시간에서 분리해야 한다.

② 상시국감? 국정감사는 언제 하는 것이 좋을까?

국정감사가 끝날 무렵이면 연중 어느 때나 국정감사를 실시하자는, 이른바 '상시국감' 이야기가 나온다. 상시국감은 국정감사의 문제점을 이야기할 때면 단골로 등장하는 대안이다. 2013년에는 정당별로 구체적인 안도 제시되었다. 당시 새정치민주연합은 상임위원회별로 연간 30일 이내에서 일주일 단위로 4회 정도 분산해 실시하는 방안을 제시했고, 새누리당도 상시국감 필요성에 원칙적으로 동의한다는 견해를 밝했다. 정의당은 상임위원회별로 상시국감을 실시하고, 감사원 감사 의뢰 요건을 본회의 의결에서 상임위원회 의결로 완화하고, 예산상 불이익 또는 기관장 해임 등 강력한 조치로 시정·보완 요구의 실효성을 높이자고 제안했다. 상시국감이 제기되는 배경은 앞서 언급한 대로 짧은 기간 동안 많은 기관을 한꺼번에 감사하는 현재의 관행상 깊이 있는 국정감사가 어렵다는 데 있다.

상시적 국정감사 실시는 장단점이 있다. 분산 효과는 장점이지만, 집중성이 떨어진다는 점에서 비효율적인 면이 있다. 그보다 좀 더 현실적인 개선 방법은 국정 감사 시기를 조정하는 것이다. 〈국정감사 및 조사에 관한 법률〉에서 국정감사는 정기회 이전, 즉, 9월 1일 전에 30일간 실시하도록 명시하고 있다. 시간을 역산하면 적어도 8월 1일에는 국정감사를 시작해야 한다. 과거 법에서는 정기회 개회(9월 1일) 이후에 실시하도록 했는데, 2002년 법 개정을 통해 9월 10일에 시작하도록 했다가 10년 만인 2012년 다시 개정해 정기회 이전으로 앞당겼다. 정기회 전에 국정감사를 마치고, 정기회에서는 예산과 법안 심사에 집중할 수 있도록 한 것이다. 합리적인 방안이다. 하지만 법 개정 이후에도 정기회 전에 실시한 적은 없다. 2015년 19대 국회 마지막 국정감사 때 전반기(9월 10~25일)와 후반기(9월 30일~10월 8일)로 나누어 실시한 것을 제외하면 거의 대부분 10월에 실시되고 있다.

당시 법 개정 이유에도 나왔지만, 정기회 기간에 국정감사까지 진행하는 것은 무리한 측면이 있다. 국회의 회기는 정기회와 임시회로 나뉜다. 정기회는 매년 9월 1일에 시작되어 1백 일 이내의 기간 동안 정당 대표 연설, 대정부 질문 등을 실시하고, 다음 연도 예산안을 심의·확정하며, 법률안 등 기타 안건을 처리한다. 임시회는 대통령 또는 재적 의원 4분의 1 이상의 요구가 있을 경우 30일 이내의 기간에서 진행되는데, 통상 2월, 4월, 6월 등 짝수 달에 열린다. 행정부의 업무 및 주요 현안 보고, 법률안 및 기타 안건을 처리한다. 정기회에 국정감사를 실시하는 현행 방식에 따르면 국정감사 직후에 예산 심사가 진행되니 아무래도 예산 심사에 소홀해질 수밖에 없다.

국정감사는 결산 심사와 결합하는 것이 바람직하다. 행정부의 위법하거나 부당한 사항에 대한 시정 요구, 특정 사안에 대한 감사원 감사 요구 등 결산의 기능은 국정감사와 비슷하다. 국정감사와 결산 심사를 상반기에 진행하고, 정기회에서는 이를 반영해 예산·법안 심사에 집중한다면 상시국감 못지않은 실효성을 확보할 수 있을 것이다. 국정감사 시기를 앞당기면 기간 연장도 수월하다. 정기회 때는 예산 심사 일정의 압박으로 인해 20일 이상 진행하기 어렵지만 상반기에는 30~40일간 국정감사를 해도 무방하다. 피감기관은 제한을 둘 필요가 있다. 국정감사장에 출석은 했으나 온종일 질의 한 번 못 받고 돌아가는 기관장도 있다. 하루에 지나치게 많은 기관을 감사하면, 감사를 하는 쪽도 받는 쪽도 형식적으로 임하게 된다. 일정 규모 이하 기관은 특별한 사안이 없다면 격년으로 실시하는 것도 하나의 방안이 될 것이다. 피감 기관이 많은 상임위원회의 경우 교육위처럼 감사반을 1반, 2반으로 나누어 실시하는 것도 바람직하다. 또한 현재 시찰 수준으로 진행되는 현장 감사를 활성화할 필요도 있다. 기관 보고에 노동조합 또는 종사자의 의견을 포함한다면 좀 더 의미 있는 현장 감사가 될 수 있을 것이다.

③ 보도 경쟁에서 빠지겠습니다

2018년 정무위원회 국정감사 회의장에는 벵갈고양이가 등장했다. 대전동물원에서 퓨마가 탈출한 사건이 있었는데, 한 국회의원이 이에 대해 질의를 하면서 퓨마를 대신해 벵갈고양이를 동반한 것이다. 질의 요지는 남북정상회담을 하던 날 동물원에서 퓨마가 탈출해 인터넷 실시간 검색 1위를 차지하자, 이에 대응하기 위해 국가안전보장회의NSC가 소집된 것이 맞느냐는 것이었다. 홍남기 당시 국무조정실장은 NSC 소집은 사실이 아니라고 답변했다. 질의의 핵심은 퓨마도, 대전동물원도, 남북정상회담도, 심지어 NSC 소집도 아니었다. 실시간 검색어에 대한 대응 여부였다. 기본적인 사실관계도 확인하지 않은 질문이었지만, 그날 대부분의 언론에 벵갈고양이 사진이 실렸고, 다른 의제들은 관심 밖으로 밀려났다.

만약 동물원에서 탈출한 퓨마를 사살한 문제에 대해 정책적으로 다루려면 동물원의 동물 관리 현황을 살펴야 한다. 맹수의 탈출에 따른 대응 매뉴얼, 동물 안전관리 실태를 들여다봐야 하고, 근본적인 대책으로는 우리에 갇힌 동물을 구경하는 '관람형 동물원'에서, 동물들에게 야생과 유사한 서식 환경을 제공하고 생태를 관찰하는 '관찰형 동물원'으로 전환하는 문제 등이 언급되어야 한다. 동물과 관련한 법으로는 〈동물보호법〉〈동물원 및 수족관의 관리에 관한 법률〉〈실험동물에 관한 법률〉이 있고, 각각 농림해양수산위원회, 환경노동위원회, 보건복지위원회 소관 법률이다. 해당 상임위원회에서 이런 내용을 다룬다면 언론에 보도가 될까? 일부 언론은 보도하겠지만, 벵갈고양이만큼 폭발적인 관심을 끌기는 어려울 것이다. 둘 중 어느 쪽을 선택할 것인가? 보도의 유혹에서 자유로워져야 충실한 정책 질의가 가능하다. 언론을 의식해 하루가 멀다 하고 쏟아 내는 무책임한 폭로, 근거가 떨어지는 억지스러운 주장, 언론의 입맛에 '맞춘' 데이터 분석, 예전 보도 자료 베끼기는 국정감사의 의미를 스스로 낮추는 것이다.

말은 쉽지만, 아주 자유롭기는 어렵다. 수개월 간 준비한 의제가 국정감사를 통해 사회적 반향을 일으킬 수 있기를 바라는 마음은 자연스러운 것이기 때문이다. 공들여 준비한 자료인 만큼 언론에서도 잘 다루어 줬으면 싶다. 내가 '비운의 보도 자료'라고 부르는 자료들이 있는데, 정책적으로 완성도가 높음에도 언론의 주목을 받지 못하는 경우다. 2018년 국정감사에서 정책 제안으로 '국민연금 개혁 방안' 보도 자료 6건을 준비했다. 모두 다소 논쟁적인 주제였고, 그중 한 건은 국민연금 수익비에 관한 것이었다. 지금까지 행정부는 국민연금 수익비를 1.8배라고 홍보해 왔는데, 이 수치가 과소 추계되었음을 실증했다. 수익비가 1.8배라는 것은 내가 1백만 원을 내면 180만 원을 돌려받는다는 뜻이다. 그런데 늘어난 평균 수명 등을 반영하면 국민연금 수익비는 2.6배로 높아진다.[1] 1백만 원을 내면 260만 원을 돌려받는다는 것이다. 민간 보험사가 운영하는 사적 연금은 수익비가 1.0배가 넘지 않아 내가 낸 것보다 적게 받는다. 국민연금의 수익비는 이보다 월등히 높다. 공적연금이라 가능한 수치다. 가입자에게 이렇게 유리하다는 걸 더 홍보해야 하는데, 행정부는 수익비 1.8배를 고수하고 있다. 왜 안할까? 수익비를 정확히 계산하면, 장기 재정 추계에도 똑같이 반영해야 하기 때문이다. 재정 추계의 기본 전제가 바뀌면 연금 고갈 시점도 달라진다. 연금 개혁의 출발은 '정확한 사실(추계)'을 직시하는 것이라고 보았고, 나머지 보도 자료도 이런 관점에서 작성한 것이었다.

얼마나 보도되었을까? 이 자료는 딱 한 언론사에서 온라인 판으로 올렸고, 조용히 사라졌다. 마음은 사정없이 널을 뛰지만, 이럴 때 흔들리지 않아야 한다. 국정감사의 목적이 언론 보도는 아니지 않은가. 물론 보도가 되면 더 없이 기쁜 일이다. 언론의 힘이 더해지면 문제 해결에 더 가까이 다가갈 수 있기 때문이다. 다행히도 '비운의 보도 자료'가 될 뻔 했던 위 자료는 5일 뒤 '국가기간 뉴스 통신사'의 눈 밝은 기자님이 기사를 썼고,[2] 이어 여러 언론에 보도되었다. 하루 종일 웃음이 나왔다.

(2) 국정감사를 통해 할 수 있는 일

① 행정부에 대한 감시

국정감사를 통해 할 수 있는 일은 무엇이 있을까? 먼저 행정부에 대한 감시 기능을 들 수 있다. '통킹 만 사건'이 조작되었음을 폭로한 미국의 대표적인 탐사 보도 언론인 이지 스톤은 "모든 정부는 거짓말을 한다."라고 했다.

2019년 국정감사에서 다루었던 의제 중 하나는 대통령의 이름을 건

표 5.3   재난적 의료비 지원 건수 및 예산, 실집행, 불용 현황(단위 : 건, 백만 원)

연도	지급 건수	탈락 건수	예산액	집행액	불용액
2016	14,752	442	55,000	45,092	9,908
2017	11,571	975	52,502	32,749	19,753
2018	8,687	966	150,462	21,098	129,364

자료: 윤소하 의원실. "문재인 케어 도입 2년 평가, 실집행률 56.2." 보도자료(2019/10/01).

정책, 이른바 '문재인 케어'에 관한 것이다. 건강보험 보장성을 획기적
으로 높이겠다는 정책인데, 그중 하나로 과도한 의료비로 인한 가계 파
탄을 막겠다는 취지에서 '재난적 의료비 지원 사업'을 대폭 확대했다.
'재난적 의료' 상황이란 질병·부상 등으로 인한 치료·재활 과정에서 소
득·재산 수준 등에 비추어 과도한 의료비가 발생해 경제적 어려움을
겪게 되는 상황을 말한다. 이 사업은 박근혜 행정부 시절부터 이어져
온 것으로, 문재인 행정부 출범 이후 지원 대상, 대상 질환, 지원 금액
이 확대되었다.

2015년 암, 뇌혈관, 심장, 희귀 난치성, 중증 화상 질환으로 입원한
환자와 항암 외래 진료에 대해 지원하던 것에서 2018년부터는 모든 질
환의 입원 환자와 암, 뇌혈관, 심장, 희귀 질환, 중증 난치 질환, 중증 화
상 질환의 외래 진료까지, 지원 금액은 최대 2천만 원에서 3천만 원으
로 확대했다. 이에 따라 예산도 전년 대비 3배가량 증액했다. 그런데 실
제 지원 건수를 살펴보니 전년보다 2,884건이 줄었고, 지원액도 오히
려 117억 원 감소했다. 의료비 지원을 신청했으나 탈락한 건수는 2016
년 442건에서 2018년 966건으로 2배 늘어났다. 결국 예산의 86%인

1,293억 원이 불용되었다(⟨표 5.3⟩). 대체 어떻게 된 일일까?

행정부는 확대한다고 해놓고, 지나치게 확대될 것을 염려했던지 지원 대상자 규정을 강화해 버렸다. 기존에는 의료비가 2백만 원 이상 발생할 경우 중위 소득 80% 이하 소득자라면 전부 지원 대상이었지만, 문재인 케어 실시 이후에는 전부 지원받는 것이 아니다. 중위 소득 50% 이하는 기존과 같지만, '중위 소득 50~80%'에 해당하는 사람들은 의료비가 2백만 원 이상이더라도 연소득 15%를 초과할 경우에만 지원 대상이 되었다. 지원 기준을 강화함에 따라 예산의 무려 86%를 못 쓰고 만 것이다.

행정부가 의지를 가지고 추진했고, 대표 정책으로 홍보했음에도 이처럼 실제 집행에서 문제가 드러나는 경우가 많다. 행정부 정책의 문제점을 밝혀내고 개선해 실효성을 확보하도록 하는 것이 국정감사 고유의 역할이다.

② 의제의 사회화

국정감사를 통해 정책과 제도를 개선하는 것이 가장 뚜렷한 성과지만, 그렇게 되지 않더라도 문제 제기만으로도 의미 있는 경우가 있다. 다음 사례를 보자.

국민건강보험공단은 2019년 7월 건강보험 자금 투자 전략을 변경했다. 그동안 건강보험은 손실 가능성이 거의 없는 안전한 자산에만 투자했는데, 이제 부동산이나 사회간접자본, 위험성이 높은 헤지펀드, 사모펀드 등에도 투자할 수 있게 되었다. 투자 가능액은 주식 4천1백억~

8천2백억 원, 대체 투자 8천2백억~1조6,400억 원 등이다. 최대 약 2조4,600억 원에 달하는 금액에서 원금 손실이 발생할 수 있다는 의미다. 문제는 이를 건강보험공단이 자의적으로 판단해서 임의로 결정했다는 것이다.

건강보험은 1년 단위로 단기 운용되는 사회보험이며 단기 유동성에 대응하기 위해 준비금을 적립한다. 즉, 그해에 걷어서 최소한의 준비금만 남기고 모두 사용해야 하는 자금이다. 장기 적립을 목적으로 하며 일정한 수익을 창출해 자산 규모를 키워 가는 국민연금 등 연기금과 성격이 전혀 다르다.

그런데 2018년 건강보험 적립액은 20조6천억 원에 달했다. 2010년 9,592억 원에서 대폭 증가한 것이다. 앞서 언급한 건강보험 보장성 강화에 사용해야 하는 돈을 사용하지 않고 모아 놓고만 있었던 것이다. '문재인 케어'와 모순되는 일이다. 왜일까? 자금 투자는 자산군별로 '비중'을 나누어 이루어진다. 적립액이 많을수록 투자액도 많아진다. 1조 원의 2%와 20조 원의 2%는 규모가 다르다. 투자 자금 확보를 위해 적립액을 쌓아 놓은 것은 아닌지 의심스러운 지점이다.

건강보험 준비금으로 위험 분야에 투자하겠다는 시도 자체도 문제이지만, 무엇보다 큰 문제는 법적 근거 없이 이루어졌다는 점이다. 4대 사회보험(건강보험·국민연금·고용보험·산재보험) 중 건강보험만 유일하게 기금이 아니다. 기금으로 운영한다면 재정 당국과 국회의 통제를 받지만 건강보험은 자체 예산이기에 공적 통제 장치 없이 보건복지부 장관의 승인만으로 운영되고 있다.

〈국민연금법〉에 따라 운용되는 국민연금기금은 보건복지부 장관이 매년 기금 운용 계획을 세워서 사용자, 근로자, 지역 가입자 대표 등이 참여하는 기금운용위원회와 국무회의 심의를 거쳐 대통령 승인을 받고 국회에 보고한다. 기금운용위원회 위원장은 기금의 운용 내용과 사용 내용을 운용위원회 심의를 거쳐 국회에 제출하고 공시해야 한다. 국민연금공단은 내부에 준법 감시인도 두고 있다. 건강보험공단은 이와 같은 법적 근거를 갖추지 않았다.

국정감사에서 따져 물었다. 이런 경우, 문제를 제기하기는 했으나 법적 근거가 없었을 뿐 현행법을 위반한 것은 아니다. 현 시점에서 손실이 발생한 것도 아니다. 법의 미비점과 미래 위험 가능성에 대한 문제 제기일 뿐이다. 건강보험공단과 후속 논의를 통해 내부 규정을 갖추도록 하는 한편, 국회로 논의를 가져와야 한다. 건강보험 준비금의 적립 규모는 어느 정도여야 하는지, 투자처는 어디까지 허용해야 하는지, 또는 제한해야 하는지, 공적 감시 체계를 어떻게 갖출 것인지 등 논의할 것이 많다. 이처럼 해당 의제를 공론화해 논의의 장으로 불러들이는 과정을 '의제의 사회화'라고 한다. 국정감사는 현행 제도를 개선하는 역할만이 아니라 중요한 의제가 사회적으로 논의되도록 만드는 힘을 가지고 있다. 국정감사를 비추던 조명이 꺼지면, 진짜 논의가 시작된다.

③ 정책은 상품이 아니다

국정감사는 당해 연도에 끝나지 않는다. 국정감사 결과 보고서는 다음 해 3월, 감사원에 요청한 감사 보고서는 다음 해 7월이나 되어야 나오다. 어떤 질의를 했는지도 잊을 즈음 처리 결과가 나오는 것이다. 실제 정책에 반영되기까지는 더 오랜 시간이 걸린다.

2019년부터 시행되고 있는 청년 건강검진은 2017년 국정감사에서 지적한 사항이다. 청년 지원 조직에서 일하던 후배로부터 청년들의 건강이 갈수록 나빠지고 있다는 이야기를 듣고, 몇 가지 질환을 선정해 연령별 증가율을 살펴보았다. 앞에서도 지적했지만 놀랍게도 근골격계 질환, 소화계 질환, 공황 장애와 우울증 등 정신 건강 관련 질환에서 전체 세대를 통틀어 청년들의 건강이 가장 빠르게 악화되고 있었다.

대체 청년들에게 무슨 일이 벌어지고 있는 것일까. 증가율만 보면 '청년병'이라 불러도 과언이 아니었다. 취업 준비와 스트레스, 사회적 상황으로 인해 건강은 나빠지고 있는데, 청년들은 건강보험공단에서 실시하는 국가 건강검진에서도 소외되어 있었다. 국정감사에서 했던 문제 제기는 법 개정으로 이어져 결국 2019년부터 모든 청년이 국가 건강검진의 대상에 포함되었다. 지나가는 청년들을 붙잡고 "건강검진 받으세요."라고 말해 주고 싶은 심정이다. 정책 대상자가 분명한 사업은 더 큰 보람을 느끼게 된다.

정치는 다양한 시민들의 여러 이해와 요구를 집약해 정책적으로 실현하는 데서 그 실력을 가늠할 수 있다. 통계와 자료는 주장을 뒷받침하기 위한 논리적 근거이며, 국정감사는 정치인의 실력을 보여 줄 수 있는 가장 좋은 무대이다. 그래서 국정감사를 '의정 활동의 꽃'이라고 한다.

다만, 국정감사에서 범하기 쉬운 오류 중 하나는 '괜찮은 상품'을 판매하려는 시도다. 수요자들과 함께 정책을 고민하기보다 여론의 관심을 끌 만한 의제를 찾으려고 애쓰는 경우가 많은데, 언론 보도나 외부 평가에 신경을 쓸수록 더 그렇다. 비단 국정감사가 아니더라도 정책은 정당이 만들어 시장에 파는 상품이 아니라는 점을 기억해야 한다. 마찬가지로 시민들은 진열대에 놓인 상품을 구매하는 소비자에 머물지 않는다. 민주주의에서 정당의 가장 중요한 역할 중 하나는 시민들이 의견을 '표출'하도록 하는 것이다. 이는 조직된 결사체를 필요로 한다.

안타깝게도 최근의 경향은 수요자와 함께 공들여 정책을 만들고, 이를 통해 정당의 안정적 기반을 구축하는 등 시간과 노력을 기울여 정치적 토대를 만드는 것보다 언론 노출, 도발적 언사와 선정적 의제 등을 통해 이미지를 구축하는 데 치중하고 있는 것 같다. 국정감사가 특정 지지층과 여론에 아첨하기 위한 장으로 변모한다면 문제 해결을 위한 노력은 설 곳을 잃어버린다.

20대 국회 마지막 국정감사는 내게는 열네 번째 국정감사였다. 익숙해질 때도 되었는데 매번 새롭게 긴장한다. 조금만 더 노력하면 문제를 해결할 수 있을 것 같다는 생각에 조바심이 나기도 하고, 4년 내내 문제를 제기했음에도 해결하지 못한 건 나의 실력 부족 때문이라고 자책하기도 한다. 국회에서 들인 노력이 약자들의 삶에 직접적인 영향을 미친다는 점을 생각하면 흘러가는 시간이 아쉽고 너무도 아깝다. 국정감사는 행정부에 대한 감사이자, 좋은 정책을 만들고 실현하는 과정이다. 국정감사에서 했던 질의는 결과 보고서에 담기고, 제도 개선, 주의, 시정, 나아가 감사원 감사까지 청구할 수 있다. 국정감사를 통해 할 수 있는 일이 적지 않다. 유능한 대리자, 성실한 대표자로서 입법부가 가진 강력한 권한을 효과적으로 사용할 수 있기를 바란다.

국정조사

(1) "대통령 박근혜를 파면한다"

2016년 12월 3일 박근혜 대통령 탄핵안이 발의되었고, 같은 달 9일 가결되었다. 〈헌법〉에 따라 대통령의 권한 행사는 정지되었고, 국무총리가 권한대행 직을 수행했으며 헌법재판소는 탄핵 소추 의결서를 수령하고 탄핵심판을 개시했다(사건번호: 2016헌나1). 2017년 3월 10일 헌법재판소는 "주문, 피청구인 대통령 박근혜를 파면한다."고 선고했다. 이로써 18대 대한민국 대통령, 박근혜 대통령은 탄핵되었다.

　여기까지 이르지 않을 수 있는 기회가 여러 차례 있었다. 2014년 1월, 청와대 공직기강비서관실 행정관이 작성한 보고서에는 정윤회, 최순실에 대한 언급이 나온다. 보고서의 핵심은 정윤회가 비선 실세라는 것이었으나 사건의 초점은 '문건 유출'로 바뀐다. 이후 수사 과정에서 그는 "우리나라의 권력 서열은 최순실 씨가 1위, 정 씨(정윤회)가 2위이며 박근혜 대통령이 3위에 불과하다."고 말했으나 아무런 조치도 취해지지 않았다. 공직기강비서관실 행정관은 제 할 일을 했으나 권력은 견제되지 않았고, 견제되지 않은 권력은 거침없이 국정을 사적으로 편취

했으며, 결국 위임되었던 권력은 회수되기에 이른다.

2016년 7월, 이화여자대학교가 평생교육 단과대학 지원 사업에 선정되자 이를 둘러싸고 학내 논란이 일면서 학생들의 반발이 커졌다. 같은 해 9월 말 국정감사에서 행정부의 재정 지원과 최순실 씨의 자녀인 정유라 씨의 입학과 학사 관리 사이에 연관성이 있는 것 아니냐는 의혹이 제기되었다. 하지만 여당(당시 새누리당) 의원들의 증인 채택 반대 등으로 감사가 제대로 진행되지 못했다. 의회는 제 역할을 하지 못했고, 권력은 또다시 견제와 감시의 범위에서 벗어났다.

결국 박근혜 – 최순실 게이트는 언론 보도를 통해서 드러나게 된다. 미르재단과 케이스포츠재단 설립에 최순실 씨가 관여됐다는 보도에 이어 10월 26일 한 방송사가 입수한 최 씨의 태블릿 PC를 공개하면서 사태는 되돌릴 수 없는 방향으로 전개되었다. 상황이 심각해지자 박 대통령은 언론 보도 다음날 대국민 담화를 발표했다. 최 씨에게 연설문 작성을 도움 받은 것은 사실이지만, 임기 초반에 몇 가지 도움을 받았던 수준이라고 했다. 사태는 거기서 멈추지 않았다. 대통령의 해명과 다른 증거가 계속 나왔던 것이다.

서강대와 이화여대를 시작으로 일주일 만에 1백여 개 이상의 대학교가 시국 선언에 참여했다. 동시에 전국적으로 박근혜 대통령의 퇴진을 촉구하는 시위가 열리기 시작했다. 그렇게 시작된 촛불 집회 참가자는 2016년 말까지 연인원 1천만 명을 넘어선 것으로 보도되었다. 처음에는 진상 규명과 대통령 스스로 하야해야 한다는 의견이 많았다. 국회에서도 거국 중립내각 구성을 제안했다. 야당이 남은 임기 동안 여야가 함께 총리를 중심으로 국정을 운영하는 방안을 제안했고, 여당도 동의했다. 거국 중립내각, 즉 내각이 총사퇴한 후 여당과 야당이 협의를 통해 새롭게 내각을 구성한다는 것은 대통령 권력의 핵심인 인사권을 넘겨받아 국회가 사태를 수습하겠다는 것을 의미한다. 하지만 박근혜 대통령은 국회의 제안을 받아들이지 않았고, 퇴진의 마지막 기회를 놓쳐버렸다.

이후 국회는 '박근혜 정부의 최순실 등 민간인에 의한 국정 농단 의혹 사건 진상 규명을 위한 국정조사'를 2016년 11월 17일부터 2017년 1월 15일까지 2개월간 진행하기로 결정하고, 11월 17일 〈박근혜 정부의 최순실 등 민간인에 의한 국정농단 의혹 사건 규명을 위한 특별검사의 임명 등에 관한 법률안〉(특검법)을 통과시켜 특검 수사를 실시한다. 마침내 12월 9일 본회의에서 찬성 234인, 반대 56인, 무효 7인, 기권 2인, 불참 1인으로 박근혜 대통령에 대한 탄핵 소추 의결서가 가결된다. 탄핵소추안은 의결 기준이 높다. 국회 재적 의원 과반수의 발의, 국회 재적 의원 3분의 2 찬성이 필요하다. 박근혜 대통령 탄핵소추안은 3백 명 중 171명 발의, 234명의 찬성으로 가결되었다. 발의는 야당들만으로도 가능하지만 통과는 어렵다. 탄핵소추안의 가결은 당시 여당이었던 보수정당 의원들의 협조를 통해 이루어졌다.[3]

국회는 최선을 다했다. 민주주의는 감시와 견제를 통해 생명력을 갖는다. 국회는 입법과 재정에 관한 권한을 행사하며 시민들의 삶을 나아지게 만드는 역할을 하는 한편, 국정감사와 국정조사를 통해 행정부를 감시하고 견제한다. 민주주의는 다수를 점한 쪽에 더 많은 권한을 허용하면서도 그 권한을 무제한 행사하지 못하도록 설계되어 있다. 대통령과 의회의 관계, 행정부와 입법부의 관계는 갈등과 협력 사이에서 형성된다. 삼권분립의 원칙은 달리 말하면 삼권 균형의 원칙이기도 하다. 박 대통령이 국회를 국정 운영의 동반자로 생각했더라면, 국회를 시민들의 의견을 대리하는 대표자라고 생각했더라면, 국회를 존중하거나 적어도 두려워했더라면 상황은 달라졌을 것이다.

당시 국정조사는 나의 보좌관 경력을 통틀어서 가장 힘든 업무 중 하나였다. 일단 범위가 너무 광범위했다. 대상 기관만 해도 대통령실, 기획재정부, 교육부, 미래창조과학부, 외교부, 통일부, 법무부, 문화체육관광부, 보건복지부와 그 부처의 산하 기관, 금융감독원 등 행정부 각 부처와 기관들, 전국경제인연합회 및 관련 기업들, 재단법인 미르, 재단법인 케이스포츠, 은행연합회, 증권거래소, 법조윤리협의회, 서울지방변호사회, 리앤킴법률사무소, 김영재 의원, 차움의원 등 민간 기관이 다수 포함되어 있었다. 기관별 조사는 물론 기관 사이의 인과관계도 파악해야 했다. 대기업 대외 협력 업무 담당자의 명함을 가장 많이 받은 시기이기도 하다. 연관된 사람이 너무 많았다. 당연히 관련된 사업도 많았다. 회의실 하나를 통째로 비우고 자료를 두었는데 나중에는 더 이상 쌓을 곳이 없을 만큼 자료가 많았다. 벽에는 커다란 대자보를 붙여 놓고 그림표를 그렸다. 작은 글씨로 썼지만 파악된 의혹은 늘어만 갔고, 종이를 이어서 붙여야 했다. 접착식 메모지에 관련자들을 써서 붙였는데 이 역시 한없이 늘어 갔다. 그동안 추진 과정이 무리하다 싶었던 사업에는 여지없이 관계자가 등장했다

그야말로 국정 전반을 파헤쳐야 하는 상황이었다. 하지만 막상 국정조사 날에는 증인들이 출석하지 않아 밤을 새워 준비한 질의가 무용한 것이 되었고, 수없이 출석 요구서를 발송해야 했다. 또한 국정조사는 매번 생방송으로 중계되었는데 시민들의 즉각적인 반응은 놀랍고도 두려운 일이었다. 질의를 마치면 의원실 전화는 응원과 항의에 먹통이 되었고, 개인 핸드폰과 메신저로도 다양한 의견이 쏟아졌다. 시민들의 시선은 온통 국회를 향해 있었다. 시민들은 국회가 권력에 대한 견제 기능을 잘 수행할 것이라고 기대했다. 국회에서 일하면서 받아 본 가장 적극적인 지지였다. 정치 불신, 정확히는 국회에 대한 불신을 없애는 가장 좋은 방법은 국회가 본연의 역할을 충실히 수행하는 것이라는 생각이 들었다.

(2) 국정조사의 요건과 의미

국정조사는 〈국정감사 및 조사에 관한 법률〉에 따라 재적 의원 4분의 1 이상의 요구로 특별위원회 또는 상임위원회에서 국정의 특정 사안에 관해 조사를 실시한다. 조사 요구는 조사의 목적, 조사할 사안의 범위와 조사를 할 위원회 등을 기재하고, 요구 의원이 연서해 서면으로 제출해야 한다. 의장은 조사 요구서가 제출되면 지체 없이 본회의에 보고하고 각 교섭단체 대표 의원과 협의해 조사를 할 특별위원회를 구성하거나 해당 상임위원회에 회부해 조사를 할 위원회를 확정한다. 조사위원회는 조사의 목적, 조사할 사안의 범위와 조사 방법, 조사에 필요한 기간 및 소요 경비 등을 기재한 조사 계획서를 본회의에 제출해 승인을 받아 조사를 한다.

국정조사는 특성상 여야의 합의를 전제로 한다. 국회는 여당과 야당이 갈등하며 경쟁하는 곳인데, 국정조사가 이루어지기 위해서는 여야가 합의에 이르러야 한다. 20대 국회에서는 2건의 국정조사가 진행되었다. 앞서 말한 국정 농단 국정조사와 '가습기 살균제 사고 진상 규명과 피해 구제 및 재발 방지 대책 마련을 위한 국정조사'다. 두 건 모두 워낙 큰 규모의 국정조사였기 때문인지 그 밖의 국정조사는 진행되지 않았다. 국정조사를 할 만큼 심각한 사회적 문제가 된 사안이 없었던 것일까? 상황은 그렇게 단순하지 않다.

20대 국회에서는 국정조사가 이루어진 2건 외에도 17건의 국정조사 요구가 있었다. 그런데 그 내용을 보면, '더불어민주당과 정부의 공영방송 장악 음모에 대한 진상 규명과 언론 자유 수호를 위한 국정조사 요구'(정우택 의원 등 105인), '이명박·박근혜 정부의 방송 장악 등 언론 적폐 사건 진상 규명을 위한 국정조사 요구'(우원식 의원 등 121인)를 비롯해 '김기식 금융감독원장 관련 의혹들에 대한 진상 규명과 청와대 인사 체계 점검을 위한 국정조사 요구'(김성태 의원 등 110인), '민주당원 댓글 공작을 둘러싼 김경수 의원 및 청와대·민주당 관련 의혹과 수사 당국의 축소 은폐에 대한 진상 규명을 위한 국정조사 요구'(김성태 의원 등 114인) 등 사안 자체가 여야가 합의해 처리하기 어려운 것들이다. 추미애 법무부 장관이 취임한 지 일주일째인 2020년 1월 10일에는 '청와대와 법무부 장관 추미애의 인사권 남용을 통한 수사 방해 의혹 등에 대한 진상 규명을 위한 국정조사 요구'(심재철 의원 등 108인)가 발의되기도 했다. 추 장관에 대한 탄핵소추안도 같은 날 발의되었다. 국정조사가 입법부라는 공동의 정체성에 기반해 행정부를 견제하고 감시하는 것을 본질로 하는 제도라는 측면에서 본다면, 이런 국정조사 요구는 본연의 목적과 거리가 멀다. 이는 20대 국회의 갈등 양상을 보여 주는 것이기도 하다.

19대 국회에서는 '정부 및 공공 기관 등의 해외 자원 개발 진상 규명', '개인 정보 대량 유출 관련 실태 조사 및 재발 방지', '세월호 침몰 사고의 진상 규명', '국무총리실 산하 민간인 불법 사찰 및 증거인멸 사건의 진상 규명', '공공 의료 정상화', '국가정보원 댓글 의혹 사건 등의 진상 규명' 등 6건의 국정조사 요구서가 의결되었다. 20대 국회보다 훨씬 많다. 이 중 한 건은 합의는 했지만 실제 활동은 하지 못한 채 활동이 종료되었고, 나머지 5건 중 결과 보고서가 채택된 것은 2건뿐이다. 국정조사가 이루어지기도 어렵지만 조사 결과에 대해 정당 간에 합의해 보고서를 채택하는 것도 쉽지 않다. '쌍용자동차 정리해고 진상 규명', '민주당 정부의 영토주권 포기 등 진상 규명을 위한 국정조사 요구' 등도 제안되었으나 의결되지는 않았다. 다만 19대 국회의 경우 국정조사가 사회적으로 큰 파장을 일으킨 사건을 중심으로 요구되었고, 상대에 대한 공격적 요구는 적었다는 점에서 긍정적인 측면이 있었다.

18대 국회에서는 '저축은행 비리 의혹 진상 규명', '쌀 소득 보전 직접 지불금 불법 수령 사건 실태 규명', '미국산 쇠고기 수입위생 조건 개정 관련 한·미 기술 협의의 과정 및 협정 내용의 실태 규명'을 위한 국정조사가 진행되었다. 의결되지는 않았지만 이 시기에는 '이명박 정부의 방송 장악 및 네티즌 탄압 실태 규명', '이명박 정부의 용산 철거민 폭력 살상 진압의 진상 규명', '정부가 추진 중인 4대강 살리기 사업의 실태 규명', '공영방송 MBC 장악을 위한 정치 공작 등의 의혹 규명'을 위한 국정조사 등 집권 여당과 행정부의 주요 정책과 그에 따라 발생한 사회적 문제 등 행정부에 대한 문제 제기성 국정조사 요구가 여러 건 제안되었다. 역시 의결되지는 않았지만 '한진중공업 4대 의혹 규명', '한국외환은행 대주주 론스타 펀드에 대한 적격성 심사 부실 등 각종 의혹 진상 규명', '제주 해군기지 건설 관련 각종 의혹과 법률 준수 여부 규명'을 위한 국정조사 요구 등도 같은 맥락에서 제안되었다.

17대 국회에서는 '쌀 관세화 유예 연장 협상의 실태 규명'과 '이라크 내 테러 집단에 의한 한국인 피살 사건 관련 진상 조사'가 의결되었다. 이 시기에는 사회적 문제와 정치적 문제가 분리되지 않았다.[4]

이와 같은 국정조사는 활성화될 필요가 있다. 국정감사가 기관 중심으로 이루어진다면 국정조사는 의제 중심으로 이루어진다. 하나의 의제로 여러 기관을 감사할 수 있어 사회적 문제를 다루는 데 더 효과적이다. 국정에 대한 조사권은 활용하기에 따라 '상시 국정감사'와 같은 기능을 할 수 있다. 상임위원회 차원의 국정조사를 연간 1회만 실시하더라도 국정감사 이상의 효과를 볼 수 있을 것이다. 특히 여러 부처와 다수의 권력기관이 연관되어 있는 문제라면 국정조사를 실시하는 것이 한 부처만 상대하는 국정감사보다 효과적이다. 여야 간 합의에 기반한 국정조사의 활성화는 행정부에 대한 가장 강력한 견제가 될 것이다.

인사청문회

(1) 여당과 야당만 있는 정치

A.

청와대의 사전 검증 부실에 따른 결과 : 참여정부에서는 전체 후보자 중 8.4%만이 임명 동의안 부결이나 지명 철회, 청문회 전·후로 사퇴, 청문 보고서 미채택을 했으나 이명박 정부는 26.2%, 박근혜 정부는 30.4% 로 대폭 증가함.[5]

B.

33.3%. 문재인 정부 들어 인사 청문 보고서가 미채택된 비율이다. 이는 박근혜 정부(15.2%)의 2배가 넘는 수치로 인사청문회가 본연의 기능 을 잃고 정쟁의 도구로 전락해 가고 있다는 것을 보여 준다.

(A)는 2014년 7월에 유인태 의원(새정치민주연합)이 주최한 토론회 "박근혜 정부의 인사 참사, 과연 제도 탓인가?"에서 참여정부 인사 수 석 출신인 박남춘 의원(새정치민주연합)이 발제한 내용이다.[6] 이명박, 박 근혜 정부에서 인사 청문 보고서 미채택률이 높은 것은 청와대의 사전

검증 부실에 따른 결과라는 것이다.

　(B)의 언급은 2019년 6월 『국회보』에 게재된 김종민 의원(더불어민주당)의 "인사청문회, 제도 개선보다 인식 개선이 우선"이라는 글의 일부다. 문재인 정부의 인사 청문 보고서 미채택률이 높은 것은 인사청문회가 정쟁의 도구로 전락해 가고 있기 때문이라는 것이다.

　동일한 상황에 대해 같은 정당 소속 의원의 발언이 정반대다. 두 발언의 시간차 5년 동안 바뀐 것은 민주당이 집권 정당이 되었다는 것이다.

　C.

　국민들 사이에 인사청문회의 필요성에 대한 회의가 일고 있는 것 같습니다. 정책 능력 검증보다는 도덕성 검증이라는 미명하에 후보자의 흠집 내기가 극에 달해서 그 결과 인격 파괴로 치닫고 있기 때문입니다. 2000년 인사청문회 도입 이후에 여야를 떠나 수많은 인재들이 인격적으로 파산선고를 받았고 심지어는 가정이 파괴되기까지 했습니다. …… 야당 위원님들은 정책 능력 검증보다는 도덕성 검증이라는 이름으로 흠집 내기에 전력투구했습니다. 자주 일방적으로 의혹을 제기하고 후보자에게 답변할 기회를 제대로 주지 않은 것이 그 반증입니다.

　D.

　현행 청문회는 도덕성에 치중한 나머지 직무 적합성 검증의 부재, 후보자 및 가족들의 개인 사생활 침해, 지나치게 짧은 청문회 기간 등 여러 문제점들이 있습니다

E.

인사청문회를 통한 공직 후보자의 도덕성 검증은 단순한 '신상 털기'가 아니다. 언론의 검증을 '신상 털기'로 받아들이는 것 자체가 문제다. '신상 털기'라는 표현은 공적인 인물에 대해 쓸 수 있는 표현이 아니며 공직을 담당할 후보자를 언론이 검증하는 것은 당연한 것이다. 오히려 촉박한 청문회 기간, 부실한 검증 자료 제출 등으로 인사청문회가 한계를 가질 수밖에 없는 여건에서 공직자의 적합도를 검증하는 데 언론의 역할은 더욱 확대되어야 한다. (중략) 문제는 언론의 철저한 검증 보도가 아니라 문제 사안을 사전에 걸러 내지 못한 인사 시스템에 있다는 것을 잘 보여 준다. 결국 '신상 털기'란 비판은 공직 후보자에 대한 철저한 사전 검증 실패와 인사 시스템의 붕괴를 언론 탓으로 돌리는 것에 불과하다.

(C)와 (D)는 인사청문회가 도덕성 검증이라는 이름으로 흠집 내기를 일삼고 있다고 한다. 후보자와 가족의 사생활 침해도 언급하고 있다. (E)는 철저한 도덕성 검증은 언론의 당연한 역할이며, 이를 신상 털기라고 비난하는 것은, 사전 검증 실패와 인사 시스템 붕괴를 언론 탓으로 돌리는 것이라고 지적한다. 각각 어느 정당 의원의 발언일까?

(C)는 나성린 의원(한나라당)이 2009년 9월 '국무총리 정운찬 임명 동의안 처리를 위한 회의'에서 했던 발언이다. (D)는 권성동 의원(한나라당)이 2011년 2월 대정부 질의에서 언급한 내용이다. (E)는 박남춘 의원(새정치민주연합)이 2014년 『관훈저널』에 쓴 기고문이다.[7]

언급한 내용만 보면 어느 정당 소속 의원의 발언인지 구분하기 어렵다. 2019년, 여야가 바뀐 상황에서 이 발언은 그대로 상대를 향하고 있다. 과거나 지금이나 '여당' 의원들은 청문회의 도덕성 검증이 과도하다고 불만을 토로하고, '야당' 의원은 신상 털기가 아니라 공적 검증이라고 주장한다. 인사청문회에 대한 정당들의 입장은 정당 간 차이가 아니라 오로지 여당이냐 야당이냐에 달려 있다 해도 과언이 아니다. 여야의 대립은 시민의 대결로 이어진다. 시민들이 찬성과 반대로 나뉘어 서로를 향해 화해 불가능한 적대심을 드러내기 시작하면 '고위 공직자 적격성 검증'이라는 인사청문회의 의미는 사라지고, 지지자와 반대자만 존재하는 '유사 내전' 상황으로 돌입하게 된다. 대통령의 인사권에 대한 의회의 견제라는, 민주주의의 보편적 원리에 입각한 제도가 반정치의 온상으로 변모하는 것이다.

영원한 여당도, 영원한 야당도 없다. 여당과 야당은 선거를 통해 언제든 뒤바뀔 수 있다. 여야가 바뀌어도 보복당하지 않을 것이라는 상호 신뢰와, 이를 바탕으로 한 규범과 제도의 준수가 필요하다. 여당일 때는 야당 시절을 잊고, 야당이 되어서는 여당일 때를 망각하면서, 끝없이 상대를 적대시한다면 좋은 정치의 길은 점점 더 멀어질 것이다.[8]

(2) 인사청문회는 악마의 절차?

인사청문회는 1993년 김영삼 행정부 출범 직후 임명된 고위 공직자의 불법·편법 사실이 연이어 드러나는 등 자질에 대한 문제 제기가 잇따르는 상황에서 도입이 제안되었고, 김대중 대통령이 공약한 뒤 2000년 6월, 16대 국회에 이르러 〈인사청문회법〉이 제정되면서 본격적으로 시행되었다. 첫 인사청문회는 같은 달 이한동 국무총리 후보자를 대상으로 열렸다.

노무현 대통령은 당선 직후인 2003년 1월 〈인사청문회법〉 개정을 통해, 이른바 '4대 권력 기관장'이라 불렸던 국가정보원장·검찰총장·국세청장·경찰청장을 청문 대상에 포함시켰다. 이어 모든 국무위원 내정자가 인사청문회를 거치도록 인사 청문 대상자를 확대했다. 이에 따라 2006년 장관 내정자에 대한 인사청문회가 처음으로 실시되었다.[9]

노 대통령은 "(인사 청문) 제도의 도입은 대통령의 권한 행사를 제약하는 것이 아니고 인사에 있어서 공정성과 객관성, 절차의 신중성을 높이는 방안이 될 것"이며 "국회에서 인사청문회 정도를 버텨내지 못하는 사람이라면 대통령도 같이 일하기 곤란하다."고 했다.[10] 노 대통령은 이 혹독한 시험대의 첫 대상자로 유시민 장관을 올렸다.

유 장관은 나의 첫 인사청문회 대상자이기도 했다. 당시 유 장관에 대한 사회적 관심은 2019년의 '조국 법무부 장관 후보자' 못지않게 뜨거웠다. 유 장관은 여당이었던 열린우리당 내에서도 반대 의견이 있어 다른 장관 후보자들보다 이틀 뒤에야 내정자로 발표될 수 있었다. 평소 거침없는 발언이 족쇄가 된 것이다. '1·2 개각 파동'으로까지 불리는 갈등 상황에서 유 장관은 열린우리당 동료 의원들에게 편지를 보내어 '넘치는 의욕에 비해 역량이 부족한 젊은 정치인에게 있을 수 있는 오류로 너그럽게 이해하고 관용해' 달라고 부탁했다.[11] 유 장관이 낮은 자세를 취하면서 여당의 반대 기류는 누그러졌지만, 야당이었던 한나라당은 인사청문회를 거부하며 한 달 가량 등원하지 않았다.

　마침내 열리게 된 인사청문회 날, 회의장에는 숨쉬기도 힘들 만큼 긴장감이 감돌았다. 유 후보자는 2 대 8 가르마로 머리를 얌전히 넘기고 나타났다. 국회의원 선서를 하던 날, 면바지에 티셔츠를 입고 본 회의장에 들어서 복장에 대한 지적을 받았을 만큼 자유로웠던 그가 아닌가. 심각한 상황에서도 짧은 웃음이 스쳐 갔다. 인사청문회는 그의 헤어스타일만큼이나 진지했다. 오후 8시까지 온종일 계속되었고, 다음날 오전에도 추가 질의가 이어졌다.

　내가 속한 의원실도 불타오르는 사명감으로 그의 모든 것을 살폈지만 위장 전입, 부동산 투기, 부적절한 주식 투자, 탈세, 논문 표절 등 이른바 '도덕성' 측면에서 문제 삼을 만한 것을 찾을 수가 없었다. 베스트셀러 작가로 알려져 있어 책을 많이 판 줄 알았는데 재산도 많지 않았다. 흔한 암 보험조차 가입하지 않은 그에게 혀를 내둘렀다. 정책 질의를 할 수밖에 없었다. 우리가 준비한 질의는 '의료 영리화'에 대한 입장, '성 평등 의식' 등이었다.

　결과적으로 유시민 후보자의 인사 청문 경과보고서는 채택되지 않았다. 국민연금 보험료 때문이었다. 직장 가입자에서 지역 가입자로 자격이 변동된 즉시 자발적으로 신고하고 납부했어야 하는데 1년 뒤에야 신고한 것은 복지부 장관으로 부적격 사유라는 것이 야당의 주장이었다. 의도적 납부 거부가 아니라 제도가 변경된 뒤 정확한 안내가 이루어지지 않아 발생한 문제였다. 자격 변동자의 98%가 후보자와 같은 상황이었음에도 그의 사과와 해명은 받아들여지지 않았다. 국회에서 인사 청문 경과보고서 채택이 무산된 사흘 뒤, 대통령은 그를 보건복지부 장관으로 임명했다.[12]

유 장관의 사례는 인사청문회에 대한 논쟁을 불러왔다. 후보자의 자질과 무관하게 야당이 대통령에 대한 공격의 수단으로 인사청문회를 활용한다는 의견과, 국회의 반대에도 불구하고 대통령이 임명을 강행한다면 인사청문회가 무의미하니 국무위원에 대해서도 국회의 동의권을 의무화해야 한다는 의견이 충돌했다. 이런 논란은 인사청문회 때마다 반복된다.

(3) 제도 개선보다 정치의 공간을 넓혀야

현재 인사 청문 대상은 국무위원과 대법원장, 헌법재판소장, 국무총리, 감사원장, 대법관, 그리고 헌법재판소 재판관, 중앙선거관리위원회 위원, 방송통신위원회 위원장, 국가정보원장, 공정거래위원회 위원장, 금융위원회 위원장, 국가인권위원회 위원장, 국세청장, 검찰총장, 경찰청장, 합동참모의장, 한국은행 총재, 특별감찰관, 한국방송공사 사장 등 63인이다(〈표 5.4〉).

대법원장, 헌법재판소장, 국무총리, 감사원장, 대법관과 국회에서 선출하는 헌법재판소 재판관 및 중앙선거관리위원회 위원은 국회의원 13인으로 인사청문특별위원회를 따로 구성해 인사 청문을 실시한다.

표 5.4 〈인사청문회법〉 개정 연혁에 따른 인사 청문 대상자 추가 현황

근거	대상자	주관	국회 역할
2000.6.23. 〈인사청문회법〉 제정	대법원장, 헌법재판소장, 국무총리, 감사원장, 대법관 13인	인사청문회 특위	국회 동의 필요
	국회에서 선출하는 헌법재판소 재판관 3인, 중앙선거관리위원회 위원 3인	인사청문회 특위	국회 선출
2003.2.4. 개정	국가정보원장, 국세청장, 검찰총장, 경찰청장	소관 상임위원회	국회 동의 필요 없음
2005.7.29. 개정	대통령과 대법관이 지명하는 헌법재판소 재판관 6인, 중앙선거관리위원회 위원 6인, 국무위원	소관 상임위원회	국회 동의 필요 없음
2007.12.14. 개정	합동참모의장	소관 상임위원회	국회 동의 필요 없음
2008.2.29. 개정	방송통신위원회 위원장	소관 상임위원회	국회 동의 필요 없음
2012.3.21. 개정	공정거래위원회 위원장, 금융위원회 위원장, 국가인권위원회 위원장, 한국은행 총재	소관 상임위원회	국회 동의 필요 없음
2014.5.28. 개정	특별감찰관, 한국방송공사 사장	소관 상임위원회	국회 동의 필요 없음

헌법에 따라 임명에 국회의 동의가 필요하기 때문이다. 나머지 대상자는 해당 상임위원회에서 인사 청문을 실시하고, 적격 여부에 대한 의견을 담아 경과 보고서를 채택하는데(여야 간에 합의를 하지 못하면 경과 보고서를 채택하지 못할 수도 있다) 이를 대통령이 수용할 의무는 없다. 인사는 대통령의 권한이기 때문이다. 하지만 국회 인사청문회를 통과하지 못한 공직자를 임명하는 것은 이후 정국 운영에 큰 부담이 된다.

국회 입법조사처에 따르면 사법부 고위 공직자에 비해서 국무총리

나 장관 후보자에 대한 검증이 더 까다로운 것으로 나타났다. 이명박·박근혜 행정부에서 인사 청문 경과보고서가 채택되지 않았음에도 대통령이 임명을 강행한 장관 후보자는 전체의 20%에 달하는 반면, 인사 청문 제도가 실시된 이래 낙마한 대법관 후보자는 1명, 헌법재판소장은 2명, 헌법재판소 재판관은 1명뿐이었고, 대법원장 후보자는 단 1명도 낙마하지 않았다.[13]

미국의 경우는 반대이다. 미국은 법률에 의해 설치된 공직 중 헌법에 별도의 규정이 없는 경우는 모두 상원의 동의를 얻도록 하고 있다. 대상이 되는 직위는 1,141개에 달한다. 그런데 미국은 각료보다 사법부에 대한 인준이 더 엄격하다. 대통령이 임명한 각료에 대한 인준 거부 비율은 2% 미만이며 1900년대 이후 장관 후보자 인준을 거부한 것은 1925년, 1959년, 1989년 세 차례에 불과하다고 한다. 반면, 연방 대법관 후보자는 1789년부터 2008년까지 158명 중 36명이 인준을 받지 못했다. 인준 거부 비율이 22.8%에 달한다. 연방 대법관은 종신직이고, 행정부의 정책 수행을 견제하거나 대통령과 의회 간 분쟁 조정 역할을 하기 때문에 더 철저히 검증한다는 것이다.[14] 미국은 상원에서 인준이 거부되면 대통령은 2주 안에 다른 후보자를 지명해야 한다. 상원의 인준을 받아 임명된 고위 공직자는 대통령이 임의로 파면할 수 없으며 파면 시에도 상원의 동의를 받아야 한다. 그러므로 상원은 인준을 신중히 할 수밖에 없으며 대통령도 인준을 통과할 인물을 선택하게 된다.[15]

대통령과 야당의 경쟁의 장이 되어 버린 우리나라 인사청문회에 대한 문제 제기는 '인사청문회가 필요 없다'는 극단적 무용론도 있지만,

대체로 제도 개선이 필요하다는 쪽으로 귀결된다.

지난 2014년, 박근혜 대통령은 인사청문회가 '신상 털기, 여론 재판식'으로 진행되고 있다고 지적하면서 제도 개선의 필요성을 언급했다. 국무총리 후보자로 거론되던 인물들이 인사 청문 요청서조차 제출하지 못하고 잇따라 낙마하자 나온 발언이었다. 새누리당도 인사청문회가 지나치게 까다롭다며 "누구도 통과할 수 없는 제도"라고 했다.

인사청문회 제도 개선에 대해서는 크게 두 가지로 의견이 갈린다. 청와대의 사전 검증 시스템을 강화해야 한다는 의견과, 국회 인사 청문회 제도를 정비해 결과적으로 기준을 완화하자는 의견이다. 후자의 방안 중 하나는 후보자의 신상을 보호하기 위해 청문회를 이원화하자는 것이다. 1차는 비공개로 해 도덕성을 검증하고, 2차는 공개로 해 업무 능력이나 자질을 검증하자는 내용이다.

현행법으로도 신상 보호는 가능하다. 〈인사청문회법〉 제14조에 따라 국가 기밀에 관한 사항, 개인의 명예나 사생활을 부당하게 침해할 우려가 명백한 경우, 기업 및 개인의 정보 누설 우려가 있는 경우, 재판 또는 수사 중인 사건의 소추에 영향을 미치는 경우 등은 비공개로 할 수 있다. 제15조 공직 후보자 등의 보호 조항에 따라 후보자, 증인, 참고인 스스로 비공개를 요구할 수 있고, 제16조에 따라 변호사, 변리사, 의사, 약사, 종교의 직에 있었던 경우 등 업무와 연관된 비밀과 국가 기밀은 증언을 거부할 수 있다. 제도가 미비해서 '신상 보호'가 안 되는 것이 아니다. 그보다는 운영에 달려 있다. 이는 정치적 타협의 영역이다.

제도 개선은 다른 측면에서 필요하다. 증인 또는 감정인은 허위 진술을 할 경우 〈국회에서의 증언·감정 등에 관한 법률〉에 따라 처벌을 받는 반면, 인사 청문 공직 후보자는 고의로 허위 진술을 해도 처벌할 수 없다. 규정이 없기 때문이다. 증인과 감정인은 처벌하는데, "공직 후보자인 본인은 양심에 따라 숨김과 보탬이 없이 사실 그대로 말할 것을 맹서합니다."라고 선서한 후보자는 처벌하지 않는다? 형평성에도 맞지 않다. 인사청문회의 실효성을 확보하기 위해 서면 답변을 포함해 후보자 허위 진술에 대한 처벌 규정을 신설할 필요가 있다. 물론 형사적 제재가 도입된다 하더라도 이는 소극적으로 적용되어야 한다. 형사책임보다 정치적 책임을 강화하는 방향에서 작동되도록 하는 것이 더 중요하기 때문이다.

요컨대 제도 개선보다 우선되어야 할 것은 정치적 공간을 넓히는 일이다. 대통령이 임명한 국무위원은 행정부의 수장이기도 하지만 입법부와 협력해 일하는 사람이기도 하다. 행정부의 정책이 안정적으로 추진되려면 입법은 선택이 아니라 필수다. 야당이 동의하지 않는 후보자에 대한 임명 강행은 이를 간과하거나 의도적으로 무시하는 것이다. 야당도 마찬가지다. 거부권은 힘이 있지만, 함부로 써서는 안 된다. 조정과 타협의 가능성을 차단하는 일이 되기 때문이다. 인사 검증은 찬성과 반대 양자택일이 아니라 입법부와 행정부가 협력의 조건을 마련하는 과정이 되어야 한다.

인사청문회는 악마의 절차가 아니다. 대통령의 인사권을 통제할 권한이 입법부에 있으므로 행정부는 인사권 행사에 더욱 신중하게 된다. 임명에 실패하면 정치적 손실이 크기 때문이다. 후보자는 자신이 충분한 능력과 도덕성, 자질을 갖추고 있음을 국민들에게 납득시킬 좋은 기회다. 국정 운영의 방향을 놓고 후보자와 여야가 생산적인 토론을 할 수도 있다. 인사청문회는 본래 이런 것이다.

(4) 인력 충원의 통로, 정당

고위 공직자는 어떤 사람이 되어야 하는가? 인사청문회는 사실 준비하는 입장에서도 유쾌한 업무는 아니다. 다른 이의 삶을 의심의 눈으로 들여다봐야 하기 때문이다.

인사청문회는 인사 청문 요청서가 오면서 시작된다. 인사 청문 요청서에는 직업·학력·경력에 관한 사항, 병역 신고 사항, 〈공직자윤리법〉에 의한 재산 신고 사항, 최근 5년간의 소득세·재산세·종합토지세의 납부 및 체납 실적에 관한 사항, 범죄 경력에 관한 사항 등이 포함된다 (〈인사청문회법〉 제5조 참고). 공식 자료가 오면 재산 내역, 주소지 변동 상황을 살핀다. 후보자의 논문, 저서, 언론 인터뷰, 칼럼, 관련 기사도 모두 확인한다. 자료를 통해 그 사람이 살아온 과정을 살펴보는 것이다. 도덕성 검증은 생활 전체에 녹아 있는 삶의 태도를 확인하는 절차다. 외형적으로는 세금 탈루, 부동산 투기, 위장 전입, 논문 표절, 병역 기피 등이 공직자로서 문제가 되는 삶의 태도다.[16]

한번은 우울증으로 공익 근무 요원으로 복무했던, 후보자의 자녀가 병역기피에 해당하는지를 살펴본 적이 있었다. 정신적 사유는 당시 일부 고위층이 사용하던 편리한 병역 면탈 방법으로 알려져 있었기 때문이다. 복무 기간 중 작성한 일지 전체를 제출받아 제대로 근무했는지 확인부터 했는데 후보자 측에서 연락이 왔다. 자녀의 증상이 악화될까 염려된다며 이 문제는 다루지 말아 달라는 부탁이었다. 고민에 빠졌다. 본인 또는 직계가족의 병역기피는 고위 공직자의 명백한 결격사유다. 검증을 피해 갈 수 없다. 하지만 정말로 우울증을 앓고 있다면? 이 문제를 언급해도 될까? 도덕성 검증은 사생활과의 경계선상에 있기에 질의를 준비하는 사람도 도덕적 딜레마에 빠진다.

막스 베버는 '만약 무언가 비열한 것이 있다면, 자신이 옳기 위한 수단으로 윤리를 이용하는 것이 갖다 준 결과'라고 했다.[17] 인사청문회를 할 때면 다시금 떠올리는 말이다. 검증이라는 이름으로 과거의 죄과를 따지는 데 몰두하지 않도록 스스로 경계하기 위해서다.

2010년, 이명박 행정부 시절이었다. 진수희 보건복지부 장관 후보자 인사청문회에서 외국 국적자인 자녀가 건강보험 혜택을 받은 것에 대해 질의한 적이 있다. 진 장관의 자녀는 한국 국적을 포기해서 건강보험 자격이 없는데, 2004년과 2006년에 총 8차례에 걸쳐 건강보험 혜택을 받았기 때문이다. 그런데 사실 그렇게 받은 건강보험 혜택은 9만 원에 불과했다. 1회 방문에 1만 원이 조금 넘는 금액이다. 이는 고의적으로 혜택을 누렸다기보다 건강보험 무자격자임을 인지하지 못한 채 동네 병의원을 이용하면서 발생한 상황이었을 가능성이 크다. 그럼에도 지적해야 했다. 그가 보건복지부 장관 후보자였기 때문이다. 후보자는 바로 사과했다. 인사청문회에서 지적된 내용은 우리의 질의와 대동

소이했다. 장관 수행을 못할 정도의 결격사유라고 보기는 어려웠다. 하지만 야당 의원들은 후보자가 보건복지부 장관으로서 자격이 없다고 주장했고, 인사 청문 보고서 채택은 야당 의원들이 퇴장한 가운데 이루어졌다.

고위 공직자의 자격 기준에 대해 고민하지 않을 수 없다. 어떤 경우는 허용되고, 어떤 경우는 안 될까? 도덕과 정치에 공통으로 적용되는 객관적 기준을 만드는 일이 가능할까?

전제는, 애초에 완벽한 인사 검증을 할 수는 없다는 데서 출발해야 한다. 인사 검증은 완전무결한 사람을 찾기 위한 것이 아니다. 우리 사회 보편적 시민들의 '평균적 결함'을 기준으로, '결과에 책임을 질 수 있는 정치가'를 찾는 과정일 뿐이다. 이런 인사 검증 시스템이 작동하기 위해서는 후보자가 어느 날 갑자기 정치의 길에 들어서게 된 낯선 사람이 아니라 우리가 이미 '알고 있는 사람'이어야 한다. 유명인이라고 해서 우리가 그를 아는 것은 아니다. 알려진 모습과 실제 삶은 다를 수 있기 때문이다. 연예인의 실제 생활이 이미지와 다른 경우를 종종 보게 되는 것과 같다. 그렇다면 이미 '알고 있는 사람'이란 어떤 사람인가?

정치발전소에서 주관한 '유럽 민주주의 기행'의 일환으로 2015년 독일 기민당CDU을 방문한 적이 있다. 기민당의 정치인 충원 구조에 대한 질문에 "어릴 때부터 당에서 활동하면 네트워킹이 생긴다. 내가 누군지 알고 있는 사람들과 네트워킹을 형성하는 것이 중요하다. 오랜 기간 동안 이런 식으로 정당 활동을 하기 때문에, 밖에서 들어와 정당의 리더가 되는 것은 꽤 어렵다. 교수, 변호사, 전문 직종이 정치가가 되는 것은 미국에서는 자유롭지만 독일에서는 거의 불가능하다. 정치인은 정책을 다루는 사람으로 전문성을 인정받고 있다. 정당 모임에 참여하고 활동해야 정당 리더로 선택받을 수 있는 기회가 주어진다."고 했다. 정당의 청소년 조직 출신 인물이 지방의원이 되고, 국회의원이 되고, 장관이 되는 것이 일반적이라는 설명이다. 정치 지도자는 당 안에서 성장하는 구조가 가장 자연스럽기 때문에 '어느 날 갑자기' 정치 지도자가 되는 경우가 없다는 것이다.

스웨덴에서도 정치를 하려는 청소년들은 고등학교 때 정치에 입문한다고 한다. 스웨덴은 좌파 정당에서부터 우파 정당에 이르기까지 모든 정당이 청년 조직과 정치 학교를 운영하고 있는데, 이것이 실질적인 정치인 충원의 통로가 된다. 이처럼 유럽에서는 정당의 청년 조직에서 활동하다가 지방 정치를 거쳐 중앙 정치로 진출해 국회의원, 장관, 총리가 되는 것이 자연스러운 과정이다.

정당 안에서 시간을 두고 성장하면 그 사람이 누구인지, 장점과 단점이 무엇인지 다 알게 된다. 이들의 실력과 업무 수행 능력은 성장 과정에서 검증된다. 고위 공직자 적격 여부에 대한 판단은 이미지에 가려지지 않고 명성에 휩쓸리지 않는다. 이런 사람이 '알고 있는 사람'이다.

무엇보다 정당이 인력 충원의 통로가 되면 좋은 점은, 스스로 인사 검증을 하게 된다는 것이다. 정치를 하고자 하는 사람은 삶의 태도를 정해야 한다. 권력에 대한 욕망은 정치가의 본성이다. 더 큰 정치를 하고 싶거나 더 높은 직위에서 더 많은 일을 하고자 한다면 미래의 자신에게 누가 될 행동을 하지 않으려 노력할 것이다. (사적) 욕망을 억제하는 것은 더 큰 (정치적) 욕망이 있기 때문이다. 정당 안에서 정치인이나 선출직 공직자, 정무직 공직자로 성장한다는 것은 미래를 위해 절제하는 삶을 스스로 선택한다는 것을 의미한다. 물론 우리는 모든 문제에 최고의 판단을 할 만큼 충분히 현명하지는 않다. 그래서 제도로서의 '인사 검증'이 필요한 것이다.

마지막으로, 정당들은 자신들이 집권했을 경우 행정부를 운영할 수 있는 인력을 준비하고 있어야 한다. 정당의 정체성에 입각해, 정당이 추구하는 정책을 실현할 사람이 정당 안에 있어야 한다. 정치적 책임성은 통치자 개인이 아니라 그가 속한 정당이 집단적으로 실천하는 것이다.[18] 책임 있는 정당정부는 그곳에서 일해 온 '사람'을 통해 구현될 수 있다. 정당 안에서 자신의 정치적 지향을 실천해 온 사람, 정당 안에서 당원들에게 신망을 받아 온 사람, 정당 안에서 정치를 배우고, 당과 함께 성장해 온 사람, 이런 사람이 준비되어 있는 정당이 집권해야 한다. 그럴 때 인사청문회도 즐거운 업무가 될 것이다.

좋은 정치를
위하여

의회의 구성원이라는 자부심으로,
시민을 대표하는 의원이라는 자긍심으로
정당의 이해관계를 뛰어넘는
공동의 행위 규범을 만들어 가야 한다.
품위 있는 정치 문화는
민주주의의 힘이자 민주주의자들의 과제다.

국회에 대한 이해와 오해

(1) 의사일정에 대하여

국회가 일하지 않는다는 비판은 멈출 줄을 모른다. 일하는 사람 입장에서는 억울하기 짝이 없다. 국회는 정말 일을 하지 않는가? 연간 기본 일정부터 살펴보자. 국회는 국회의원 총선거가 있는 해를 제외하고, 매년 12월 31일까지 다음 연도의 국회 운영 기본 일정을 정하고 있다. 기본적으로 〈국회법〉에 따라 2, 4, 6월과 8월 16일에는 임시회를, 9월 1일에는 정기회를 개회한다. 회기는 의사 활동을 할 수 있는 기간을 말하는데, 임시회의 회기는 30일(8월 16일에 집회하는 임시회의 회기는 8월 31일까지), 정기회의 회기는 1백 일로 하고 있다(〈표 6.1〉).

회기는 크게 상시회기과 비상시회기로 구분된다. 상시회기는 정해진 휴회기 이외에는 항상 회기 중인 것으로, 미국·영국·독일 등이 여기에 속한다. 비非상시회기, 즉 정기회와 임시회로 구분하고 있는 나라는 프랑스와 일본 등이다. 우리나라는 정기회와 임시회를 구분하고 있다는 점에서는 비상시회기를 택한 나라이지만 사실상 상시 운영을 하고 있다. 〈국회법〉상으로도 '의장은 국회의 연중 상시 운영을 위해 각 교섭단체 대표 의원과의 협의를 거쳐' 국회 운영 기본 일정을 정하도록 해 '상시'를 명문화하고 있다. 휴회 중이라도 대통령 또는 국회 재적 의원 4분의 1 이상의 요구가 있으면 회의를 재개할 수 있다. 임시회는 30일 이내로 규정되어 있지만, 30일이 지나면 곧장 또 소집할 수 있다.

실제 2017년 이후 국회 개의 현황을 보면, 2017년 1월 9~20일, 2월 1일~3월 2일, 3월 3일~4월 1일, 5월 29일~6월 27일까지 열렸다. 4월, 5월은 개의되지 않았는데, 5월 9일에 19대 대통령 선거가 있었기 때문이다. 이어 7월 4~18일, 8월 18~31일, 9월 1일~12월 9일, 12월 11일~12월 29일 개의되었다.

2018년의 경우 1월 30일~2월 28일, 3월 5일(선거구 획정 단일 안건 처리를 위한 소집), 3월 12~30일, 4월 2일~5월 1일, 5월 2~31일, 6월 1~30일, 7월 13~26일, 8월 16~31일, 9월 1일~12월 9일, 2018년 12월 17일~2019년 1월 15일 개의되었다. 2019년은 1월 19일~2월 17일, 3월 7일~4월 5일, 4월 8일~5월 7일 개의되었다. 이처럼 임시회가 끝나면 바로 다음 임시회가 열린다. 날짜상으로는 대부분 회기 중으로 휴회 기간은 며칠 되지 않는다.

국회사무처에서 발간한 "국회 경과 보고서"에 따르면 19대 국회 4년의 임기 동안 4회의 정기회, 31회의 임시회 등 총 35회 집회되었다. 본회의는 183회, 상임위원회는 2,669회, 특별위원회(예산결산특별위원회, 윤리특별위원회 포함)는 613회 개회되었고, 공청회는 223회, 청문회는 120회 개최되었다. 회기는 총 1,205일로 1년 평균 3백 일에 달한다. 본회의 개의 일수는 183일, 총 회의 시간 836시간 40분으로 1일 평균 회의 시간은 약 3시간 56분이었다. 상임위원회는 전체회의 1,576차, 소위원회 1,093차 열렸으며, 특별위원회는 전체회의 452차, 소위원회

표 6.1   2019년도 국회 운영 기본 일정

월별	집회일 (회기)	주요 활동		비고
		본회의	위원회	
1월			법률안 등 안건 심사	행정부 입법 계획 제출 시한: 1.31(목)
2월 (임시회)	2.1(금) (30일간)	1.교섭단체 대표 연설 2.대정부 질문 3.법률안 등 안건 심의	법률안 등 안건 심사	
3월			법률안 등 안건 심사	
4월 (임시회)	4.1(월) (30일간)	1.대정부 질문 2.법률안 등 안건 심의	법률안 등 안건 심사	국회의원 재·보궐선거일 : 4.3(수)
5월			법률안 등 안건 심사	결산 제출 시한: 5.31(금)
				의결 시한: 정기회 전
6월 (임시회)	6.1(토) (30일간)	1.대정부 질문 2.법률안 등 안건 심의	법률안 등 안건 심사	
7월			법률안 및 결산 등 안건 심사	
8월 (임시회)	8.16(금) (16일간)	1.결산 등 심의 2.법률안 등 안건 심의	법률안 및 결산 등 안건 심사	
9~12월 (정기회)	9.2(월) (100일간)	1.교섭단체 대표 연설 2.대정부 질문 3.예산안 시정연설 4.예산안 및 기금 운용 계획안 등 심의 5.법률안 등 안건 심의	법률안 및 예산안 등 안건 심사	예산안 제출 시한: 9.3(화)
			국정감사	의결 시한: 12.2(월)

자료 : 국회 홈페이지, "2019년도 국회 운영 기본 일정"(2018년 12월).

161차 열렸다.

　18대 국회의 경우 2008년 6월 5일 최초 임시회가 집회된 후 4년의 임기 동안 4회의 정기회, 29회의 임시회 등 총 33회 집회되었다. 본회의는 173회, 상임위원회는 2,783회, 특별위원회는 587회 개회되었고, 공청회는 188회, 청문회는 84회 개최되었다. 회기는 총 1,124일이었다. 본회의 개의 일수는 173일, 총 회의 시간 719시간 44분으로 1일 평균 회의 시간은 약 4시간 9분이었다. 상임위원회는 전체회의 1,678차, 소위원회 1,101차 열렸으며, 특별위원회는 전체회의 393차, 소위원회 2백 차 열렸다.

2001년부터 2018년까지 미국 의회의 본회의 연평균 개회 일수는 하원은 138일, 상원은 162일이라고 한다. 영국 의회의 평균 개회일은 하원은 160일, 상원은 140일 정도이고, 독일 의회는 보통 22주(주말을 제외하면 110일)에서 24주(주말을 제외하면 120일) 정도라고 한다.[1] 어느 나라와 비교해도 우리나라는 '일을 많이 하는 국회'에 속한다.

회의 경과만 보면 국회가 일을 하지 않고 있다고 보기 어렵다. 다만 의사일정 결정에 있어서 협의주의를 택하고 있어서 교섭단체 간 협의가 이루어지지 않을 경우 파행 및 공전의 가능성이 높은 것이다.

20대 국회 임기 말 여야 중심 의원들(김무성, 원유철, 원혜영, 이석현, 이종걸, 정갑윤, 정병국)이 발의한 이른바 '일하는 국회법'과, 문희상 국회의장이 제의한 〈국회법〉 개정안에는 '회의 정례화'를 통해 '일하는 국회'를 만들겠다는 내용이 담겨 있다. 매월 임시회 집회를 명문화하고, 법안 처리 본회의를 의무화하고, 상임위와 소위를 정례화하는 등 기존 '협의주의'의 한계를 넘어서고자 '제도'로 운영을 강제하겠다는 것이다. 특히 여야 중진 의원들이 함께 국회 운영을 개선하기 위한 방안을 제시했다는 점은 높이 평가할 만하다. 다만, 정치 양극화가 심화되고 있는 상황에서 회의 정례화 등 '제도 개선'만으로 대결 구도의 개선이 가능할지 의문이다. 물론 제도적 규율이 갈등을 완화하는 효과가 있을 수는 있다. 중진 의원들의 제안도 같은 맥락일 것이다. 하지만 결국 규율이 작동하기 위해서는 정당들이 규범을 준수하기로 합의해야 한다. 제도를 만드는 것도, 제도를 운영하는 것도, 제도가 규범으로 자리 잡도록 하는 것도 모두 정당들의 몫이다.

(2) 국회의원 수당에 관하여

국회에 대한 비난은 주로 '일은 하지 않으면서 수당을 많이 받는다.'는 것이다. 국회 밖에서만 그런 것이 아니라 국회 안에서도 국회의원 특권 폐지가 거론된다. 특히 '세비 삭감'은 구체적으로 언급된다.

국회의원 수당은 정말 지나치게 많은가? 국회의원 수당은 정말 국회의원들이 마음대로 정하는 것일까? 국회의원 수당은 〈국회의원수당 등에 관한 법률〉, 〈국회의원수당등에관한규칙〉, 〈국회의원수당 등 지급에 관한 규정〉(국회 규정)에 근거한다. 법률과 규칙, 규정을 바꿀 권한이 국회에 있으니, 국회의원 마음대로 하는 것이나 마찬가지라고 한다면 전적으로 틀린 말이라고 할 수는 없다. 그런데 정말 그럴까?

수당과 활동비 등을 더해 의원에게 직접 지급되는 비용을 세비라고 하는데, 2019년 기준 세비는 연간 약 1억5천만 원 수준이다. 약 1억 원이 수당이고, 활동비가 4천7백만 원 가량 된다. 활동비는 2012년 이후 동결되어 왔고, 2019년 수당은 전년 대비 1.8% 증가했는데, 이는 공무원 인건비 인상률과 동일한 수준이다. 국회의원의 세비는 장관보다는 낮고 차관보다는 약간 높은 수준에서 편성되어 왔는데, 2019년도 국회의원의 총보수는 1억5,200만 원으로 장관급 1억7,700만 원, 차관급 1억5,600만 원보다 낮게 편성되었다.

의원 수당은 기획재정부에서 일괄 편성해 국회에 제출한 것이다. 2012년부터 2017년까지는 기재부가 증액 편성한 것을 국회 심사 과정에서 자체 삭감하는 방식으로 동결했고, 2018년과 2019년은 공무원 보수 증가율이 반영된 안으로 통과했다. 의원 활동비는 국회 출석 등을 반영해 지급한다. 장차관에게는 직책 수행 경비가 편성되는데 이에 상응하는 예산이다. 실적 경비는 폐회 중에는 미지급하고, 결석하면 감액 지급한다.

만약 피치 못할 사정으로 회의에 빠지게 되면 청가서 또는 결석계를 제출해야 한다. 본회의, 상임위원회, 특위 모두 마찬가지다. 청가서는 본회의 산회 전까지 제출해야 하고, 회의가 끝나 버리면 다음날 결석계를 제출해야 한다. 공무로 인한 출장도 청가서를 제출해야 한다. 청가서 또는 결석계를 제출한 경우 이외에는 〈국회의원수당 등에 관한 법률〉의 규정에 따라 결석한 회의 일수에 상당하는 금액을 특별 활동비에서 감액하기 때문이다. 지역구 활동은 결석 사유로 인정되지 않는다. 이른바 '일하는 국회'를 만들자며 회의 출석률에 따라 세비를 삭감하자는 의견이 있다. 10% 불출석 시 10% 삭감, 20% 불출석 시 20% 삭감 등 구체적인 수치가 제시되기도 한다. 그런데 국회에서 회의가 개최되지 못하는 이유는 정당 간 합의가 이루어지지 않았기 때문이다. 개인이

회의를 거부해서가 아니다. '세비 삭감'은 정당 간의 문제를 정치인 개인의 문제로 돌리는 것으로, 적절한 대안이라고 보기 어렵다.

세비와 별도로 지급되는 의원실 지원 예산 배정액은 연간 약 9천8백만 원이다(2019년 기준). 크게 사무실 운영 지원, 공무 출장 등 교통 지원, 입법 및 정책 개발비 지원, 의원실 보좌 직원 지원으로 구분된다. 전화·우편요금, 복사 용지 등 소모품비, 차량 유류비, 정책 자료 발간비, 매식비, 출장비 등이 여기서 지출된다. 이 중 279만8천 원만 정액으로 지급하고, 나머지는 지출 후 영수증 등 증빙서류를 제출하면 사후에 지급한다. 즉, 2.8%만 사전 지급하고, 나머지는 사후 정산으로 정당한 지출인지 확인하는 과정을 거쳐 지급한다. 외국도 명칭은 다르지만 비슷한 방식으로 기본 경비와 공무 수행 출장비 등을 지급하고 있다.

국회의원 세비가 많다고 주장하려면 기준이 필요하다. 노동자보다 많다는 것일까, 외국의 의원보다 많다는 것일까. 절대 액으로 많다 적다를 이야기하기 전에 어떤 기준으로 지급할 것인지를 먼저 정해야 하지 않을까? 지금은 기준이 있다. 국회의원은 장관급 지위에 차관급 예우를 받는다. 외교 방문 시 재외공관의 지원을 받는 것도 법률에 따라 장관급 인사와 동일하게 적용되는 것이다. 외교 활동에 지급되는 국외 여비와 업무 추진비도 〈공무원 여비 규정〉 및 '세출 예산 집행 지침'에서 정한 기준에 따라 지원된다. 이 기준을 바꿔야 한다면 타당한 이유가 있어야 한다. 명확하지 않은 기준을 내세워 많이 받으니 줄이라고 하는 것은 여론에 편승해 정치 불신을 가중하는 것이다. 권한과 특권은 다르다. 입법부에 부여된 권한을 무조건 특권으로 분류해 내려놓으라는 것은 온당하지 않다.

국회의원은 개개인이 헌법기관이다. 4년 동안 시민이 부여한 막중한 직무를 수행해야 한다. 그 기간은 별도의 직업 활동을 통해 경제생활을 꾸릴 수 없다. 만약 급여 성격의 수당을 지급하지 않는다면 어떤 일이 벌어질까? 4년 동안 돈을 벌지 않아도 생활이 가능한 사람만이 국회의원이 될 것이다. 결국 경제적 능력이 뒷받침되는 사람만이 정치를 할 수 있다. 이것이 우리 사회에 바람직할까? 세비의 많고 적음에 대한 논란 이전에 국회의원의 직무에 대해 고민했으면 좋겠다.

관료제의 발달로 전문 행정가들이 등장함에 따라 이들을 상대해야 하는 직업 정치인의 중요성도 커졌다. 국회의원의 세비 지급은 '직업 정치인'에 대한 현대 민주주의의 합의다. 귀족이 아니라 평범한 시민의 대표자가 정치 활동을 하게 되면서, 필요한 경비를 공적으로 부담하기로 한 것이다.

민주노동당은 원내 진출 이후 상당 기간 의원과 보좌진들에게 '특별 당비'를 징수했다. 노동자 평균임금을 넘어서는 금액은 전액 특별 당비 형식으로 당에 반납했다. 보좌관 연차에 따라 약간의 차등이 있긴 했는데 나이에 의한 격차, 부양가족 여부에 의한 격차를 최소화해야 한다는 이유로 차액을 매우 적게 책정했다. 나는 아이가 셋이고, 어머니도 모시고 있는 5인 가족의 생계 부양자였고, 의원실 업무를 총괄하는 수석 보좌관이었지만 부양가족 없이 부모님 집에서 생활하는 비혼의 동료와 별 차이 없는 급여를 받았다. 오랜 기간 공부를 해서 학위를 받은 사람도, 나처럼 사회에서 오래 일하다 온 사람도 아무런 경력을 인정받지 못했다. 사회 초년생과 동일한 급여였다. 직급에 따른 업무 차이도 있었지만 역시 고려되지 않았다. 민주적 평등의 원칙에 맞지 않는 처우였다. 처음엔 당에서 정한 원칙대로 따랐다. 그러나 시간이 갈수록 생계를 유지하기 어려워 다른 정당으로 옮겨가거나 이직하는 동료들이 늘었다. 괴로운 일이었다. 진보정당 보좌관은 당직자이며, 진보정당 당직자는 노동자 평균임금만 받아야 한다는 기계적 평등주의가 가져온 결과는 '인재 유출'이었다. 진보정당 보좌관에게는 급여보다 신념이 중요한 것 아니냐고? 급여는 노동의 대가이다. 진보정당 보좌관이든, 보수정당 보좌관이든 관계없다.

(3) 해외 연수, 안 가는 것이 상책?

국회의원의 '해외 연수(시찰)'를 둘러싼 문제도 종종 제기된다. 정치인의 해외 연수에 대한 논란은 어제오늘 일이 아니다. 지방의원들의 경우 외유성 연수에 대한 문제가 계속 제기되자 상당수의 지방자치단체가 외교 활동과 해외 연수 등의 범위와 원칙을 명시한 〈공무국외활동에 관한 조례〉를 제정했다. 지방의회 의장 소속으로 공무국외활동 심사위원회를 두고, 국외 활동의 목적과 방문 국가, 방문 기관의 적절성, 인원수와 참가자 구성의 적합성, 국외 활동 기간과 경비의 적정성, 국외 활동 관계 기관과의 사전 협의 여부 등을 심사하도록 하고 있다. 조례에 따라서는 가능하면 회기 중에는 가지 않두록 하고, 공식 일정 외에 주변국 방문을 자제하도록 하는 내용을 담고 있기도 하다.

국회의원의 경우, 〈국회의원윤리실천규범〉이 있다. "국회의원은 직무와 관련해 청렴하여야 하며, 공정을 의심받는 행동을 하여서는 아니 된다."라고 청렴 의무(제3조)를 규정하고 있고, "그 지위를 남용하여 부당한 영향력을 행사하거나 그로 인한 대가를 받아서는 아니 된다", "그 지위를 남용하여 국가·공공단체 또는 기업체와의 계약이나 그 처분에 의하여 재산상의 권리·이익 또는 직위를 취득하거나 타인을 위하여 그 취득을 알선하여서는 아니 된다."라고 직권 남용 금지(제4조)를 명시하고 있다.

국외 활동에 대해서도 직접적으로 명시하고 있는데(제13조), 이에 따르면 국회의원은 직무상 국외 활동을 하는 경우에 보고 또는 신고를 해야 하고, 정당한 이유 없이 장기간의 해외 활동이나 체류를 해서는 안 된다.

이처럼 이미 정해 놓은 규범이 있다. 그럼에도 문제가 발생하고 있다면 규정이 지켜지지 않는 원인을 찾고, 해결 방안을 제시하고, 실효성을 강화하기 위해 노력해야 한다. 비난을 위한 비난은 정치 불신만을 가중할 뿐이다.

특권으로 언급되지만 사실 의원들의 외교 활동은 입법부의 권한 중 하나다. 외교 활동은 외국 의회 인사(의원)를 초청하는 초청 외교 활동, 상대국을 방문하는 방문 외교 활동, 국제회의 참석 등이 있다. 방문 외교의 경우 방문국 의회 및 행정부 주요 인사 면담과 함께 산업체, 교육·문화시설 등을 시찰하는 것도 주요 활동으로 포함돼 있다. 외교 활동은 의회 차원에서 '상호간의 이해와 협력'을 목적으로 이뤄지기 때문에 인적 네트워크 구성도 의미가 있다.

　이런 활동을 위해 의회 외교 단체가 구성돼 있다. 미국·중국·러시아·유럽연합 의회와 구성한 의원외교협의회, 111개국과 결성한 의원친선협회, 한중의회정기교류체제가 여기 해당된다. 이와 별도로 상임위원회 차원에서 특정한 목적을 가지고 해외 시찰을 가기도 한다. 국회 홈페이지에 가면 의원 외교 단체 자료실이 있고, 국회에서 가는 공식적 외교 일정은 모두 이곳에 보고돼 있다. 문제가 되는 해외 출장은 여기 보고되지 않은 일정들이다. 국회의원들의 공무상 외교 활동은 권한으로 보장돼야 한다. '모든 정치인'의 '모든 해외 연수'가 문제가 되는 것은 아니다. 〈국회의원윤리실천규범〉에 어긋난 해외 연수가 문제다. 그렇다면 해결 방안 또한 분명하다. 국회 내에서 정당 간 논의를 통해 규범이 잘 작동하게 만들면 된다.

　보좌 직원들도 해외 연수를 간다. 국회 사무처에서 '단기 해외 연수'라는 이름으로 정당별로 일정 인원을 정해 연수를 지원한다. 의석수에 따라 지원하는 인원이 다른데, 내가 속한 정당은 의원이 많지 않아 당 전체에서 1년에 딱 한 사람만 갈 수 있었다. 연차·연령을 고려해 의원실마다 골고루 돌아가도록 선정했는데 국회에서 일한 지 6년 만인 2010년에 내 차례가 왔다. 연수 대상자가 됐다는 통보를 받고, 오랫동안 가보고 싶었던 스웨덴에 가야겠다고 마음먹었다. 복지위 소속 의원실에서 내내 일했기에 '복지국가'라는 나라를 내 눈으로 보고 싶었다. 보좌 직원 단기 해외 연수는 정해진 연수 프로그램이 없다. 배정된 예산의 범위 내에서 당사자가 지역·시기·일정을 모두 결정한다. 스스로 짠 계획대로 움직이는 것이다. 몇 가지 정해진 원칙만 지키면 된다.

먼저, 혼자 가는 것은 안 된다. '연수'이므로 보좌 직원 2인 이상이 반드시 동행해야 한다. 출장 목적, 출장자, 기간, 일정 등이 담긴 계획서를 작성해 사전에 제출해야 하고, 지급되는 예산은 공무원 여비 규정, 감사원 계산 증명 규칙, 정부 항공 운송 의뢰GTR 업무 처리 지침, GTR 제도 관련 운영 지침에 의거해 집행된다. 처음엔 이게 무슨 말인지 몰라서 한참 헤맸다. 공무원 여비 규정은 출장지에 따라, 직급에 따라 하루에 지출할 수 있는 최대 기준을 정하고 있다. 이를 넘어서면 지급되지 않는다. GTR은 국적기 기준의 항공료인데 이를 넘어서면 역시 지급되지 않는다. 우리는 '저가 항공'을 이용해 항공료가 훨씬 더 저렴했지만 비교를 위해 기준 운임 서류도 제출해야 했다. 또한 항공료는 결제도 별도로 해야 한다. 숙박 등 다른 비용과 패키지로 결제하면 지급되지 않는다. 이렇게 까다롭다. 다녀오면 모든 연수자의 출국일·귀국일이 찍힌 여권을 제출해야 함은 물론, 연수 보고서도 제출해야 한다. 항공 마일리지 신고서도 제출해야 한다. 이 마일리지는 개인적으로 쓸 수 없고, 공무에만 써야 한다.

언제 기회가 또 올지 모를 연수인 만큼, 연수다운 연수를 가기 위해 무려 6개월을 준비했다. 2010년 당시만 해도 스웨덴에 대해 알려진 정보가 많지 않았다. 스웨덴에 가고자 하는 동료 5명을 모아 연수팀을 구성해 여러 차례 세미나와 토론을 진행했다. 우리가 가고 싶은 방문지를 선택해 일정을 짜고, 전자우편으로 직접 면담을 요청했다. 해당 기관과 만나기 위해서는 왜 만나려고 하는지, 무엇을 알고 싶은지 사전에 질문지를 보내야 했기에 공부를 게을리할 수 없었다. 그렇게 열심히 준비한 덕에 일주일을 머무는 동안 스웨덴 의회, 사민당, 보수당, 생산직노동조합총연맹, 사용자연맹, 금속노조, 시민교육협의회, 지방의회, 노인요양 시설, 청소년 교육 시설, 장애인 사업장 등 희망했던 거의 모든 곳을 방문할 수 있었다.

비록 이동 시간이 부족해 다음 방문지에 늦지 않으려고 거의 '뛰어다닐' 지경이었지만 말이다. 다녀와서 연수 내용을 정리해 『복지국가 여행기: 스웨덴을 가다』라는 책을 썼다. 열흘에 불과했지만 연수에서 보고 느끼고 얻은 것을 좀 더 많은 사람들과 나누고 싶었기 때문이다. 나는 국회로부터 지원을 받았지만 함께 간 5명의 동행자들은 모두 자부담이었다. 적금을 깨고 대출을 받았다. 두 번 가기는 어렵다. '충실한' 해외 연수를 구분해 지원할 수는 없을까?

또 18대 국회 임기 말 곽정숙, 박은수 장애인 당사자 의원 두 분과 함께 뉴질랜드를 방문한 적이 있다. 통상 의원들의 해외 시찰은 국회사무처 국제국에서 수행하며, 보좌관은 동행하지 않는다. 해외 시찰에 보좌관이 동행한 드문 사례인데, 실은 '보좌관'이 아니라 '활동 지원인'으로 동행한 것이다. 장애인 당사자 의원이었기에 가능한 일이었다. "뉴질랜드 장애인 관련 제도 시찰단 방문 결과 보고서"는 앞서 말한 국회 외교 활동 게시판에 공개돼 있고, 방문단 수행원으로 내 이름이 적혀 있다. 공식 일정 하나하나마다 수행원 전체 명단이 적시돼 있다.

뉴질랜드는 세계에서 장애인 복지 정책이 가장 잘 시행되고 있는 나라 중 하나로 장애인 업무만을 담당하는 장애인 사무청Office for disability Issues과, 장애인 업무만을 전담하는 장애인 장관Minister for Disability Issues이 있다. 영어, 마오리어에 이어 수화가 국가의 세 번째 공식 언어이기도 하다. 뉴질랜드는 국가적 차원에서 '장애인 전략'을 수립했는데, 이는 2007년 체결된 "유엔 장애인 권리 협약"에 기초한 것이다. 국가가 일방적으로 복지를 제공하는 것이 아니라 장애인 스스로 자신의 삶을 결정할 수 있도록 선택권을 부여하고, 정책 결정에 목소리를 낼 수 있도록 법적으로 보장하는 것이 핵심이다.

방문 시 장애인 장관과 장애인 사무청장을 만나, 양국 간 장애인 정책에 대해 논의했다. 또한 장애인 당사자 의원들의 시찰이었기에 방문하는 모든 곳에서 장애인 편의 시설이 얼마나 잘 갖춰져 있는지를 몸소 체험할 수 있었다. 뉴질랜드는 '환경 보전'을 최우선으로 하는 나라인지라 개발 정책이 후순위인데 어딜 가도 장애인 이동로가 불편하지 않게 갖춰져 있었다. 건설이 끝난 후 이동 편의 시설을 갖추려면 비용이 많이 들지만 설계할 때부터 반영하면 총비용이 덜 든다. 정책 방향의 문제다. 활동 지원인 성격으로 동행했지만 보좌 직원의 '직업적' 특성상 뉴질랜드에서 보고 배운 것을 우리나라 장애인 정책에 어떻게 하면 반영할 수 있을지 내내 고민했다. 함께 나눈 대화의 대부분은 우리나라 장애인 정책에 대한 것이었다. 장애인 사무청의 장단점에 대해 한참 동안 토론하기도 했다. 이런 해외 시찰은 의정 활동과 정책 개발에 도움이 된다. 중요한 것은 '질과 내용'이다. 해외 연수 자체에 대한 비난보다 내용을 어떻게 담보할 것인가로 논의의 초점이 옮겨갔으면 좋겠다.

정치를 통해 경제도 바꿀 수 있어야

(1) '침'으로 암 발생 가능성을 알 수 있다면

연말에 미루고 미뤘던 건강검진을 받았는데 유방에 이상 소견이 있다는 통지가 왔다. 처음에는 덤덤했다. 자꾸 감기에 걸리더라니, 그게 징후였나 싶었다. 조직 검사 후 결과를 기다리는데, 그제야 마음이 어수선했다. 만약 암이라면, 직장은 어쩌고 집안일은 어쩐다. 비용도 걱정스러웠다. 다행히 섬유선종으로 판명 났다. 정기검진만 성실히 받으면 된다고 한다. 근 한 달간의 긴장이 풀렸다.

만약 '침'으로 암에 걸릴 가능성을 확인할 수 있다면? 많은 이들이 검사에 응할 것이다. 암 검진 후 결과가 나오기까지 전전긍긍했던 시간을 생각하면 나 역시 검사를 받아 보고 싶은 심정이다. 위험을 예측할 수 있다면 사전에 대비할 수도 있지 않을까.

유전자 분석은 더 이상 소설 속 이야기가 아니다. 우리나라에서도 2016년부터 의료 기관을 통하지 않고 유전자 검사를 직접 의뢰할 수 있다. 혈액이나 타액 등을 진단 키트에 담아 업체에 보내면 유전자 검사를 해준다. 아직 '암'과 같은 질병은 분석 대상이 아니다. 소비자 직접 의뢰DTC 유전자 검사는 체질량지수, 콜레스테롤, 탈모, 노화 등 질병과 직접 관련이 없는 12개 항목만 허용하고 있다.[2] 유전자를 통한 질병 검사는 아직 의학적·과학적 신뢰성이 충분히 확보되지 않았기 때문이나.

사실 인간의 유전자는 그렇게 단순하지 않다. 암 유발 유전자가 있다 하더라도 반드시 암에 걸리는 것은 아니다. 우울증과 연관이 있다고 알려진 유전자는 동시에 긍정적 기능도 한다. 피부 노화에만 20~30개의 유전자가 관여한다고 한다. 아는 것보다 모르는 게 더 많은 영역이다. 물론 언젠가 기술은 훨씬 더 발전할 것이다. 다만, 오늘은 그날이 아닐 뿐이다.

(2) 나의 유전자 정보가 돈벌이 수단으로

유전자 검사는 신중해야 한다는 것이 그동안 중론이었다. 시민들의 '건강 불안'을 활용한 영리 행위를 막을 수 없기 때문이다. 유전자 검사는 '돈'이 되는 사업이자, 불평등이 첨예하게 드러나는 영역이기도 하다. 실제로 한 업체는 유전자 분석 결과를 바탕으로 운동 처방과 영양 관리를 해주는 개인 맞춤형 건강관리 프로그램을 내놓았는데, 호텔 헬스클럽이 건강관리 컨설팅을 맡았다. 이런 식의 고액 상품 개발은 지금도 얼마든지 가능하다. 동네 헬스클럽에서 디엔에이DNA 맞춤형 다이어트법을 찾아 준다고 광고할 수도 있다. 고급화든 대중화든 나의 유전자 정보가 민간 업체의 돈벌이 수단으로 활용된다는 점은 같다.

'의료'는 생명과 직결되기에 '영리 추구'에 일정한 제약을 두고 있다. 〈의료법〉상 영리 병원, 의료 광고, 의료 기관의 환자 유치가 원칙적으로 금지되어 있는 것도 같은 맥락이다. 개인의 의료 관련 정보는 가장 민감한 정보로 취급하고, 함부로 활용하지 못하도록 엄격하게 관리하고 있다(〈의료법〉 제19조).[3] 유전자 정보는 더욱 그렇다. 그래서 인간과 인체 유래물 등을 연구하거나, 배아나 유전자 등을 취급할 때 인간의 존엄과 가치를 침해하거나 인체에 위해를 끼치는 것을 방지하기 위해 〈생명윤리 및 안전에 관한 법률〉을 별도로 두고 있다.

생각해 보자. 나의 유전자 정보는 나만 궁금해 하는 것이 아니다. 보험회사는 어떨까? 나를 채용하려는 회사는? 반대로 당신도 타인의 정보를 알고 싶을 것이다. 결혼하려는 상대, 태어날 아이, 당선을 놓고 다투는 정치인 등 범주는 다양하다. 무분별하게 확대할 경우 사회에 미칠 부정적 영향이 크다. 따라서 제한된 환경에서 과학적·의학적 신뢰를 쌓아 가는 것이 중요하며 활용 범위도 희귀 난치성 질환 치료 등 공적 영역이 우선되어야 한다. 기술의 놀라운 발전이 순기능을 하도록 충분히 깊게 논의해야 한다.

(3) 문지기를 피하는 방법, '실증 특례, 임시 허가'

하지만 관련 업계는 더 빨리, 더 많은 항목을 적용하고 싶어 한다. 이들은 기존에 허용된 12개 항목을 150여 개로 늘려 달라고 줄기차게 요구해 왔다. 이를 막아 온 것이 '국가생명윤리심의위원회'(생명윤리위원회)다. 〈생명윤리 및 안전에 관한 법률〉에 따라 만들어진 대통령 소속 위원회로 국민의 생명 보호와 안전을 위한 '문지기' 역할을 한다. 보건복지부도 생명윤리위원회의 의결 없이 마음대로 유전자 검사 항목을 늘리지 못한다.

그런데 최근 관련 업계의 바람이 이루어졌다. 주무 부처인 보건복지부가 아니라 산업통상자원부에서 연구 명목으로 길을 열어 준 것이다. 비의료 기관인 민간 업체가 처음으로 위암·대장암·폐암·간암·파킨슨병 등 13개 질병에 대해 DTC 유전자 분석을 할 수 있게 되었다.[4] 문지기가 성문을 열지 않자 옆문으로 출입시킨 꼴이다. 연구 목적이라지만 한번 열린 문은 닫히지 않을 것이다.

과학기술정보통신부가 조건부 실증 특례로 허가한 '손목 시계형 심전도 장치'를 활용한 심장 관리 서비스도 우려가 크다. 이는 중증 심장 질환자에게 손목에 착용하는 심전도 측정 기기를 제공하고, 기기 정보를 의사가 점검해 내원을 안내하는 등 대면 진료 없이 환자 상태를 파악한다는 것이다. 실증 특례는 "관련 법령이 모호하고 불합리하거나 제한 규정 등으로 사업화가 어려운 신제품과 서비스에 대해 일정한 조건 하에서 기존 규제의 적용을 받지 않는 실증 테스트"를 할 수 있게 해주는 특례 조치다.[5]

이 같은 형태의 '의사-환자 간 원격의료'는 현행 〈의료법〉에서 엄격히 금지하고 있다. 의료인은 의료 기관 내에서 의료업을 하는 것이 원칙이다. 다만 컴퓨터, 화상통신 등 정보 통신 기술을 활용해 먼 곳에 있는 의료인에게 의료 지식이나 기술을 지원할 수 있도록 열어 놓았는데, 어디까지나 '의료인' 사이에 이루어지는 것이다(〈의료법〉 제33조제1항). 원격의료를 의사-환자로 확대하는 〈의료법〉 개정안이 18대부터

19대, 20대 국회에 이르기까지 매번 제출되었지만 의료 영리화에 대한 우려 때문에 통과되지 않았다. 통과를 막을 수 있었던 데는 야당이었던 민주당의 역할이 컸다.

행정부는 이번에 허가된 '손목 시계형 심전도 장치' 서비스는 의사의 진단과 처방이 포함되지 않기 때문에 원격의료가 아니라고 주장한다. 그러면서도 〈의료법〉과 충돌한다는 지적을 피하기 위해 '실증 특례'를 부여했다. 게다가 이 장치는 식품의약품안전처로부터 인증도 받기 전이었다. '인증 전'이라는 것은 안전성, 유효성이 검증되지 않았다는 의미다. 새로운 기술이나 서비스는 알려지지 않은 위험이 있을 수 있고, 과실이 발생해도 그게 과실인지 아닌지 알기도 어렵다. 이를 검증하기 위해 허가 절차를 두고 있다. 지금까지 의료 영역에서 선先 허가, 후後 평가는 허용되지 않았다. 그런데 문재인 행정부는 실증 특례와 임시 허가제를 통해 이를 무너뜨렸다. 2018년의 일이다.

(4) 규제 프리존과 규제 샌드박스법의 차이는?

문제의 발단은 문재인 대통령이 직접 들고 나온 '규제 샌드박스법'이었다. 규제 샌드박스sandbox는 신기술·신산업 분야의 새로운 제품이나 서비스에 대해 일정 기간 동안 기존 규제를 면제하거나 유예시켜 주는 제도를 말한다. 샌드박스는 아이들이 안전하게 놀 수 있는 한정된 크기의 모래 놀이터에 빗낸 용어로, 2015년 영국 금융감독원에서 혁신 금융

서비스에 '규제 샌드박스'를 도입한 것이 시초라고 한다.[6]

행정부는 신기술·신산업의 빠른 변화에 대응하기 위해 '규제 혁신'이 필요하다고 한다. 경총은 이를 '규제 개혁'이라고 부른다(박근혜 행정부는 '규제 완화'라고 했다). 2018년 6월 한국경영자총협회(경총)는 9개의 혁신 성장 규제 개혁 과제를 기획재정부에 건의했다. 여기에는 영리 병원 설립 허용, 원격의료 규제 개선 등이 포함됐다. 경총은 의료 산업에 대한 규제 개혁이 이루어질 경우 18만7천~37만4천 개의 일자리 창출 효과가 있다고 주장했다. 또한 규제 개혁은 '행정부의 혁신 성장을 이끄는 핵심 정책'이라며 '과감하고 지속적인 추진'을 당부했다.

약 한 달 뒤인 7월 19일, 문 대통령은 행동으로 화답했다. 분당서울대병원에서 진행된 "혁신 성장을 위한 의료기기 분야 규제 혁신 및 산업 육성 방안" 발표장을 방문해 "의료기기 산업에서 규제 혁신을 이뤄내면 다른 분야의 규제 혁신도 활기를 띨 것"이라고 밝혔다. 청와대는 "규제 혁신을 통한 혁신 성장 실현을 강조하기 위한 문 대통령의 첫 현장 행보"라고 설명했다.

이후 관련법은 일사천리로 통과되었다. 〈행정규제기본법〉, 〈정보통신 진흥 및 융합 활성화 등에 관한 특별법〉, 〈산업융합 촉진법〉, 〈금융혁신지원 특별법〉, 〈규제자유특구 및 지역특화발전특구에 관한 규제특례법〉 등 규제 샌드박스 5개 법안이 통과됨에 따라 규제 신속 확인, 실증을 위한 특례, 임시 허가 제도가 새롭게 도입되었다.

기업들은 신제품과 서비스에 대해 규제 존재 여부와 규제의 내용에 대해 언제든지 문의하고 안내를 받을 수 있는데, 만약 30일 이내에 회신이 없을 경우 규제가 없는 것으로 간주된다. 이것이 규제 신속 확인 제도이다. 또한 기존 법령에 의해 허용되지 않는 기술이라도 일정 기간, 특정 구역, 정해진 규모 안에서는 안전성 검증을 거치지 않아도 판매할 수 있다. 실증을 위한 특례다. 마지막으로 임시 허가는 관련 규정으로 인해 사업화가 지체되는 경우 일정한 조건하에서 조기에 시장에 출시할 수 있도록 허가해 주는 제도다. 심의 절차와 유효기간은 실증을 위한 특례와 동일하며, 임시 허가 기간 내에 관계 부처는 반드시 법령을 정비해야 한다.[7] 전반적으로 '우선 허용, 사후 규제'가 적용된다. 기존 제도와 관계없이 먼저 허용하고, 사후에 문제가 생기면 규제한다는 것이다.

의료 영리화와 이를 뒷받침하는 규제 완화에 대한 재계의 요구는 문재인 행정부에 들어와 처음 있는 일이 아니다. 이명박·박근혜 행정부는 〈서비스산업 발전 기본법〉을 통해 농업과 공업을 제외한 거의 모든 영역을 '서비스산업'으로 규정해 규제를 풀어 주고자 했다. 이 법이 시민사회 진영과 야당의 강한 반발에 부딪혀 통과가 어려워지자 등장한 것이 〈지역전략산업 육성을 위한 규제 프리존의 지정과 운영에 관한 특별법〉(규제 프리존법)이다. 특정 지역을 지정해 규제를 대폭 완화하겠다는 것인데, 특정 지역이 수도권을 제외한 14개 시도였으니 사실상 전국 모든 곳을 '프리존'으로 만들겠다는 것이었다.

당시 이 법은 통과되지 못했다. 역시 야당이었던 민주당이 막았기 때문이다. 〈서비스산업 발전 기본법〉과 '규제 프리존법'에 대한 문제 제기의 핵심은 시민의 생명·안전·환경을 위험에 빠뜨릴 수 있다는 점이었다. 문재인 행정부는 '규제 샌드박스'는 지역이 아니라 개인·사업자가 신청한 사업에 대해 규제를 풀어 주는 방식이므로 '규제 프리존'과 다르다고 했고, 일사천리로 통과되었다.

무엇보다 이 법들의 가장 큰 문제는 현행 법령을 위반하더라도 허가할 수 있는 포괄적 권한을 행정부에 부여한 것이다. 이는 국회 스스로 입법권을 포기하는 것이다. 행정부에 이렇게 강력한 권한을 부여한 법은 내 기억엔 없다.

(5) 정치를 통해 경제를 바꿀 수 있어야 한다

재계의 요구가 시민들의 이익이나 공적 가치와 충돌하는 경우, 보수정당이 집권했을 때에는 야당인 민주당과 시민사회 진영이 함께 막았다. 지금은 여당인 민주당이 재계의 요구를 수용하면, 야당인 보수정당이 반대할 이유가 없다.

집권 정당을 교체해도 정책이 동일하다면 선거의 의미는 어디서 찾아야 하는 걸까? 경제는 시민들이 선택할 수 없다. 시민들이 선택하는 건 정당이다. '다른 정당'을 선택했음에도 경제정책에 변함이 없다면 시민들은 정치의 효용성을 느끼지 못하게 될 것이다. 정치권력이 경제권력을 통제할 수 있어야 한다. 나아가 정당의 정책은 예측 가능한 것이어야 한다. 시민들의 선택 이후 정책이 바뀐다면 충분한 근거가 있어야 한다. 상황은 변할 수 있고, 그에 따라 정당의 정책도 변경될 수 있다. 정치에서 타협은 잘못이 아니다. 하지만 적어도 과거에 반대했던 정책을 추진할 때에는 포장만 바꿔 다른 상품이라고 우길 것이 아니라 바뀐 정책의 방향과 그 필요성에 대해 충분히 설명해야 한다. 시민들이 이후 선거에서 다시 선택할 수 있도록 정보가 제공돼야 한다. 그것이 기업의 이익과 관련된 것이라면 더욱 그렇다.

기업은 드러내 놓고 권력을 행사하지 않는다. 겉으로는 정치에 순응하고 집권 여당에 충성하는 것처럼 보이지만, 이들은 최대 이윤을 추구하기 위해 끊임없이 정책에 개입하고자 한다. 분배와 형평성을 강조하고, 이해관계를 조정하는 데 시간이 걸리는 입법부보다 신속한 집행이 보장되는 권력자에게 직접 의견을 전달하는 것이 투자 효용성이 높은 방법임을 알고 있다. 그래서 기업은 종종 대통령에게 직접 의견을 전달하려 한다.

기업이 청와대와 직접 소통하며 자신들이 원하는 정책을 추진하고자 했을 때 어떤 문제가 발생하는지는 박근혜 행정부 때 확인한 바 있다. 국가권력과 기업 권력은 분리되어야 한다. 경제정책은 대통령이 대기업 총수와 만나서 추진할 것이 아니라 정당과 입법부를 통해 추진해야 한다. 보이지 않는 권력이 행사되면 대의 민주주의는 왜곡된다. 민주주의라면 선거를 통해 여야를 교체할 수 있는 것처럼 정치를 통해 경제도 바꿀 수 있어야 한다.

정책 결정형 의회로의 변화

(1) 신념의 종교와 타협의 정치

나는 기독교인이다. 일요일이면 가능한 한 예배를 드리려고 한다. 불안한 삶을 살고 있는 불완전한 인간에게 절대자의 존재는 최고의 위로이자 쉴 만한 안식처가 되기 때문이다. 원래 다니던 교회가 너무 멀어 집에서 가까운 곳을 전전하다가 고정적으로 나가게 된 교회가 있었다. 설립된 지 60여 년 된 중형 교회였는데, 설교도 좋았지만 찬양이 특히 아름다웠다. 천상의 목소리 같은 찬양대의 찬양을 듣고 있노라면 마음이 선해지는 기분이었다.

그러던 어느 날, 예배 도중 목사님이 〈군형법〉 개정안을 언급했다. 이 법은 군대 내에 동성애를 확산하는 것이므로 절대 통과되어서는 안 되니, 통과를 저지하기 위해 함께 노력해 달라는 것이었다. 공동 발의한 의원들의 연락처가 비치되어 있으니 가져가 전화를 하라고 구체적인 행동까지 안내했다. 의원실에 끊임없이 걸려 오던 항의 전화의 출처가 확인되는 순간이었다. 그날은 예배를 끝까지 드리지 못했다. 그 자리에 앉아 있기가 괴로웠다. 바로 일어나서 나왔고, 다시 그 교회에 가지 않았다.

한국의 일부 보수 개신교에서는 성 소수자가 신의 창조 질서에 어긋난다고 말한다. 신은 인간을 남성과 여성으로만 창조했다는 것이다. 나는 기독교인으로서 종교적 해석을 존중한다. 다만, 사회의 수용도가 높아지는 만큼 기독교의 해석도 변화할 것이라고 생각한다. 토마스 아퀴나스 이전의 기독교는 아리스토텔레스의 자연철학도 거부하지 않았던가. 갈릴레오를 사형시키려 하기도 했고, 지구가 태양 주위를 돈다는 것도, 지구가 둥글다는 것도 인정하지 않았던 시절이 있었으니까.

내가 수용하기 어려웠던 것은 종교적 해석이 아니라 종교인의 정치적 행동이었다. 종교는 신념을 기반으로 하며 타협을 허용하지 않는다. 생명이 위협받는 상황에서도 굴하지 않아야 하는 것이 종교다. 종교전쟁이 잔인하고 파괴적이며 멈추기 어려운 것은 신에 의해 부여받은 소명이라는 신념이 내재되어 있기 때문이다. 반면 정치에서 절대적 올바름은 없다. 정치는 완벽함을 추구하지 않는다. 입장이 전혀 다른 상대와 의견을 주고받으며 최선의 타협점을 찾아가는 것이 정치다. 따라서 신앙이 정치로 발현되는 것은 위험하다. 정치의 '타협 기능'이 작동하기 어렵기 때문이다.

무엇보다 종교의 사회 참여는 인간의 보편적 권리를 옹호하기 위한 것이어야지 동료 시민을 배제하고, 권한을 박탈하기 위해 쓰여서는 안 된다. 신의 권위를 앞세워 타인을 정죄할 권리는 누구에게도 없다.

(2) 문제가 된 <군형법>을 살펴보자

제92조의6(추행) 제1조 제1항부터 제3항까지에 규정된 사람에 대하여 항문 성교나 그 밖의 추행을 한 사람은 2년 이하의 징역에 처한다.[8]

제92조의6(추행)은 군인, 군무원, 군적을 가진 군軍의 학교의 학생·생도 등에 대해 추행을 한 사람은 징역형에 처하도록 하는 조항이다. 2014년 3월, 해당 조항을 삭제하는 개정안이 발의되자 우리 의원실을 포함해 공동 발의한 의원실은 항의 전화가 폭주해 업무가 마비될 정도였다.9 전화는 몇 주에 걸쳐 하루 종일 끊임없이 왔다. 험한 욕설을 퍼붓는 경우도 다반사였다. 반대 이유는 모두 같았다. 이 조항을 삭제하면 상관에 의한 추행이 빈번해지고, 군대 내 동성애가 확산될 것이며 결국 한국 사회에 동성애가 만연해질 것이라는 주장이었다. 과연 그럴까?

일단, 제92조의6(추행)은 제목만 '추행'으로 되어 있지 실제 추행을 막으려는 목적의 조항이 아니다. 강간, 유사 강간, 강제 추행, 준강간, 준강제 추행을 처벌하는 조항은 따로 있다.10

폭행이나 협박, 심신상실, 항거 불능 상태를 이용해 강간, 유사 강간, 추행, 간음을 한 사람은 모두 〈군형법〉에 따라 처벌을 받게 된다. 군대 내에서 위계에 의해 이루어지는 성추행, 성폭력은 군 기강을 해이하게 하고, 군력을 약화시키기 때문에 강력한 처벌이 필요하다는 것이 기본 원칙이다. 동성 군인이든 이성 군인이든 관계없다. 범죄자일 뿐이다. 강간과 추행은 그에 합당한 처벌을 받아야 하며 〈군형법〉은 이를 따로 명시하고 있다. 2009년에 만들어진 조항이다.

그럼 제92조의6(추행)은 어떤 의미를 가지고 있는 조항일까?

이 조항의 비밀은 강제성과 무관하다는 것이다. 이 조항에는 폭행, 협박, 심신상실, 항거 불능과 같은 전제가 없다. 항문 성교의 경우 모두 처벌을 하겠다는 것이다. 법에 명시되어 있지 않지만 사실상 처벌 대상자는 동성인 경우다. 여기서 따져 물을 것은 '동성 간 성관계'에 대한 입장이 아니다. 강제성을 띤 경우와 자발적인 경우를 같은 선상에서 처벌해도 될까? 이성 간에는 처벌 사유가 아닌데, 동성이라는 이유로 처벌해도 될까? 이는 법의 공평성에 대한 문제다. 인권 단체들은 해당 조항을 삭제해야 한다고 주장한다.

김광수·백미순·박래군 외 5,687명은 〈군형법〉상 추행죄를 폐지하라는 입법 청원을 접수했다(2013년 6월). 국제적으로도 유엔 국가별 보편적 정례 검토(UPR, 2012년), 유엔 자유권규약위원회(2015년 11월)에서 폐지를 권고했고,[11] 국제 엠네스티도 폐지를 요청하고 있다.[12]

국가인권위원회도 헌법재판소에 〈군형법〉 제92조[13]에 대한 위헌 법률 심판(2008헌가21)에 관해 이 조항은 헌법에 정한 과잉 금지 원칙을 위반해 군인 동성애자들의 평등권 및 성적 자기 결정권, 사생활의 비밀과 자유를 침해하고 죄형법정주의 원칙에 어긋난다는 의견을 제출한 바 있다.[14]

반면 헌법재판소는 해당 조항에 대해 2002년, 2011년, 2016년 세 차례에 걸쳐 합헌 판정을 내렸다. 2016년 7월, 헌법재판소 선고(2012헌바258) 전원 재판부 결정에 따르면 해당 조항은 "우리나라의 안보 상황과 징병 제도하에서 단순한 행정상의 제재만으로는 동성 군인 간의 추행 행위를 효과적으로 규제하기 어려우므로 위 조항은 과잉 금지 원칙에 위배되지 아니"하며 "동성 군인이 이성 군인에 비해 차별 취급을 받게 된다 하더라도 군의 특수성과 전투력 보존을 위한 제한으로써 차별 취급의 합리적 이유가 인정된다."고 했다. 이 결정은 합헌 의견 5인,

위헌 의견 4인이었을 만큼 의견이 첨예하게 부딪혔다.[15]

〈군형법〉 개정안처럼 입장이 확연히 갈려 사회적 갈등이 심한 사안일수록 공론의 장에서 이성적으로 다루어야 한다. 찬성의 근거와 반대 의견의 근거, 사회의 변화와 미래 영향 등을 종합적으로 고려해 최선의 합의점을 찾는 것이 입법부가 할 일이다.

(3) 공적 이성에 근거한 것일까?

성 소수자와 관련한 입법적 논의는 공적 이성에 근거해서 이루어지고 있을까? 유감스럽게도 긍정적이지 않다. 기독교계는 하나의 이익집단으로서 정치적 영향력을 유감없이 발휘하고 있다. 이들의 영향력은 법안 통과를 저지하는 정도가 아니라, 아예 발의한 법안을 철회시키는 데 이르고 있다.

2013년 2월 12일 김한길 의원이 대표 발의한 〈차별금지법안〉은 같은 해 4월 24일 철회되었다. 차별해서는 안 되는 사유에 '성적 지향'과 '성 정체성'이 포함되었기 때문이다. 최원식 의원 대표 발의 〈차별금지법안〉도 같은 날 철회되었다.[16]

> 모든 생활 영역에서 성별, 장애, 병력, 나이, 언어, 출신 국가, 출신 민족, 인종, 피부색, 출신 지역, 용모 등 신체조건, 혼인 여부, 임신 또는 출산, 가족 형태 및 가족 상황, 종교, 사상 또는 정치적 의견, 전과前科, 성적

지향性的指向, 성 정체성, 학력學歷, 고용 형태, 사회적 신분 등을 이유
로 한 차별을 금지·예방할 수 있도록 포괄적이고 실효성 있는 〈차별 금
지에 관한 기본법〉을 제정함으로써 사회 모든 영역에서 평등을 추구하
는 헌법 이념을 실현하고 인간 존엄의 가치를 구현하고자 함(김한길 의
원 대표 발의 〈차별금지법〉 제안 이유).

〈차별금지법안〉은 2007년 12월 행정부 제출안을 시작으로 총 6건
이 발의되었다. 행정부 법안과 노회찬 의원안(2008년), 권영길 의원안
(2011년), 김재연 의원안(2012년)은 발의 이후 계류되어 있다가 임기
만료 폐기되었으며, 2013년 김한길, 최원식 의원 안이 철회된 후 현재
까지 누구도 발의하지 않고 있다.

최근에는 이정미 의원이 대표 발의한 〈성차별·성희롱 금지 및 권리
구제 등에 관한 법률안〉이 철회되었다(2019년 2월 27일 발의, 3월 18일 철
회). 이 법은 언론과 소셜 네트워크 서비스 등을 통한 성차별과 성희롱
피해 사례가 급증하고 있는 현실을 반영해 성차별과 성희롱에 대한 범
위를 확대하고, 여성가족부 장관의 실태 조사 의무, 고용·교육 등에서
의 성차별 금지를 명시하는 등 성차별과 성희롱을 금지·예방하며, 피
해를 구제하는 것을 목적으로 한다.[17]

이 법에서는 '성차별'에 대한 정의가 문제되었다. "성차별이란 정당
한 이유 없이 성별, 혼인 여부, 가족 안에서의 지위, 임신, 출산, 신체적
조건 등 성별 등을 이유로 우대하거나, 분리·구별·제한·배제·거부하는
등 불리하게 대우하는 경우 등을 말한다."라고 되어 있는데, '양성(남

성·여성)'이라는 명확한 명시가 없는 성 평등은 곧 성 소수자를 인정하는 것이라는 주장이다. 의원실에 항의 전화가 빗발치자, 공동 발의 의원 중 한 명이 철회를 요청했고, 결국 10명의 공동 발의 인원을 채우지 못해 철회 후 재발의하지 못했다.[18]

(4) 동성애 의제의 역사

국회에서 '동성애'에 대한 언급은 1997년에 처음 나온다. 이때는 성 소수자 의제를 다룬 것이 아니라 태아 성 감별을 금지해야 한다는 질의 도중에 나온 언급이다.[19] 성 소수자에 대한 실질적 언급은 16대 국회에서 시작된다. 2000년 9월 방송인 홍석천 씨가 성 소수자임을 밝히자 방송사가 출연 취소를 통보했는데, 이를 둘러싸고 논쟁이 발생한 것이다. 홍 씨는 복지위 국정감사에 참고인으로 출석할 예정이었으나 일부 의원들의 반대로 무산되는 등 성 소수자에 대한 인식이 성숙한 것은 아니었지만, 사회적 갈등이 국회 안으로 들어와 다루어졌다는 데 의미가 있다. 당시 의원들의 질의와 행정부의 답변 내용을 보면 신중하고 진취적이다. 우리 사회가 받아들이기 쉽지 않은 상황임을 인정하면서도 제도적으로 보완할 방법을 찾고 있다.

심재권 의원의 질의에 대한 답변에서 문화방송 사장은 개인 생각임을 전제로 "단순히 동성애자라는 이유만으로 출연을 규제하는 것은 지나치게 가혹하다."고 했다. 다만, "우리 사회와 시청자들의 정서가 거부감 없이 이들을 받아들일 준비가 되어 있지 않은 상황에서는 문제가 야기될 수도 있다."고 본다며 신중하게 검토하겠다는 입장을 밝혔다. 질의와 답변 모두 성 소수자를 비하하거나 선정적인 언어를 동원하지 않았다. 품위 있게 갈등을 다루고 있다.

○ 심재권 위원

최근 탤런트 홍석천 씨가 동성애자임을 밝히는 커밍아웃을 한 후 각 방송사가 출연 취소 통보를 해 동성애자 인권 단체 등에서 반발하고 있다. 홍 씨에 의하면 MBC로부터 〈뽀뽀뽀〉 출연 취소 통보를 받았다고 한다. MBC 사장님께 묻겠다. 동성애자 출연에 대한 MBC의 내규가 있다면 밝혀 주십시오. 만일 없다면 개인적인 의견이라도 밝혀 주시기 바란다.

○ (주)문화방송 사장 노성대

우리 사회의 동성애자 문제는 비교적 최근에 거론된 것이라, 저희 회사에 출연 규제와 같은 내규는 갖고 있지 않습니다. 아직 제작진과 이 문제에 대해 충분한 상의를 해 본 것은 아니지만, 저 개인적으로는 단순히 동성애자라는 이유만으로 출연을 규제하는 것은 지나치게 가혹하다는 생각입니다. 다만 이 문제와 관련한 우리 사회와 시청자들의 정서가 거부감 없이 이들을 받아들일 준비가 되어 있지 않은 상황에서는 문제가 야기될 수도 있다고 봅니다. 이 같은 상황을 고려해 신중히 검토하도록 하겠습니다(2000년 11월 2일 제215회 국회(정기회) 문화관광위원회 회의록 서면 질의 답변시).

이종걸 의원은 국정감사 질의를 통해 보건복지부가 동성애자들을 잠재적인 후천성면역결핍증AIDS 환자·전파자로 보는 사회적 편견을 해소하는 데 앞장서고, 종합적인 상담 공간을 지원해야 한다고 주문했다. 또한 동성애자들이 자주 출입하는 카페나 주점이 '과잉 단속'되고 있다며, 이는 편견의 소치라고 주장하고, 동성애에 대해 근거 없는 내용이 서술된 교과서를 수정하도록 요구했다. 보건복지부는 이에 대한 답변에서 "개인의 성적 취향 자체에 대해서는 행정부가 개입할 성격이 아니라고 판단"된다고 했고, "일상생활을 통해서는 HIV 감염이 전파되지 않으며 이와 관련해 올바른 지식의 확산을 위해 교과서에 잘못된 내용이 확인된다면 바로잡도록 교육부와 협의해 나가도록 하겠"다고도 했다.[20]

16대 국회는 〈국가인권위원회법〉이 제정된 시기이기도 하다(2001년 5월). 사실, 지금 기독교계가 완강히 막고 있는, 성적 지향을 이유로 한 차별 행위 금지는 이미 〈국가인권위원회법〉에 명시되어 있다. 제정 당시부터 포함된 조항이다.[21] 법 제정 전 실시한 공청회에서 진술인 김창석은 국가기구가 성적 지향에 의한 차별 조사 업무도 해야 하며, 인권 기구가 이런 일을 한다면 전 국민이 교육되는 효과가 있을 것이라고 했다. 이는 큰 반대 없이 수용되었다.

인권 기구는 인권침해 행위뿐만 아니라 차별 행위도 조사하게 되어 있습니다. 예를 들어서 최근에 있었던 예로 탤런트 홍석천 씨 같은 경우에 동성애자라는 것을 밝히는 이른바 커밍아웃을 했습니다. 그래서 출연하던 방송국에서 출연을 금지당한 경우가 있었습니다. 그것은 성적 지향에 의해서 차별을 받은 경우에 해당하는데 지금 국가기구에서 그런 것을 조사할 수 있는 기구가 없습니다. …… 제가 보기에는 인권위원회에서 하는 것이 가장 낫다고 봅니다. 성적 지향에 의한 차별 행위이기 때문에 이런 것도 인권의 범위에 해당한다는 것을 인권 기구가 조사해서 발표하게 되면 전 국민이 교육이 되는 효과도 본다고 봅니다(2001년 3월 5일 법제사법위원회 "국가인권위원회 법안에 관한 공청회"에서 김창석 발언).

'성적 지향'을 둘러싼 논쟁은 그로부터 한참 뒤인 2007년에 발생한다. 이는 앞서 언급한 〈차별금지법안〉 제정이 추진된 시기다. 이 법을 입법 예고하자 기독교계의 반대가 표면화되었고, 결국 법 제정은 좌절되었다. 이는 〈사립학교법〉 개정과 맞물린다. 당시 노무현 행정부는 17대 국회에 4대 개혁 입법 과제[22]의 하나로 개방형 이사제 도입 등의 내용이 담긴 〈사립학교법〉 개정을 추진했다. 개신교는 이를 신앙교육의 자유와 권리를 위협하는 종교 탄압이라고 보아 거세게 반대했다. 한나라당과 개신교의 반대에도 불구하고, 2005년 12월 〈사립학교법〉은 개정되었다.[23]

법이 개정되자 당시 한나라당 대표이던 박근혜 전 대통령은 의원들을 이끌고 장외투쟁에 나섰다. 한국기독교총연합회는 뉴라이트전국연합 등 보수 단체와 함께 '사학법 수호 범국민운동본부'를 발족하고, "순교의 정신으로 사학 악법의 철폐 및 개개정을 끝까지 관철한다."라고 선포하면서 〈사립학교법〉 재개정에 나섰다.[24] 갈등의 양상은 점차 고조되었고, 낙선 운동까지 불사하자 결국 〈사립학교법〉은 2007년 7월 3일 다시 개정되었다.[25] 애초에 개정했던 내용에서 크게 후퇴한 것이었다. 이로써 기독교계는 정치권을 압박하는 방법을 학습했고, 보수정당은 이념과 종교가 결합된 강고한 기반을 갖게 되었다.

(5) 20대 국회, 동성애를 문제 삼는 이유

국회 회의록에서 '동성애'를 검색하면, 15대 국회 1건을 시작으로 16대 46건, 17대 45건, 18대 22건이 나온다. 〈군형법〉 개정안 발의와 〈차별금지법〉 발의 및 철회 등의 사건이 있었던 19대 국회에서도 동성애 언급은 43건에 머물렀다. 그런데 20대 국회에서는 3년여 기간 동안 (2019년 7월 11일 현재) 무려 130건이 언급되었다. 동성애보다 중립적 의미로 사용되는 '성 소수자'를 검색하면 17대 5건, 18대 2건, 19대 20건, 20대 64건이다. 20대 국회의 경우 '동성애'와 '성 소수자'를 더하면 194건의 발언이 있었다. 역대 국회 발언을 모두 합친 것보다 많다.[26]

인사청문회에서는 국가인권위원장은 물론, 교육부 장관, 여성가족부 장관, 미래창조과학부 장관, 헌법재판소 재판관, 헌법재판소장, 대법관 후보자 모두 예외 없이 '성 소수자'에 대한 견해를 '확인'받아야 했다.

• 박지원 위원 : 동성애, 동성혼에 대해서 후보자의 견해는 어떻습니까?

- 헌법재판소 재판관 후보자 문형배 : 동성애는 찬반의 영역에 속하지 않고 동성혼은 현 단계에서는 반대입니다(2019년 4월 9일 헌법재판소 재판관 후보자 문형배 인사청문회).
- 이채익 위원 : 분명히 말씀드립니다마는 이 동성애 문제에 대해서 분명한 답변을 하지 않으면 오늘 12시 계속 가더라도 저는 절대 이 회의를 계속할 겁니다. 그것 분명히 답해 주시기 바랍니다. 그러니까 후보 본인이 찬성인지 반대인지 그것만 얘기하세요. 다른 얘기 하지 마시기 바랍니다.
- 헌법재판소장 후보자 유남석 : 찬성…… 그러니까 제가 동성애를 하는 것을 동의하는 건 아닙니다. 동성애 하는 사람들의 그것……
- 이채익 위원 : 그러면 동성애를 반대한다고 하시면 될 것 아닙니까? 자꾸 아까도 '우리 사회가 관용할 것인가의 문제이다.' 이런 식으로 말씀을 드리니까 지금 SNS에서도 난리가 나 있잖아요(2018년 09월 12일 헌법재판소장 유남석 임명 동의에 관한 인사청문특별위원회).

질문만 문제일까. 답변도 문제의 핵심을 회피하기는 마찬가지다. 헌법재판관 인사청문회에서 〈군형법〉 92조의6에 대한 견해를 묻는 정갑윤 의원의 질의에 이미선 후보자는 "진지하게 법적 검토를 한 적은 없습니다. 그래서 제가 저의 어떤 법적 견해를 밝힐 만한 그런 입장은 아닙니다."라고 했다. 책임 있는 답변이라고 보기 어렵다.

이 밖에도 성 소수자 관련 질의는 매우 공격적이고, 굉장히 선정적이다.[27] 별다른 근거 없이 HIV 감염인을 비하하고, 성 소수자를 모욕한다. 내용은 대동소이하다. 에이즈의 주범인 동성애자에 대한 대책을 수립하라거나 동성애의 위험성에 대해 행정부 차원에서 홍보를 강화하라는 것이다. 성 소수자에 대한 왜곡된 시선은 폭이 넓고도 집요해 '다양한 가족'이라는 표현에도 제동이 걸린다. 다양한 가족에는 성 소수자 가족도 포함된다는 것이다.

이토록 집요하게 '동성애'를 문제 삼는 이유는 무엇일까?

성 소수자 의제는 선명하다. 지지자도 분명하다. 주장만 앞세우면 되기에, 상대와 굴욕적으로 타협하지 않아도 된다. 애초에 '실제' 문제를 해결하기 위한 의제가 아니다. 상대를 공격함으로써 지지 기반을 확고히 하는 방법으로 활용되고 있을 뿐이다. 이처럼 '만들어진 쟁점'은 의도적 거짓말과 과장으로 실제 문제를 은폐하고, 시민들을 현혹한다. 시민들은 사실에 근거해 합리적으로 판단할 기회를 박탈당한다. 본래 사회적 합의는 타인의 입장을 존중하는 데서 출발하는데, 여기서 성 소수자는 동료 시민으로 존중할 대상도, 합의의 상대도 아니다. 갈등은 깊어지고, 사회는 분열한다. 정치가 설 자리는 점점 좁아진다. 빈 공간을 반反정치가 차지한다. 반정치는 이견을 허용하지 않으며 감정을 자극하고, 도덕주의를 앞세워 공적 논증을 생략하고, 적대적 상대에 대한 공격을 과감하게 실행한다.

(6) 민주주의자가 갈등을 다루는 방법

성 소수자 의제는 인권 문제에 머무르지 않는다. 정치와 반정치, 민주와 반反민주 사이에 놓여 있다. 과거 권위주의 정권 시절에는 비타협적 정치가 필요했다. 박찬표는 이를 '경합장형 의회' 기능이라고 평가했다.[28] 이 경우 국회는 '민주-반민주 구도를 둘러싼 정치적 대립과 경쟁의 장'이었기에 타협의 여지가 적거나 거의 없다. 그는 권위주의 정권의 해체와 민주화가 진행된 시점에서 국회는 '정책 결정형 의회'로의 변신을 요구받고 있다고 했다. 정책 결정형 의회는 공적 절차가 중요하며 이성과 논증을 통한 합의를 기반으로 한다. 이처럼 국회는 '경합장형 의회'가 될 수도 있고, '정책 결정형 의회'가 될 수도 있다. 성 소수자 의제가 다루어지는 방식을 주목하는 것은 이 때문이다.

민주주의라면 정당은 정책 경쟁을 통해 권력을 획득해야 한다. 민주주의라면 정당 간 대립과 반목이 아니라 사회적 갈등을 얼마나 평화적으로 잘 관리하느냐가 정치의 실력과 수준을 판가름하는 기준이 되어야 한다. 민주주의라면 정치는 시민들이 수동적으로 반응하고 화를 내게 할 것이 아니라, 조직하고 참여하게 해야 한다. 민주주의라면 개인의 발전, 평등의 확산, 안전하고 편안한 사회를 만들어 가는 데서 정치의 효능이 확인되어야 한다.

막스 베버는 '싸우고 있는 신들' 간의 갈등은 제거될 수 없다고 했다. 정치는 어느 한쪽의 신을 택하는 것이 아니다. 해결할 수 없는 도덕적 갈등이 존재한다는 것을 인정하되 최선을 다해 합의가 가능한 입장을 찾아야 한다. 나와 정반대의 의견을 가지고 있는 사람과 대화하는 것이 정치다. 따라서 지금 우리에게 가장 필요한 것은 타인에 대한 사려 깊은 태도와 숙고하는 자세, 사실과 사실이 아닌 것을 구분하는 현명함이다.

정치인의 언어 규범

"말하는 것을 보면 저게 정상인가 싶을 정도로 정신장애인들이 많이 있다", "신체 장애인보다 더 한심한 사람들이 있다"(더불어민주당 전국장애인위원회 발대식에서 이해찬 대표, 2018년 12월 28일).

"문재인 대통령이 (중략) 북한 미사일 도발에는 벙어리가 돼버렸다"(자유한국당 대표 및 최고위원 연석회의에서 황교안 대표, 2019년 8월 7일).

"ㄱ 법무부 장관은 정신병이 있다, 정신병 환자가 자기가 병이 있다는 것을 알면 정신병이 아니다, 정신병자를 믿는 사람은 뭔가"(자유한국당 대표의 삭발식에서 박인숙 의원, 2019년 9월 16일).

"웃기고 앉아 있네, 진짜 X신 같은 게"(국회 법제사법위원회에서 여상규 국회법사위원장, 2019년 10월 7일).

한 언론에 보도된 정치인들의 장애 비하 발언이다.[29] 앞의 두 발언은 각 당을 대표하는 당대표의 발언이다. 심지어 첫 발언은 그 정당의 장애인위원회 발대식에서 나온 것이라고 한다. 20대 국회에서 쏟아진 장애 비하 발언은 장애인 비례대표 국회의원이 한 사람도 없었던 20대 국회 상황을 반영하는 듯하다. 소속 정당이나 직책도 상관없다. 함부로 말하기 경쟁이라도 하는 것 같다. 장애인 단체는 전·현직 국회의원들이 "신체 장애인보다 못한 더 한심한"이라는 표현을 쓰는 등 장애인을 빗대어 상대방을 비하하고, 욕설을 사용한 것은 장애인을 차별한 것이라며 국가인권위원회에 진정을 제기하기에 이른다. 국가인권위는 피해자가 특정되지 않아 조사 대상에 해당하지 않는다고 진정을 각하하면서, 국회의장에게 "국회의원들이 장애인 비하 및 차별적 표현을 사용하지 않도록 국회의원들에게 주의를 촉구하고 재발 방지 대책을 마련하는 것이 필요하다."는 의견을 표명했다. 또한 국가인권위는 정치인은 "장애인에 대한 사회적 편견을 반영한 언어 습관에서 누구보다도 먼저 벗어나, 인권 존중의 가치를 세우고 실천하는 데 앞장서 모범을 보여야 할 사회적 지위에 있는 사람들"이고, "그 사회적 지위로 인해 피진정인들의 발언은 개인과 사회에 엄청난 영향력을 미칠 수 있고, 사인에 견주어 발언의 내용이 보다 빠르고 넓게 전파될 가능성이 높다."고 했다. 정치적·사회적 영향력이 있는 만큼 발언의 책임도 크다는 것이다.[30]

경제정의실천시민연합에 따르면 20대 국회에서 제출된 징계안의 징계 사유는, 막말 및 명예훼손 22건, 괴담과 선동 8건, 이해 충돌 및 직권남용 5건, 성추행 등 품위 유지 위반 3건, 직무 수행 방해 2건, 국가 기밀 누설 2건, 정파적 의사 진행 1건 등이라고 한다. 언어와 관련한 사유가 단연 1위다(2019/06/03 기준).[31]

국가인권위원회의 또 다른 결정문에 나온 정치인의 혐오 발언 사례를 보면 대상은 장애인에 국한되지 않는다. 여성에 대해서는 도시 개발 필요성을 강조하면서 도시를 여성에 빗대어 "여성은 매일 씻고 다듬고 피트니스도 해 자신을 다듬어 줘야 한다."고 언급했고, 대통령 지지자를 '달창'이라 표현하기도 했다. 성 소수자와 관련해서는, '동성애가 에이즈를 유발한다'거나, '에이즈 환자 때문에 재정이 고갈된다'고 주장했고, "동성애는 담배보다 훨씬 유해하다, 한번 맛 들이면 끊을 수가 없다."와 같은 발언을 했다. 이주민·난민에 대해서는, '할랄 단지를 조성하면 무슬림 30만 명이 거주하게 되어 대한민국이 테러 위험국이 된다'고 하거나, 2018년 제주도에 온 예멘 출신 난민을 '국민의 안전을 위협하는' 존재로 칭하고, '국민의 인권과 안전이 우선'이라고 주장했으며 '외국인이 우리나라에 기여한 바가 없으니 똑같이 임금수준을 유지하는 것은 공정하지 않다'고 발언하기도 했다.[32]

국가인권위원회는 혐오 표현을 "성별, 장애, 종교, 나이, 출신 지역, 인종, 성적 지향 등을 이유로 어떤 개인·집단에게 모욕, 비하, 멸시, 위협 또는 차별·폭력의 선전과 선동을 함으로써 차별을 정당화·조장·강화하는 효과를 갖는 표현"이라고 정의하고 있다. 정치인들의 발언은 모욕, 비하, 멸시, 위협, 차별·폭력의 선전과 선동에 모두 해당한다. 정치인은 사회적 영향력이 큰 공인으로서 발언에 특히 신중을 기해야 함에도 오히려 정치적 유불리에 따라 혐오 표현을 의도적으로 사용하고 있다. 혐오 표현은 민주주의에도 역행한다. 동료 시민을 배제하는 기제로 작동하기 때문이다. 상황이 심각해지자 국가인권위원회는 2019년 12월 30일 정치인의 혐오 표현과 관련해 의견을 표명하기에 이른다.

인권위는 결정문에서 국회의장은 혐오 표현 자정과 예방 의지를 천명하는 입장 표명이나 선언을 추진하고,[33] 〈국회의원윤리강령〉 등에 혐오표현 예방·대응에 관한 사항을 규정하는 방안을 모색할 것을 권고했다. 또한 각 정당 대표는 혐오 표현 예방과 대응을 약속하는 선언을 추진하고, 선거 과정에서 이를 실천할 수 있는 방안을 강구하도록 하며, 정당의 윤리 규정에 혐오 표현 예방과 금지에 관한 사항을 명시하고, 정당 구성원을 대상으로 혐오 표현과 차별에 관한 교육을 실시할 것을 권고했다. 중앙선거관리위원회 위원장에게는 정치인의 혐오 표현 자정을 유도하는 입장 표명 등 선거 과정에서 후보자들이 혐오 표현을 하지 않도록 예 방 조치를 강구하라는 내용이 담겼다.[34]

현재 국회의원의 발언과 관련해서는 〈국회법〉 제146조(모욕 등 발언의 금지)에 "의원은 본회의나 위원회에서 다른 사람을 모욕하거나 다른 사람의 사생활에 대한 발언을 해서는 아니 된다."는 규정 정도가 있을 뿐이며 〈국회의원윤리실천규범〉에는 아무런 언급이 없다. 윤리실천규범에 발언과 관련한 규정을 추가하거나 '국회의원 언어 실천 규범'을 새로 마련하는 등 실천적인 대책을 수립할 필요가 있다. 국회 윤리위원회에서 특정 개인과 집단에 대한 편견과 고정관념을 조장하는 혐오, 차별적 표현을 사용하지 않도록 하는 '정치인 언어 규범 가이드라인'을 만드는 것도 하나의 방법이 될 것이다.

정치인의 말은 중요하다. 말로 상대를 설득하고, 말로 지지를 호소하는 직업이기 때문이다. 어떤 정치 언어는 민주주의를 확산하고, 사회 연대 의식을 높이는 데 기여할 수 있지만, 또 다른 정치 언어는 정치 양극화를 가속화시키고, 정치 불신을 가중하며 시민들을 사납게 만들어 사회적 신뢰를 약화시킬 수도 있다. 이견을 갖는 상대에 대한 존중이 민주주의의 바탕이라는 점을 생각하면 언어 규범이 갖는 중요성은 더욱 커진다.

특히 회의에서 의사 진행에 따르지 않거나 언어 규범에 어긋나는 발언을 했을 경우에는 제재가 필요하다. 예의가 결여된 논쟁은 안건 심사에 아무런 도움이 되지 않는다. 토론의 내용과 무관한 사적 비난, 모욕적 발언은 물론, 회의 진행 도중 동료 의원의 발언을 가로막고, 비난하고, 조롱하고, 야유하고, 소리를 지르는 모든 행위는 제지되어야 한다.

그러기 위해서는 의장과 위원장의 사회권이 존중되어야 한다. 발언권을 얻지 않고 발언하거나, 의사 진행을 방해하거나, 무례한 이의 제기를 하거나, 갈등을 격화시키는 발언을 계속 이어간다면 이를 중단시킬 수 있는 권한이 의장과 위원장에게 있어야 한다. 필요하다면 의장과 위원장은 의원의 발언 금지는 물론, 퇴장과 일정 기간 회의에 참여하지 못하도록 명령해야 한다. 하지만 현재와 같이 정치적 갈등이 극심한 상황에서는 제지와 명령이 더 격한 갈등으로 이어질 가능성이 높다. 의장과 위원장이 의사 진행에 관해 권위를 인정받기 위해서는 중립적 의사 운영자이자 의회 갈등의 중재자 역할을 해야 한다.

사실 〈국회법〉에는 "의원은 발언을 하려면 미리 의장에게 통지하여 허가를 받아야 한다"(제99조)라고 해 의장의 사회권을 보장하고 있고, "의원의 발언은 도중에 다른 의원의 발언에 의하여 정지되지 아니한다"(제100조)라고 해 의원의 발언권을 보장하고 있다. 이외에도 "의제와 관계없거나 허가받은 발언의 성질과 다른 발언을 하여서는 아니 된다"(제102조), "의원은 같은 의제에 대하여 두 차례만 발언할 수 있다"(제103조)는 등 구체적 규정이 있다. 하지만 의장, 위원장의 의사 진행에 따르지 않거나 무례한 발언이 반복되고 있다. 정치인의 말과 행동에 대한 공통의 규범이 절실하다.

최근 소셜 미디어를 홍보 수단으로 이용하는 정치인이 증가하고 있다. 실시간 소통을 장점으로 하는 영역이다. 장점은 곧 단점이기도 해서 속도가 중요하다 보니 말이 정돈될 틈이 없다. 예전에는 특정 사안에 대해 발언하려면 사전에 토론을 통해 입장을 정리했다. 소속 정당의 입장을 확인하고, 관련 단체들의 의견도 들었다. 심사숙고해 논평을 냈다. 그런데 지금은 공식적인 발언과 개인의 감정적 언사가 뒤섞여 버렸다. 이런 환경에서 정치 언어가 좋아지기는 어렵다.

갈등이 평화적으로 관리되기 위해서는 정당 간 갈등의 양상이 달라져야 한다. 정당들은 때때로 의도적으로 갈등을 유발하고, 작은 갈등을 큰 갈등으로 키우기도 한다. 이런 갈등의 대부분은 사회적 문제를 해결하기 위한 것이 아니라 상대 정당을 공격하기 위해 만들어진 가짜 갈등이다. 요란하기만 한 거짓된 갈등에서 벗어나는 것이 우리의 정당들 앞에 놓인 과제다.

먼저 정당들은 입법부 공통의 이해관계를 기반으로 한 최소한의 규범에 합의할 필요가 있다. 정치인의 언어와 행위를 세세히 규정하고, 규칙으로 제재하는 것은 불가능에 가깝다. 제도의 통제보다 상호 암묵적 합의와 관행이 더 중요한, 이른바 '불문율'의 영역이다. 지금까지 정치에 있어서 비공식 영역은 권위주의와 특권의 온상으로 취급되어 왔다. 평등하고 자유로운 관계에서 비롯된 정책 대결과 경쟁보다 권력의 영향을 더 많이 받기 때문이다. 하지만 정치에서 비공식 영역이 갖는 힘은 크다. 약속, 암묵적 합의, 상호 존중 같은 것은 보이지 않지만 때때로 법보다 강력한 힘을 발휘한다. 비공식 영역을 없애려 할 것이 아니라 긍정적 기능을 하도록 이해관계자 모두가 함께 노력해야 한다.

교섭단체와 비교섭단체

나는 줄곧 진보정당 의원실에서 일했고, 따라서 내내 비교섭단체 소속이었다. 보좌관 생활을 시작한 지 14년 만인 2018년, 마침내 교섭단체 보좌관이 됐다. 그해 4월, 공동 교섭단체 구성에 합의한 정의당과 민주평화당은 '평화와 정의의 의원 모임'(약칭 평화와 정의)이라는 명칭으로 국회 등록을 마쳤다. 합의에 따라 공동 교섭단체의 첫 번째 대표는 정의당 원내 대표(노회찬 의원)가 맡았다.

〈국회법〉에 20명 이상의 소속 의원을 가진 정당은 하나의 교섭단체가 된다고 규정되어 있다. 또한 정당이 다르더라도 20명 이상의 의원으로 따로 교섭단체를 구성할 수 있도록 하고 있다. 이에 따라 두 정당이 하나의 교섭단체를 구성한 것이다. 과거에도 비슷한 사례가 있다.

　1963년 제6대 국회에서 민주당, 자유민주당, 국민의당 등 3당이 '삼민회'라는 교섭단체를 공동으로 구성했다. 16대 국회에서는, 김대중 대통령과 김종필 총재(자유민주연합)가 연합 행정부를 구성함에 따라 새천년민주당이 자유민주연합에 의원 4인을 빌려주는 형태로 교섭단체를 구성했다. 당초에는 자유민주연합 소속 의원이 17인이라 3인만 더하면 되었으나 이에 반발해 1명이 탈당을 감행하는 바람에 추가로 1명이 더 필요한 상황이 되어 결국 4인의 새천년민주당 소속 의원이 이동해 교섭단체 구성을 도왔다. 17대 국회에서는 열린우리당에서 탈당한 의원 20여 명이 무소속 상태에서 '중도개혁통합신당추진모임'이라는 교섭단체를 구성했고, 이는 중도개혁통합신당 창당으로 이어졌다가 이후 민주당과 합당했다. 18대 국회에서는 자유선진당과 창조한국당이 '선진과 창조의 모임'이라는 교섭단체를 구성했는데 일부 의원들의 의원직 상실과 탈당으로 1년여 만에 깨졌다.

　처음 교섭단체가 되었을 때 제일 먼저 들었던 생각은 '다른 당 보좌관에게 아쉬운 소리를 하지 않고도 상임위원회 일정과 안건을 미리 알 수 있겠구나' 하는 것이었다. 단순히 '미리 아는 것'이 아니라 동등한 위치에서 의견을 낼 수 있게 된다. 그전까지는 그럴 수 없었다. 국회는 '교섭단체의 국회'라 해도 과언이 아니다. 〈국회법〉은 국회 운영에서 교섭단체의 막강한 권한을 보장하고 있다. 연간 국회 운영 기본 일정부터 교섭단체 대표 의원들이 정한다. 상임위원회, 특별위원회 구성 권한도 갖고 있다. 교섭단체만이 상임위원회, 특별위원회 간사를 둘 수 있으며 의사일정, 안건, 질의 시간, 증인 선정 등 국회 운영과 관련한 거의 모든 것을 교섭단체 간사들 간의 협의로 결정한다.[35]

원래 교섭단체의 목적은 '의원들의 의사를 사전에 통합·조정해 정파 간 교섭의 창구 역할을 하도록 함으로써 국회의 의사를 원활하게 운영'하는 데 있다. 정당 간 갈등이 첨예한 시기일수록 상임위원회 일정은 불투명한데, 서로 다시는 마주 앉지 않을 것처럼 격렬히 대립하다가도 교섭단체 간 '전격적 합의'에 이르면 다음날 갑자기 상임위원회가 열리기도 한다. 갈등부터 합의까지 이는 오로지 교섭단체 사이에서 발생하는 일인지라 비교섭단체인 소수 정당은 개입할 여지가 거의 없다. 회의 일정을 당일에 통보받은 적도 있다. 마치 시민권이 박탈된 시민처럼 비교섭단체는 국회 운영상 보이지 않는 존재였고, 기본적인 국회 운영 정보조차 비공식 경로로 제공받을 수밖에 없었다. 의사 결정 구조에 참여할 수 없다는 것은 찬성 또는 반대의 선택권밖에 없다는 것이다. 선택권이랄 수도 없다. 소수의 찬성과 반대는 결정에 영향력을 행사하지 못하기 때문이다. 선거를 통해 원내에 진출했으나 교섭단체를 구성하는 데 실패한 정당은 의사 결정 과정에서 배제된다. 교섭단체를 구성한 정당은 선거에서 부여받은 대표성보다 국회 안에서 훨씬 더 크게 대표된다. 선거제도에 의해 과다 대표된 정당의 권한이 교섭단체 제도를 통해 한층 더 강화된다. 유권자의 선호와 정치적 대표성의 차이는 더 벌어진다.

교섭단체가 되지 못한 정당은 발언권도 제한된다. 교섭단체 대표 연설은 소속 정당 또는 교섭단체를 대표해 행하는 연설로 40분까지 발언할 수 있다. 교섭단체 대표 연설은 매년 첫 번째 임시회와 정기회에서 각각 한 번씩, 전·후반기 원 구성을 위한 임시회, 의장이 각 교섭단체 대표 의원과 합의하는 경우에는 추가로 한 번씩 실시할 수 있다. 비교섭단체 대표는 똑같이 정당을 대표함에도 연설은 못한다. '발언'만 가능하다. 교섭단체 대표 연설은 모든 국무위원을 출석시키고 시간도 40분인 데 비해 비교섭단체 대표 발언 때는 국무위원이 출석하지 않고, 시간도 15분으로 제한돼 있다. 교섭단체 구성 여부에 따라 정당의 정책을 설명할 수 있는 기회가 달라지는 것이다.

교섭단체는 정책연구위원도 별도로 둘 수 있다. 1급 내지 4급 상당의 67인이 교섭단체 소속 의원들의 입법 활동을 보좌한다.[36] 이들은 상임위원회마다 별도로 배정돼 있어 입법·예산 심사는 물론 국정감사와 현안 문제 등에 대해 각 당의 입장에서 의원들의 의정 활동을 돕는다. 상임위원회 회의장에 자리도 따로 있다. 정당에 소속된 정책연구위원은 국회가 정책을 중심으로 운영되기 위해 꼭 필요한 핵심 인력이다. 정책은 정당 간 협의와 정당 내 협의 절차 양쪽 모두 강화되어야 한다. 이를 뒷받침할 전문 인력이 정책연구위원이다. 권한과 역할을 강화해 실질적인 정당의 정책 전문 인력으로 일할 수 있도록 해야 한다.

또한 교섭단체에만 주어지는 중요한 권한 중 하나는 '정보위원회'다. 국가정보원 소관 사항을 다루는 정보위원회는 교섭단체 소속 의원만 위원이 될 수 있다. 다른 상임위원회와 달리 정보위원회의 회의는 원칙적으로 비공개로 진행하고, 공청회나 인사청문회에 한해 위원회가 의결한 경우에만 공개할 수 있다. 〈국회법〉에 따라 보좌관도 국가정보원장의 신원 조사를 거쳐야 하고, 의원과 보좌관은 직무 수행을 통해 알게 된 국가 기밀에 속하는 사항을 공개하거나 타인에게 누설해서는 안 된다. 따라서 정보위원회 위원이 아닌 경우는 사실상 어떤 정보도 제공받을 수 없다.

교섭단체 규정은 언제, 어떻게 정해진 것일까? 처음에는 교섭단체 규정이 없었다. 20인이라는 구성요건은 제헌의회 4회기에 만들어졌는데, 1963년 6대 국회에 이르러 10인으로 완화되기도 했다. 다시 20인 이상으로 늘어난 것은 유신 직후인 1973년 2월, 〈국회법〉 전부 개정을 통해서다. 국정감사를 없애고, 국회의원 3분의 1을 대통령 추천으로 통일주체국민회의에서 선출하도록 하며, 대통령에게 긴급조치권, 국회 해산권, 법관 임면권을 부여해 삼권 위에 군림할 수 있도록 보장했던 '민주주의의 암흑기'에 정해진 기준이 현재까지 지속되고 있는 것이다. 그동안 국회 운영과 관련해 제도가 개선되기도 하고, 새로운 제도가 만들어지기도 했지만 교섭단체 기준만은 고정불변의 제도처럼 변하지 않고 있다.

교섭단체 구성 요건은 나라마다 다르다. 아예 기준이 없는 나라도 있고, 1석을 기준으로 하는 나라도 있으며, 의석의 5%를 하한선으로 하는 나라도 있다. 우리나라의 의석수 대비 교섭단체 구성 기준(6.7%)은 다른 나라에 비해 높은 편이다. 교섭단체 요건을 완화해 그 취지대로 국회를 원활하게 운영하는 단체로만 기능하게 해야 한다. 시민들이 선거를 통해 위임한 권한은 딱 위임한 만큼만 행사되어야 한다. 제도가 이를 왜곡해서는 안 된다.

물론 교섭단체 구성요건 완화가 모든 문제를 해결하는 만능열쇠는 아니다. 20대 국회에는 17개의 상임위원회가 있었다. 상임위원회를 중심으로 법안과 예산 심사 의결이 이루어지므로, 한 정당이 온전한 발언권을 획득하려면 상임위원회 숫자 이상의 의원이 필요하다. 교섭단체로서 역할을 충실히 수행하기 위해서는 각 상임위원회에 1인 이상의 의원이 있어야 한다. 사실 20석 기준은 정당 스스로 달성해야 할 정치적 최저선이다. 다만 이는 정당 스스로 달성해야 할 과제이지 제도로 강제할 일은 아니다.

　10석으로 시작했던 17대 국회 때는 선거를 한 번만 더 치르면 진보정당도 20석 이상의 의석을 가진 교섭단체가 될 줄 알았다. 하지만 18대 국회에서 진보정당의 의석은 5석으로 반 토막이 났다. 진보정당의 원내 첫 진출이라는 프리미엄은 눈 녹듯 사라졌고, 19, 20대 국회에 이르도록 의석수는 크게 달라지지 않았다. 2018년 4월에서 7월까지 채 넉 달이 되지 않은 기간이었지만 교섭단체에서 일을 해보니 왜 교섭단체가 되어야 하는지 온몸으로 느낄 수 있었다. 비로소 의회정치의 한 구성원이 된 것 같았다. 논의에 직접 참여하고, 결정에 영향을 미칠 수 있었다. 다시 한 번, '주류 정치'의 구성원이 되어 신나게 일하고 싶다.

정치의
기반

정치가 좋아져 민주주의 발전에 기여하기 위해서는
입법부가 위임받은 권한을 잘 행사해야 하고,
사회적 기반이 튼튼한 강한 정당이 필요하며,
정치의 본질을 알고 정치의 방법으로 일하는
정치인이 늘어나야 한다.

정치 교육은 청소년기부터

마포구의 한 중학교 1학년 학생들의 '진로 직업 체험의 날' 수업에 참여한 적이 있다. "보좌관이 말하는 정치의 비밀"이라는 제목이었는데, 국회와 보좌관에 대해 궁금한 학생들이 사전 신청을 통해 참여하는 수업이었다. 당시 같은 학교 3학년에 재학 중이던 둘째 아이에게 어떻게 하면 수업을 재미있게 할 수 있을까 물었더니 "어차피 다 잘 거야."라는 부정적 답변을 들었다. 신청자도 없을 것이라고 했다. 대체 어떤 중학생이 국회나 정치 이야기를 듣고 싶겠냐는 것이다. 안 그래도 어떻게 진행해야 할지 막막했는데 아이의 정직한 조언으로 고민은 두 배가 되었다. 평생 기억에 남을 명강의는 아니더라도 두 시간 내내 졸게 할 수는 없지 않은가. 딱딱한 수업을 했다가는 정치란 지루한 것이라는 첫인상을 주게 될 것이다. 정치의 중요성을 쉽고 재미있게 전달해야 한다. 내가 하고자 하는 말을 내용에 담되 아이들을 대상화하지 않도록 형식에도 신경을 썼다. 또한 수업은 이론과 실습, 각각 한 시간으로 구성해 달라는 것이 주최 측의 요청이었다. 요리 수업도 아니고, 실습은 뭘 해야 할지 고심을 거듭한 끝에 1교시 이론 수업에서는 '국회가 하는 일과 정치 참여'에 대해 설명하고, 2교시 실습은 '퀴즈와 게임'으로 수업 계획안을 짰다. '아이들이 유치하게 생각하면 어쩌지?' 메모지와 스티커, 포스트잇 등 준비물을 챙기면서도 걱정이 되었다. '이렇게 신경 쓰이는 청소년 수업을 내가 대체 왜 맡았담.' 한숨이 절로 나왔다.

본격적으로 수업을 시작하기 전에 10여 명의 학생들에게 정치 수업을 선택한 이유를 물었다.

"정치에 대해 알고 싶어서요."

"보좌관이 하는 일이 궁금해서요."

"소개 자료에 나온 보좌관, 국회, 정치, 정당, 민주주의. 이 말 보고요."

"정말 그게 궁금해요?" "네!"

"재미없는 수업을 택해 줘서 고마워요. 재미있는 수업이 되도록 노력해 볼게요."

약간 불안해서 덧붙였다. "음, 혹시 별로 재미없더라도 무조건 재미있었다고 소문내요. 어때요?" "네!"

보좌관이라는 직업이 궁금해서 온 학생들이다. 보좌관은 국회의원의 의정 활동을 보좌하는 사람이고, 국회의원은 국회에서 일하는 정치인이다. 정치인은 입법, 예산 심사, 국정감사 등을 통해 우리 사회를 좀더 낫게 만들기 위해 노력한다고 설명했다. 국회의 역할과 기능, 정당의 필요성에 대해서도 설명했다.

2교시는 흥미를 끌기 위해 "국회 안에 있을까요? 없을까요?" 퀴즈로 시작했다. 글을 읽는 여러분도 맞춰 보시라. 예식장, 수영장, 찜질방, 헬스장, 사우나, 지하 비밀 통로, 땅 속 와인, 미용실, 우체국, 은행, 내과, 치과, 한의원, 응급실, 정당 사무실(당사), 기자회견장. 이 가운데 어떤 것은 있고, 어떤 것은 없을까? 학생들은 흥미진진해 했다. 국회에는 3백 명의 국회의원과 2천7백여 명의 보좌진, 국회사무처, 도서관 직원 등 수천 명의 사람들이 일하는 만큼 업무 지원 및 편의 시설이 필요하다. 어떤 것은 있고, 어떤 것은 없다. 두 번째 게임은 자음만 보고 완성된 단어를 맞추는 것이다. 예를 들면, 'ㄱㅎㅇㅅㄷ'을 제시하면 '국회의사당'을 유추하는 것이다. 초성을 바라보다 단어가 떠오르면 "아!" 감탄사를 내뱉는다. 'ㅁㅈㅈㅇ, ㅂㄹㄷㅍ, ㄱㅎㅇㅇ, ㅂㅈㄱ'은 뭘까? 도저히 생각이 안 난다며 머리를 감싸기도 한다. 알고 나면 쉽지만 정치적 용어는 일상에서 사용하는 말이 아니므로 쉽게 떠오르지 않는다. 민주주의, 비례대표, 국회의원, 보좌관 등이 학생들에게 친근한 단어가 되기를 바라며 준비한 게임이다.

다음은 독일의 민주 시민 교육 방법론 중 협상력 훈련의 하나인 '부러진 연필'이라는 게임을 했다. 세 모둠은 종이라는 자본, 칼이라는 기술, 부러진 연필이라는 자원을 하나씩 나누어 갖는다. 각 모둠은 협상을 거쳐 칼로 연필을 깎고, 깎은 연필로 종이 한 장 당 'O'이라는 글씨를 쓴다. 'O'이라는 글씨가 쓰인 종이를 많이 가진 모둠이 이기는 게임이다. 협상을 통해 승리할 수도 패배할 수도 있으며 서로에 대한 신뢰나 불신을 가질 수도 있다. 민주주의는 갈등을 다루는 체제이며, 협상을 통해 갈등을 해결할 수 있음을 인지하도록 하는 게임이다. 학생들은 협상에 실패했다. 실패의 원인을 "모두가 1등 하기만 바래서 그렇다." "아무도 양보하지 않았다."는 점을 들었다. 다시 하면 협상에 성공할 수 있을 것 같다고도 했다. 민주주의는 갈등을 기반으로 한다. 모든 갈등은 정치를 통해 협상이 가능하다. 민주주의는 상대를 제압하는 것이 아니라 상호 신뢰를 바탕으로 조정하고 타협하는 것이다. 잠깐의 게임으로도 학생들은 원리를 이해했다.

　마지막으로 자신의 꿈을 정치적으로 표현하도록 했다. 바뀌었으면 좋겠는 것, 현재의 바람과 꿈을 접착식 메모장에 적어 보라고 했다. 아이들의 꿈은 "학원에 안 다니고 싶다", "늦잠 자고 싶다", "방학이 길었으면 좋겠다"와 함께 "세금 늘리고, 복지 확대하자"도 적었다. 꿈을 사회적으로 해결하는 가장 좋은 방법은 정치를 통하는 것이라고 말해 줬다. 학생들이 정한 당명은 '꿈의 당'이다. 자신들의 꿈이 정치를 통해 실현되었으면 좋겠다고 했다. 법과 제도를 만드는 권한이 국회에 있고, 그 일을 하는 것이 국회의원이고, 국회의원을 돕는 사람이 보좌관이라고 알려줬다. 수업이 끝나자 질문이 쏟아졌다.

　"질문해도 돼요?" "그럼."

　"보좌관 일의 매력은 뭐에요?"

　"월급은 얼마에요?"

　"보좌관 일을 하면서 보람은 뭐에요?"

　'법과 제도가 바뀌어서 사회가 좋아졌을 때' 보람을 느낀다는 내 말을 수첩에 또박또박 받아 적는다. 두 시간짜리 짧은 수업이었기에 흥미 위주로 진행했다. 사실 정치교육은 이보다 훨씬 더 전문적·체계적으로 진행되어야 한다. 청소년기 정치교육은 정말 중요하다. 민주적으로 훈련되고, 정치적으로 단련된 청소년들이 좋은 정치를 만들어 가는 시민, 나아가 좋은 정치를 실천하는 정치인이 될 수 있다. 청소년에게 가장 필요한 교육 세 가지는 인권 교육, 노동교육, 정치교육이라고 생각한다. 정치의 기초를 튼튼히 하는 가장 좋은 방법이자 사회를 건강하게 만드는 토대는 교육이다.

정치교육을 중요하게 생각하는 독일에는 정치교육을 담당하는 별도의 기관이 있다. 독일의 정당들이 합의해서 만든 '연방정치교육원'bpb이다. bpb는 연방 내무성 산하의 독립기관으로 본과 베를린에 사무실을 두고 있으며 직원 수는 220여 명에 달한다. 이 중 190여 명은 단체 협약에 의해 고용되었으며 30여 명은 공무원이다.[1]

2015년 bpb에 방문했을 때 bpb 측은 "bpb의 대표는 정치적으로 높은 위치이고, 그만큼 높은 책임을 지고 있다. bpb는 다양한 정치교육을 실시하는데, 교육을 바탕으로 민주주의 의식을 강화하는 것, 궁극적으로 정치 참여를 강화하는 것을 목표로 한다."라고 했다. bpb가 하는 사업은 크게 세 분야로 나뉜다. 출판물을 통한 교육 사업, 정치교육 관련 학술 대회 지원 사업, 외부 정치 교육 단체 지원 사업이다. 출판물을 통한 교육 사업은 신문·잡지와 같은 정치 간행물과 정치 관련 서적의 발간으로 이루어지는데, 출판 사업을 하는 이유에 대해 "정치교육 관련 서적의 발행과 판매는 수익성이 있는 사업이 아니기 때문에 이 분야가 위축되지 않고 지속적으로 서적이 발간될 수 있도록 하는 조치"라고 했다. 학술 대회 지원은 성인 정치교육, 학교 외부의 성인교육, 교사 재교육 등이 포함된다. 세미나에 활용하기 위한 학습 자료 출간, 현지 답사도 여기에 해당된다. 그야말로 정치교육을 잘하기 위한 목적의 학술 대회라고 볼 수 있다. 외부 정치교육 단체 지원은 민간 정치교육 기관은 물론, 장학 재단, 노동조합 등에 대한 재정 지원이 포함된다.[2]

의회와의 관계는 어떨까? 히원위원 중 22명이 bpb 감독위원회 위원이 된다.[3] 감독위원회는 기관의 정치적 중립성과 교육의 효과성 등을 감독한다. 재미있는 것은, 감독위원회 위원들은 자신의 지역 사무소에 '연방정치교육원 교육 코너'bpb-Bildungsecken을 둘 수 있다.[4] 이는 감독위원회 위원들에게 주어진 권리다. 2020년 3월 현재 독일 각지에 34개의 교육 코너가 있다. 정치인과 정치교육에 대해 신뢰가 있는 사회이기에 가능한 일이다.

bpb의 청소년 정치교육은 학교교육 지원, 정치에 관심이 적은 청소년을 위한 프로젝트, 어린이를 위한 시민권 교육 등이 있다. bpb는 고등학생들이 복잡한 사회적·정치적·경제적 문제를 이해하도록 돕는 교재를 제공한다. 교사는 워크숍과 세미나에 참여해 새로운 교수법에 대해 토론하고 배울 수 있다. bpb의 전략은 정치 문제를 왜곡하지 않고 덜 복잡하게 만드는 것이라고 한다.

독일 bpb에서 배울 점 중 하나는, 정치교육이 사회와 밀접한 관계에 놓여 있다는 것이다. 이들은 '우익 극단주의는 bpb의 주요 관심사'라고 말한다. 급진화될 위험에 처한 젊은 무슬림을 위한 예방 조치 개발도 bpb의 사업 내용 중 하나다.

"축구공"이라는 수업 주제에는 이런 질문이 나온다. '독일에서 축구는 어떤 역사적 발전을 거쳤습니까? 정치, 비즈니스, 축구는 전국적으로 그리고 국제적으로 어떤 관련이 있습니까? 경기장에서 실제 발생하는 인종차별 슬로건과 적개심에 대해 팬들은 어떻게 대처해야 합니까?' 등 청소년 축구 팬이 생각해 봐야 할 문제들을 묻고 있다.

bpb는 청소년들에게 축구 경기장에서 만날 수 있는 우익 극단주의에 대해 설명하고, 토론하자고 제안한다. 우익 극단주의 훌리건 그룹은 1980년대부터 주목을 받았는데, 최근 나치가 다시 부상해 청소년 문화에 침투하고, 경기장에서 차별에 반대하는 팬들에게 폭력을 행사하고 있다고 한다. 이들은 다시 묻는다. '우익 극단주의란 무엇입니까? 어떻게 조직되어 있습니까? 네오 나치가 클럽에 나타나면 어떻게 해야 합니까?'

"축구공"은 여기서 그치지 않는다. 성 평등도 하나의 주제다. 2011년 독일에서 개최된 여성 축구 월드컵 소개란에 들어가면 참가국 소개 및 대진표와 함께 독일 여성 축구의 역사가 나온다. 독일 최초의 여성 축구 클럽은 1930년에 설립되었다고 한다. 그런데 1955년부터 1970년까지 독일축구협회DFB는 "미학적인 이유로" 여성들의 축구를 금지해 버린다. 여성들은 포기하지 않았고, 여성들의 축구협회 설립을 추진했다. 1970년 10월 31일, 독일축구협회는 마침내 금지령을 해제했다. 1974년에는 독일 최초의 여성 축구 대회가 열렸다. "축구공"은 이와 같은 여성 축구의 역사적 배경 설명과 함께 성별에 따른 가부장적 사고가 스포츠와 사회를 지배하는 문제에 대해 말한다. 정치교육은 이처럼 구체적이어야 하며, 청소년들의 관심사에서 출발해야 한다.

bpb는 "당신을 위한 정치"라는 부제가 달린, 어린이를 위한 웹사이트www.hipharpigland.de도 운영하고 있다. 8세에서 14세 사이의 어린이들이 재미있고 유익한 방법으로 정치에 관심을 갖도록 하는 것을 목표로 한다. 이 웹사이트에는 하마·토끼·돼지가 주요 등장인물로 나오는 정치만화가 있고, 징지 귀즈의 영화 코너도 있다. 정치에 대한 기본적인 지식을 제공하는 것은 물론, 어린이들이 의견을 제시하고, 토론에 참여하고, 투표하도록 한다.

독일 의회는 어린이를 위한 홈페이지,[5] 청소년을 위한 홈페이지(독일 연방 하원 청소년 포털)[6]를 별도로 운영하고 있다. 내용이 의회 홈페이지 못지않다. 대한민국 국회도 어린이 국회 홈페이지[7]를 운영하고 있지만 어린이 정치교육을 목적으로 한 홈페이지라고 보기는 어렵다. 홈페이지에서 소개하고 있는 '어린이 국회'는 국회의원 선거구별 1개교 및 특수학교 1개교를 선정해 교육부, 해당 교육청의 협조를 받아 지도교사 1인, 학생 10명 내외로 구성하는 일종의 '모의국회'를 말한다. 보편적 정치교육이 아니라 선발된 엘리트 교육에 머물고 있다. 청소년을 위한 홈페이지는 없으며, 국회가 청소년의 정치교육을 위해 어떤 고민을 하고 있는지 알 수 있는 방법도 없다.

유럽에서 20대 의원의 등장이 놀라운 일이 아닌 것은 청소년기의 정치교육이 탄탄하기 때문이다. 시민들의 정치참여율이 높고 정치가 안정된 나라의 특징은 청소년기부터 정당 활동을 하고, 정치 수업을 받을 기회가 많다는 점이다. 정치교육은 민주주의에 대한 이해를 높이고, 민주 시민으로 살아갈 수 있도록 돕는다.

영국 의회의 정치교육 프로그램은 '경험적 시민교육'을 기본 원칙으로 한다. 영국 의회의 주요 프로그램 중 하나인 '학교 연계 교육 서비스'는 초중교 학교들과 협력해 5~18세 청소년을 위한 정치교육을 실행한다. 또한 영국의 정치교육을 담당하는 주축은 지역구 정당들인데, 클럽club이라고 불리는 영국 정당의 지역구 사무실은 토론의 광장 역할을 한다.[8] 정치교육은 정당이 시행하는 것이 바람직하다. 정당의 정체성을 가지고 당원과 지지자를 만나야 한다. 성인 당원, 청소년 당원 모두 마찬가지다.

우리나라는 공식적으로 청소년들의 정치 활동이 금지되어 있다. 얼마 전까지 19세 미만은 선거권·피선거권이 없는 것은 물론, 정당에 입당할 수도 없고, 선거운동을 할 수도 없었다. 2020년 〈공직선거법〉 개정으로 선거 연령이 19세에서 18세로 낮아졌지만 여전히 18세 미만은 선거운동을 할 수 없다. 18세 미만의 사람이 선거운동을 하면 3년 이하의 징역이나 6백만 원 이하의 벌금에 처해진다. 당원 가입도 18세 이상만 가능하다. 〈정당법〉에서 당원의 자격을 '국회의원 선거권이 있는 사람'으로 규정하고 있기 때문이다. 외국은 어떨까? 영국 보수당은 정당 가입 연령에 제한이 없고, 노동당은 15세 이상으로 규정하고 있다. 각 정당의 당헌에 근거한 것이다. 독일도 기민련은 16세 이상, 사민당은 14세 이상인데, 역시 각 정당 당헌으로 정한다. 일본은 우리처럼 선거권 연령과 일치하는데, 법이 아니라 정당의 당규로 정하고 있다. 미국은 당원 자격을 규정하지 않고 있으나 대부분의 주에서 18세 이상 지지자를 당원으로 본다. 대체로 법이 아니라 정당이 알아서 정하도록 하고 있다.[9]

청소년기부터 정당 활동 경험을 축적하는 것은 정치적 시민으로 살아가는 데 매우 중요한 요소다. 정치교육은 정당이 할 일이다. 외국의 경우 정당과 무관한 정치교육은 상상하기 어렵다. 그런 면에서 청소년 정치교육을 중앙선거관리위원회나 시민단체가 담당하는 것은 바람직하지 않다. 다시 한 번 강조하지만, 독일의 연방교육원은 정당들의 합의에 의해 설립된 것이고, 민주주의 교육의 기본 원칙도 정당들이 수립한 것이다. 민주주의가 발전한 많은 나라들은 정당 또는 정당이 설립한 정치 재단이 정치교육을 담당하고 있다. 정당들이 노동조합이나 평생교육 기관과 연계되어 있는 것도 특징 중 하나다. 우리나라에서 정당 중심의 정치교육을 우려하는 목소리 중 하나는 정치적 균열의 심화 및 재생산에 대한 것이다. 정당들의 적대적 갈등이 청소년들에게 부정적 영향을 미칠 수 있다는 우려다. 또한 청소년들이 '바람직한' 가치관을 형성하기 위해서는 정치적 중립성이 지켜져야 한다는 의견도 있다. 이는 청소년을 '이등 시민' 취급하는 것일 뿐더러 근본적으로는 정당정치에 대한 불신에서 비롯된 것이다. 존재하는 정당이 마음에 들지 않더라도 정당 없이 정치를 할 수는 없다. 정당을 배제할 수 없다는 사실이 현대 민주주의의 숙명이라면 정당을 통한 정치의 방법을 가르쳐야 하는 것이 정치교육의 숙명이다. "정치에서 논쟁의 여지가 있는 것은 수업에서도 논쟁의 여지가 있어야 한다."[10]라는 독일 bpb의 말처럼 말이다.

사회에는 언제나 복수의 가치가 존재한다. 모든 문제에는 하나 이상의 관점이 있으며, 따라서 다른 관점을 존중하는 태도, 스스로 정립한 의견을 자유롭게 발언할 수 있는 문화가 중요하다. 정치적 중립성은 다양한 의견들 속에서 스스로 '판단'하라는 의미이지 아무런 판단을 하지 말고 중간에 서있으라는 말이 아니다. 예컨대, 교사는 혐오와 차별에 대해서는 단호한 입장을 취해야 한다. 정치교육에서 정말 필요한 관점이 있다면 그것은 중립성이 아니라 이견과 다양성에 대한 존중이다. 존재하지 않는 합의를 가장해서는 안 된다. 무엇보다 정치교육은 누가 봐도 편파적으로 보일 만큼 민주주의를 수호하는 데 전력을 다해야 한다.

당원 가입의 자유를

중앙선거관리위원회에 따르면 2017년 말 기준 더불어민주당 당원은 357만 명, 자유한국당 323만 명, 국민의당 28만5천 명, 바른정당 6만7천 명, 정의당 4만 명, 대한애국당 4만2천 명, 녹색당 9천 명, 새누리당 3만 명 등 우리나라의 총 당원 수는 750만8천 명에 달한다. 인구수 대비 당원 수는 14.5%다. 2016년에는 11.8%였으니 1년 만에 2.7%p 증가한 것이다. 선거인단 대비 당원 수는 17.6%로, 2016년 14.4%보다 3.2%p 증가했다. 당원 수의 증가는 같은 해 치러진 대통령 선거의 영향일 가능성이 높다. 이 중 당비 납부자 수는 132만 명으로 당원 중 17.6%를 차지한다.[11] 실질적인 당원은 당비 납부자 수로 보는 것이 타당하다. 양대 노총 조합원 숫자가 각각 1백만 명 규모이므로 132만 명도 적은 숫자가 아니다. 그런데도 왜 주변에서 당원을 찾아보기 어려운 것일까? 정당에 가입했더라도 공개하기를 꺼리는 경우도 많다. 반면, 정치에 대해 적극적으로 발언하는 사람 중에는 자신이 당적이 없다는 사실을 내세우는 사람들이 많다. 정치적 견해를 표명할 때, '당원은 아니지만'이라는 수사가 곧잘 붙는다.

한국 사회는 유독 정당 가입을 배타시한다. 정치적 발언을 하는 학자나 평론가들 중에 정당원은 찾아보기 힘들다. 언론인도 정치적 중립을 명분으로 정당에 가입하지 않는다. 게다가 현행법상 공무원, 교원 등은 정당 가입 및 정치 활동이 원천적으로 금지되어 있다.[12] 공무원의 정당 가입을 금지하고 있는 나라는 많지 않다. 미국·영국·독일·프랑스·일본 등 OECD 국가 중 상당수가 공무원의 정당 가입을 허용하는 등 정치 활동의 자유를 폭넓게 인정하고 있다.

윤소하 의원실에 따르면 대한적십자사는 내규로 적십자 직원의 정당 가입을 금지하고 있다.[13] 국제적십자운동 기본 원칙 중 한 가지인 중립의 원칙에 입각해 정치 운동이 금지되어 있음에 따라 정당의 가입을 허용하지 않는다는 것이다. 대한적십자사가 밝힌 국제적십자운동 기본 원칙은 총 7가지로서 ① 인도, ② 공평, ③ 중립, ④ 독립, ⑤ 자발적 봉사, ⑥ 단일, ⑦ 보편이다. 이 중 '중립'의 원칙은 적대 행위가 있을 때 어느 편에도 가담하지 않고 어떤 경우에도 정치적·인종적·종교적 또는 이념적 성격을 띤 논쟁에 개입하지 않는다는 것인데, 이를 정치 활동 금지 조항으로 해석한 것이다.

하지만 미국·영국·스위스·프랑스·일본·싱가포르·필리핀·인도 등 외국의 적십자사, 국제적십자위원회, 국제적십자사연맹 관련 규정에 정당 가입을 규제하고 있는 사례는 한 곳도 없다. 오히려 일본의 경우 "중립이란, 적십자의 성격으로, 개인의 정치 활동의 금지는 아니다. 인간이 작금의 세계에서 정치 활동을 피할 수 없는 것은 당연하다기보다 오히려 책임"이라고 했다. 스위스는 정치인이 적십자 회장을 역임한 바있다. 미국 적십자사 역시 2005년 기사에 따르면 공화당과 긴밀한 관계를 유지하는 등 정치활동을 제한하고 있지 않았다.[14] 우리나라의 경우도 〈대한적십자사 조직법〉에 따라 현역 국회의원 12명이 대한적십자사의 대의원이 된다.[15]

적십자 운동은 전쟁터에서 부상자를 국적 등의 차별 없이 도우려는 목적에서 출범한 조직으로 국적이나 인종, 종교적 신념, 정치적 입장의 차이를 두지 않고 인도적인 활동을 벌이기 위한 취지에서 중립의 원칙을 명시하고 있는 것이다. 중립의 원칙은 정치 활동 금지와 아무런 상관이 없다. 그럼에도 내규로 직원의 정당 가입을 허용하지 않는 것은 과도한 기본권 제한이라 볼 수 있다.

공무원의 정당 가입을 허용하고 있는 외국의 사례를 살펴보자. 뉴질랜드는 〈국가부문법〉의 57장, "뉴질랜드 공무원 행동 규칙"에서 공무원의 정치 활동을 허용하고 있다. 따라서 공무원은 자유롭게 정당에 가입할 수 있을 뿐만 아니라 조직에 참여해 직책을 맡을 수도 있다. 덴마크·스웨덴·네덜란드·핀란드 등은 헌장이나 수칙과 같은 독자적인 규정조차 존재하지 않으며, 헌법이 보장하는 권리와 의무 수준에서 판단되고 있다. 프랑스도 '일반 공무원법'상 정치 활동에 대한 아무런 제한이 없다. 이탈리아·포르투갈·오스트리아 등은 공무원 윤리 헌장이나 수칙 형태로 공무 수행의 중립성 내지는 불편 부당성의 의무를 규정하고 있기는 하나 원칙적 선언에 그치고, 공무원의 정치 활동 제한에 대한 판례나 법적 구속력을 가지는 조항을 따로 두고 있지 않다고 한다.[16]

미국의 경우 1993년 클린턴 행정부가 해치법Hatch Act[17]을 개정한 이후 공무원의 정치 활동을 일반 시민과 마찬가지로 인정하고 있다. 일부 공무원을 제외한 대부분의 공무원은 근무 중 또는 근무 중이라는 외관을 띠는 경우를 제외하고는 원칙적으로 정치 활동의 제약을 받지 않게 되었다.[18]

독일은 〈독일기본법〉 제21조 제1항(정당 가입)은 자유로운 국민의 정치적 의사 참여를 위해 정당 설립의 자유를 규정하고 있으며, 〈독일연방공무원법〉과 〈공무원기본법〉에 의해 공무원에 대한 규율이 이루어지고 있는데, 공무 수행과 연관되지 않는다면 공무원도 독일의 국민으로서 자유로운 정치 참여를 보장받는다. 공무원도 정당에 가입해 정당원으로 활동할 수 있다.

영국은 초기에는 공무원의 정치 활동을 포괄적으로 제한했다.[19] 하지만 이런 제한은 1978년 이후 대폭 완화되어 현재 모든 공무원은 정당에 가입할 수 있으며, 공무의 성격에 따라 세 집단으로 나누어 그에 상응하는 범위 내에서 정치 활동을 제한한다. 〈공무관리법〉Civil Service Management Code에 따라 제1집단(산업계·노동직에 종사하는 일반적인 공무원)은 어떤 제한도 받지 않는다. 제2집단(대부분의 고위직 공무원)은 전국 단위의 정치에는 관여하지 못하지만 지방자치단체 차원의 정치에는 자유롭게 참여할 수 있다. 양자의 중간에 속하는 공무원들은 일정한 허가를 받아 참여할 수 있다. 이때 허가는 재량 행위가 아니라 원칙적으로 허용되어야 하며, 공무원이 정치적으로 민감한 분야에 근무할 경우에만 제한을 둔다.[20]

우리나라는 공무원의 정치 활동을 금지하고 있는 것은 물론, 이외에도 '법령의 규정에 의해 공무원 신분으로 볼 수 있는 자'에 대해서도 정치 활동을 제한하고 있다. 이들은 공직자가 아니면서 공공 기관의 위원회에 참여하거나 공공 기관 업무를 위임·위탁받아 수행하는 민간인을 의미하는 공무수행사인[21]인데, 공무원보다 민간인에 가까운 사람들임에도 공무원과 마찬가지로 정당 가입을 제한당하고 있다.

정당의 당원은 국가인권위원회 위원, 사행산업통합감독위원회 위원, 영화진흥위원회 위원, 문화예술진흥위원회 위원이 될 수 없다. 언론중재위원회 위원도 될 수 없고, 방위 사업 수행 과정에서 제기된 민원 사항에 대해 조사하고 시정·감사 요구를 할 수 있는 옴부즈맨도 될수 없다. 농협(조합공동사업법인·품목조합연합회 포함), 산림조합(조합공동사업법인 포함) 및 중앙회는 공직 선거에서 특정 정당을 지지하거나 특정인을 당선되게 또는 당선되지 않게 하는 활동을 할 수 없다. 국회의원 또는 지방의회 의원은 협동조합 임직원을 겸직할 수 없다. 소방공제회·지방행정공제회·지방재정공제회·교정공제회·과학기술인공제회 등 공제회도 정치 활동을 할 수 없고, 공제회의 임원은 정당원이 될 수 없으며 정치 활동을 한 경우에는 해임된다. 이는 정치적 기본권을 지나치게 제한하는 것이다. 이런 식으로 당원 가입을 제한하거나 당원의 활동이나 참여를 제한하는 규정을 두고 있는 법령이 50여 개가 넘는다. 개별 법령에 따른 당원 가입 제한 규정(또는 당원의 활동이나 참여를 제한하는 규정)을 삭제해 정치적 기본권을 보장할 필요가 있다.

우리나라는 정당을 만들기도 어렵다. 〈정당법〉에 규정되어 있는 요건을 갖추어야 하는데, 그 기준이 매우 높다. 일단 당원 5천 명이 필요하다. 그런데 한 지역에서만 가입하면 안 된다. 1천 명 이상의 당원이 있는 시도 당이 5개 이상이어야 하며 중앙당은 무조건 서울에 두어야 한다. 법적으로 지역 정당은 불가능하다. 〈정당법〉으로 정당 설립 요건을 규제하는 나라는 많지 않다. 민주주의가 발달한 많은 나라에서는 '정당'을 정치적 의견을 함께하는 사람들이 모인 일종의 정치단체로 간주하기 때문에 설립과 활동이 자유롭다. 다만, 시민들이 지지하지 않으면 의석을 얻지 못할 뿐이다.

정당은 당원으로 구성된 정치적 결사체다. 당원들이 당을 통해 활동할 수 있어야 한다. 정책의 연속성, 정치적 책임감, 확고한 사회적 기반에 바탕을 둔 다원화된 정당 체계 확립이 근본적으로 입법부의 책임과 역할을 강화하는 방법이다.

지역이 튼튼한 정당

내 마음속에 간직한 '첫 번째 의원'은 지방의원들이다. 민주노동당은 2000년 1월에 창당했는데 같은 해에 있었던 16대 국회의원 선거에서 당선자를 내지 못했다. 이후 2002년 제3회 전국동시지방선거에서 기초 의원 31명, 광역 의원 11명, 기초 단체장 2명 등 44명의 당선자를 냈다. 진보정당의 첫 의원들이 탄생한 것이다. 창당 2년 만에 이룬 쾌거였다. 진보정당의 의회정치는 본래 지역에서 출발했다. 그 뒤 민주노동당의 지방의원은 점차 늘어났다. 광역 의원은 2002년에는 11명, 전체 광역 의원의 1.61%에 불과했는데 2006년에는 15명(2.05%)으로 늘어났고, 2010년에는 24명(3.15%)으로 증가했다. 기초 의회 의원의 경우 2002년 31명에서 2006년 66명(2.29%), 2010년 115명(3.98%)으로 비약적으로 증가했다. 2002년 당내 지원 체계도 갖춰지지 않았던 때 혈혈단신 광역 의회에 진출해 거대 양당 정치에 균열을 냈던 9인의 비례대표 여성 의원들은 '아름다운 왕따들'이라고 불렸다. 이들의 활약은 지금 생각해도 대단한 것이었다. 수십 명의 의원 중 단 한 명이었으나 이들 때문에 외유성 해외 연수, 관급 비리, 의장 선출을 둘러싼 돈 봉투 살포 등 관행처럼 여겨졌던 부패 정치가 설 자리를 잃었다. 공식 회의 자리에서 이들이 외친 "이의 있습니다."는 만장일치(의 단합 정치) 통과에 익숙한 이들을 적잖이 당황시켰다.

진보정당 1기 지방의원들은 의정 활동에 있어서도 당대 최고로 평가되었다. 지역의 공신력 있는 시민단체가 선정하는 최우수 의원, 동료 의원이 뽑은 최고 의원, 의회 최다 시정 질문 의원, 최다 조례 발의 의원, 지방자치학회 선정 우수 조례상 수상 의원, 의회 회의록을 기록하는 속기사가 뽑은 최고 의원까지 의정 활동 관련 수상은 모두 휩쓸다시피 했다. 보편적 복지의 대표 정책이 된 무상 급식도 민주노동당 지방의원들이 처음 제기했다. 〈학교 급식 지원 조례〉를 제정해 학교급식 지원 체계를 갖추었으며 소아과에서 영유아 예방접종을 무상으로 하게 된 것도 〈영유아 무상 예방접종 조례〉가 통과되었기 때문이다. 또한 복지사업을 실시할 때 기준이 되는 지표를 지방자치단체 차원에서 만들었고, 의회 내에 '대중교통 정책에 대한 진단과 방향 제시를 위한 특별위원회'를 구성해 공공 교통이라는 개념에 입각한 교통정책을 최초로 논의했다. 지방의회 역사상 처음으로 교장을 청문회 증인으로 신청해 교육계 비리를 밝히고 징계 조치를 받게 했다. 전국 각지에서 진보정당 소속 광역 의원들이 한 일이다. 특히 특정 정당이 지방 행정부와 의회를 독식한 지역에서는 잘못을 지적하고 시정하도록 할 '안전장치'가 사실상 없는 셈이었기에 진보정당 의원의 역할이 더욱 돋보였다.

정치에서 기초는 지역이다. 내가 사는 곳, 내가 활동하는 곳, 내가 일하는 곳에서 정당을 만날 수 없다면, 그것은 허약한 토대 위 서있는 민주주의라 할 수 있다. 지역과 일터 곳곳에서 정당을 만날 수 있어야 한다.

과거 민주노동당에는 '분회'가 있었다. 당의 구조는 중앙당, 광역시도당, 시·군·구 지역위원회, 그리고 작은 규모의 마을 단위별로 꾸려진 분회로 구성되었다. 지역뿐 아니라 사업장에도 직장 분회가 있었고, 대학별로 만들어진 학생위원회도 분회 역할을 했다. 20~50명 정도의 당원들이 분회별로 월 1회 이상 모임을 진행했다. 분회는 당원들의 의견을 수렴하는 가장 기초적인 단위였다. 분회 모임은 딱딱한 회의와 달라 당원들이 평소에 생각하는 바를 자유롭게 말할 수 있었다. 동네에서 발생한 문제도 공통의 이해관계로 다룰 수 있었고, 지역 문제를 당 차원에서 해결할 수 있는 방법을 논의하기도 했다. 한 달에 한 번 '당원 실천의 날'에는 지역 주민들에게 당 활동을 알리는 선전물을 배포하기도 했다. 분회를 통한 홍보는 '불특정 다수'가 아니라 '얼굴을 마주하는 이웃'에게 지속적으로 당을 알릴 수 있다는 것이 최대 장점이었다. 분회는 당원 의견 수렴과 지역 정치 활동의 기초 단위이자, 중앙당의 소식을 전하는 통로이기도 했다. 민주노동당 당원의 다수는 노동자, 농민이었고, 당시만 해도 인터넷 사용이 일상적이지 않았다. 분회 모임을 통한 전달은 속도는 느리지만 정확했다. 당원들의 의견을 바로 들을 수 있었고, 당원 간에 토론이 가능했으며 그 과정에서 당에 대한 소속감과 일체감을 가질 수 있었다. 또한 분회장은 당원들의 의견을 지역위원회를 통해 중앙당으로 가감 없이 전달할 수 있었다. 대의원들도 분회원들의 의견을 모아 대의원 대회에 참석했다. 중앙과 지역 사이에 민주적 소통이 보장됐다.

물론 모든 분회가 활동적이었던 것은 아니다. 3분의 1은 모임조차 어려웠고, 3분의 1은 정기적으로 모였으나 지역 활동까지는 어려웠고, 나머지 3분의 1만이 안정적인 지역 활동을 했다. 지역별로 편차가 컸고, '동네' 정치의 어려움으로 인해 분회 무용론이 제기되기도 했으나 분명한 것은 당시에는 지역을 중심으로 기초가 튼튼한 정당을 만들어 가고자 했다는 것이다. 이후 민주노동당의 내분으로 지역 기반이 무너지면서 분회도 사라졌지만 생각할수록 의미 있는 도전이었다.

정당이 지역 활동보다 '여론전'에 더 치중한다면, 정치는 지역에 뿌리내리지 못한다. 지역에서, 일터에서 정당을 만난 적이 없는 시민들에게 정치를 신뢰해 달라고 말하는 것은 어쩌면 뻔뻔한 일이다. 지역 활동을 중요하게 생각해 온 정당이 지지를 받고, 지역에서 꾸준히 정치 활동을 해온 사람이 지역 정치인이 되어야 한다. 그럴 때 시민들의 선택도 좀 더 자기 삶에 친화적이 될 것이다. 아이 키우기 어렵고, 오르는 집값 때문에 살기 어렵고, 직장 구하기 어렵고, 소득이 적어 어려운 처지라면, 그런 나를 위해 일할 정당을 선택할 것이다. 재벌의 횡포에 화가 나고, 대법원의 정치 거래에 우리의 삶이 뒤흔들렸다는 사실에 분노하고, 여성·장애인·소수자라 평범한 일상에 제약이 가해지는 사회가 변하기를 바라고, 노동자가 안정적으로 일하길 원한다면 그 일을 잘할 정당을 택할 것이다. 지역 조직이 튼튼한 정당이 오래간다.

정치는 혼자 할 수 없다

비선출직 정치인, 보좌관은 어떤 존재인가? 최근 들어 드라마의 주인공으로 등장하는 등 보좌관이라는 존재가 부각되면서 보좌관에 대한 직업적 관심도 높아졌다. 사람들은 종종 보좌관은 어떻게 되는지, 무슨 일을 하는지, 보좌관이 되려면 어떤 준비를 해야 하는지를 묻는다.

첫 번째 경로는, 국회의원 후보의 선거운동부터 함께했던 사람이, 그가 당선된 이후 보좌관으로 일하게 되는 경우다. 주로 정무직이 많다. 의원실 보좌 직원은 보좌관 2인(4급 상당 별정직 국가 공무원), 비서관 2인(5급), 비서 4인(6급 1인, 7급 1인, 8급 1인, 9급 1인)으로 구성된다. 의원실마다 1인을 둘 수 있는 인턴은 "국회 인턴제 운영 지침"에 따라 운용된다. 즉, 국회의원 1인당 인턴 포함 총 9명의 보좌 직원을 둘 수 있다. 보통 보좌관 2인은 정무(지역)와 정책 담당으로 업무를 구분하고, 비서관과 비서가 정책, 수행, 회계 사무, 홍보 등의 업무를 나눠 맡는데 누가 어떤 일을 하는지는 의원실마다 다르다. 언론 대응이나 홍보를 중요하게 생각하는 의원실은 해당 분야 담당자를 따로 채용하기도 한다. 지역구 의원의 경우 지역에 상주하는 보좌 인력을 1인에서 많게는 3~4인을 둔다. 9명의 보좌 직원 중 법과 예산을 다루는 정책 담당자는 절반 정도에 불과하다. 또한 선거가 다가오면 이런 업무 구분은 의미가 없어진다. 정책 담당자들이 지역으로 파견 근무를 나가는 일도 흔하다. 의원이 원내 대표, 대변인, 최고위원 등 당직을 맡게 되면 새로운 업무가 발생한다.

보좌관이 되는 또 다른 경로는 공개 채용을 통하는 것이다. 공채는 '공개적으로 채용'한다는 의미이지 별도의 채용 기간이 있는 것은 아니다. 3백 개 의원실에서 각자 채용하는 구조이다. 보좌관을 공채로 뽑고자 하는 의원실은 보통 국회 홈페이지에 공지를 낸다. 임기 시작 시기에 구인이 제일 활발하다. 임기가 시작된 이후에는 결원이 발생하면 채용하기 때문에 언제 어느 의원실에서 어떤 분야의 참모를 원할지 예측할 수 없다. 사실 보좌관의 자격 기준은 따로 없다. 학력 제한, 나이 제한이 없다. 다만 별정직 공무원이니 만큼 공무원 임용에 결격사유는 없어야 한다. 그럼에도 진입 장벽은 높은 편이다. 국회는 경력을 중요하게 생각한다. 4년이라는 정해진 기간 동안 정해진 인원으로 최대의 결과를 만들어 내야 하기 때문에 가능하면 검증된 사람을 쓰려는 경향이 있다. 초선이거나 상임위원회 변동이 있는 경우 해당 상임위원회 경력자를 찾곤 한다. 특히 몇몇 상임위원회는 정책 범위가 광범위하고 어려워 해당 상임위원회에서 오래 일한 보좌관들이 높이 평가된다. 이처럼 의원이 바뀌더라도 한 상임위원회에서 오래 일하는 경우가 있고, 상임위원회가 바뀌더라도 한 의원과 오래 일하는 경우도 있다. 어느 쪽이든 '계속 임용'의 열쇠는 의원에게 있다.

금태섭 의원(더불어민주당)은 보좌진이 되는 경로를 ① 선거 캠프에서 일하다가 보좌진이 되는 경우, ② 상임위원회에서 활동하면서 전문성을 갖게 되는 경우, ③ 공개 채용을 통하는 경우 등 세 가지를 꼽았다.[22] 금 의원실은 임기 내내 보좌진이 바뀌지 않은 의원실로도 유명하다. 이것이 얼마나 어려운 일인지, 보좌진이 바뀌지 않았다는 것만으로도 보좌관들 사이에서는 '꿈의 의원실'로 통했다.

국회의원 임기는 4년이지만 보좌관 임기는 '국회의원 마음대로'다. 국회의원 직인이 찍힌 면직 요청서 한 장이면 언제든 해고될 수 있다. 유독 보좌진이 자주 교체되어 악명(?) 높은 의원실도 있다. 채용에 관한 권한이 의원 개인에게 있기 때문에 사적 업무를 시켜도 거부하기 어렵다. 정책 업무보다 감정 노동이 더 힘들다고 호소할 만큼 의원의 성향에 따라 업무 환경이 크게 좌우된다. 환경을 생각한다며 텀블러를 늘 휴대하고 다니는 의원의 텀블러를 씻고 따뜻한 커피를 보충하는 일 정도는 약과다. 주차장까지 나와 의원을 배웅하거나 맞이해야 하고, 주말에도 호출하면 나가야 하며, 자정이나 새벽에 보낸 문자에도 답해야 한다. 다 함께 회식하고 집에 가는 길에, 내일 출근 전 책상 위에 보고서를 올려놓으라고 하면 새벽에 출근해서 보고서를 작성해야 한다. 모두 그런 것은 아니지만 정말 힘든 의원실도 있다. 그만큼 의원의 영향이 크다.

운이 좋아 4년 동안 같은 의원실에서 일하더라도 고민이 해결되는 것은 아니다. 다음에도 고용된다는 보장은 없다. 고용 안정이 보장되지 않는 곳이다. 보좌진이 자주 바뀌는 의원실이 있는 반면, 정반대로 여러 의원실을 떠도는 보좌관도 있다. 실력이 없다면 장기간 일하기 힘들다. 얕은 기술로도 버틸 수는 있다. 선정적인 의제를 활용해 언론과 공생하고, 지역구 예산 배정에 심혈을 기울이면 된다. 조직 규모가 크고 영향력이 있는 이익 단체와 함께 일하면 적은 노력으로도 폼 나는 활동을 할 수 있다. 행정부와 협의해 손쉽게 통과될 만한 법안만 다뤄도 승률은 괜찮다. 쉽게 일하는 방법을 몰라서 열심히 일하는 것이 아니다. 대부분의 보좌진들은 일종의 소명 의식으로 밤을 지새워 일한다. 정치는 선출직 정치인만 하는 것이 아니다. 선출직 정치인과 함께 일하는 보좌관들의 역할도 못지않게 중요하다.

국회의원과 보좌관이 공통의 정치관을 가지고 있다면 더 좋은 결과를 만들 수 있다. 보좌관은 선출직 정치인의 조력자이자 정치 영역에서 함께 일하는 동료 정치인이다.

정치는 혼자 할 수 없다. 좋은 팀이 필요하다. 우리는 때때로 사회적으로 좋은 평가를 받았던 사람이 정치 영역에 들어와서 길을 못 찾고 헤매는 경우를 본다. 특정 영역에서 능력 있는 사람이라도 정치를 잘하기는 어렵다. 성공한 사람일수록 타인의 의견을 경청하기보다 자신의 의견과 판단을 고집하기 쉽다. 실패를 경험해 보지 않은 사람이 약자의 삶에 완전하게 공감하기 어렵다. 이견에 대한 수용, 타협과 협력이 성과의 기반이 되는 정치 영역에서 이런 정치인은 성과를 내기 어려울 뿐더러 위험하기까지 하다. 특히 시민단체나 진보 영역에서 활동한 사람

표 7.1   국회 여성 보좌진 현황

구분	여성 공무원 현황(보좌직)		
	현원+별도	여성 인원	비율
4급 상당	591	50	8.5%
5급 상당	597	128	21.4%
6급 상당	291	87	29.9%
7급 상당	297	104	35.0%
8급 상당	290	179	61.7%
9급 상당	291	175	60.1%
소계	2,357	723	30.7%

자료 : 국회사무처, "국회인력통계," 2020년 2월 기준.

은 자신의 생각이 '전적으로 옳다'는 환상에 빠지지 않도록 스스로 경계해야 한다. 인간은 누구도 완벽하지 않다. 어떤 면에서는 뛰어나고, 다른 면에서는 부족하다. 그래서 함께 일해야 한다. 정치에서 중요한 것은 '개인의 뛰어남'이 아니라 '개인의 부족함을 보완할 팀'이다. 정치를 하겠다는 결심은 본인의 몫이지만 정치를 통해 좋은 결과를 내고자 한다면 반드시 협력해서 일해야 한다. 정치인과 보좌관은 가장 작은 팀이고, 정당은 가장 튼튼한 팀이 되어야 하며, 노동조합이나 관련 단체 등 조직적 기반은 가장 커다란 사회적 팀이다.

여성 보좌진은 얼마나 있을까? 국회사무처가 공개한 보좌직 여성 공무원 현황을 보면 2020년 2월 기준 여성은 전체 2,357명 중 723명으로 30.7%를 차지하고 있는 것으로 나타났다. 그런데 직급에 따른 불균형이 심각하다. 8, 9급은 61.7%, 60.1%로 높고, 4급, 5급은 8.5%, 21.4%에 불과하다(〈표 7.1〉).[23] 직급 체계로 일하는 의원실 구조상 책임성이 높은 상위 직급에 더 많은 여성들이 일할 수 있어야 한다.

보좌관은 법률적 근거가 모호한 특별한 직업이다. 보좌관에 대한 법적 근거는 〈국회의원수당 등에 관한 법률〉에 있다. 보좌관은 법의 제명題名에 있는 '등'에 해당한다. 이 법 제9조에 "국회의원의 입법 활동을 지원하기 위해 보좌관 등 보좌 직원을 둔다."라고 되어 있다. 또한 보좌관은 〈국가공무원법〉 제2조제3항2호에 의한 별정직 공무원이다. 이는 특정한 업무를 담당하기 위해 별도의 자격 기준에 따라 임용되는 공무원을 말한다. 공무원은 현행법상 정치 활동이 금지되어 있지만 보좌관은 〈정당법〉 제22조에 따라 정치 활동이 가능하다. 보좌관의 임용 및 퇴직은 〈국회인사규칙〉, 〈국회 별정직 공무원 인사 규정〉 등에 의해 이루어진다. 보수는 공무원 보수 규정의 적용을 받고, 그 밖의 사항에 대해서는 〈국가공무원법〉, 〈공무원 수당 등에 관한 규정〉, 〈국회공무원복무규정〉의 적용을 받는다.

보좌관과 같은 별정직 국회 공무원이고, 역할 및 임무도 유사한 교섭단체 정책연구위원에 대해서는 그 소속, 임면 등에 관한 사항을 〈국회법〉에서 규정하고, 〈국회법〉의 위임에 따라 〈교섭단체 정책연구위원 임용 등에 관한 규칙〉에서 정원·직급·자격 및 임면 절차 등을 별도로 규정하고 있는 것과 차이가 있다. 이런 상황에서 2013년 8월, 〈국회의원수당 등에 관한 법률〉에 보좌 직원에 관한 2개 조항이 신설되었다. 국회 회의를 방해해 5백만 원 이상의 벌금형을 선고받고, 그 형이 확정되면 당연 퇴직 대상이 되며, 이후 5년 동안은 보좌 직원으로 임용될 수 없도록 했다. 보좌관의 처벌과 결격사유가 대폭 강화된 것이다. 대체 그 어떤 보좌관이 자의로 회의를 방해한단 말인가. 결정과 집행 과정에 아무런 영향을 미치지 못하는 보좌관에게 과도한 책임을 지우고 있다. 신분 보장에 관한 조항은 없고 처벌 규정만 있다.

회기 중 야근과 공휴일 근무는 기본이고, 밤샘·재택근무는 옵션, 해고는 아무 때나 가능, 근속 여부 예측 불가 등 보좌관들의 근로조건만 보면 국회는 '정치 1번지'가 아니라 '노동기본권 사각지대 1번지'라 해도 과언이 아니다. 임용과 면직이 전적으로 의원 개인에게 맡겨져 있는 바, 사적 업무 지시나 부당한 대우에도 별다른 대응을 할 수 없다. 그럼에도 집단행동은 할 수 없는 게 보좌관이라는 직업 세계의 뒷모습이다. 이대로 좋을까? 입법부를 책임지는 막중한 역할에 비해 제도는 엉성하기 짝이 없다. 무엇보다 보좌관의 잦은 이동은 정책의 일관성과 지속성을 저해한다. 보좌 직원의 고용 안정은 안정적 정치 환경을 위해서도 필요하다. 의원 개인이 아니라 정당의 책임이 커져야 한다.

국회에서 다루는 모든 것은 시민의 삶과 직결된다. 보좌관은 의정 활동의 성과가 사회를 좋게 만들고, 사람들의 삶을 나아지게 한다는 데서 보람을 찾는다. 다뤄야 하는 정책을 둘러싼 갈등의 본질을 파악하고, 이해관계자들이 왜 충돌하는지 각각의 입장을 살피고, 중장기적으로 시민들에게 미치는 영향과 대안까지 고민해야 하는 게 보좌관의 역할이다. 의원의 영향력을 확대해 좋은 정치를 만들어 가는 보좌관이 유능한 보좌관이고, 시민에게 필요한 보좌관이다. 이를 뒷받침할 수 있는 환경과 제도를 만드는 것은 정치 발전을 위해서도 필요하다.

정치는 정치의 방법으로

정당에 당원으로 가입하고 정치 영역에서 일한 지 16년이 되었다. 그동안 의회의 기능과 역할, 입법의 실제, 보좌관의 책임과 역할에 대해 여러 곳에서 강의를 했다. 짧은 시간에 고민까지 전달하기는 어려웠다. 좀 더 긴 호흡으로, 정치를 처음 시작하는 사람들, 의회에 대해 알고 싶은 사람들에게 정보를 제공하면서 동시에 정치가 어떻게 하면 좋아질지 고민을 나누고 싶었다.

많은 사람들이 정치가 중요하다고 말한다. 그러면서도 쉽게 정치를 비난한다. 정치인들 자신도 정치를 책임지는 당사자가 아니라 제3자의 입장에서 정치 불신을 가중하는 말을 아무렇지 않게 한다. 정치학자나 시민단체, 언론은 그 책임성이 정치인 못지않지만 곧잘 비난에 앞장선다. 자신들의 책임은 모면할 수 있을지 모르나 정치 발전에는 아무런 도움이 되지 않는다. 정치의 중요성을 알게 되었으나 정치 참여의 경로를 찾지 못한 시민들은 항의로 참여를 대신한다. 항의는 날것 그대로 의원실로 향한다. 그동안 들었던 욕설만으로도 책 한 권을 채울 수 있을 것 같다. 정치인과 정당, 의회에 대한 모욕은 종종 도를 넘어선다. 의회에 대한 비난은 정당한가? 정의롭고 공익적인가? 국회에 대한 불신이 가중되어 입법부의 권한이 줄어들 때 나타날 사회적 결과는 어떤 것일까? 약자들의 권리는 지켜질 수 있을까? 비난은 두렵지 않다. 정말 두려운 것은 정치가 아무런 역할을 못하는 것이다.

정치는 어떻게 해야 좋아질까? 보수적인 시민들이 사라지고, 진보적인 시민들로만 구성된 사회는 더 행복할까? 그 반대는 어떨까? 그렇지 않으며, 그럴 수 없다는 것을 우리 모두 잘 알고 있다. 민주주의에서 정치의 역할은 하나의 의견을 집행하기 위한 것이 아니라 서로 다른 의견을 대리하기 위한 것이다. 이 때문에 다양한 정당들이 필요하다. 진보적 시민들을 대변하는 정당도, 보수적 시민들을 대변하는 정당도 필요하다. 정치가 이들을 대변하지 못한다면 사회 갈등은 더 심화될 것이기 때문이다. 의회는 강화되어야 한다. 여당이 대통령의 국정 운영을 지지하는 일만 하고, 야당이 대통령의 국정 운영을 비난하는 일만 한다면 의회의 기능은 약화된다. 일하는 의회는 일하는 정당이 만든다.

과제는 많다. 일은 끝이 없다. 아무리 열심히 치워도 책상 위에는 며칠이 지나지 않아 또다시 서류가 쌓인다. 단번에 처리할 수 있는 일들은 쌓아 놓을 이유가 없으니, 쌓인 서류의 대부분은 오래된 갈등이거나 이해관계가 복잡해 해결 방법이 난감하거나 다른 사안보다 엄중한 것들이다. 발생한 현안에 대응하는 데 매몰되면 이 서류들은 그대로 쓰레기통에 들어간다. 미뤄진 갈등은 그렇게 소리 없이 버려진다. 대응만으로는 적극적인 역할을 하기 어렵다. 어떤 갈등은 더 잘 보이고, 어떤 갈등은 보이지 않는다. 보이지 않는다고 없는 것이 아니다. 표현하지 않거나 표현하지 못하는 사람들이 존재하며 이들은 사회적 약자인 경우가 많다. 갈등을 따라가기만 한다면 이런 문제는 결코 해결하지 못한다. 그렇기 때문에 정치적 리더십이 필요하다. 현대 민주주의는 시민의 동의에 의한 대표 체제이며 시민과 대표가 협력해서 일하는 체제다. 시민들은 대표하는 사람을 통해서만 힘을 갖는다. 따라서 정치를 통해 실질적 변화를 얻고자 한다면 시민들을 구체적으로 대표해야 한다. 중요한 갈등을 더욱 중요하게 다루어야 한다.

의회는 본질적으로 정당 간 대립이 존재하는 곳이다. 정당들은 사회적 갈등을 대표하는 역할을 한다. 정당들이 표출한 사회적 갈등을 잘 관리해 사회 통합을 이루는 것이 의회의 역할이다. 현대사회는 다양한 갈등이 존재하고, 사회가 복잡해진 만큼 그 양상도 다양하다. 내가 갖고 있는 민주주의에 대한 기준 중 하나는 갈등의 표출이다. 갈등이 무시되거나 억압된다면 좋은 사회라고 볼 수 없다. 갈등이 폭력적인 방식으로 나타나거나 해결할 수 없는 충돌이 거듭된다면 역시 좋은 사회가 아니다. 존재하는 갈등이, 예측 가능한 규칙을 통해 공적으로 관리될 때 평화로운 해결이 가능하다. 국회는 왜 늘 싸우고 있는가라는 질문은 정치의 본질을 간과한 것이다. 싸우는 것이 문제가 아니라 잘 싸우는 것이 과제다. 중요한 것은 갈등을 다루는 방식이다.

여성 국회의원 중 가장 긴 단식 농성의 기록은 현애자 의원(17대 국회의원, 민주노동당)의 것이다. 현애자 의원은 제주도 강정 지역에 해군기지가 건설되는 것을 막기 위해 2007년 6월 7일부터 7월 3일까지 27일간 단식 농성을 결행했다. 나는 그 기간 동안 제주도청 앞 천막에 함께 있었고, 매일 기록을 남겼다. 27일째에 현 의원은 서울에 올라가 중앙정부를 직접 상대하는 활동에 전념하겠다는 기자회견을 하고 단식을 접었다. 의사가 여러 차례 탈수와 저혈압의 심각성을 경고한 뒤였다. 같은 날 '제주 군사기지 저지와 평화의 섬 실현을 위한 범도민 대책위원회'가 출범했다. 낳은 이들이 오랫동안 쎄있지만 결국 해군기지는 거설됐다.

단식 농성은 가장 힘든 기억 가운데 하나다. 농성은 단식을 하지 않아도, 그 자체만으로도 힘들다. 내가 기억하는 가장 힘든 단식 농성은 2007년 1월 민주노동당 의원들이 한미 자유무역협정FTA 6차 협상에 반대하며 했던 농성이다. 단 5일이었는데, 정말 지독히 힘들었다. 그해 겨울 신라호텔 일주문 앞은 왜 그리도 추웠을까? 양말을 두 겹으로 신고, 털목도리로 겹겹이 싸매고, 내복을 아무리 껴입어도 남산 자락 칼바람을 막을 수가 없었다. 천막도 칠 수 없어 의원들은 길 복판에서 비닐을 덮고 잤는데, 아침에 가서 비닐을 들추면 얼음이 우수수 떨어졌다. 빨갛게 얼어붙은 의원의 홀쭉한 뺨을 보면서 '국회의원, 정말 아무나 할 일이 아니구나'라고 생각했다. 이처럼 진보정당이 처음으로 원내에 진출했던 17대 국회(2004~2008년) 때는 정말 농성을 많이 했다. 농성과 집회를 그만하고 싶어서 정치를 시작했는데 어찌된 게 원외에 있을 때보다 더 많이 하고 있었다.

우리는 소수 정당이었고, 원내에서 다른 정당을 설득하는 데 실패하면 시민들에게 직접 호소할 수밖에 없었다. 농성을 하는 이유는 모두 중요했고, 하나같이 절박했다. 당시에는 최선의 선택이라고 생각했지만 계속되는 농성은 심신을 지치게 만들었다. 원내에 진출하면 '거리의 정치'를 끝낼 수 있을 줄 알았는데, 우리의 의견을 전하는 방법은 같았다. 정치를 통한 해결이 아니라 '거리의 확장'에 머문 것은 아닌지 괴로웠다. 남들보다 더 자주, 더 많이 했던 농성 끝에 얻은 교훈은, 정치인의 단식 농성은 '가능하면 하지 않는 게 좋다'는 것이다. 갈등을 해결하는 것이 정치의 기능이자 역할이고, 그것은 협의와 설득의 과정인데 단식 농성은 일방적인 의사 표현이기 때문이다.

정치에서는 정치의 방법이 우선돼야 한다. 조직된 시민들이 자유롭게 의견을 표출하고, 위임된 결정이 합의된 절차를 통해 정당화되는 과정이 정치다. 상호 간에 정해진 규칙을 준수할 때 서로 다른 의견을 갖고 있는 시민들도 인정할 수 있는 합의가 가능하다. 정치의 방법으로 해결이 안 된다면 더 열심히 의석을 확대하고, 정당의 기반을 강화하는 일에 더 많은 힘을 쏟아야 한다. 정치로 해결할 수 없는 문제는 단식과 농성으로도 해결하기 어렵다.

줄곧 진보정당에서 일했던 나는 정치를 하면서도 투쟁 현장을 우선했다. 현장을 찾지 않으면 권력에 안주하게 될 것 같았기 때문이다. 시민을 위해 권력을 선용해야 하는 정치인이 되었으나 권력을 어떻게 다뤄야 할지 잘 몰랐다. 정치는 여전히 어렵다. 권력을 두고 다투는 일은 나와 맞지 않는 일 같기도 하다. 다른 이들의 확신에 찬 행동과 확고한 의지는 늘 회의감에 시달리는 나를 더 위축시킨다. 시간이 갈수록 내가 잘 모르는 게 많다는 것을 깨닫게 되고, 나와 정반대의 입장일지라도 그 의견에 타당성이 있다는 걸 인정하지 않을 수 없게 된다. 알면 알수록 확신은 줄어들고 고민은 깊어진다. 그렇다고 결정을 미룰 수도 없다. 종종 시민들의 의견은 모아지지 않고, 사회적 인식이 성숙하지 않은 상황에서도 판단을 내려야 한다. 정치는 언제나 현재 진행형이다. 정치의 가장 매력적인 점은 알 수 없는 미래에서 가능성을 찾는다는 사실이다. 정치를 떠나지 못하는 이유이기도 하다.

정치가 좋아져 민주주의 발전에 기여하기 위해서는 입법부가 위임받은 권한을 잘 행사해야 하고, 사회적 기반이 튼튼한 강한 정당이 필요하며, 정치의 본질을 알고 정치의 방법으로 일하는 정치인이 늘어나야 한다. 나의 행복과 모두의 행복을 함께 추구하는 것, 공적 행복을 만들어 가는 것이 내가 생각하는 정치의 모습이다. 정치는 일방적인 이데올로기가 아니다. 공익 증진과 사회적 행복을 키우기 위한 구성원들 공통의 분투이자 노력이다. 우리에게 필요한 모든 것은 정치적인 것이다. 나는 이 글을 통해 의회정치 현장에서 본, 살아 있는 정치를 전하려 했다. 이 글이 국회에 대한 이해가 깊어지고, 정치에 대한 신뢰가 높아지는 데 도움이 되었으면 좋겠다. 국회는 오늘도 일하고 있다.

미주

1 정치의 역할

1 <홈리스 인권 보장 및 지원에 관한 법률> 검토 보고(2011/04), 보건복지위원회 수석전문위원 김대현, 입법조사관 김원래.

2 노숙인·부랑인복지법안(유재중 대표 발의), 노숙인·부랑인지원법안(강명순 대표 발의), 홈리스복지법안(이낙연 대표 발의).

2 국회가 하는 일

1 <국회법> 9조와 40조는 다음과 같다.

제 9조(의장·부의장의 임기) ① 의장과 부의장의 임기는 2년으로 한다. 다만, 국회의원 총선거 후 처음 선출된 의장과 부의장의 임기는 그 선출된 날부터 개시하여 의원의 임기 개시 후 2년이 되는 날까지로 한다.

제40조(상임위원의 임기) ① 상임위원의 임기는 2년으로 한다. 다만 국회의원 총선거 후 처음 선임된 위원의 임기는 선임된 날부터 개시하여 의원의 임기 개시 후 2년이 되는 날까지로 한다.

제41조(상임위원장) ④ 상임위원장의 임기는 상임위원의 임기와 같다.

2 문명학·이현주, 2016, "국회상임위원장 선출에서 다선원칙의 현실적 의미 분석," 『의정연구』, 83쪽.

3 전진영, 2012, "국회 원구성 과정의 특징과 문제점." 국회입법조사처 현안보고서.

4 미국 "하원 의사 규칙 제10상" 제5소(상임위원회의 위인 선임 및 구성)

(a)(1) 제1조에 열거된 각 상임위원회의 위원은 매 의회 회기 개시 후 7일 이내에 각 정당의 의원총회에서 제출한 명단에 따라 본회의에서 선출된다. 상임위원회 구성을 변경하기 위한 결의안이 각 정당의 의원총회의 방침에 따라 제안되는 경우에는 우선권이 부여된다.

(c)(1) 다수당 의원총회에서 제출한 명단에서 1인을 각 상임위원회 위원장으로 본회의에서 선출한다.

5 전진영, 2012, "국회 원구성 과정의 특징과 문제점," 국회입법조사처 현안보고서.

6 전진영, 2012, "국회 원구성 과정의 특징과 문제점," 국회입법조사처 현안보고서.

7 <국회법> 33조는 다음과 같다.

제33조(교섭단체) ① 국회에 20명 이상의 소속 의원을 가진 정당은 하나의 교섭단체가 된다. 다만 다른 교섭단체에 속하지 아니하는 20명 이상의 의원으로 따로 교섭단체를 구성할 수 있다.

8 <국민건강보험법> 일부 개정 법률안(심재철 의원 대표 발의)은 1년 반의 논의 끝에 2002년 1월 8일 본회의에서 여야 합의로 통과되었다. 가결된 법안은 이상수·이재오 외 249인 등이 수정 발의한 <국민건강보험법> 일부 개정 법률안으로 표결 결과는 재석 178, 찬성 143, 반대 19, 기권 16이었다. 김홍신 의원은 반대 토론을 통해 "건강보험의 통합과 분리는 그 주장에 있어 장점과 단점을 모두 가지고 있습니다. 어느 하나가 꼭 옳다 이렇게 말씀드릴 수는 분명히 없습니다. 때문에 어느 쪽을 선택하느냐는 선과 악을 판단하는 문제가 아니고 단지 어떻게 하는 것이 장기적으로 건강보험 제도를 튼튼히 해서 국민 건강에 도움이 될지를 결정하는 선택의 문제일 뿐입니다. 물론 선택은 국회의원 한 사람 한 사람의 몫입니다. 선택의 결과가 국민에게 미치는 영향은 엄청난 것이기에 우리는 헌법에 보장된 양심과 소신에 따라 신중하게 선택해야 할 것입니다. 이런 과정을 바탕으로 한 국회의원 개개인의 선택은 존중받아야 하고 결코 비난받을 일은 아닙니다."라고 발언했다(16대 국회 226회 제5차 국회 본회의 회의록 참조).

9 "제20대 국회, 법조인 49명 국민 선택 받았다," 『대한변협신문』(2016/04/18).

10 베버, 막스 지음, 박상훈 옮김, 2013, 『막스 베버, 소명으로서의 정치』, 후마니타스, 133쪽.

11 베버, 막스 지음, 이남석 옮김, 2013, 『행정의 공개성과 정치 지도자 선출 외』, 책세상.

12 박찬표, 2002, 『한국의회정치와 민주주의: 비교의회론의 시각』, 오름.

13 박지선, 2018, "한일 당정 협의제도 비교," 『입법과 정책』 제10권 제2호. 국회입법조사처, 135쪽.

14 제20대 국회 제376회 제2차 법제사법위원회(2020년 3월 4일).

　- 위원장 여상규: 원안대로 의결하고자 하는 데 이의 있으십니까?

　("없습니다" 하는 위원 있음)

　("이의 있습니다" 하는 위원 있음)

- 이철희 위원: 이의 있습니다! 이의 있어요, 이의!

- 채이배 위원: 우리 노동자들은 직장을 잃는 거예요, 위원장님.

- 이철희 위원: 이의 있다고요!

- 위원장 여상규: 가결되었음을 선포합니다. 의사일정 제177항부터 179항까지……

- 채이배 위원: 위원장님, 이렇게 진행하시면 안 됩니다, 진짜.

- 위원장 여상규: 제182항부터 184항까지……

- 채이배 위원: 좀 더 토론하게 해주세요. 위원장님!

- 위원장 여상규: 188항부터 199항까지의 법률안은 전문위원이 수정한 부분은 수정한 대로……

- 채이배 위원: 아니, 이렇게 가는 게 어디 있습니까?

- 위원장 여상규: 기타 부분은 원안대로 의결하고자 하는 데 이의 있으십니까?

("없습니다" 하는 위원 있음)

("이의 있습니다" 하는 위원 있음)

가결되었음을 선포합니다.

15 <국회법> 제79조(의안의 발의 또는 제출)

① 의원은 10명 이상의 찬성으로 의안을 발의할 수 있다.

② 의안을 발의하는 의원은 그 안을 갖추고 이유를 붙여 찬성자와 연서하여 이를 의장에게 제출하여야 한다.

③ 의원이 법률안을 발의할 때에는 발의 의원과 찬성 의원을 구분하되, 법률안 제명의 부제 (副題)로 발의 의원의 성명을 기재한다. 다만, 발의 의원이 2명 이상인 경우에는 대표 발의 의원 1명을 명시(明示)하여야 한다.

④ 의원이 발의한 법률안 중 국회에서 의결된 제정 법률안 또는 전부 개정 법률안을 공표하거나 홍보하는 경우에는 해당 법률안의 부제를 함께 표기할 수 있다.

16 군사 합의서의 서명자는 대한민국 국방부 장관 송영무, 조선민주주의인민공화국 인민무력상 조선인민군 대장 노광철.

17 법제처는 '평양 공동 선언은 판문점 선언 이행의 성격이 강한 것이고 판문점 선언이 이미 국회 비준 동의 절차를 밟고 있어 따로 국회 동의를 받을 필요가 없다.'고 해석했다.

18 <남북관계 발전에 관한 법률> 제21조(남북합의서의 체결·비준)

① 대통령은 남북합의서를 체결·비준하며, 통일부장관은 이와 관련된 대통령의 업무를 보좌한다.

② 대통령은 남북합의서를 비준하기에 앞서 국무회의의 심의를 거쳐야 한다.

③ 국회는 국가나 국민에게 중대한 재정적 부담을 지우는 남북합의서 또는 입법사항에 관한 남북합의서의 체결·비준에 대한 동의권을 가진다.

④ 대통령이 이미 체결·비준한 남북합의서의 이행에 관하여 단순한 기술적·절차적 사항만을 정하는 남북합의서는 남북회담대표 또는 대북특별사절의 서명만으로 발효시킬 수

있다.

19 김성희, 2015, "노태우 정부의 북방정책을 둘러싼 정치갈등에 대한 연구," 경남대 북한대학원대학교 석사논문.

20 - 국무위원(농림축산식품부 장관 김재수) 해임 건의안(우상호 의원 등 2인 외 130인) 2016-09-24 원안 가결

- 국무위원(행정자치부 장관 김두관) 해임 건의안(홍사덕 의원 등 149인) 2003-09-03 원안 가결

- 국무위원(통일부 장관 임동원) 해임 건의안(이재오 의원 등 132인) 2001-09-03 원안 가결

21 - 국무위원(법무부 장관 황교안) 해임 건의안(전병헌 의원 등 127인)(2013/11/19)

- 국무위원(법무부 장관 황교안) 해임 건의안(전병헌 의원 등 126인)(2014/02/07)

22 - 대법관(신영철) 탄핵소추안(이강래 의원 등 4인 외 102인) 2009-11-06 발의 2009-11-12 폐기

- 검사(김홍일) 탄핵소추안(김효석 의원 외 140인) 2007-12-10 발의 2007-12-15 폐기

- 검사(김기동) 탄핵소추안(김효석 의원 외 140인) 2007-12-10 발의 2007-12-15 폐기

- 검사(최재경) 탄핵소추안(김효석 의원 외 140인) 2007-12-10 발의 2007-12-15 폐기

- 검찰총장(신승남) 탄핵소추안(이재오 의원 등 136인) 2001-12-05 발의 2001-12-09 폐기

- 대검찰청 차장검사(신승남) 탄핵소추안(정창화 의원 외 132인) 2000-10-13 발의 2000-11-18 폐기

- 검찰총장(박순용) 탄핵소추안(정창화 의원 외 132인) 2000-10-13 발의 2000-11-18 폐기

23 2007년 9월 20일 가결, 여성가족위원회 제출안.

24 "이문원 의원은 국회의 결의에 위반하는 성명을 발표하여 국회의 위신을 훼상(毁傷)케 했다고 인정되므로 국회법 제81조의 취지와 동 91조제1항을 적용하여 공개 회의장에서 사과케 할 것"(국회 속기록). 재석 141인, 찬성 87표, 반대 8표로 본회의 가결(1948년 9월 27일 본회의).

25 국회 의안 정보 시스템(검색일: 2020/03/09).

26 - 국가인권위원회 위원(황태연) 선출안 2003-04-25 발의 2003-04-29 부결

- 헌법재판소 재판관(조용환) 선출안 2011-06-10 발의 2012-02-09 부결

- 국가인권위원회 위원(박영희) 선출안 2015-08-10 발의 2015-09-08 부결

- 원자력안전위원회 위원(김용균) 추천안 2016-08-16 발의 2016-09-02 부결

27 박김영희, 2015, "[왜냐면] 나는 대한민국 국회로부터 사과받고 싶다,"『한겨레』(09/15).

28 대표 발의, 공동 발의를 구분하지 않았다. 민주당 대표 발의 법안에 두 정당이 공동 발의로 참여한 경우도 포함했다.

29 이는 최순영 의원이 대표 발의한 법안 제명이며 가결된 법안의 제명은 <장애인 등에 대한

특수교육법>이다.

30 <국회법> 제83조의2(예산 관련 법률안에 대한 예산결산특별위원회와의 협의)
① 기획재정부 소관인 재정 관련 법률안과 상당한 규모의 예산상 또는 기금상의 조치를 수반하는 법률안을 심사하는 소관 위원회는 미리 예산결산특별위원회와의 협의를 거쳐야 한다.

31 전문위원 관련 <국회법> 개정 연혁

1988.6.15. 전부 개정	제42조(전문위원과 공무원) ① 위원회에 의원 아닌 전문 지식을 가진 위원(이하 '전문위원'이라 한다)과 필요한 공무원을 둔다. 위원회에 두는 전문위원과 공무원은 국회사무처법에서 정하는 바에 의한다. ② 전문위원은 사무총장의 제청으로 의장이 임명한다. ③ 전문위원은 위원회에서 발언할 수 있으며 본회의에서는 본회의 의결 또는 의장의 허가를 받아 발언할 수 있다.
1994.6.28. 개정	제42조(전문위원과 공무원) ① 위원회에 위원장 및 위원의 입법 활동 등을 지원하기 위하여 의원 아닌 전문 지식을 가진 위원(이하 '전문위원'이라 한다)과 필요한 공무원을 둔다. 위원회에 두는 전문위원과 공무원은 국회사무처법에서 정하는 바에 의한다. ② 전문위원은 사무총장의 제청으로 의장이 임명한다. ③ 전문위원은 위원회에서 의안과 청원등의 심사, 국정감사, 국정조사 기타 소관 사항과 관련하여 검토 보고 및 관련 자료의 수집·조사·연구를 행한다. ④ 전문위원은 제3항의 직무를 수행함에 있어 필요한 자료의 제공을 정부·행정기관 기타에 대하여 요청할 수 있다. 이 경우 그 요청은 위원장의 허가를 얻어 위원장 명의로 하여야 한다. ⑤ 전문위원은 위원회에서 발언할 수 있으며 본회의에서는 본회의 의결 또는 의장의 허가를 받아 발언할 수 있다.
2005.7.28. 개정	제42조(전문위원과 공무원) ① 위원회에 위원장 및 위원의 입법 활동 등을 지원하기 위하여 의원 아닌 전문 지식을 가진 위원(이하 '전문위원'이라 한다)과 필요한 공무원을 둔다. 위원회에 두는 전문위원과 공무원은 국회사무처법에서 정하는 바에 의한다. ② 위원회에 두는 전문위원과 공무원은 그 직무를 수행함에 있어서 정치적 중립성을 유지하여야 한다. ③ 전문위원은 사무총장의 제청으로 의장이 임명한다. ④ 전문위원은 위원회에서 의안과 청원 등의 심사, 국정감사, 국정조사 기타 소관 사항과 관련하여 검토 보고 및 관련 자료의 수집·조사·연구를 행한다. ⑤ 전문위원은 제4항의 직무를 수행함에 있어 필요한 자료의 제공을 정부·행정기관 기타에 대하여 요청할 수 있다. 이 경우 그 요청은 위원장의 허가를 얻어

위원장 명의로 하여야 한다.

⑥ 전문위원은 위원회에서 발언할 수 있으며 본회의에서는 본회의 의결 또는 의장의 허가를 받아 발언할 수 있다.

2018.4.17. 개정	제42조(전문위원과 공무원) ① 위원회에 위원장과 위원의 입법 활동 등을 지원하기 위하여 의원이 아닌 전문 지식을 가진 위원(이하 "전문위원"이라 한다)과 필요한 공무원을 둔다. 위원회에 두는 전문위원과 공무원에 대해서는 국회사무처법에서 정하는 바에 따른다. ② 위원회에 두는 전문위원과 공무원이 그 직무를 수행하는 때에는 정치적 중립성을 유지하여야 한다. ③ 전문위원은 사무총장의 제청으로 의장이 임명한다. ④ 전문위원은 위원회에서 의안과 청원 등의 심사, 국정감사, 국정조사, 그 밖의 소관 사항과 관련하여 검토 보고 및 관련 자료의 수집·조사·연구를 수행한다. ⑤ 전문위원은 제4항의 직무를 수행하는 데 필요한 자료의 제공을 정부, 행정기관 등에 요청할 수 있다. 이 경우 그 요청은 위원장의 허가를 받아 위원장 명의로 하여야 한다. ⑥ 전문위원은 위원회에서 발언할 수 있으며 본회의에서는 본회의 의결 또는 의장의 허가를 받아 발언할 수 있다.

자료: 국회 법률 정보 시스템(검색일: 2020/03/10).

32 제5대 국회까지 '본회의 중심주의'로 3독회제(본회의 대체 토론제)를 실시했으나 제6대 국회부터 '위원회 중심주의'로 변경되어 본회의의 대체 토론은 없어지고, 위원회 심사 절차에서도 찬반 토론만 남았다. 제14대 국회부터 위원회 안건 심사에 대체 토론 제도를 도입했다. 국회사무처, 2018, "쉽게 풀어쓴 의회 용어," 163쪽 참조.

33 <국회법> 제57조(소위원회)

① 위원회는 소관 사항을 분담·심사하기 위하여 상설 소위원회를 둘 수 있고, 필요한 경우 특정한 안건의 심사를 위하여 소위원회를 둘 수 있다. 이 경우 소위원회에 대하여 국회 규칙으로 정하는 바에 따라 필요한 인원 및 예산 등을 지원할 수 있다.

② 상임위원회는 소관 법률안의 심사를 분담하는 둘 이상의 소위원회를 둘 수 있다.

③ 소위원회의 위원장은 위원회에서 소위원회의 위원 중에서 선출하고 이를 본회의에 보고하며, 소위원회의 위원장이 사고가 있을 때에는 소위원회의 위원장이 소위원회의 위원 중에서 지정하는 위원이 그 직무를 대리한다.

④ 소위원회의 활동은 위원회가 의결로 정하는 범위에 한정한다.

⑤ 소위원회의 회의는 공개한다. 다만, 소위원회의 의결로 공개하지 아니할 수 있다.

⑥ 소위원회는 폐회 중에도 활동할 수 있으며, 법률안을 심사하는 소위원회는 매월 2회 이상 개회한다.

⑦ 소위원회는 그 의결로 의안 심사와 직접 관련된 보고 또는 서류 및 해당 기관이 보유한 사진·영상물의 제출을 정부·행정기관 등에 요구할 수 있고, 증인·감정인·참고인의 출석을 요구할 수 있다. 이 경우 그 요구는 위원장의 명의로 한다.

⑧ 소위원회에 관하여는 이 법에서 다르게 정하거나 성질에 반하지 아니하는 한 위원회에 관한 규정을 적용한다. 다만, 소위원회는 축조 심사(逐條審査)를 생략해서는 아니 된다.

⑨ 예산결산특별위원회는 제1항의 소위원회 외에 심사를 위하여 필요한 경우에는 이를 여러 개의 분과위원회로 나눌 수 있다.

34 <이주아동권리보장법>, 국회 의안 정보 시스템.

35 국회사무처, 2016, "국회선례집," 397쪽.

36 현재 법제명은 <감염병의 예방 및 관리에 관한 법률>(약칭 '감염병예방법')이다.

37 대정부 질의 사례

제371회 국회(정기회) 2019. 9. 26.(목) ~ 10. 1.(화)

의제별	질문 의원 (총 49인)		출석 대상자
정치 9.26.(목) 14:00	원혜영	더불어민주당	국무총리, 통일부 장관, 법무부 장관, 행정안전부 장관 <총 4인>
	권성동	자유한국당	
	이태규	바른미래당	
	이춘석	더불어민주당	
	주광덕	자유한국당	
	김종민	더불어민주당	
	김태흠	자유한국당	
	이용주	무소속	
	윤준호	더불어민주당	
	박대출	자유한국당	
	이동섭	바른미래당	
	김철민	더불어민주당	
	곽상도	자유한국당	
	더불어민주당 5 : 자유한국당 5: 바른미래당 2: 무소속 1		
외교·통일· 안보 9.27.(금) 14:00	원유철	자유한국당	국무총리, 외교부 장관, 통일부 장관, 국방부 장관 <총 4인>
	이종걸	더불어민주당	
	김중로	바른미래당	
	심재철	자유한국당	
	민홍철	더불어민주당	
	정진서	자유한국당	

	박 정	더불어민주당	
	윤상현	자유한국당	
	이 훈	더불어민주당	
	김성찬	자유한국당	
	권칠승	더불어민주당	
	더불어민주당 5 : 자유한국당 5: 바른미래당 1		
경제 9.30.(월) 13:30	송영길	더불어민주당	국무총리, 부총리겸기획재정부 장관, 과학기술정보통신부 장관, 농림축산식품부 장관, 산업통상자원부 장관, 국토교통부 장관, 해양수산부 장관, 중소벤처기업부 장관, 공정거래위원장, 금융위원장 <총 10인>
	金光琳	자유한국당	
	이혜훈	바른미래당	
	정성호	더불어민주당)	
	李憲昇	자유한국당	
	윤관석	더불어민주당	
	윤영석	자유한국당	
	김광수	민주평화당	
	박홍근	더불어민주당	
	윤한홍	자유한국당	
	정운천	바른미래당	
	서삼석	더불어민주당	
	송희경	자유한국당	
	더불어민주당 5 : 자유한국당 5: 바른미래당 2: 민주평화당 1		
교육·사회·문화 10.1.(화) 14:00	주호영	자유한국당	국무총리, 부총리겸교육부 장관, 법무부 장관, 행정안전부 장관, 문화체육관광부 장관, 보건복지부 장관, 환경부 장관, 고용노동부 장관, 여성가족부 장관, 방송통신위원장 <총 10인>
	맹성규	더불어민주당	
	김수민	바른미래당	
	박명재	자유한국당	
	박완주	더불어민주당	
	咸珍圭	자유한국당	
	송기헌	더불어민주당	
	여영국	정의당	
	강효상	자유한국당	
	송옥주	더불어민주당	
	신보라	자유한국당	
	이용득	더불어민주당	
	더불어민주당 5 : 자유한국당 5: 바른미래당 1: 정의당 1		

자료 : 국회 홈페이지 의사일정 공지 https://vo.la/T0R9

38 제20대 국회 제346회 제8차 국회 본회의(2016년 9월 23일) 교육·사회·문화에 관한 질문.

제20대 국회 제356회 제7차 국회 본회의(2018년 2월 7일) 교육·사회·문화에 관한 질문.

39 이홍구 국무총리(1995.5.4 긴급 현안 질의), "작년 10월 성수대교 붕괴 사고와 특히 12월 아현동 도시가스 폭발 사고 이후 또다시 인재에 의한 대형 사고가 발생함으로써 국민 여러분에게 충격과 심려를 끼쳐 드린 데 대하여 국무총리로서 정중히 사과의 말씀을 드립니다. 더욱이 이번 사고로 유명을 달리한 희생자 1백 명 중 나이 어린 학생들이 50명이나 포함되어 있어 더욱 마음 아프게 생각합니다. 이번 사고는 지난 4월 28일 아침 7시 52분경 대구광역시 달서구 상인동 영남고등학교 앞 대구 지하철 1호선 제2공구 공사장에서 도시가스가 폭발하여 지하철 공사 구간 약 4백 미터가 함몰되면서 발생한 불행한 사고입니다. 이 사고로 1백 명이 고귀한 목숨을 잃고 147명이 부상을 입었습니다."

40 이원욱 의원, 제19대 국회 제334회 제4차 국회 본회의(2015년 6월 22일).

권칠승 의원, 제20대 국회 제371회 제11차 국회 본회의(2019년 11월 19일).

41 제18대 국회 제276회 제9차 국회 본회의(2008년 7월 23일).

42 한일 협정 당시 박정희 행정부가 일본으로부터 정치자금을 받았다고 주장한 김준연 의원에 대해 정부가 제출한 '국회의원(김준연) 구속 동의의 건' 처리를 막기 위해 1964년 4월 20일 국회 본회의에서 의사일정 변경에 관한 발언을 했다(제6대 국회 제41회 제19차 국회 본회의).

43 국회도서관, 2016, "국회의원직 한눈에 보기"(6월), 38, 39쪽.

44 국회도서관, 2016, "국회의원직 한눈에 보기"(6월), 70, 71쪽.

45 국회도서관, 2016, "국회의원직 한눈에 보기"(6월), 102-104쪽.

46 국회 의안 정보 시스템, "<국회법> 개정안 제안 이유."

47 예산안, 기금 운용 계획안, 임대형 민자 사업 한도액안 및 법제사법위원회의 체계·자구심사 제외.

48 예산안, 기금 운용 계획안 및 임대형 민자 사업 한도액안은 제외.

49 <국회법> 제59조(의안의 상정 시기) 위원회는 의안(예산안, 기금 운용 계획안 및 임대형 민자 사업 한도액안은 제외한다. 이하 이 조에서 같다)이 위원회에 회부된 날부터 다음 각 호의 구분에 따른 기간이 지나지 아니했을 때에는 그 의안을 상정할 수 없다. 다만 긴급하고 불가피한 사유로 위원회의 의결이 있는 경우에는 그러하지 아니하다.

   1. 일부 개정 법률안: 15일

   2. 제정 법률안, 전부 개정 법률안 및 폐지 법률안: 20일

   3. 체계·자구 심사를 위하여 법제사법위원회에 회부된 법률안: 5일

   4. 법률안 외의 의안: 20일

50 법률안, 국회 규칙인이 아닌 다른 안건은 바로 본회의에 부의된 것으로 간주한다(<국회법>

제85조의2 제4항).

51 의장이 각 교섭단체 대표 의원과 합의한 경우에는 신속 처리 대상 안건에 대하여 이 규정을 적용하지 않는다(<국회법> 제85조의2 제8항).

52 <국회법> 제165조(국회 회의 방해 금지), 제166조(국회 회의 방해죄), 제167조(확정판결 통보) 참조.

3 입법에 관한 권한

1 존 로크 지음, 강정인·문지영 옮김, 1996, 『통치론: 시민정부의 참된 기원, 범위 및 그 목적에 관한 시론』, 까치, 139쪽.

2 클레이본 카슨 엮음, 이순희 옮김, 2018, 『나에게는 꿈이 있습니다』, 바다출판사.

3 <헌법> 제9호(1980.10.27. 부칙) 제6조 ① 국가보위입법회의는 이 헌법에 의한 국회의 최초의 집회일 전일까지 존속하며, 이 헌법 시행일로부터 이 헌법에 의한 국회의 최초의 집회일 전일까지 국회의 권한을 대행한다. ② 국가보위입법회의는 각계의 대표자로 구성하되, 그 조직과 운영 기타 필요한 사항은 법률로 정한다. ③ 국가보위입법회의가 제정한 법률과 이에 따라 행하여진 재판 및 예산 기타 처분등은 그 효력을 지속하며, 이 헌법 기타의 이유로 제소하거나 이의를 할 수 없다. ④ 국가보위입법회의는 정치 풍토의 쇄신과 도의 정치의 구현을 위하여 이 헌법 시행일 이전의 정치적 또는 사회적 부패나 혼란에 현저한 책임이 있는 자에 대한 정치 활동을 규제하는 률을 제정할 수 있다.

4 강창일, 권선택, 김명자, 김선미, 김재윤, 김춘진, 노현송, 박찬석, 박홍수, 백원우, 복기왕, 심재덕, 안민석, 안영근, 유승희, 유필우, 이경숙, 이시종, 이화영, 이철우, 임종인, 장경수, 장향숙, 최재천, 홍미영(이상 열린우리당 25명) 고진화, 김영숙, 나경원, 박재완, 안명옥, 엄호성, 이계경, 이계진, 이인기, 정두언, 정화원, 진수희(이상 한나라당 12명), 강기갑, 권영길, 노회찬, 단병호, 심상정, 이영순, 조승수, 천영세, 최순영, 현애자(이상 민주노동당 10명), 김종인, 김홍일, 김효석, 손봉숙, 이낙연, 이상열, 이승희, 이정일, 한화갑(이상 민주당 9명), 정몽준(이상 국민통합21, 1명) 최인기(이상 무소속 1명) 총 58명(권박효원, "'장애인이동보장법' 여야 의원 공동추진," <오마이뉴스>, 2004/09/02).

5 사회복지사업법 일부 개정 법률안(양승조 의원 등 10인) 2011-06-14 발의 2011- 12-29 대안 반영 폐기.
사회복지사업법 일부 개정 법률안(이재선 의원 등 14인) 2011-09-15 발의 2011-12-29 대안 반영 폐기.

사회복지사업법 일부 개정 법률안(진수희 의원 등 100인) 2011-11-07 발의 2011-12-29 대안 반영 폐기.

사회복지사업법 일부 개정 법률안(곽정숙 의원 등 10인) 2011-10-31 발의 2011-12-29 대안 반영 폐기.

사회복지사업법 일부 개정 법률안(박은수 의원 외 86인) 2011-10-20 발의 2011-12-29 대안 반영 폐기.

사회복지사업법 일부 개정 법률안(유재중 의원 등 11인) 2011-10-07 발의 2011-12-29 대안 반영 폐기.

6 서해정·고아라·임수경. 2017. "시청각중복장애인(deaf-blind)의 욕구 및 실태 조사 연구." 한국장애인개발원 보고서.

7 <장애인복지법> 일부개정법률안 검토 보고(2019/08), 보건복지위원회 전문위원 송병철.

8 상법 제732조(15세미만자등에 대한 계약의 금지) 15세 미만자, 심신상실자 또는 심신박약자의 사망을 보험사고로 한 보험계약은 무효로 한다. 다만, 심신박약자가 보험계약을 체결하거나 제735조의3에 따른 단체보험의 피보험자가 될 때에 의사능력이 있는 경우에는 그러하지 아니하다.

9 윤소하 의원실. "국가 검진에서 소외된 청년, 건강상태는 급격히 악화." 국정감사 보도자료(2017/09/20).

10 2010.3.3. 조승수 대표 발의.
2013.6.27. 박원석 대표 발의.
2017.7.21. 윤소하 대표 발의.

11 윤소하 의원 대표 발의 사회복지세 법안 비용 추계서(국회 예산정책처 2017/04/19).

12 한국건강증진개발원, "전국 245개 지자체 중 의료기관 밖 금연구역 조례 지정은 6개뿐," 보도자료(2017/05/27).

13 <장애인차별금지 및 권리구제 등에 관한 법률> 제18조(시설물 접근·이용의 차별금지) ① 시설물의 소유·관리자는 장애인이 당해 시설물을 접근·이용하거나 비상시 대피함에 있어서 장애인을 제한·배제·분리·거부하여서는 아니 된다.

14 국가인권위원회, "소규모 공중이용시설의 장애인 접근성 개선을 위한 정책 권고"(2018/02/02).

15 이춘석 의원 대표 발의안(2012/07/02), 유성엽 의원 대표 발의안(2012/07/24), 민병두 의원 대표 발의안(2013/05/24), 윤영석 의원 대표 발의안(2013/10/10), 김영록 의원 대표 발의안(2014/06/20).

16 <개정안> ③ 상임위원회는 소관 중앙 행정 기관의 장이 제출한 대통령령·총리령·부령 등 행정입법이 법률의 취지 또는 내용에 합치되지 아니한다고 판단되는 경우 소관 중앙 행정 기

관의 장에게 수정·변경을 요청할 수 있다. 이 경우 중앙 행정 기관의 장은 수정·변경 요청받은 사항을 처리하고 그 결과를 소관 상임위원회에 보고하여야 한다.

17 총선 직후 기준(이하 같음).

18 박찬표, 2002, 『한국의회정치와 민주주의: 비교의회론의 시각』, 오름, 37쪽.

19 의료 영리화를 허용하는 <의료채권법>, 외국 영리 병원 규제를 완화하는 <경제자유구역 내 외국의료기관 설립에 관한 특별법> 제정, 원격의료 허용, 의료법인 인수합병, 병원 경영 지원 회사를 허용하는 <의료법> 개정, 제주도에 국내 영리 병원을 허용하는 <제주특별자치도 법> 개정, 개인 질병 정보 공개를 담은 <보험업법> 등이다.

20 <국회법> 제123조(청원서의 제출) ① 국회에 청원을 하려는 자는 의원의 소개를 받거나 국회 규칙으로 정하는 기간 동안 국회 규칙으로 정하는 일정한 수 이상의 국민의 동의를 받아 청원서를 제출하여야 한다.

21 법정 민원은 법률관계에 관한 확인 또는 증명을 신청하는 것, 질의 민원은 행정 업무에 관한 설명이나 해석을 요구하는 것, 건의 민원은 해당 사안에 대한 개선을 요구하는 것이다.

22 <헌법> 제2장 국민의 권리와 의무 제26조 ① 모든 국민은 법률이 정하는 바에 의하여 국가 기관에 문서로 청원할 권리를 가진다. ② 국가는 청원에 대하여 심사할 의무를 진다.

23 <국회법> 제126조(행정부 이송과 처리 보고) ① 국회가 채택한 청원으로서 행정부에서 처리하는 것이 타당하다고 인정되는 청원은 의견서를 첨부하여 행정부에 이송한다. ② 행정부는 제1항의 청원을 처리하고 그 처리 결과를 지체 없이 국회에 보고하여야 한다.

24 https://petitions.whitehouse.gov

25 정재환, 2018, "미국의 '위더피플' 사례를 통해 살펴본 청와대 국민 청원의 개선 방안," 국회 입법조사처.

26 2019년 4월 22일 시작된 자유한국당 해산 청원은 6일 만에 답변 기준인 20만 명을 넘어섰고, 최종 183만 명이 참여해 국민 청원 게시판이 만들어진 이래 가장 많은 참여 인원을 기록했다. 이에 대항하듯 등장한 민주당 해산 청구 청원이 4월 29일 시작되어 약 33만 명이 참여했다. 이에 대해 2019년 6월 11일 청와대 강기정 정무 수석은 "국민은 선거를 통해 주권을 행사"한다며 "정당 해산 청구는 행정부의 권한이기도 하지만, 주권자이신 국민의 몫으로 돌려 드리는 것이 바람직하다."라고 답변했다.

4 재정에 관한 권한

1 정식 약칭은 '예산소위'이지만 관행적으로 '계수조정 소위'라고 부른다.

2 <국가재정법> 제89조(추가경정예산안의 편성) ① 행정부는 다음 각 호의 어느 하나에 해당하게 되어 이미 확정된 예산에 변경을 가할 필요가 있는 경우에는 추가경정예산안을 편성할 수 있다.

   1. 전쟁이나 대규모 재해(<재난 및 안전관리 기본법> 제3조에서 정의한 자연 재난과 사회 재난의 발생에 따른 피해를 말한다)가 발생한 경우(2015년)

   2. 경기침체, 대량 실업, 남북 관계의 변화, 경제협력과 같은 대내·외 여건에 중대한 변화가 발생했거나 발생할 우려가 있는 경우

   3. 법령에 따라 국가가 지급하여야 하는 지출이 발생하거나 증가하는 경우

   ② 행정부는 국회에서 추가경정예산안이 확정되기 전에 이를 미리 배정하거나 집행할 수 없다.

3 국회에 제출하는 예산안의 첨부 서류는 다음과 같다(국회 홈페이지 참조, 검색일: 2019/07/01).

   ① 세입 세출 예산 총계표 및 순계표

   ② 세입 세출 예산 사업별 설명서

   ③ 계속비에 관한 전년도 말까지의 지출액 또는 지출 추정액, 해당 연도 이후의 지출 예정액과 사업 전체의 계획 및 그 진행 상황에 관한 명세서

   ④ 총사업비 관리 대상 사업의 사업별 개요, 전년도 대비 총사업비 증감 내역과 증감 사유, 해당 연도까지의 연부액(年賦額) 및 해당 연도 이후의 지출 예정액

   ⑤ 국고채무부담행위 설명서

   ⑥ 국고채무부담행위로서 다음 연도 이후에 걸치는 것에 있어서는 전년도 말까지의 지출액 또는 지출 추정액과 해당 연도 이후의 지출 예정액에 관한 명세서

   ⑦ 완성에 2년 이상이 소요되는 사업으로서 대통령령으로 정하는 대규모 사업의 국고채무부담행위 총규모

   ⑧ 예산 정원표와 예산안 편성 기준 단가

   ⑨ 국유재산의 전전년도 말에 있어서의 현재액과 전년도 말과 해당 연도 말에 있어서의 현재액 추정에 관한 명세서

   ⑩ 성과 계획서

   ⑪ 성인지 예산서

   ⑫ 조세 지출 예산서

   ⑬ 독립기관의 세출 예산 요구액을 감액하거나 감사원의 세출 예산 요구액을 감액한 때에는 그 규모 및 이유와 감액에 대한 해당 기관의 장의 의견

⑭ 회계와 기금 간 또는 회계 상호간 여유 재원의 전입·전출 명세서, 그 밖에 재정의 상황과 예산안의 내용을 명백히 할 수 있는 서류

⑮ <국유재산특례제한법> 제10조 제1항에 따른 국유 재산 특례 지출 예산서

⑯ 예비 타당성 조사를 실시하지 아니한 사업의 내역 및 사유

4 <국회법> 제84조(예산안·결산의 회부 및 심사) ① 예산안과 결산은 소관 상임위원회에 회부하고, 소관 상임위원회는 예비 심사를 하여 그 결과를 의장에게 보고한다. 이 경우 예산안에 대해서는 본회의에서 행정부의 시정연설을 듣는다.

⑤ 예산결산특별위원회는 소관 상임위원회의 예비 심사 내용을 존중하여야 하며, 소관 상임위원회에서 삭감한 세출예산 각 항의 금액을 증가하게 하거나 새 비목(費目)을 설치할 경우에는 소관 상임위원회의 동의를 받아야 한다. 다만, 새 비목의 설치에 대한 동의 요청이 소관 상임위원회에 회부되어 회부된 때부터 72시간 이내에 동의 여부가 예산결산특별위원회에 통지되지 아니한 경우에는 소관 상임위원회의 동의가 있는 것으로 본다.

5 <국민건강보험법> 제108조(보험 재정에 대한 정부 지원) ① 국가는 매년 예산의 범위에서 해당 연도 보험료 예상 수입액의 100분의 14에 상당하는 금액을 국고에서 공단에 지원한다.

6 윤소하 의원실, "내년 건강보험료 인상률 3.2% 결정," 보도자료(2019/08/23).

7 윤소하 의원실, "지역 국민연금 소득 신고자 10명 중 4명 체납," 보도자료(2017/10/18).

8 윤소하 의원실, "만 65세 도래 장애인은 활동 지원 서비스 중단," 보도자료(2019/10/04).

9 <국가재정법> 제38조(예비 타당성 조사) ① 기획재정부 장관은 총사업비가 5백억 원 이상이고 국가의 재정 지원 규모가 3백억 원 이상인 신규 사업으로서 다음 각 호의 어느 하나에 해당하는 대규모 사업에 대한 예산을 편성하기 위하여 미리 예비 타당성 조사를 실시하고, 그 결과를 요약하여 국회 소관 상임위원회와 예산결산특별위원회에 제출하여야 한다. 다만, 제4호의 사업은 제28조에 따라 제출된 중기 사업계획서에 의한 재정지출이 5백억 원 이상 수반되는 신규 사업으로 한다.

    1. 건설공사가 포함된 사업

    2. <국가정보화 기본법> 제15조제1항에 따른 정보화 사업

    3. <과학기술기본법> 제11조에 따른 국가 연구 개발 사업

    4. 그 밖에 사회복지, 보건, 교육, 노동, 문화 및 관광, 환경 보호, 농림해양수산, 산업·중소기업 분야의 사업

② 제1항에도 불구하고 다음 각 호의 어느 하나에 해당하는 사업은 대통령령으로 정하는 절차에 따라 예비 타당성 조사 대상에서 제외한다.

    1. 공공 청사, 교정 시설, 초·중등 교육 시설의 신·증축 사업

    2. 문화재 복원 사업

    3. 국가 안보에 관계되거나 보안을 요하는 국방 관련 사업

4. 남북 교류 협력에 관계되거나 국가 간 협약·조약에 따라 추진하는 사업

5. 도로 유지 보수, 노후 상수도 개량 등 기존 시설의 효용 증진을 위한 단순 개량 및 유지 보수 사업

6. <재난 및 안전관리 기본법> 제3조제1호에 따른 재난(이하 "재난"이라 한다) 복구 지원, 시설 안전성 확보, 보건·식품 안전 문제 등으로 시급한 추진이 필요한 사업

7. 재난 예방을 위하여 시급한 추진이 필요한 사업으로서 국회 소관 상임위원회의 동의를 받은 사업

8. 법령에 따라 추진하여야 하는 사업

9. 출연·보조기관의 인건비 및 경상비 지원, 융자 사업 등과 같이 예비 타당성 조사의 실익이 없는 사업

10. 지역 균형 발전, 긴급한 경제·사회적 상황 대응 등을 위하여 국가 정책적으로 추진이 필요한 사업으로서 다음 각 목의 요건을 모두 갖춘 사업. 이 경우, 예비 타당성 조사 면제 사업의 내역 및 사유를 지체 없이 국회 소관 상임위원회에 보고하여야 한다.

　　가. 사업 목적 및 규모, 추진 방안 등 구체적인 사업 계획이 수립된 사업

　　나. 국가 정책적으로 추진이 필요하여 국무회의를 거쳐 확정된 사업

③ 제1항의 규정에 따라 실시하는 예비 타당성 조사 대상 사업은 기획재정부 장관이 중앙 관서의 장의 신청에 따라 또는 직권으로 선정할 수 있다.

④ 기획재정부 장관은 국회가 그 의결로 요구하는 사업에 대하여는 예비 타당성 조사를 실시하여야 한다.

⑤ 기획재정부 장관은 제1항의 규정에 따른 예비 타당성 조사 대상 사업의 선정 기준, 조사 수행 기관, 조사 방법 및 절차 등에 관한 지침을 마련하여 중앙 관서의 장에게 통보하여야 한다.

10 국회예산정책처, 2016, "주요국의 재정 제도"(6월), 107-108쪽.

5 일반 국정에 관한 권한

1 윤소하 의원실, "국민연금 평균 수익비 기존 1.8배 아니라 2.6배," 보도자료(2018/10/11).

2 "국민연금 가입하면 낸 보험료보다 평균 2.6배 더 받는다," 『연합뉴스』(2018/10/17).

3 '박근혜 정부의 최순실 등 민간인에 의한 국정 농단 의혹 사건 진상 규명을 위한 국정조사특별위원회'의 조사 범위와 대상

□ 조사 범위

　　최순실(최서원) 등 민간인에 의한 국정 농단 의혹 사건 진상 규명 관련

(1) 이재만·정호성·안봉근 등 청와대 관계인이 민간인 최순실(최서원)과 최순득·장시호 등 그의 친척이나 차은택·고영태 등 그와 친분이 있는 주변인 등[이하 "최순실(최서원) 등"이라고 한다]에게 청와대 문건을 유출하거나 외교·안보상 국가 기밀 등을 누설했다는 의혹 사건

(2) 최순실(최서원) 등이 대한민국 정부 상징 개편 등 정부의 주요 정책 결정과 사업에 개입하고, 정부 부처, 공공 기관 및 공기업·사기업의 인사에 불법적인 방법으로 개입하는 등 일련의 관련 의혹 사건

(3) 최순실(최서원) 등, 안종범 전 청와대 정책조정수석비서관 등 청와대 관계인이 재단법인 미르와 재단법인 케이스포츠를 설립하여 기업들로 하여금 출연금과 기부금 출연을 강요했다거나, 노동개혁법안 통과, 또는 재벌 총수에 대한 사면·복권, 또는 기업의 현안 해결 등을 대가로 출연을 받았다는 의혹 사건

(4) 최순실(최서원) 등이 재단법인 미르와 재단법인 케이스포츠로부터 사업을 수주하는 방법 등으로 국내외로 자금을 유출했다는 의혹 사건

(5) 최순실(최서원) 등이 자신들이 설립하거나 자신들과 관련이 있는 법인이나 단체의 운영 과정에서 불법적인 방법으로 정부 부처, 공공 기관 및 공기업·사기업으로부터 사업 등을 수주하고 씨제이그룹의 연예·문화 사업에 대해 장악을 시도하는 등 이권에 개입하고 그와 관련된 재산을 은닉했다는 의혹 사건

(6) 정유라의 청담고등학교 및 이화여자대학교 입학, 선화예술중학교·청담고등학교·이화여자대학교 재학 중의 학사 관리 등에 있어서의 특혜 및 각 학교와 승마협회 등에 대한 외압 등 불법·편법 의혹 사건

(7) 삼성 등 각 기업과 승마협회 등이 정유라를 위하여 최순실(최서원) 등이 설립하거나 관련 있는 법인에 금원을 송금하고, 정유라의 독일 및 국내에서의 승마 훈련을 지원하고 기업의 현안을 해결하려 했다는 의혹 사건

(8) 제5호부터 제7호까지의 사건과 관련하여 안종범 전 청와대 정책조정수석비서관, 김상률 전 청와대 교육문화수석비서관, 이재만·정호성·안봉근 전 비서관 등 청와대 관계인, 김종덕 전 문화체육관광부 장관, 김종 전 문화체육관광부 차관, 송성각 전 한국콘텐츠진흥원장 등 공무원과 공공 기관 종사자들이 최순실(최서원) 등을 위하여 불법적인 방법으로 개입하고 관련 공무원을 불법적으로 인사 조치했다는 의혹 사건

(9) 제1호부터 제8호까지의 사건과 관련하여 우병우 전 청와대 민정수석비서관이 민정비서관 및 민정수석비서관 재임 기간 중 최순실(최서원) 등의 비리 행위 등에 대하여 제대로 감찰·예방하지 못한 직무유기 또는 그 비리 행위에 직접 관여하거나 이를 방조 또는 비호했다는 의혹 사건

(10) 이석수 특별감찰관이 재단법인 미르와 재단법인 케이스포츠의 모금 및 최순실(최서원) 등의 비리 행위 등을 내사하는 과정에서 우병우 전 청와대 민정수석비

서관이 영향력을 행사하여 해임되도록 했다는 의혹 사건

(11) 최순실(최서원) 등과 안종범 전 청와대 정책조정수석비서관, 이재만·정호성·안봉근 전 비서관, 재단법인 미르와 재단법인 케이스포츠, 전국경제인연합·기업 등이 조직적인 증거인멸을 시도하거나 이를 교사했다는 의혹 사건

(12) 최순실(최서원)과 그 일가가 불법적으로 재산을 형성하고 은닉했다는 의혹 사건

(13) 최순실(최서원) 등이 청와대 뉴미디어정책실에 야당 의원들의 SNS 불법 사찰 등 부당한 업무 지시를 했다는 의혹 사건

(14) 대통령 해외 순방에 동행한 성형외과 원장의 서울대병원 강남센터 외래 교수 위촉 과정 및 해외 진출 지원 등에 청와대와 비서실의 개입과 특혜가 있었다는 의혹 사건

(15) 제1호부터 제14호까지의 사건의 조사 과정에서 드러난 관련 사건

(16) 그 외에 본 국정조사특별위원회가 필요하다고 요구 의결하는 사건

□ 조사 대상(보고 및 서류 제출 기관)

(1) 보고 및 서류 제출 기관

o 정부 부처 및 공공 기관

- 대통령실(대통령비서실, 국가안보실, 대통령경호실), 기획재정부, 교육부, 미래창조과학부, 외교부, 통일부, 법무부(검찰청 포함), 문화체육관광부, 보건복지부 및 그 소속의 필요한 산하 기관

- 추가 의결된 기관 : 금융감독원

o 민간 기관

- 전국경제인연합회 및 관련 기업들, 재단법인 미르, 재단법인 케이스포츠

- 추가 의결된 기관 : 은행연합회, 증권거래소, 법조윤리협의회, 서울지방변호사회, 리앤킴법률사무소, 김영재의원, 차움의원

※ 기관 보고는 각 기관의 장이 보고함을 원칙으로 함.

※ 서류 제출 요구는 국정감사 및 조사에 관한 법률 제10조 제1항 단서의 규정에 의하여 재적 위원 3분의 1 이상의 요구에 의해서도 할 수 있음.

(2) 증인 및 참고인

o 여야가 요구하는 증인 및 참고인은 여야 간사 간 협의를 거쳐 위원회 의결로 채택함.

□ 기관 보고

날짜	주요 활동
'16.11.30	기관보고(1차) 문화체육관광부, 법무부, 대검찰청, 보건복지부, 국민연금공단
'16.12.05	기관보고(2차) 대통령비서실, 대통령경호실, 국가안보실, 기획재정부, 교육부

□ 위원회 회의

회의 차 수(날짜)	주요 활동
제1차 전체회의('16.11.17)	위원장·간사 선임 국정조사 계획서 채택
제2차 전체회의('16.11.23)	위원회 운영 일정 결정 기관보고 및 서류 제출 요구 의결 국정조사 청문회 실시 의결 증인 출석요구 의결
제3차 전체회의('16.11.29)	증인 및 참고인 출석요구 의결 국정조사 대상 기관 추가 의결 : 법조윤리협의회, 서울지방변호사회, 리앤킴법률사무소
제4차 전체회의('16.12.06)	국정조사 청문회 실시(제1차) 증인 참고인 출석 요구 의결
제5차 전체회의('16.12.07)	국정조사청문회 실시(제2차) - 동행 명령장 발부 증인 및 참고인 출석 요구 의결 국정조사 대상 기관 추가-은행연합회, 금융감독원, 증권거래소 현장 조사 실시 의결 청문회 일시 변경
제6차 전체회의 ('16. 12. 08)	개의 - 국정조사 청문회 계속(차수 변경)
제7차 전체회의('16.12.14)	국정조사 청문회 실시(제3차)- 동행 명령장 발부 청문회 일정 변경 증인 및 참고인 출석요구 참고인의 증인 채택(오병희)
제8차 전체회의('16.12.15)	국정조사 청문회(제4차) 동행 명령장 발부
제9차 전체회의('16.12.19)	위원회 운영에 관한 건

회의 차 수(날짜)	주요 활동
제10차 전체회의('16.12.22)	국정조사 청문회 실시(제5차) - 동행 명령장 발부
	위증 교사 의혹 건 특검 수사 의뢰
	증인 추가 채택
	참고인의 증인 채택(박헌영, 노승일)
제11차 전체회의('16.12.26)	국정조사 현장 청문회 실시(제6차)
	불출석 및 동행명령 거부 증인 고발- 최순실, 안종범, 정호성
	구치소 수감동 방문 증인 면담·신문- 최순실(서울구치소)/-
	안종범·정호성(서울남부구치소)
제12차 전체회의('16.12.29)	위원회 운영에 관한 건
	위증 증인 고발의 건
제13차 전체회의('17.1.3)	간사 선임의 건(새누리당, 정유섭)
	위증 증인 고발의 건
제14차 전체회의('17.1.9)	국정조사 청문회 실시(제7차) - 동행 명령장 발부
	국정조사 활동 기간 연장 촉구의 건
	참고인 채택의 건(박건찬, 우상일)
	불출석 및 동행명령 증인 고발의 건
	- 불출석 및 동행명령 거부 증인 32명
	위증 증인 고발의 건
	정동춘 증인 이사장직 사퇴 권고 결의의 건
제15차 전체회의('17.1.12)	위증 증인 고발의 건
	국정조사 결과 보고서 채택의 건

4 17대 국회 이후 국회 국정조사 현황

구분		국정조사 요구일	조사 기간	결과 보고서 채택일 (본회의)
17대	이라크 내 테러 집단에 의한 한국인 피살 사건 관련 진상 조사를 위한 국정조사특별위원회	2004.6.28	2004.7.5-8.4	2004.8.23
	쌀 관세화 유예 연장 협상의 실태 규명을 위한 국정조사특별위원회	2005.4.22	2005.5.12-6.15	미채택
18대	미국산 쇠고기 수입 위생 조건	2008.7.9	2008.7.14-8.20	미채택

			(2008.9.5까지	(특위 활동
	개정 관련 한미 기술 협의의 과정 및 협정 내용의 실태 규명을 위한 국정조사특별위원회		기간 연장)	결과 보고서만 채택)
	쌀 소득 보전 직접 지불금 불법 수령 사건 실태 규명을 위한 국정조사특별위원회	2008.10.24	2008.11.10-12.5	미채택
	저축은행 비리 의혹 진상 규명을 위한 국정조사특별위원회	2011.6.23	2011.6.29-8.12	2011.8.31 채택
19대	국무총리실 산하 민간인 불법 사찰 및 증거인멸 사건의 진상 규명을 위한 국정조사특별위원회	2012.6.16 2012.7.6	활동 없이 2013.12.10 활동 종료/본회의 의결	미채택
	공공 의료 정상화를 위한 국정조사특별위원회	2013.6.7	2013.6.12.-7.13	2013.9.30 채택
	국가정보원 댓글 의혹 사건 등의 진상 규명을 위한 국정조사특별위원회	2014.6.26	2013.7.2-8.23	미채택
	개인 정보 대량 유출 관련 실태 조사 및 재발 방지를 위한 국정조사특별위원회	2014.2.3	2014.2.5-2.28	2014.9.30 채택
	세월호 침몰 사건의 진상 규명을 위한 국정조사특별위원회	2014.5.21	2014.6.2.-8.30	청문회 미실시
	정부 및 공공 기관 등의 해외 자원 개발 진상 규명을 위한 국정조사특별위원회	2014.12.29	2014-12.29-15.5.2	미채택

자료 : 국회 의안정보시스템 검색(검색일: 2020/04/20); "제17대 국회 경과 보고서 통합본(2004.5.30.~2008.5.29), "제18대 국회 경과 보고서 통합본(2008.5.30.~2012.5.29), "제19대 국회 경과 보고서 통합본(2012.5.30.~2016.5.29.) 재구성.

5 - 노무현 정부 청문회 대상 공직 후보자 71명 중 부결, 지명 철회 사퇴(청문회 전, 후) 3명 (4.2%), 미채택 후 임명 3명(4.2%), 합계 6명(8.5%).

　- 이명박 정부 청문회 대상 공직 후보자 103명 중 부결, 지명 철회 사퇴(청문회 전, 후) 10명 (9.7%), 미채택 후 임명 17명(16.5%), 합계 27명(26.2%).

　- 박근혜 정부 청문회 대상 공직 후보자 46명 중 부결, 지명 철회 사퇴(청문회 전, 후) 7명

(15.2%), 미채택 후 임명 7명(15.2%), 합계 14명(30.4%).

단, 2014년 6월 30일 기준, 중앙선관위 상임위원은 통계에서 제외.

6 박남춘, "박근혜 행정부 인사참사 과연 제도 탓인가?" 유인태 의원실 주최 토론회(2014/07/16).

7 박남춘, "공직과 국회에서 본 언론의 인사검증 보도," 『관훈저널』 132호(2014년 가을호).

8 박상훈, 2018, 『청와대정부』, 후마니타스, 167쪽.

9 첫 번째 대상은 이종석(통일부), 김우식(과학기술부), 이상수(노동부), 정세균(산업자원부), 유시민(보건복지부) 등 5개 부처 장관 후보자였다.

10 "노 대통령 '국회 청문회 못 버티면 같이 일하기 곤란'," <오마이뉴스>(2005/04/06).

11 "유시민 의원이 열린우리당 의원 전원에게 보낸 편지 전문," <노컷뉴스>(2006/01/09).

12 "인사청문회에 대한 행정부 여당의 이중 잣대," <오마이뉴스>(2014/07/10).

13 전진영, "국회 인사청문제도의 운영을 둘러싼 쟁점,"(2017/07/13) 국회입법조사처.

14 전진영, "국회 인사 청문 제도의 쟁점과 개선 방향," 안민석 의원실 주최 토론회 <미국 인사청문회>(2017/06/22).

15 김창준, "미국과 한국의 국회 인사청문회 제도 비교," 안민석 의원실 주최 토론회 <미국 인사청문회>(2017/06/22), 4-5쪽.

16 문재인 행정부는 병역 면탈, 부동산 투기, 세금 탈루, 논문 표절, 위장 전입 등 5대 인사 배제 원칙을 제시했다.

17 베버, 막스 지음, 박상훈 옮김, 2013, 『막스 베버, 소명으로서의 정치』, 후마니타스, 205쪽.

18 박상훈, 2018, 『청와대정부』, 후마니타스, 308쪽.

6 좋은 정치를 위하여

1 전진영, "주요국 의회의 연간 의사운영과 의장의 권한," 입법조사처(2019/10/29).

2 체질량지수(3), 중성지방 농도(8), 콜레스테롤(8), 혈당(8), 혈압(8), 색소침착(2), 탈모(3), 모발 굵기(1), 피부 노화(1), 피부 탄력(1), 비타민C 농도(1), 카페인 대사(2). 괄호 안 숫자는 유전자 수를 나타낸다.

3 의료법 제19조(정보 누설 금지) ① 의료인이나 의료 기관 종사자는 이 법이나 다른 법령에 특별히 규정된 경우 외에는 의료·조산 또는 간호 업무나 제17조에 따른 진단서·검안서·증명

서 작성·교부 업무, 제18조에 따른 처방전 작성·교부 업무, 제21조에 따른 진료 기록 열람·사본 교부 업무, 제22조제2항에 따른 진료 기록부 등 보존 업무 및 제23조에 따른 전자 의무 기록 작성·보관·관리 업무를 하면서 알게 된 다른 사람의 정보를 누설하거나 발표하지 못한다.

4 (만성질환 6개) 관상동맥 질환, 심방세동, 고혈압, 2형 당뇨병, 뇌졸중, 골관절염/ (호발암 5개) 전립선암, 대장암, 위암, 폐암, 간암/ (노인성 질환 2개) 황반변성, 파킨슨병.

5 국무조정실 규제혁신제도팀, "안전하고 혁신적인 신제품·서비스와 더욱 가까워집니다: 정보통신융합법·산업융합촉진법·지역특구법 공포안 국무회의 의결," 보도 자료(2018/10/08).

6 김지현, "미국·일본 규제 샌드박스(Regulatory Sandbox) 입법례,"『최신 외국입법정보』(2019/04/17).

7 국무조정실 규제혁신제도팀 보도 자료(2018/10/08).

8 <군형법> 제1조(적용 대상자)

> ① 이 법은 이 법에 규정된 죄를 범한 대한민국 군인에게 적용한다.
> ② 제1항에서 "군인"이란 현역에 복무하는 장교, 준사관, 부사관 및 병(兵)을 말한다. 다만, 전환복무(轉換服務) 중인 병은 제외한다.
> ③ 다음 각 호의 어느 하나에 해당하는 사람에 대하여는 군인에 준하여 이 법을 적용한다.
>> 1. 군무원
>> 2. 군적(軍籍)을 가진 군(軍)의 학교의 학생·생도와 사관후보생·부사관후보생 및 <병역법> 제57조에 따른 군적을 가지는 재영(在營) 중인 학생
>> 3. 소집되어 복무하고 있는 예비역·보충역 및 전시근로역인 군인

9 제92조6을 삭제하는 <군형법> 개정안은 2014년 3월(진선미 대표 발의), 2017년 5월(김종대 의원 대표 발의) 두 차례에 걸쳐 발의되었다(https://vo.la/3wbz와 https://vo.la/Wi7u 참조).

10 <군형법> 제92조(강간) 폭행이나 협박으로 제1조 제1항부터 제3항까지에 규정된 사람을 강간한 사람은 5년 이상의 유기징역에 처한다.

> 제92조의2(유사 강간) 폭행이나 협박으로 제1조제1항부터 제3항까지에 규정된 사람에 대하여 구강, 항문 등 신체(성기는 제외한다)의 내부에 성기를 넣거나 성기, 항문에 손가락 등 신체(성기는 제외한다)의 일부 또는 도구를 넣는 행위를 한 사람은 3년 이상의 유기징역에 처한다.
> 제92조의3(강제 추행) 폭행이나 협박으로 제1조 제1항부터 제3항까지에 규정된 사람에 대하여 추행을 한 사람은 1년 이상의 유기징역에 처한다.
> 제92조의4(준강간, 준강제 추행) 제1조제1항부터 제3항까지에 규정된 사람의 심신상실 또는 항거 불능 상태를 이용하여 간음 또는 추행을 한 사람은 제92조, 제92조의2 및 제92조의3의 예에 따른다.

11 김종대 의원 대표 발의, "<군형법> 개정안 제안 이유."

12 국제엠네스티 한국지부, "폭력, 학대, 차별 조장하는 군형법 제92조의6 폐지할 것을 한국 행정부에 권고," 보도자료(2019/07/11).

13 2009.11.2. 법률 제9820호를 기준으로 한 조항. 이후 법 개정에 따라 제92조의6조가 되었다.

14 국가인권위원회, "<군형법> 제92조에 대한 위헌법률심판(2008헌가21)에 대한 의견 제출"(2010/10/25).

15 <군형법> 개정안 검토 보고(2017/09), 법제사법위원회 전문위원 강병훈.
"헌재 2002.6.27. 2001헌바70 결정에서는 합헌 의견 7인, 위헌 의견 2인이었고, 헌재 2011.3.31. 2008헌가21 결정에서는 합헌 의견 5인, 위헌 의견 3인, 한정 위헌 의견 1인이었으며, 헌재 2016. 7. 28. 2012헌바258 결정에서는 합헌 의견 5인, 위헌 의견 4인이었음.
헌재 2016.7.28. 2012헌바258 결정에서의 반대 의견 주요 요지는 다음과 같음. 심판 대상 조항은 범죄구성요건을 '그 밖의 추행'이라고 규정하면서 강제성 수반 여부에 대해서는 불명확하게 규정함으로써, 강제성이 없는 자발적 합의에 의한 음란 행위와 강제성이 강한 폭행·협박에 의한 추행을 동일한 형벌 조항에서 동등하게 처벌하도록 하여 형벌 체계상 용인될 수 없는 모순을 초래하고 있다. …… 심판 대상 조항은 행위의 시간·장소에 관하여도 아무런 규정을 두지 않고 있고 법원의 판례에 의하여 설시된 보호법익마저 광범위하고 포괄적이다 보니, '군영 외에서 이루어진 음란 행위' 등이 심판 대상 조항에 해당되는지 여부도 불분명하다. 이와 같이 심판 대상 조항은 수범자의 예측 가능성을 박탈하고 법 집행기관의 자의적 법해석 가능성을 초래했으므로, 죄형법정주의의 명확성 원칙에 위배된다."

16 김한길 의원 대표 발의 <차별금지법안> https://vo.la/2ifj
    최원식 의원 대표 발의 <차별금지법안> https://vo.la/FGgT

17 이정미 의원 대표 발의 <성차별·성희롱 금지 및 권리 구제 등에 관한 법률안> https://vo.la/KHLG

18 <국회법>상 법안 발의는 대표 발의 의원 외에 의원 9명의 찬성을 조건으로 한다.

19 "신한국당 경주시 을지구 출신 임진출 의원입니다. 신랑 신부 결혼연령 차이의 증가, 재혼의 증가, 해외로부터의 신부 수입, 독신의 증가 등 전통적인 결혼 풍속도에 변화가 올 것이고 동시에 짝짓기의 실패로 인한 성폭력이나 포르노 등 성과 관련된 범죄의 증가와 남성 동성애로 인해 에이즈와 같은 성병의 증가도 우려됩니다"(1997년 2월 28일(금) 국회 본회의, 사회 문화에 관한 질문 중).

20 ○ 이종걸(李鍾杰) 위원 : 첫째, 보건복지부는 에이즈 등을 예방·관리하고 있고 그 실상을 가장 잘 알고 있다고 생각됩니다. 저는 보건복지부가 동성애자들은 전부 잠재적인 에이즈 환자라던가 전파자로 보는 사회적 편견을 해 소하는 데 앞장서 주시기를 부탁드립니다. 둘째, 동성애자 단체들이 파악하기엔 청소년늘 중에서 동싱애자들의 각종 친목 모임에 나오는 사람만

도 1만여 명에 달합니다. 또 20대 이상의 사람들 중에서도 동성애 관련 고민을 해도 마땅하게 상담할 공간이 없는 실정입니다. 보건복지부는 여성·장애인·노인 등 '사회적 약자'들에 대해서 지원해 주는 것과 마찬가지로 동성애에 대한 종합적인 상담 공간을 마련하는 데 지원해 주셔야 할 것이라고 생각합니다. 셋째, 동성애자들이 자주 출입하는 카페라던가 주점은 다른 일반 업소에 비해서 '과잉 단속'이 되고 있습니다. 동성애자들의 공간이라고 '식품위생법' 같은 것을 특별히 더 위반한다고 생각하지 않습니다. 이 역시 편견의 소치입니다. 편견에 입각한 단속은 지양되어야 한다고 주장하고 싶습니다. 마지막으로 현재 동성애자들은 동성애자들에 대한 근거 없는 내용이 서술된 중·고등학교의 교과서 내용을 검토한 후 문제되는 내용은 수정을 요구하는 투쟁을 하고 있습니다. 보건복지부는 에이즈나 섹슈얼리티 문제에 대한 주무 관리 부서로서 이런 문제에 대해서 교육부에 공식적인 의견을 제출할 수 있다고 생각합니다. 이에 대한 장관님의 의견을 구합니다.

□ 보건복지부 답변 : 동성애자에 대한 복지부의 관심 촉구에 대하여 물으셨습니다.

○ 기본적으로 행정부는 국민 화합의 구현 및 더불어 사는 사회 여건 조성에 노력하고 있습니다. - 개인의 성적 취향 자체에 대하여는 행정부가 개입할 성격이 아니라고 판단되며, ○ 한편 우리 부는 올바른 의과학 지식에 근거한 건강증진·질병예방 노력을 하고 있습니다. - 일상생활을 통해서는 HIV(에이즈를 유발할 수 있는 병원체) 감염이 전파되지 않으며 - 콘돔을 쓰지 않은 성 접촉이 주된 감염경로임을 홍보해 오고 있음(항문 성교의 경우 위험이 더 높기 때문에 위험을 경고하고 있음) - 이와 관련하여 올바른 지식의 확산을 위해 교과서에 잘못된 내용이 확인된다면 바로잡도록 교육부와 협의해 나가도록 하겠습니다(2000년 11월 7일 보건복지위원회 국정감사 회의록).

21 <국가인권위원회법> 제2조(정의) 이 법에서 사용하는 용어의 뜻은 다음과 같다.

3. "평등권 침해의 차별 행위"란 합리적인 이유 없이 성별, 종교, 장애, 나이, 사회적 신분, 출신 지역(출생지, 등록 기준지, 성년이 되기 전의 주된 거주지 등을 말한다), 출신 국가, 출신 민족, 용모 등 신체조건, 기혼·미혼·별거·이혼·사별·재혼·사실혼 등 혼인 여부, 임신 또는 출산, 가족 형태 또는 가족 상황, 인종, 피부색, 사상 또는 정치적 의견, 형의 효력이 실효된 전과(前科), 성적(性的) 지향, 학력, 병력(病歷) 등을 이유로 한 다음 각 목의 어느 하나에 해당하는 행위를 말한다. 다만, 현존하는 차별을 없애기 위하여 특정한 사람(특정한 사람들의 집단을 포함한다. 이하 이 조에서 같다)을 잠정적으로 우대하는 행위와 이를 내용으로 하는 법령의 제정·개정 및 정책의 수립·집행은 평등권 침해의 차별 행위(이하 "차별 행위"라 한다)로 보지 아니한다.

가. 고용(모집, 채용, 교육, 배치, 승진, 임금 및 임금 외의 금품 지급, 자금의 융자, 정년, 퇴직, 해고 등을 포함한다)과 관련하여 특정한 사람을 우대·배제·구별하거나 불리하게 대우하는 행위

나. 재화·용역·교통수단·상업시설·토지·주거시설의 공급이나 이용과 관련하여 특정한

사람을 우대·배제·구별하거나 불리하게 대우하는 행위

다. 교육 시설이나 직업 훈련 기관에서의 교육·훈련이나 그 이용과 관련하여 특정한 사람을 우대·배제·구별하거나 불리하게 대우하는 행위

라. 성희롱[업무, 고용, 그 밖의 관계에서 공공 기관(국가기관, 지방자치단체, <초·중등교육법> 제2조, <고등교육법> 제2조와 그 밖의 다른 법률에 따라 설치된 각급 학교, <공직자윤리법> 제3조의2제1항에 따른 공직 유관 단체를 말한다)의 종사자, 사용자 또는 근로자가 그 직위를 이용하여 또는 업무 등과 관련하여 성적 언동 등으로 성적 굴욕감 또는 혐오감을 느끼게 하거나 성적 언동 또는 그 밖의 요구 등에 따르지 아니한다는 이유로 고용상의 불이익을 주는 것을 말한다] 행위

22 국가보안법, 사립학교법, 과거사진상규명법, 언론관계법.

23 복기왕 의원 대표 발의 <사립학교법> 개정안 https://vo.la/a4JJ

24 "'사학수호' 범국민연합체 '순교의 정신으로' 출범," <데일리안>(2005/12/29).

25 이은영 의원 대표 발의 <사립학교법> 개정안 https://vo.la/ca8l

26 중복을 제거하지 않았기에 실제 발언 건수는 이보다 적을 수 있다. 역대 국회 발언 추이를 살펴보기 위한 것이므로 동일한 조건에서 검색한 전체 건수만을 비교 대상으로 했다.

27 - 김순례 위원 : 본부장님, 바텀 알바라고 들어 보신 적 있어요?
   - 질병관리본부장 정은경 : 들어 보지 못했습니다.
   - 김순례 위원 : 모르시나요?
   - 질병관리본부장 정은경 : 예.
   - 김순례 위원 : 바텀 알바를 몰라요? 감염병과 모든 것을, 국가의 방역을 하고자 하는, 책임지는 최고의 수장이 바텀 알바를 모르십니까?
   - 질병관리본부장 정은경 : 아니요, 들어 봤습니다. 작년 국감 때도 말씀이……
   - 김순례 위원 : 들어 보셨지요? 모른다고 무시하지 마십시오. 이것을 모른다고 하면 질본에서 사퇴하세요. 당장 그 자리 나오세요. 무슨 말씀을 그렇게 하십니까? 청소년들이 왜 접촉감염으로 에이즈가 확산되는지 아십니까? 유엔에이즈(UNAIDS)에서는 그렇게 많은 감소 추세를 보이고 있는데 질본에서는 무슨 일을 하고 있어요, 지금? 청소년들이 이런 성 접촉을 해가면서, 항문 알바를 하고 있으면서…… 아까 박사님 말씀 주시지 않았습니까? 항문 알바를 하고 있어요.(2018년 10월 11일 보건복지부(질병관리본부 포함) 국정감사)

28 박찬표, 2002, 『한국의회정치와 민주주의: 비교의회론의 시각』, 오름.

29 "인권위 '정치인들 장애인 비하, 사회에 해악적'이라면서 '각하' 결정," <비마이너>(2019/12/30).

30 국가인권위원회, "정치인의 장애인 비하발언에 대한 의견표명" 결정문(2019/11/25).

31 경제정의실천시민연합, "[논평] 부도덕 정치인에 대한 징계로 국회 쇄신해야"(2019/07/18).

32 국가인권위원회, "정치인의 혐오표현 예방·대응 의견표명" 결정문(2019/12/30).

33 정치인을 비롯해 영향력 있는 사회 지도자들은 여론을 주도하는 힘이 있기 때문에, 이들이 혐오 표현 반대 입장을 공식적으로 표명하는 것은 혐오 표현에 대한 국가적 차원의 대응 의지를 밝힌다는 측면에서도 큰 의미가 있다.

34 국가인권위원회, "정치인의 혐오표현 예방·대응 의견표명" 결정문(2019/12/30).

35 <국회법>의 교섭단체 관련 조항

제3조 (의석 배정)	국회의원의 의석은 국회의장이 각 교섭단체 대표 의원과 협의하여 정함
제5조의2 (연간 국회 운영 기본 일정 등)	의장은 국회의 연중 상시 운영을 위하여 각 교섭단체 대표 의원과의 협의를 거쳐 매년 12월 31일까지 다음 연도의 국회 운영 기본 일정을 정하여야 함.
제12조 (부의장의 의장 직무대리)	의장이 사고(事故)가 있을 때에는 의장이 지정하는 부의장이 그 직무를 대리함. 의장이 심신상실 등 부득이한 사유로 의사표시를 할 수 없게 되어 직무 대리자를 지정할 수 없을 때에는 소속 의원 수가 많은 교섭단체 소속 부의장의 순으로 의장의 직무를 대행함.
제21조 (국회사무처)	사무총장은 의장이 각 교섭단체 대표 의원과의 협의를 거쳐 본회의의 승인을 받아 임면(任免)함.
제34조 (교섭단체 정책연구위원)	교섭단체 소속 의원의 입법 활동을 보좌하기 위하여 교섭단체에 정책연구위원을 둠.
제39조 (상임위원회의 위원)	각 교섭단체 대표 의원은 국회운영위원회의 위원이 됨.
제45조 (예산결산특별위원회)	예산결산특별위원회의 위원 수는 50명으로 하며, 의장은 교섭단체 소속 의원 수의 비율과 상임위원회 위원 수의 비율에 따라 각 교섭단체 대표 의원의 요청으로 위원을 선임함.
제46조의2 (윤리심사자문위원회)	① 의원의 겸직 및 영리 업무 종사와 관련된 의장의 자문과 의원징계에 관한 윤리특별위원회의 자문에 응하게 하기 위하여 윤리특별위원회에 윤리심사자문위원회를 둠. ② 자문위원회는 위원장 1명을 포함한 8명의 자문 위원으로 구성하며, 자문 위원은 각 교섭단체 대표 의원의 추천에 따라 의장이 위촉함. ③ 각 교섭단체 대표 의원이 추천하는 자문 위원 수는 교섭단체 소속

	의원 수의 비율에 따름. 소속 의원 수가 가장 많은 교섭단체 대표 의원이 추천하는 자문 위원 수는 그 밖의 교섭단체 대표 의원이 추천하는 자문 위원 수와 같아야 함.
제46조의3 (인사청문특별위원회)	각 교섭단체 대표 의원과 협의하여 제출한 선출안 등을 심사하기 위하여 인사청문특별위원회를 둠(헌법재판소 재판관 및 중앙선거관리위원회 위원에 대한 선출안).
제48조 (위원의 선임 및 개선)	상임위원은 교섭단체 소속 의원 수의 비율에 따라 각 교섭단체 대표 의원의 요청으로 의장이 선임하거나 개선함.
	정보위원회의 위원은 의장이 각 교섭단체 대표 의원으로부터 해당 교섭단체 소속 의원 중에서 후보를 추천받아 부의장 및 각 교섭단체 대표 의원과 협의하여 선임하거나 개선함.
	각 교섭단체 대표 의원은 정보위원회의 위원이 됨.
제50조(간사)	위원회에 각 교섭단체별로 간사 1명을 둠.
	위원장이 궐위된 때에는 소속 의원 수가 많은 교섭단체 소속 간사의 순으로 위원장의 직무를 대리함.
제56조 (본회의 중 위원회의 개회)	위원회는 본회의 의결이 있거나 의장이 필요하다고 인정하여 각 교섭단체 대표 의원과 협의한 경우를 제외하고는 본회의 중에는 개회할 수 없음.
제57조의2 (안건조정위원회)	조정위원회를 구성하는 경우에는 소속 의원 수가 가장 많은 교섭단체(제1교섭단체)에 속하는 조정위원의 수와 제1교섭단체에 속하지 아니하는 조정위원의 수를 같게 함.
	조정위원장은 조정위원회가 제1교섭단체 소속 조정위원 중에서 선출하여 위원장이 의장에게 보고함.
제63조의2 (전원위원회)	국회는 위원회의 심사를 거치거나 위원회가 제안한 의안 중 행정부 조직에 관한 법률안, 조세 또는 국민에게 부담을 주는 법률안 등 주요 의안의 본회의 상정 전이나 본회의 상정 후에 재적 의원 4분의 1 이상이 요구할 때에는 그 심사를 위하여 의원 전원으로 구성되는 전원위원회를 개회할 수 있음. 다만, 의장은 각 교섭단체 대표 의원의 동의를 받아 전원위원회를 개회하지 아니할 수 있음.
제65조의2 (인사청문회)	상임위원회가 구성되기 전 공직 후보자에 대한 인사 청문 요청이 있는 경우에는 특별위원회에서 인사 청문을 실시할 수 있음.
	특별위원회의 설치·구성은 의장이 각 교섭단체 대표 의원과 협의하여 제의함.
제72조	본회의는 오후 2시(토요일은 오전 10시)에 개의함. 다만, 의장은 각

(개의)	교섭단체 대표 의원과 협의하여 그 개의시를 변경할 수 있음.
제73조 (의사정족수)	회의 중 정족수에 미치지 못할 때에는 의장은 회의의 중지 또는 산회를 선포함. 다만, 의장은 교섭단체 대표 의원이 의사정족수의 충족을 요청하는 경우 외에는 효율적인 의사 진행을 위하여 회의를 계속할 수 있음.
제74조 (산회)	산회를 선포한 당일에는 회의를 다시 개의할 수 없음. 다만, 내우외환, 천재지변 또는 중대한 재정·경제상의 위기, 국가의 안위에 관계되는 중대한 교전 상태나 전시·사변 또는 이에 준하는 국가비상사태로서 의장이 각 교섭단체 대표 의원과 합의한 경우에는 그러하지 아니함.
제75조 (회의의 공개)	본회의는 공개함. 다만, 의장의 제의 또는 의원 10명 이상의 연서에 의한 동의로 본회의 의결이 있거나 의장이 각 교섭단체 대표 의원과 협의하여 국가의 안전보장을 위하여 필요하다고 인정할 때에는 공개하지 아니할 수 있음.
제77조 (의사일정의 변경)	의원 20명 이상의 연서에 의한 동의로 본회의 의결이 있거나 의장이 각 교섭단체 대표 의원과 협의하여 필요하다고 인정할 때에는 의장은 회기 전체 의사일정의 일부를 변경하거나 당일 의사일정의 안건 추가 및 순서 변경을 할 수 있음.
제84조 (예산안·결산의 회부 및 심사)	예산결산특별위원회의 예산안 및 결산 심사는 제안 설명과 전문위원의 검토 보고를 듣고 종합 정책 질의, 부별 심사 또는 분과위원회 심사 및 찬반 토론을 거쳐 표결함. 위원장은 종합 정책 질의를 할 때 간사와 협의하여 각 교섭단체별 대표 질의 또는 교섭단체별 질의 시간 할당 등의 방법으로 그 기간을 정함.
제85조 (심사 기간)	의장은 위원회에 회부하는 안건 또는 회부된 안건에 대하여 심사 기간을 지정할 수 있음. 이 경우 제1호, 제2호에 해당할 때에는 의장이 각 교섭단체 대표 의원과 협의하여 해당 호와 관련된 안건에 대해서만 심사 기간을 지정할 수 있음. 1. 천재지변의 경우 2. 전시·사변 또는 이에 준하는 국가비상사태의 경우 3. 의장이 각 교섭단체 대표 의원과 합의하는 경우
제85조의2 (안건의 신속 처리)	의장이 각 교섭단체 대표 의원과 합의한 경우에는 신속 처리 대상 안건에 대하여 일부 규정을 적용하지 아니함.
제85조의3 (예산안 등의 본회의 자동 부의 등)	위원회는 예산안, 기금 운용 계획안, 임대형 민자 사업 한도액과 세입 예산안 부수 법률안의 심사를 매년 11월 30일까지 마쳐야 함. 위원회가 기한까지 심사를 마치지 아니했을 때에는 그 다음날에

	위원회에서 심사를 마치고 바로 본회의에 부의된 것으로 봄. 다만, 의장이 각 교섭단체 대표 의원과 합의한 경우에는 그러하지 아니함.
제86조 (체계·자구의 심사)	의장은 법사위 심사에 대하여 심사 기간을 지정할 수 있으며, 법제사법위원회가 이유 없이 그 기간 내에 심사를 마치지 아니했을 때에는 바로 본회의에 부의할 수 있음. 이 경우 제85조 제1항 제1호 또는 제2호에 해당하는 경우에는 의장이 각 교섭단체 대표 의원과 협의하여 해당 호와 관련된 안건에 대하여만 심사 기간을 지정할 수 있음.
제93조의2 (법률안의 본회의 상정 시기)	본회의는 위원회가 법률안에 대한 심사를 마치고 의장에게 그 보고서를 제출한 후 1일이 지나지 아니했을 때에는 그 법률안을 의사일정으로 상정할 수 없음. 다만, 의장이 특별한 사유로 각 교섭단체 대표 의원과의 협의를 거쳐 이를 정한 경우에는 그러하지 아니함.
제95조 (수정 동의)	수정 동의는 원안 또는 위원회에서 심사 보고한 안의 취지 및 내용과 직접 관련이 있어야 함. 다만, 의장이 각 교섭단체 대표 의원과 합의를 하는 경우에는 그러하지 아니함.
제104조 (발언 원칙)	교섭단체를 가진 정당을 대표하는 의원이나 교섭단체의 대표 의원이 정당 또는 교섭단체를 대표하여 연설이나 그 밖의 발언을 할 때에는 40분까지 발언할 수 있음. 이 경우 교섭단체 대표 연설은 매년 첫 번째 임시회와 정기회에서 한 번씩 실시하되, 전반기·후반기 원(院) 구성을 위한 임시회의 경우와 의장이 각 교섭단체 대표 의원과 합의를 하는 경우에는 추가로 한 번씩 실시할 수 있음.
	의장은 각 교섭단체 대표 의원과 협의하여 같은 의제에 대한 총 발언 시간을 정하여 교섭단체별로 소속 의원 수의 비율에 따라 할당함. 이 경우 각 교섭단체 대표 의원은 할당된 시간 내에서 발언자 수와 발언자별 발언 시간을 정하여 미리 의장에게 통보하여야 함. 의장은 필요한 경우에는 각 교섭단체 대표 의원과 협의하여 같은 의제에 대하여 교섭단체별로 소속 의원 수의 비율에 따라 발언자 수를 정할 수 있음.
	교섭단체에 속하지 아니하는 의원의 발언 시간 및 발언자 수는 의장이 각 교섭단체 대표 의원과 협의하여 정함.
제105조 (5분 자유 발언)	5분 자유 발언의 발언자 수와 발언 순서는 교섭단체별 소속 의원 수의 비율을 고려하여 의장이 각 교섭단체 대표 의원과 협의하여 정함.
제106조	의사일정에 올린 안건에 대하여 토론하려는 의원은 미리 반대 또는

(토론의 통지)	찬성의 뜻을 의장에게 통지하여야 함. 의장은 통지를 받은 순서와 그 소속 교섭단체를 고려하여 반대자와 찬성자가 교대로 발언하게 하되, 반대자에게 먼저 발언하게 함.
제108조 (질의 또는 토론의 종결)	각 교섭단체에서 1명 이상의 발언이 있은 후에는 본회의 의결로 의장은 질의나 토론의 종결을 선포함.
제112조 (표결 방법)	대통령으로부터 환부된 법률안과 그 밖에 인사에 관한 안건은 무기명투표로 표결함. 다만, 겸직으로 인한 의원 사직과 위원장 사임에 대하여 의장이 각 교섭단체 대표 의원과 협의한 경우에는 그러하지 아니함.
제118조 (회의록의 배부·배포)	회의록은 의원에게 배부하고 일반인에게 배포함. 다만, 의장이 비밀 유지나 국가 안전보장을 위하여 필요하다고 인정한 부분에 관하여는 발언자 또는 그 소속 교섭단체 대표 의원과 협의하여 게재하지 아니할 수 있음.
제121조 (국무위원 등의 출석 요구)	국무총리나 국무위원은 의장 또는 위원장의 승인을 받아 국무총리는 국무위원으로 하여금, 국무위원은 행정부 위원으로 하여금 대리하여 출석·답변하게 할 수 있음. 이 경우 의장은 각 교섭단체 대표 의원과, 위원장은 간사와 협의하여야 함.
제122조의2 (행정부에 대한 질문)	의제별 질문 의원 수는 의장이 각 교섭단체 대표 의원과 협의하여 정함. 의장은 의제별 질문 의원 수를 교섭단체별로 그 소속 의원 수의 비율에 따라 배정함.
	이 경우 교섭단체에 속하지 아니하는 의원의 질문자 수는 의장이 각 교섭단체 대표 의원과 협의하여 정함.
	각 교섭단체 대표 의원은 질문 의원과 질문 순서를 질문일 전날까지 의장에게 통지하여야 함. 의장은 각 교섭단체 대표 의원의 통지 내용에 따라 질문 순서를 정한 후 본회의 개의 전에 각 교섭단체 대표 의원과 행정부에 통지하여야 함.
제122조의3 (긴급 현안 질문)	긴급 현안 질문 시간은 총 120분으로 함. 다만, 의장은 각 교섭단체 대표 의원과 협의하여 시간을 연장할 수 있음.
제128조 (보고·서류 등의 제출 요구)	폐회 중에 의원으로부터 서류 등의 제출 요구가 있을 때에는 의장 또는 위원장은 교섭단체 대표 의원 또는 간사와 협의하여 이를 요구할 수 있음.

36 <교섭단체 정책연구위원 임용 등에 관한 규칙>

　　제3조(정원등) ① 정책연구위원의 정원은 67인으로 한다.

　　제4조(정원의 배정) 각 교섭단체에 배정하는 정책연구위원의 정원은 다음 각호와 같다.

1. 교섭단체의 수가 2개인 경우는 교섭단체소속의원수의 비율에 의하여 배정한다.

2. 교섭단체의 수가 3개인 경우는 각 교섭단체에 10인씩 균등배정하고, 나머지 인원은 교섭단체소속의원수가 50인을 초과하는 교섭단체간의 소속의원수의 비율에 의하여 배정한다.

3. 교섭단체의 수가 4개인 경우는 각 교섭단체에 8인씩 균등배정하고, 나머지 인원은 교섭단체소속의원수가 40인을 초과하는 교섭단체간의 소속의원수의 비율에 의하여 배정한다.

4. 교섭단체의 수가 5개이상인 경우는 각 교섭단체에 6인씩 균등배정하고, 나머지 인원은 교섭단체소속의원수가 30인을 초과하는 교섭단체간의 소속의원수의 비율에 의하여 배정한다.

7 정치의 기반

1 www.bpb.de(검색일: 2020/03/24).

2 조찬래, 2012, "외국 정당의 정치교육과 제도화에 관한 연구"(9월), 28쪽.

3 22명의 정당별 구성은 기독교민주연합/기독교사회당(CDU/CSU) 8명, 사회민주당(SPD) 5명, 독일대안당(AfD) 3명, 자유민주당(FDP) 2명, 좌파당(Die Linke) 2명, 녹색당(B90/DIE GRÜNEN) 2명이다(검색일: 2020/03/24).

4 조찬래, 2012, "외국 정당의 정치교육과 제도화에 관한 연구"(9월), 31쪽.

5 www.kuppelkucker.de

6 www.mitmischen.de

7 child.assembly.go.kr/child/main/childMain/main.do

8 이지수, 2011, "의회 및 정당의 정치교육 비교연구," 국회연구용역과제 연구보고서, 9, 13쪽.

9 <정당법> 일부 개정 법률안 검토 보고(2017/09), 정치개혁특별위원회 전문위원.

10 https://www.bpb.de/die-bpb/51310/beutelsbacher-konsens

11 선거관리위원회, 2018, "2017년도 정당의 활동 개황 및 회계보고"

12 개별법상 정당 가입·정치 관여 금지 조항

	법안 명	내용
1	고용보험법	고용보험심사위원회 상임위원은 정당에 가입하거나 정치에 관여하여서는 아니 됨.
2	국가인권위원회법	국가인권위원회 위원은 정당에 가입하거나 정치 운동에 관여할 수 없음.
3	독점규제 및 공정거래에 관한 법률	공정거래위원회 위원은 정당에 가입하거나 정치 운동에 관여할 수 없음.
4	진실·화해를 위한 과거사정리 기본법	진실·화해를위한과거사정리위원회 위원은 정당에 가입하거나 정치 활동에 관여할 수 없음.
5	사료의 수집 편찬 및 한국사의 보급 등에 관한 법률	정당의 당원은 위원이 될 수 없음.
6	사행산업통합감독위원회법	정당의 당원은 위원이 될 수 없음.
7	언론중재 및 피해구제 등에 관한 법률	정당의 당원은 중재 위원이 될 수 없음.
8	영화 및 비디오물의 진흥에 관한 법률	정당의 당원은 영화진흥위원회의 위원이 될 수 없음.
9	원자력안전위원회의 설치 및 운영에 관한 법률	정당의 당원은 위원이 될 수 없음.
10	항만공사법	정당의 당원은 위원회의 위원이 될 수 없음.
11	국가공무원법	정당의 당원은 소청심사위원회 위원이 될 수 없음.
12	문화예술진흥법	정당의 당원은 문화예술진흥위원이 될 수 없음.
13	대일항쟁기 강제동원 피해조사 및 국외강제동원 희생자 등 지원에 관한 특별법	정당의 당원은 조사위원이 될 수 없음.
14	416세월호참사 진상규명 및 안전사회 건설 등을 위한 특별법	정당의 당원은 조사위원이 될 수 없음.
15	방위사업법	정당의 당원은 옴부즈맨이 될 수 없음.
16	선거관리위원회법	각급 선거관리위원회의 위원은 '정당에 가입하거나 정치에 관여한 때' 해임·해촉 또는 파면됨.

17	지방교육자치에 관한 법률	정당의 당원은 교육감이 될 수 없음.
18	제주특별자치도 설치 및 국제자유도시 조성을 위한 특별법	정당의 당원은 교육 의원이 될 수 없음.
19	방송법	당원 또는 당원의 신분을 상실한 날부터 3년이 경과되지 아니한 사람은 공사의 이사가 될 수 없음.
20	한국교육방송공사법	정당의 당원은 공사의 임원이 될 수 없음.
21	뉴스통신 진흥에 관한 법률	정당의 당원은 뉴스 통신 사업자의 대표이사, 편집인이 될 수 없음.
22	방송통신위원회의 설치 및 운영에 관한 법률	정당의 당원은 방통위원이 될 수 없음.
23	방송문화진흥회법	정당의 당원은 진흥회의 임원이 될 수 없음.
24	지역신문발전지원특별법	당원 또는 당원의 신분을 상실한 날부터 2년이 지나지 아니한 사람은 위원이 될 수 없음.
25	지역방송발전지원 특별법	정당의 당원은 위원이 될 수 없음.
26	금융감독기구의설치등에관한법률	금융위원회의 위원장·부위원장 및 임명직 위원은 정당에 가입할 수 없으며 정치 운동에 관여할 수 없음.
27	한국은행법	금융통화위원회 위원은 정당에 가입할 수 없으며, 정치 운동에 관여할 수 없음.
28	농업협동조합법/수산업협동조합법/산림조합법	조합(농협의 경우 조합공동사업법인·품목조합연합회를 포함함, 산림조합의 경우 조합공동사업법인을 포함함) 및 중앙회는 공직 선거에 있어서 특정 정당을 지지하거나 특정인을 당선되게 또는 당선되지 아니하도록 하는 행위를 하여서는 아니 됨. 누구든지 조합과 중앙회를 이용하여 제1항의 행위를 하여서는 아니 됨. ※ 협동조합기본법 : 국회의원 또는 지방의회 의원은 협동조합 임직원을 겸직할 수 없음.
29	소비자생활협동조합법	조합은 공직 선거에 있어서 특정 정당을 지지·반대하거나 특정인을 당선되게 하거나 당선되지 못하게 하는 일체의 행위를 할 수 없음. 누구든지 조합을 이용하여 제1항의 행위를 하여서는 아니 됨
30	신용협동조합법	조합과 중앙회는 정치에 관여하는 일체의 행위를 하여서는 아니 됨.
31	엽연초생산협동조합법	조합 및 중앙회는 정치에 관여하는 행위를 하여서는 아니 됨.

32	중소기업협동조합법	조합, 사업 조합, 연합회 및 중앙회는 정치에 관한 모든 행위를 할 수 없음. 조합, 사업 조합, 연합회 및 중앙회는 공직 선거에서 특정 정당을 지지하는 행위, 특정인을 당선되도록 하는 행위 또는 당선되지 아니하도록 하는 행위를 하여서는 아니 됨. 누구든지 조합, 사업 조합, 연합회 및 중앙회를 이용하여 제2항에 따른 행위를 하여서는 아니 됨.
33	상호저축은행법	중앙회는 정치에 관여하는 모든 행위를 하여서는 아니 됨. 중앙회의 임원은 정당이나 그 밖의 정치단체에 가입하지 못함.
34	새마을금고법	금고와 연합회는 정치에 관여하는 일체의 행위를 할 수 없음.
35	예금자보호법	예금보험위원회 위원 중 금융위원회가 위촉하는 위원 (금융위원회가 위촉하는 위원 1명과 기획재정부 장관, 한국은행 총재가 각각 추천하여 금융위원회가 위촉하는 위원 2명)은 정당에 가입할 수 없으며, 정치 운동에 관여할 수 없음.
36	대한소방공제회법/대한지방 행정공제회법/한국지방재정 공제회법/교정공제회법/과학 기술인공제회법	공제회는 정치 활동을 할 수 없고, 공제회의 임원은 정당원이 될 수 없으며 정치 활동을 한 경우는 해임됨. ※ 군인공제회의 임원은 정당의 대표자·간부 또는 회계 책임자가 될 수 없음.
37	자원봉사활동 기본법	국가 및 지방자치단체로부터 지원받는 자원봉사 단체 및 자원봉사 센터는 그 명의 또는 그 대표의 명의로 특정 정당 또는 특정인의 선거운동을 하여서는 아니 됨.
38	사립학교법	사립학교의 교원이 정치 운동을 하거나 집단적으로 수업을 거부하거나 또는 어느 정당을 지지 또는 반대하기 위하여 학생을 지도·선동한 때에는 당해 교원의 임면권자는 이를 면직시킬 수 있음.
39	퇴직교원 평생교육활동 지원법	퇴직 교원 단체인 한국교육삼락회는 일체의 정치 활동을 하여서는 아니 됨.
40	상공회의소법	대한상공회의소는 그 사업 수행 시 정치적 중립을 지켜야 하고, 정치 활동을 목적으로 하는 단체의 구성원이 되어서는 아니 됨. 상공회의소 및 대한상공회의소는 공직 선거에 있어서 특정 정당을 지지하는 행위, 특정

		후보자를 당선되도록 하거나 당선되지 아니하도록 하는 행위, 그 밖에 정치적 중립을 저해하는 행위를 하여서는 아니 됨.
41	지방문화원진흥법	지방문화원은 정치 또는 종교 활동에 관여하여서는 아니 됨. 지방문화원장은 국회의원, 지방의회 의원 또는 정당의 간부를 겸할 수 없음.
42	출입국관리법	대한민국에 체류하는 외국인은 이 법 또는 다른 법률이 정하는 경우를 제외하고는 정치 활동을 하여서는 아니 됨. 법무부 장관은 대한민국에 체류하는 외국인이 정치 활동을 한 때에는 그 외국인에 대하여 서면으로 그 활동의 중지 기타 필요한 명령을 할 수 있음.
43	국가유공자 등 단체 설립에 관한 법률	대한민국상이군경회·대한민국전몰군경유족회·대한민국전몰군경미망인회·광복회·4.19민주혁명회·4.19혁명희생자유족회·4.19혁명공로자회·재일학도의용군동지회 및 대민국무공수훈자회는 특정 정당의 정강을 지지·반대하거나 특정의 공직 후보자를 지지하거나 반대하는 등의 정치 활동을 할 수 없음. 상기 단체는 회원으로부터 정치자금을 징수할 수 없으며 각 단체의 기금은 이를 정치자금에 유용할 수 없음.
44	특수임무유공자 예우 및 단체설립에 관한 법률	특수임무유공자회는 정치 활동을 할 수 없음. 특수임무유공자회의 각급 회의 임원은 정당의 대표자·간부 및 회계 책임자가 될 수 없음. 특수임무유공자회의 각급 회의 임원이 제2항 위반시 당해 임원은 해임됨.
45	대한민국재향군인회법	재향군인회는 정치 활동을 할 수 없음. 재향군인회의 각급 회의 임원은 정당법에 의한 정당의 대표자·간부 및 회계 책임자가 될 수 없음. 재향군인회의 각급 회의 임원이 제2항 위반 시 당해 임원은 해임됨. ※ 대한민국재향경우회법 : 경우회는 정치활동을 할 수 없음.
46	민방위기본법/향토예비군설치법	민방위대 및 예비군은 편성된 조직체로서 정치 운동에 관여할 수 없음.

13 윤소하 의원실의 "대한적십자사, 직원 정치활동 제한, 참정권 침해 소지 다분" 국정감사 보도자료(2019/10/15)에 따르면, 다음과 같다.

<대한적십자사 직인 운영 규정>

제3조(정치 운동 금지) 직원은 적십자의 특수성에 비추어 정당 기타 정치단체의 결성에 관여하거나 이에 가입할 수 없으며 선거에 있어서 특정 정당 또는 특정인의 지지나 반대를 하기 위한 행위를 하여서는 아니 된다.

<대한적십자사 임직원 행동강령 및 행위 기준>

제40조(부당한 정치개입 금지 및 정치인 등의 부당한 요구에 대한 처리) ① 임직원은 적십자사의 특수성에 비추어 정당 기타 정치단체의 결성에 관여하거나 이에 가입할 수 없으며 선거에 있어서 특정 정당 또는 특정인의 지지나 반대를 하기 위한 행위를 하여서는 아니 된다.

14 윤소하 의원실, "대한적십자사, 직원 정치활동 제한, 참정권 침해 소지 다분," 국정감사 보도자료(2019/10/15).

15 국회 본회의(2017/08/17), "대한적십자사 전국대의원총회 대의원 위촉의 건" 주문 <대한적십자사 조직법> 제10조제2항에 따라 기동민·남인순·오제세·전혜숙·정춘숙·김순례·김승희·성일종·윤종필·김광수·박인숙·윤소하를 대한적십자사 전국대의원총회 대의원으로 위촉한다. 제안 이유 <대한적십자사 조직법> 제10조제2항에 따라 국회가 대한적십자사 전국대의원총회 대의원 12명을 위촉하려는 것.

제10조(전국대의원총회) ② 전국대의원총회는 회장과 적십자사의 회원 중 다음 각 호에 따라 위촉되거나 선출된 대의원으로 구성한다.

1. 대통령이 위촉하는 사람 8명
2. 국회에서 위촉하는 사람 12명
3. 특별시장·광역시장·특별자치시장·도지사 또는 특별자치도지사가 위촉하는 사람 각 2명
4. 정관으로 정하는 바에 따라 특별시·광역시·특별자치시·도 또는 특별자치도의 적십자사 지사에서 선출하는 사람 각 6명
③ 대의원의 임기는 3년으로 한다.

16 노순일, 2012, "공무원과 교사의 정치적 기본권에 관한 연구," 건국대학교 대학원 박사학위논문, 75-86쪽.

17 미국 연방 의회가 공무원의 정치 활동을 제한하는 법으로, 1939년, 1940년에 제정되었다.

18 김경윤, "교원의 정치적 기본권에 관한 한국과 미국의 법제 비교연구", 중앙대학교 대학원 박사학위논문, 2012, 55쪽 이하 참조.

19 James B. Christoph, 1957, "Political Rights and Administrative Impartiality in the British Civil Service," *The American Political Science Review* Vol. 51, Issue 1.

20 박주민, 2012, "공무원의 정치적 표현의 자유의 한계에 대한 새로운 판단기준," 민주주의법학연구소, 전국교수노동조합, 민주화를위한전국교수협의회, 전국교직원노동조합 외 주최,

김윤덕 의원실·임수경 의원실 주관 <교사·공무원 참정권 확보를 위한 시민사회 토론회 : 민주주의 기본권이 보장되는 국가를 위하여> 발표문.

21 <부정청탁 및 금품등 수수의 금지에 관한 법률> 제11조에 내용이 구체적으로 제시되어 있다. 공무수행사인의 경우 공무 수행과 관련한 부정 청탁이나 금품 수수 시에는 동 법에 따라 제재를 받는다.

22 금태섭, "금태섭의 국회의원이 사는 법⑩: 보좌진 이야기," 『한겨레』 (2019/05/18).

23 국회사무처, 2020, "국회인력통계"(2월).

찾아보기